DICTIONNAIRE

DE

DROIT ÉLECTORAL

PAR

ADRIEN BAVELIER

Ancien avocat au Conseil d'État et à la Cour de Cassation

PARIS

PAUL DUPONT, ÉDITEUR

41, RUE JEAN-JACQUES-ROUSSEAU, 41

(Hôtel des Fermes)

1877

DICTIONNAIRE

DE

DROIT ÉLECTORAL

PARIS — Impr. Paul DUPONT, rue Jean-Jacques-Rousseau 41 (Hôtel des Fermes.)

DICTIONNAIRE

DE

DROIT ÉLECTORAL

PAR

Adrien Bavelier

Ancien avocat au Conseil d'État et à la Cour de Cassation

PARIS

IMPRIMERIE ET LIBRAIRIE ADMINISTRATIVES

DE PAUL DUPONT

RUE JEAN-JACQUES-ROUSSEAU, 41 (HÔTEL DES FERMES

—

1877

PRÉFACE.

Aujourd'hui, le droit d'élection constitue la base même de notre édifice politique.

C'est donc répondre à un besoin général que de présenter au public, sous la forme la plus propre à faciliter ses recherches, un exposé complet de la législation électorale qui nous régit.

Cette forme nous a paru être celle de répertoire ou de dictionnaire alphabétique : le succès de plusieurs recueils de jurisprudence administrative et judiciaire, justement estimés, en a fait ressortir les avantages.

L'ouvrage contient, avec l'indication des principes, un tableau de la jurisprudence admise par les différentes autorités appelées à connaître des difficultés en cette matière. Chaque mot est accompagné d'un index qui permet de se reporter aux divisions et subdivisions du texte.

L'auteur s'est dégagé de toute préoccupation politique. Le seul but qu'il s'est proposé est de répandre, de vulgariser, pour se servir d'une expression qu'on affectionne aujourd'hui, des règles que chacun a intérêt à posséder, et que beaucoup d'électeurs renoncent à acquérir, faute d'avoir à leur portée les documents nécessaires, ou de savoir comment diriger leurs recherches.

AVIS

Les décisions judiciaires relevées dans cet ouvrage sont tirées des *Recueils* de Dalloz et de Sirey, du *Journal du palais*, et des *Bulletins de la Cour de Cassation*. Celles que l'auteur n'a trouvées dans aucun de ces ouvrages sont rapportées en note.

Les décisions du Conseil d'État figurent toutes à leurs dates dans le *Recueil* de MM. Macarel et Lebon, actuellement continué par MM. Panhard et Hallays-Dabot.

On trouvera aux mots *Algérie* et *Colonies* l'exposé de la réglementation particulière à laquelle sont soumises, en matière d'élections, ces portions du territoire français.

Un article spécial est également consacré aux *élections sénatoriales*.

Abréviations.

Arr.	Arrêté.
Ass. const.	Assemblée constituante.
Ass. légis.	Assemblée législative.
C.	Cour d'appel.
Cass.	Arrêt de cassation.
C. C.	Arrêt de la Cour de Cassation.
C. d'arr.	Conseil d'arrondissement.
C. de préf.	Arrêté du conseil de préfecture.
C. d'Ét.	Décisions du conseil d'Etat.
C. gén.	Conseil général.
Ch. civ.	Chambre civile de la Cour de Cassation.
Ch. crim.	Chambre criminelle de la Cour de Cassation.
Ch. des dép.	Chambre des députés.
Ch. req.	Chambre des requêtes de la Cour de Cassation.
Ch. réun.	Chambres réunies de la Cour de Cassation.
Circ.	Circulaire.
C. mun.	Conseil municipal.
Corps légis.	Corps législatif.
Décr.	Décret.
Décr. org.	Décret organique.
Décr. régl.	Décret réglementaire.
El.	Elections.
El. d'arr.	Elections d'arrondissement.
El. dép.	Elections départementales.
El. légis.	Elections législatives.
El. mun.	Elections municipales.
El. sén.	Elections sénatoriales.
Instr. min.	Instruction ministérielle.
J. off.	*Journal officiel.*
L.	Loi.
Mon.	*Moniteur.*
Ord.	Ordonnance.
Rej.	Arrêt de rejet de la Cour de Cassation.
Sén.	Sénat.
Tr.	Tribunal.
v°.	Verbo.

DICTIONNAIRE

DE

DROIT ÉLECTORAL.

AGENT SALARIÉ.

Voir vº Incompatibilité, art. 3, § 2.

AFFICHES DES PROCLAMATIONS ET CIRCULAIRES.

Voir vº Circulaires.

ALGÉRIE.

Art. 1.—Élections législatives.
  § 1. — Sénat (n. 1 et 2).
  § 2. — Chambre des députés (n. 3 à 5).
Art. 2. — Élections au conseil général (n. 6 à 19).
Art. 3. — Élections municipales.
  § 1. — Diverses catégories d'électeurs et conditions électorales
        (n. 20 à 27).
  § 2. Mode de représentation des habitants (n. 28 à 31).
Art. 4 — Nomination des maires (n. 32).

L'Algérie est soumise à un régime électoral particulier.

Article premier. — *Élections législatives.*

§ 1er. — Sénat.

1. — Aux termes de l'article 2, de la loi du 24 février 1875, les trois départements de l'Algérie doivent élire chacun un sénateur.

La composition du collége électoral est réglée par l'article 11 de la loi du 2 août suivant, qui est ainsi conçu : « Dans cha-
« cun des trois départements de l'Algérie , le collége élec-
« toral se compose : 1° des députés ; 2° des membres citoyens
« français du conseil général ; 3° des délégués élus par les
« membres citoyens français du conseil municipal, parmi les
« membres citoyens français de la commune. »

2. — Il est à remarquer que la qualité d'électeur de droit, n'est attribuée qu'aux membres du conseil général qui sont citoyens français ; elle est refusée aux assesseurs musulmans. D'autre part, les délégués ne peuvent être nommés que par les membres citoyens français du conseil municipal, et doivent être eux-mêmes Français.

Les autres dispositions de la loi générale sont applicables à ces élections.

§ 2. — Chambre des députés.

3. — L'article 19 de la loi du 30 novembre 1875 fixe le nombre des députés que doit nommer l'Algérie. Il est de trois, savoir : un pour chacun des départements d'Alger, de Constantine et d'Oran.

4. — Les élections dont il s'agit demeurent soumises aux mêmes règles que celles qui ont lieu sur le continent, mais les Français ont seuls, en ce cas également, le droit de vote ; les indigènes n'y peuvent participer.

5. — Cependant l'article 20 de la loi du 30 novembre 1875 établit quelques dispositions spéciales ; il porte : « Les électeurs
« résidant en Algérie dans une localité non érigée en commune
« seront inscrits sur la liste électorale de la commune la plus
« proche. Lorsqu'il y aura lieu d'établir des sections électorales,
« soit pour grouper des communes mixtes dans chacune des-
« quelles le nombre des électeurs serait insuffisant, soit pour
« réunir les électeurs résidant dans les localités non érigées en
« communes, les arrêtés pour fixer le siége de ces sections

« seront pris par le gouverneur général, sur le rapport du pré-
« fet ou du général commandant la division. »

Art. 2. — *Élections au conseil général.*

6. — Une loi du 11 juin 1870 avait admis pour l'élection des
conseils généraux, comme pour celle des conseils municipaux,
le concours de la population indigène et des étrangers. Les électeurs étaient divisés, à cet effet, en quatre catégories; la part
attribuée à chacune d'elles dans le conseil général devait être
déterminée par un décret. Les indigènes et les étrangers étaient
aussi éligibles.

Ces dispositions ont été abrogées par un décret du 28 décembre 1870, émané de la délégation de Bordeaux. La cause de
ce changement est indiquée par le décret lui-même : « Considé-
« rant, dit-il, que le décret du 10 juin 1870, qui a organisé
« l'élection des membres des conseils généraux en Algérie est
« en opposition avec les principes de droit public, puisqu'il
« confère les droits d'électeur et d'éligible, en matière politique,
« à d'autres qu'aux citoyens français ou naturalisés Fran-
« çais. »

Aux termes de l'article 3, les citoyens français sont reconnus
seuls électeurs ou éligibles. L'article 4 dispose que les conditions d'éligibilité seront désormais les mêmes que celles qui
existent en France.

7. — Chacun des trois départements de l'Algérie doit avoir
un conseil général.

Le nombre des membres de chaque conseil, suivant l'article 5
du décret, était fixé à trente-six : trente étaient élus par les
citoyens français; les six autres pris parmi les indigènes, en
qualité d'assesseurs, étaient nommés par le gouvernement.

Ce nombre a été réduit par un décret du 12 octobre 1871,
portant, article 2 : « Le nombre des membres des conseils est
« fixé à vingt-six pour le département d'Alger; vingt-quatre
« pour le département de Constantine, et vingt-deux pour le

« département d'Oran, indépendamment des assesseurs musul-
« mans désignés par le gouverneur général civil. »

Ces assesseurs ont voix délibérative dans le conseil : ce droit,
que le décret du 23 décembre 1870 leur avait accordé, a été
confirmé par la loi du 22 novembre 1872.

8. — Enfin, quelques dispositions nouvelles ont été établies
par un décret du 23 septembre 1875. L'article 4 de ce décret
est ainsi conçu : « Un arrêté du gouverneur général, en conseil
« de gouvernement, désigne le chef-lieu et la composition des
« circonscriptions appelées à élire chacune un conseiller géné-
« ral français, en tenant compte du chiffre de la population et
« de la superficie du territoire de chaque circonscription. Pour
« toutes les opérations électorales, le chef-lieu de la circon-
« scription tient lieu du chef-lieu de canton de France. »

9. — L'article 5, relatif aux listes électorales, porte : « L'élec-
« tion des conseillers généraux français se fait au suffrage
« universel dans chaque commune, sur les listes des électeurs
« français dressées pour les élections municipales. Les asses-
« seurs musulmans sont choisis parmi les notables indigènes
« domiciliés dans le département et y possédant des propriétés.
« Ils sont nommés par le gouverneur général, et siégent au
« même titre que les membres élus. »

Si, contrairement à cette règle, d'autres électeurs, notamment
des électeurs étrangers, avaient été admis à voter, il y aurait lieu
de déduire leurs voix du chiffre des suffrages exprimés, pour
calculer la majorité absolue, et de les retrancher également des
suffrages obtenus par le candidat élu (C. d'Ét., 4 avril 1876, él.
d'Alger, 26ᵉ circons.). Il en serait de même, dans le cas de vote
d'individus qui n'auraient pas été compris sur la liste électorale
municipale arrêtée le 31 mars. (Même décision.)

10. — L'article 6 du décret du 23 septembre porte : « Sont
« éligibles au conseil général tous les citoyens inscrits sur une
« liste d'électeurs ou justifiant qu'ils devaient y être inscrits
« avant le jour de l'élection, âgés de vingt-cinq ans accomplis,
« qui sont domiciliés dans le département, et ceux qui, sans y

« être domiciliés, y sont inscrits au rôle d'une des contribu-
« tions directes au 1er janvier de l'année dans laquelle se fait
« l'élection, ou justifient qu'ils devaient y être inscrits à ce jour
« ou qu'ils ont acquis dans le département, par héritage ou au-
« trement, une propriété foncière avant le jour fixé pour l'élec-
« tion. Toutefois, le nombre des conseillers généraux non do-
« miciliés ne pourra dépasser le quart du nombre total dont le
« conseil doit être composé. »

11. — Art. 7. « Ne peuvent être élus au conseil général les
« citoyens qui sont pourvus d'un conseil judiciaire. »

Art. 8. « Ne peuvent être élus membres des conseils généraux
« de l'Algérie : — 1° Les membres du conseil du gouvernement,
« les préfets, sous-préfets, secrétaires généraux et conseillers
« de préfecture, les commissaires civils ; — 2° Le procu-
« reur général, les avocats généraux et substituts du procu-
« reur général près la cour d'Alger ; — 3° Les présidents, vice-
« présidents, juges titulaires et suppléants salariés, juges
« d'instruction et membres du parquet des tribunaux de pre-
« mière instance, dans l'arrondissement du tribunal ; — 4° Les
« juges de paix et suppléants salariés, dans leur circonscription ;
« — 5° Les officiers de l'armée de terre et de mer en activité
« de service en Algérie ; — 6° Les commissaires et agents de
« police ; — 7° Les ingénieurs des ponts et chaussées et des
« mines ; — 8° Le recteur et les inspecteurs d'académie, les
« inspecteurs des écoles primaires ; — 9° Les ministres des
« différents cultes, dans les circonscriptions de leur ressort ;
« — 10° Les employés des bureaux de la direction générale des
« affaires civiles et financières, et généralement les employés
« de l'administration rétribués sur les fonds de l'État. »

Art. 9. « Le mandat de conseiller général est incompatible,
« dans le département, avec les fonctions d'architecte départe-
« mental, d'agent voyer, et généralement de tous les agents
« salariés ou subventionnés sur les fonds départementaux. »

Art. 10. « La même incompatibilité existe à l'égard des
« entrepreneurs des services départementaux, y compris les

« voies ferrées pour lesquelles le département assure des ga-
« ranties d'intérêt. »

Art. 11. « Nul ne peut être membre de plusieurs conseils
« généraux. »

12. — Art. 12. « Les colléges électoraux sont convoqués par
« le pouvoir exécutif. — Il doit y avoir un intervalle de quinze
« jours francs, au moins, entre la date du décret de convocation
« et le jour de l'élection, qui sera toujours un dimanche. Le
« scrutin est ouvert à sept heures du matin et clos le même
« jour à six heures. Le dépouillement a lieu immédiatement.
« Lorsqu'un second tour de scrutin est nécessaire, il y est pro-
« cédé le dimanche suivant. »

Il a été jugé, en conséquence, qu'il y avait lieu d'annuler des
élections faites le 3 octobre, en vertu d'un décret de convocation qui n'avait été porté à la connaissance des électeurs que le
29 septembre précédent. (C. d'Ét., 4 févr. 1876, él. de Mondovi.)

13. — L'article 13 du décret porte : « Immédiatement après
« le dépouillement du scrutin, les procès-verbaux de chaque
« commune, arrêtés et signés, sont envoyés au chef-lieu de la
« circonscription par les membres du bureau. Le recensement
« général des votes est fait par le bureau du chef-lieu et le
« résultat est proclamé par son président, qui adresse tous les
« procès-verbaux et les pièces au préfet. »

Rien ne fait obstacle à ce que un ou plusieurs membres du
bureau portent en personne ce procès-verbal. Jugé spécialement
que cette démarche a pu être faite par le président et le secrétaire. (C. d'Ét., 7 janv. 1876, él. de Coléah.)

14. — Aux termes de l'article 14, « nul n'est élu membre du
« conseil général au premier tour de scrutin, s'il n'a réuni :
« 1° la majorité absolue des suffrages exprimés; 2° un nombre
« de suffrages égal au quart de celui des électeurs inscrits.
« — Au second tour de scrutin, l'élection a lieu à la majorité
« relative, quel que soit le nombre des votants. Si plusieurs
« candidats obtiennent le même nombre de suffrages, l'élection
« est acquise au plus âgé. »

15. — Art. 15. « Les élections pourront être arguées de
« nullité par tout électeur de la circonscription, par les candi-
« dats et par les membres du conseil général. — Si la réclama-
« tion n'a pas été consignée dans le procès-verbal, elle doit
« être déposée dans les dix jours qui suivent l'élection, soit au
« secrétariat de la section du contentieux du Conseil d'État,
« soit au secrétariat général de la préfecture du département
« où l'élection a eu lieu. — Il en sera donné récépissé. — La
« réclamation sera, dans tous les cas, notifiée à la partie intéres-
« sée dans le délai d'un mois, à compter du jour de l'élection. —
« Le préfet transmettra au Conseil d'État, dans les dix jours
« qui suivront leur réception, les réclamations consignées au
« procès-verbal ou déposées au secrétariat général de la pré-
« fecture. — Le préfet aura, pour réclamer contre les élections,
« un délai de vingt jours, à partir du jour où il aura reçu les
« procès-verbaux des opérations électorales : il enverra sa ré-
« clamation au Conseil d'État ; elle ne pourra être fondée que
« sur l'inobservation des conditions et formalités prescrites par
« les lois. »

Art. 16. « Les réclamations seront examinées au Conseil d'É-
« tat suivant les formes adoptées pour le jugement des affaires
« contentieuses. Elles seront jugées sans frais, dispensées du
« timbre et du ministère des avocats au Conseil d'État ; elles
« seront jugées dans le délai de trois mois, à partir de l'arrivée
« des pièces au secrétariat du Conseil d'État. — Lorsqu'il y aura
« lieu à renvoi devant les tribunaux, le délai de trois mois ne
« courra que du jour où la décision judiciaire sera devenue
« définitive. — Le débat ne pourra porter que sur les griefs
« relevés dans les réclamations, à l'exception des moyens d'or-
« dre public qui pourront être produits en tout état de cause.
« — Lorsque la réclamation est fondée sur l'incapacité légale de
« l'élu, le Conseil d'État sursoit à statuer jusqu'à ce que la ques-
« tion préjudicielle ait été jugée par les tribunaux compétents, et
« fixe un bref délai dans lequel la partie qui aura élevé la ques-
« tion préjudicielle doit justifier de ses diligences. — S'il y a

« appel, l'acte d'appel doit, sous peine de nullité, être notifié
« à la partie dans les dix jours du jugement, quelle que soit la
« distance des lieux. Les questions préjudicielles seront jugées
« sommairement par les tribunaux, et conformément au para-
« graphe 4 de l'article 33 de la loi du 19 avril 1831. »

16. — Art. 17. « Le conseiller général élu dans plusieurs
« circonscriptions est tenu de déclarer son option au président
« du conseil général dans les trois jours qui suivront l'ouver-
« ture de la session, et, en cas de contestation, à partir de la
« notification de la décision du Conseil d'État. — A défaut d'op-
« tion dans ce délai, le conseil général déterminera, en séance
« publique et par la voie du sort, à quelle circonscription le
« conseiller appartiendra. — Lorsque le nombre des conseillers
« non domiciliés dans le département dépasse le quart du con-
« seil, le conseil général procède de la même façon pour
« désigner celui ou ceux dont l'élection doit être annulée. Si
« une question préjudicielle s'élève sur le domicile, le conseil
« général surseoit, et le tirage au sort est fait par la commis-
« sion départementale, pendant l'intervalle des sessions. »

17. — Art. 18. « Tout conseiller général qui, par une cause
« survenue postérieurement à son élection, se trouve dans un
« des cas prévus par les articles 7, 8, 9 et 10, ou se trouve
« frappé de l'une des incapacités qui font perdre la qualité
« d'électeur, est déclaré démissionnaire par le conseil général,
« soit d'office, soit sur les réclamations de tout électeur. »

Art. 19. « Lorsqu'un conseiller aura manqué à une
« session ordinaire sans excuse légitime admise par le conseil,
« il sera déclaré démissionnaire par le conseil général, dans la
« dernière séance de la session. »

Art. 20. « Lorsqu'un conseiller général donne sa démission,
« il l'adresse au président du conseil général ou au président
« de la commission départementale, qui en donne immédiate-
« ment avis au préfet. »

18. — Art. 21. « Les conseillers généraux sont nommés
« pour six ans ; ils sont renouvelés par moitié tous les trois ans,

« et indéfiniment rééligibles. En cas de renouvellement intégral,
« à la session qui suit ce renouvellement, le conseil général
« divise les circonscriptions du département en deux séries, en
« répartissant, autant que possible, dans une proportion égale,
« les circonscriptions de chaque arrondissement dans chacune
« des séries, et il procède ensuite à un tirage au sort pour régler
« l'ordre du renouvellement des séries. — Les assesseurs mu-
« sulmans sont nommés pour six ans, renouvelables par moitié,
« aux mêmes époques que les conseillers généraux élus. »

19. — Art. 22. « En cas de vacance par décès, option, dé-
« mission, par une des causes énumérées aux articles 17, 18
« et 19 ou par toute autre cause, les électeurs devront être
« réunis dans le délai de trois mois. — Toutefois, si le renou-
« vellement légal de la série à laquelle appartient le siége
« vacant doit avoir lieu avant la prochaine session ordinaire du
« conseil général, l'élection partielle se fera à la même époque.
« La commission départementale est chargée de veiller à l'exé-
« cution du présent article. Elle adresse ses réquisitions au
« préfet, et, s'il y a lieu, au gouverneur général civil de
« l'Algérie. »

Les autres dispositions des lois concernant la France, et
auxquelles il n'est pas dérogé par les textes qui viennent d'être
rappelés, demeurent applicables à l'Algérie.

Art. III. — *Élections municipales.*

§ 1. — Diverses catégories d'électeurs et conditions électorales.

20. — Les élections municipales sont régies par le décret du
27 décembre 1866.

A cet égard, l'intérêt politique s'effaçant, le concours de la
population indigène et des étrangers a été maintenu. L'article 9
du décret porte : « dans chaque commune, les citoyens fran-
« çais ou naturalisés, les indigènes musulmans, les indigènes
« israélites, les étrangers, élisent leurs représentants respectifs
« au conseil municipal. »

Ainsi, il existait quatre catégories d'électeurs soumis à des conditions différentes. Mais par un décret de la délégation de Bordeaux, en date du 24 octobre 1870, les israélites indigènes ont été déclarés citoyens français, de sorte que le nombre de ces catégories se trouve réduit à trois. Toutefois, un décret ultérieur du 7 octobre 1871 n'a attribué la qualité d'indigènes qu'aux israélites nés en Algérie avant l'occupation française, ou nés de parents établis en cette contrée à l'époque de l'occupation.

Le décret du 7 octobre 1871 porte, article 2 : « Tout israélite « qui voudra être inscrit ou maintenu sur les listes électorales « sera, dans les vingt jours de la promulgation dudit décret, « tenu de justifier qu'il est dans l'une des conditions détermi- « nées par l'article 1er. » Il est dit d'autre part, article 5 : « A « défaut d'avoir rempli les formalités et satisfait aux conditions « exigées, tout israélite actuellement inscrit sur les listes élec- « torales en sera rayé, et ne pourra y être rétabli que lors d'une « prochaine révision. »

21. — On s'est demandé si ce délai de vingt jours était un délai fatal, dont l'expiration ne permettait aucune inscription ultérieure. La Cour de Cassation a décidé que le mot révision écrit dans l'article 5 devait s'entendre, non de la révision du décret de 1870 qui a naturalisé collectivement les israélites indigènes, mais de la révision des listes électorales. (C. C. ch. civ., 16 mai 1876, rejet (Bezy), *Dalloz*, 1876, I, 205.)

22. — Aux termes de l'article 10 du décret du 27 décembre 1866, les Français, pour être admis à voter, doivent être âgés de vingt et un ans, domiciliés depuis un an dans la commune, et inscrits sur les rôles des impositions. Le décret du 1er août 1874 a rendu exécutoire en Algérie la loi du 7 juillet 1874, relative à l'électorat municipal. (*Voir*, à cet égard, v° LISTE ÉLEC-TORALE, n°ˢ 2 à 4.)

L'article 2 du même décret ajoute qu' « indépendamment « des conditions déterminées par la loi du 7 juillet 1874, l'in- « scription depuis un an au rôle de la taxe municipale sur les

« loyers, donne droit, en Algérie, à l'inscription sur la liste des
« électeurs municipaux. »

23. — Il a été jugé que la disposition de l'article 10 du
décret de 1866, d'après laquelle le droit de vote appartenait à
tout Français âgé de vingt et un ans, inscrit au rôle des impositions et taxes municipales, s'applique même aux militaires
sous les drapeaux, attendu que la loi ne fait pas de distinction.

En Algérie, ce droit résulte, pour ces militaires, de l'intérêt
qu'ils ont à la bonne gestion des affaires de la commune, lorsqu'ils en supportent les charges. Ils continuent néanmoins à être
inscrits sur les listes des communes où ils étaient domiciliés
avant leur entrée au service, à l'effet de concourir, le cas
échéant, aux élections de la métropole. (C. C., ch. req., 13 juin
1870, cassation (Vincentelli) et cassation (Falala), *Dalloz*, 1871,
I, 349 [1]. (*Voir* v° LISTE ÉLECTORALE, n°ˢ 19 à 22.)

24. — En Algérie, tout habitant est imposable à la taxe des
loyers, sauf le cas d'indigence (arr. du 4 nov. 1848, art. 13).
L'exemption accordée par mesure générale aux loyers au-dessous d'un certain chiffre ne change pas le principe de la loi ;
par suite, les individus exonérés doivent être inscrits sur les
listes, du moment qu'ils ne sont pas indigents. Ce principe doit
être d'autant plus respecté, ainsi que l'a fait observer le gouverneur général dans une circulaire du 26 mars 1867, que la
faculté donnée aux municipalités d'en modifier l'application
quant à l'assiette de la taxe, aurait pour conséquence de mettre
entre leurs mains un moyen de modifier à leur gré l'exercice d'un
droit civique, en élevant ou abaissant arbitrairement chaque
année le minimum de la valeur locative soumise à cet impôt [2].

Le gouverneur de l'Algérie a pensé aussi que quand un père
de famille était imposé à la prestation en nature non-seulement

---

[1] Cette question avait déjà été résolue en ce sens, par une circulaire
du gouverneur général, du 14 décembre 1867.

[2] Une autre circulaire du directeur général des affaires civiles et financières d'Algérie est intervenue dans le même sens, à la date des 19-28
octobre 1871.

pour lui, mais pour son fils demeurant avec lui, celui-ci devait être considéré comme contribuable de la commune, alors même qu'il ne serait pas inscrit nominalement au rôle de la prestation, et qu'il avait droit, en conséquence, de réclamer son inscription sur la liste des électeurs municipaux.

25. — Les conditions exigées des indigènes et des étrangers ont été déterminées par l'article 10 du décret du 27 décembre 1866 ainsi conçu : « Sont admis à voter :

. . . .

« 2° Tout indigène, âgé de vingt-cinq ans, ayant un an de « domicile dans la commune;

« 3° Tout étranger remplissant les mêmes conditions et ayant « trois années de résidence en Algérie.

« Les indigènes et les étrangers devront, en outre, se trouver « dans une des conditions suivantes : — Être propriétaire foncier « ou fermier d'une propriété rurale ; — Exercer une profession, « un commerce ou une industrie soumis à l'impôt des paten- « tes ; — Être employé de l'État, du département ou de la « commune ; — Être membre de la Légion d'honneur, décoré « de la médaille militaire, d'une médaille d'honneur ou d'une « médaille commémorative donnée ou autorisée par le gouver- « nement français ou titulaire d'une pension de retraite. »

Un décret du 10 septembre 1874 contient, en outre, les dispositions suivantes : « Les habitants indigènes musulmans ou « étrangers de l'Algérie devront, pour être admis à l'électorat « municipal, remplir, outre les conditions exigées par l'ar- « ticle 10 du décret du 27 décembre 1866, celle d'une résidence « de deux années consécutives dans la commune. Ils n'y seront « inscrits sur la liste électorale qu'après en avoir fait la demande « et avoir déclaré le lieu et la date de leur naissance. Tout « électeur inscrit sur la liste électorale pourra réclamer l'in- « scription ou la radiation, sur cette liste, d'un indigène musul- « man ou d'un étranger qui y serait omis ou indûment in- « scrit. »

26. — L'article 11 du décret du 27 décembre 1866 prescrit de dresser dans chaque commune la liste des électeurs, par *sections municipales* et par *catégories* d'habitants. On entend par section municipale, en Algérie, celle qui est administrée par un adjoint spécial, sous l'autorité du maire, en vertu du paragraphe 2 de l'article 4 du même décret.

27. — La commune peut d'ailleurs être divisée en *sections électorales* comme dans la métropole (*Voir* v° SECTION). Dans ce cas, aux termes de l'article 13 du décret du 19 décembre 1868, « la réunion des électeurs ne peut avoir lieu avant le dixième « jour à compter de l'arrêté du préfet. » S'il était contrevenu à cette règle les élections seraient nulles. (C. d'Ét. 1870, Triqueville et Bahé.)

§ 2. — Mode de représentation des habitants.

28. — Une distinction analogue à celle qui a lieu pour l'électorat est faite relativement à l'éligibilité.

Suivant l'article 12 du décret du 27 décembre 1866, les Français doivent être électeurs et âgés de vingt-cinq ans ; les indigènes et les étrangers doivent avoir le même âge, et de plus un domicile de trois ans dans la commune.

L'article 13 dispose que chacune des trois catégories suivantes, indigènes musulmans, indigènes israélites et étrangers, a droit d'être représentée dans le conseil municipal, lorsque sa population atteint le chiffre de cent individus. Mais le nombre des conseillers élus pour l'ensemble de ces catégories, ne peut dépasser le tiers des membres du conseil, ni être inférieur à trois.

La part de représentation de chacune d'elles est fixée par un arrêté du gouverneur général.

29. — Les électeurs de chaque catégorie sont libres de choisir pour les représenter des personnes prises en dehors de leur catégorie. Ainsi, les électeurs français d'une commune peuvent nommer un étranger, lorsqu'il remplit les conditions d'éligibilité. (C. d'Ét., 23 juillet 1868, él. de Koléah [1].)

---

[1] Mais l'individu élu comme Français, et qui ne possède pas cette qualité

30. — Sous l'empire du décret du 27 décembre 1866, les indigènes israélites avaient, aux termes de l'article 3 de l'arrêté du gouverneur général, en date du 25 avril 1867, le droit d'écrire leur bulletin dans leur langue maternelle. L'article 6 de ce même arrêté prescrivait la désignation d'interprètes, à l'effet de traduire, lors du dépouillement du scrutin, les bulletins qui ne seraient pas écrits en langue française, et il obligeait chaque interprète, avant d'entrer en fonctions, à prêter serment entre les mains du président du bureau. Ces dispositions sont-elles restées en vigueur depuis que les israélites indigènes sont devenus citoyens français ? Le Conseil d'État a décidé que le décret du 24 octobre 1870, en leur conférant le droit électoral qui appartient à tout citoyen français, n'a pas abrogé pour cela les règlements particuliers, concernant le vote des israélites, et jugés nécessaires pour l'exercice de ce droit. (C. d'Ét., 5 nov. 1875, él. d'Oran.)

31. — Doit-il être tenu compte, pour la supputation du quart des électeurs inscrits, qui est nécessaire pour être élu au premier tour [1], du nombre des électeurs de chaque catégorie, inscrits dans la commune entière ? La question doit être résolue affirmativement, à moins cependant que les conseillers à élire par les électeurs d'une catégorie n'aient été répartis entre les diverses sections de la commune [2]. (C. d'Ét., 8 avril 1868, él. de Dellys.)

D'ailleurs, les règles générales de la matière, auxquelles il n'a pas été dérogé par les lois spéciales, demeurent applicables à l'Algérie.

ARTICLE III. — *Nomination des maires.*

32. — Aux termes de son article 3, la loi du 12 août 1876 est déclarée applicable à l'Algérie, sous la réserve des disposi-

---

ne serait pas fondé à se prétendre éligible en vertu des dispositions applicables aux étrangers. (C. d'Ét., 23 févr. 1877, él. de Constantine.)

[1] *Voir* v° MAJORITÉ, nos 1 et 5.

[2] Voir *supra*, n° 27.

tions du décret du 27 décembre 1866, concernant la nomination des adjoints indigènes ou musulmans. (*Voir*, touchant la nomination des maires, v° MAIRE, art. 1er.)

La nomination des adjoints indigènes est ainsi réglée par l'article 6 du décret du 27 décembre 1866 : « Dans les com-« munes où la population musulmane est assez nombreuse pour « qu'il y ait lieu de prendre à son égard des mesures spéciales, « cette population est administrée, sous la surveillance et l'au-« torité du maire, par des adjoints indigènes. -- Les adjoints « peuvent être pris en dehors du conseil et de la commune. »

L'article 7 du décret porte que l'autorité des adjoints musulmans ne s'exerce que sur leurs coreligionnaires, et il détermine leurs attributions.

ALLIANCE.

Voir v° INCOMPATIBILITÉ, art. 3, § 4, n° 18.

ANNULATION (Conséquences de l').

1. — Les diverses sortes d'élections peuvent être annulées, soit à raison de l'inobservation des règles ou des formalités prescrites par la loi, soit à raison de manœuvres employées et qui ont pu porter atteinte à la liberté et à la sincérité du vote.

C'est le Corps législatif qui statue sur la validité des élections législatives. Les demandes en nullité, en ce qui touche les élections départementales, sont jugées directement par le Conseil d'État. Quant aux élections d'arrondissement et municipales, elles sont déférées aux conseils de préfecture, sauf recours au Conseil d'État. (*Voir* v° RÉCLAMATION, n°s 6 à 22.)

2. — Lorsque l'annulation des opérations d'un premier tour de scrutin est prononcée, elle entraîne la nullité des opérations du second tour. (C. d'Ét., 6 août 1861, él. mun. de Marsillargues; 13 août 1862, él. mun. de Gurmençon ; 7 avril 1866, él. mun. d'Alleyrat; 6 juin 1866, él. mun. d'Ardentes; 3 juill. 1866, él. mun. de Livron; 10 juill. 1866, él. mun. de Montbel, de Nozey-

rolles et d'Aix-en-Othe; 18 juill. 1866, él. mun. de Venès et de Cassano; 11 avril 1872, él. mun. d'Épénède; 18 févr. 1876, él. mun. de Nistos ; *voir* aussi *infrà*, n° 8.)

Cette annulation a lieu par voie de conséquence, et de plein droit ; elle n'a donc pas besoin d'être prononcée. (C. d'Ét., 7 août 1872, él. dép. de Corbeil; déclaration d'interprétation par le Conseil d'État, du 8 nov. 1872.)

3. — Par contre, si les opérations du premier tour avaient été attaquées, mais maintenues, il y aurait lieu d'infirmer de nouvelles opérations qui auraient été faites en prévision de l'annulation des premières. (C. d'Ét., 7 avril 1866, él. mun. de Senez.)

4. — L'annulation partielle des opérations du premier tour de scrutin n'entraîne pas nécessairement l'annulation des opérations du second tour. (C. d'Ét., 19 avril 1866, él. mun. de Lamarque; 10 juill. 1866, él. mun. de Saint-Soupplets.)

Le juge de l'élection ne saurait d'ailleurs, à l'occasion d'une protestation tendant seulement à l'annulation d'une ou plusieurs nominations, en annuler d'autres. (*Voir* v° CONSEIL DE PRÉFECTURE, n° 8.)

5. — S'il proclame, comme ayant obtenu la majorité absolue, un candidat en sus du nombre de ceux nommés au premier tour, cette addition ne rend pas nulles dans leur ensemble les opérations du deuxième tour ; elle n'a d'autre effet que d'amener la suppression de l'élection du candidat qui, au second tour, a recueilli le moins de suffrages. (C. d'Ét., 25 avril 1866, él. mun. de Castelsarrazin.)

6. — Lorsqu'au deuxième tour de scrutin, un conseiller a été nommé en sus du nombre prescrit, on se borne encore à éliminer le dernier candidat proclamé. (C. d'Ét., 13 juill. 1866, él. mun. de Lagraulet.)

7. — Mais si un maire avait annulé de sa propre autorité l'élection d'un conseiller proclamé, et fait procéder à un deuxième tour de scrutin pour le remplacer, les secondes opérations devraient être infirmées par le conseil de préfecture,

bien que celui-ci eût maintenu l'annulation de l'élection faite au premier tour. (C. d'Ét., 6 août 1861, él. mun. de Montbarrois.)

8. — Dans le cas où, contrairement aux dispositions de l'article 1ᵉʳ de la loi du 7 juillet 1874, les sections d'une commune comprennent des parties de canton différentes, si des réclamations ont été élevées de ce chef contre les opérations d'une section, il y a lieu d'annuler ces opérations, et par voie de conséquence celles des autres sections. (*Voir* v° SECTIONS, n° 19.)

Touchant la majorité nécessaire, en cas d'annulation, *voir* v° MAJORITÉ, n°ˢ 8 et 9. On verra aussi v° CONSEIL DE PRÉFECTURE, n°ˢ 30 et 50, dernier alinéa, certaines conséquences résultant de l'annulation de décisions du conseil de préfecture en matière d'élections.

ASSEMBLÉE NATIONALE.

1. — L'Assemblée nationale se forme par la réunion du Sénat et de la Chambre des députés.

2. — Elle est constituée en deux cas : 1° lorsqu'il y a lieu d'élire le Président de la République (art. 2 de la loi du 25 févr. 1875 ; *voir* v° PRÉSIDENT DE LA RÉPUBLIQUE) ; 2° lorsqu'il y a lieu de procéder à la révision des lois constitutionnelles. (Art. 8 de la même loi.)

3. — Les délibérations portant révision de ces lois, en tout ou en partie, doivent être prises à la majorité absolue des membres composant l'assemblée. (Art. 8.)

4. — Aux termes de l'article 11, paragraphe 2, de la loi du 25 juillet 1875, concernant les rapports des pouvoirs publics, son bureau se compose des président, vice-présidents et secrétaires du Sénat.

BULLETINS.

Voir v° VOTE, art. 3 et 4, et v° DÉPOUILLEMENT.

BUREAU.

Art. 1. — Composition.
    § 1. — Élections à la Chambre des députés, départementales et
        d'arrondissement (n. 2 à 20).
    § 2. — Élections municipales (n. 21 à 38).
Art. 2. — Attributions (n. 39 à 53).

1. — Dans chaque collége électoral, il existe un bureau
chargé de recevoir les votes et de surveiller les opérations du
scrutin. La composition et les attributions de ce bureau sont
réglées, pour les élections législatives, par les articles 12, 13, 14,
15 et 16 du décret réglementaire du 2 février 1852. Les mêmes
dispositions ont été appliquées aux élections des conseils généraux et des conseils d'arrondissement par la loi du 7 juillet 1852.
Quant aux élections municipales, elles sont régies, sous ce
rapport, par les articles 29, 31 et 34 de la loi du 5 mai 1855.

La seule pièce qui d'après la loi doive être déposée sur le
bureau, est la copie de la liste des électeurs. (C. d'Ét., 3 mai
1866, él. mun. de Montoussé; *voir* v° Liste, art. 3.)

Article premier. — *Composition.*

§ 1. — Élections à la Chambre des députés, départementales et d'arrondissement.

2. — L'article 12 du décret réglementaire du 2 février 1852
détermine ainsi qu'il suit la composition du bureau: « Le bureau
« de chaque collége ou section est composé d'un président, de
« quatre assesseurs et d'un secrétaire choisi par eux ¹ parmi
« les électeurs. »

3. — Le choix des assesseurs est réglé par l'article 14 du
même décret qui porte: « Les assesseurs sont pris, suivant l'ordre
« du tableau, parmi les conseillers municipaux sachant lire et
« écrire; à leur défaut, les assesseurs sont les deux plus âgés
« et les deux plus jeunes électeurs présents sachant lire et

---

¹ La nomination du secrétaire doit être faite à la majorité des voix.

« écrire. — A Paris, les fonctions d'assesseurs sont remplies
« dans chaque section par les deux plus âgés et les deux plus
« jeunes électeurs sachant lire et écrire.

4. — En principe, la constitution des divers bureaux d'une
circonscription est nécessaire pour la validité du scrutin. Mais
lorsqu'il est constaté que, dans une commune possédant un très-
petit nombre d'électeurs, le bureau n'a pu être formé, personne
ne s'étant présenté pour en faire partie, cette irrégularité n'entraîne pas la nullité de l'élection. (Corps légis., 9 nov. 1863, él. de
M. le comte de Champagny, *Mon.* du 10, p. 1329; Ass. nat.,
12 nov. 1873, él. du Puy-de-Dôme, *J. off.* du 13, p. 6891.)

5. — La présidence appartient au maire, s'il n'y a qu'un
bureau, et à son défaut à l'un de ses adjoints ou aux conseillers
municipaux, suivant l'ordre du tableau; s'il y a plusieurs sections,
le maire préside la première, et les adjoints ainsi que les conseillers municipaux président les autres. A défaut d'adjoints e
de conseillers municipaux, les présidents sont désignés par le
maire, parmi les conseillers municipaux sachant lire et écrire.
(Décr. régl., 2 févr. 1852, art. 13.)

L'article 13 porte en outre qu'à Paris les sections sont présidées, dans chaque arrondissement, par le maire, les adjoints
et les électeurs désignés par eux.

6. — Le bureau, composé d'un conseiller municipal, des deux
plus âgés et des deux plus jeunes électeurs, doit être présidé
par le premier. Si cela n'a pas lieu, les opérations électorales
ne peuvent néanmoins être arguées de nullité, alors qu'il n'est
pas allégué que la présidence ait été refusée au conseiller
municipal. (C. d'Ét., 5 août 1868, él. dép. de Luxeuil.)

7. — Le maire a la faculté de siéger en qualité de président,
même lorsqu'il est candidat. (Corps légis., 21 nov. 1863, él. de
M. Pagesy, *Mon.* du 22, p. 1406; Ch. des dép., 22 mars 1876,
él. de M. Martenot, *J. off.* du 23, p. 2022.)

8. La loi ne s'oppose pas non plus à ce que deux individus
unis par des liens de parenté siégent en même temps, l'un en

qualité de président, et l'autre comme secrétaire. (C. d'Ét., 20 juill. 1867, él. dép. de Confolens.)

9. — Elle n'interdit pas davantage de prendre pour assesseurs d'un même bureau des parents ou des alliés. En conséquence, il a été décidé que deux alliés au degré de gendre et de beau-père, lorsqu'ils étaient membres du conseil municipal, pouvaient faire partie du même bureau. (C. d'Ét., 30 juill. 1869, él. dép. de Sarrola.)

10. — Un candidat peut être admis également à remplir les fonctions d'assesseur. (C. d'Ét., 31 janv. 1861, él. dép., aff. Lesage ; 24 mars 1876, él. dép. de Limoux.)

11. — Il est encore permis de désigner comme assesseurs, à défaut de conseillers municipaux, des gardes champêtres ayant la qualité d'électeurs ; du moins, ce choix ne peut être critiqué, lorsqu'il est resté sans influence sur le résultat. (C. d'Ét., 2 mai 1868, él. dép. de Beuzeville.)

12. — On reconnaît que le maire a la faculté, pour assurer la composition légale du bureau, d'inviter des conseillers mucipaux ou des électeurs à se trouver à l'ouverture de l'assemblée électorale. Cet avertissement ne porte nulle atteinte à la loi. (C. d'Ét., 28 mars 1862, él. dép. de Paulhaguet ; 25 avril 1868, él. dép. de Saint-Saulge ; 24 juin 1868, él. dép. de Sainte-Foy.)

Mais aucune disposition de loi ne l'oblige à convoquer tous les membres du conseil municipal. (C. d'Ét., 22 avril 1865, él. dép. d'Avignon.)

Toutefois, il y aurait violation de la loi si des conseillers municipaux désignés à l'avance par le maire avaient été appelés à faire partie du bureau, malgré la présence d'autres conseillers municipaux inscrits avant eux sur le tableau, et au mépris de la protestation faite à ce sujet par l'un de ces derniers. (C. d'Ét., 16 août 1862, él. dép. de Murviel; 24 mars 1865, él. dép. de Moulins.)

13. — L'élection devrait de même être annulée si les assesseurs choisis d'avance n'étaient pas conseillers municipaux, et si les conseillers, s'étant présentés avant l'heure fixée pour le

commencement des opérations, n'avaient pas été admis dans la composition du bureau (C. d'Ét., 11 août 1859, él. dép. de Montcuq) ;

Ou si les assesseurs avaient été choisis par le président, à l'ouverture de la séance, sans égard à leur rang sur le tableau, et malgré les réclamations d'autres membres du conseil municipal qui auraient dû être appelés avant eux. (C. d'Ét., 28 déc. 1858, él. dép. de Granchamp ; 28 janv. 1865, él. dép. de Piana.)

14. — Mais on ne saurait tirer un grief de ce qu'un maire a composé le bureau des membres de sa famille ou d'amis dévoués, s'il est établi qu'il y a appelé les électeurs présents, en l'absence de conseillers municipaux. (Corps légis., 4 déc. 1869, él. de M. du Miral, *J. off.* du 5, p. 1557.)

15. — Jugé même que l'irrégularité résultant de ce qu'un des assesseurs désignés n'était pas électeur, ne serait pas un motif suffisant pour annuler une élection, si elle n'avait fait l'objet d'aucune réclamation dans l'assemblée électorale, et s'il n'était pas allégué qu'elle eût exercé quelque influence sur le résultat des opérations. (C. d'Ét., 13 févr. 1856, él. dép. de Montauban ; 16 août 1860, él. dép. de Desclaux ; 6 juill. 1865, él. dép. d'Isigny ; Ch. des dép., 14 mars 1876, él. de M. Baury, *J. off.* du 15, p. 1813.)

La même solution est admise dans le cas où un individu inscrit sur la liste électorale, postérieurement à l'époque de sa clôture, a pris part à quelques-unes des opérations du bureau. (C. d'Ét., 6 juill. 1865, él. dép. d'Isigny.)

16. — Si le procès-verbal des opérations électorales portait la signature des assesseurs, on ne serait pas fondé à soutenir qu'ils étaient illettrés. (*Voir* v° Procès-verbal, n° 18.)

17. — En résumé, pour que l'élection puisse être annulée, il faut que l'irrégularité commise ait eu pour but et pour effet de porter atteinte à la liberté et à la sincérité du vote (C. d'Ét., 16 août 1862, él. dép. de Murviel ; 26 nov. 1863, él. dép. du Croisic ; 13 juin 1866, él. dép. de Serraggio ; 16 août 1866, él. dép. de Luri). Dans le cas contraire, l'élection est maintenue.

(C. d'Ét., 11 août 1859, él. dép. de Mazamet; 16 août 1860, él. dép. de Lagineste; 9 mai 1873, él. au cons. gén., cant. de Saint-Paul (île de la Réunion.)

18. — L'article 15 du décret réglementaire porte : « Trois « membres du bureau doivent être présents pendant tout le cours « des opérations du collége. » L'article 34 de la loi de 1855 contient la même prescription.

Cette disposition ne doit pas être entendue dans un sens trop rigoureux. La réduction du nombre des membres du bureau à moins de trois, en cas d'absence momentanée de l'un d'eux, n'a pour effet d'invalider une élection que quand ce fait a pu nuire aux opérations ou déplacer la majorité. Cela est admis par une jurisprudence constante. (Ass. légis., 23 juill. 1849, él. de la Martinique, *Mon.* du 24, p. 2445 ; 25 mars 1850, él. de l'Isère, *Mon.* du 26, p. 1000 ; Corps légis., 10 nov. 1863, él. de M. le général Parchappe, *Mon.* du 11, p. 1336; 23 nov. 1863, él. de M. Joseph Simon, *Mon.* du 24, p. 1416 ; C. d'Ét., 20 juill. 1853, él. dép. de Mazamet ; 28 juin 1869, él. dép. de Sari d'Orcino; 28 juill. 1869, él. dép. de Sarrola ; Ch. des dép., 23 mars 1876, él. de M. Estignard, *J. off.* du 24, p. 2057.)

19. — Parmi les trois membres dont la présence est exigée, il faut comprendre le secrétaire, qui est considéré comme faisant partie du bureau. (Ass. légis., 25 mars 1850, él. de l'Isère, *Mon.* du 26, p. 1000 ; Ch. des dép., 10 nov. 1863, él. de M. le duc de Rivoli, *Mon.* du 11, p. 1335.)

Si donc il vient à quitter le bureau, il doit être procédé à son remplacement. (C. d'Ét., 19 nov. 1875, él. dép. d'Ervy.)

20. — En cas d'absence, le président est remplacé par le plus âgé, et le secrétaire par le plus jeune des assesseurs présents.

Si, contrairement à cette règle, un électeur avait remplacé momentanément le président et avait reçu à ce titre un certain nombre de votes, il n'en résulterait pas *ipso facto* une cause de

nullité des opérations; ce ne serait que dans le cas où cette irrégularité aurait exercé une influence sur le résultat qu'il y aurait
lieu à annulation. (C. d'Ét., 13 juin 1862, él. dép. de Ca-
bannes.)

§ 2. — Élections municipales.

21. — L'article 29 de la loi du 5 mai 1855 est ainsi conçu :
« Les sections sont présidées, savoir : la première par le maire,
« et les autres successivement par les adjoints, dans l'ordre de
« leur nomination, et par les conseillers municipaux, dans l'or-
« dre du tableau. »

L'article 31 de la même loi porte : « Les deux plus âgés et
« les deux plus jeunes des électeurs présents à l'ouverture de
« la séance, sachant lire et écrire, remplissent les fonctions de
« scrutateurs. »

Les dispositions qui précèdent sont applicables dans tous les
cas, en matière électorale, à la composition du bureau, à
l'exclusion de celles édictées par l'article 14 du décret organique
du 2 février 1852. (C. d'Ét., 27 juin 1867, él. de Châteauneuf-
sur-Sarthe.)

22. — Quand il n'existe qu'une seule assemblée électorale,
la présidence appartient au maire, qui peut régulièrement la
déléguer à un adjoint par arrêté spécial. (C. d'Ét., 12 septembre 1853, él. de Ghisoni.)

23. — Il est à remarquer que le maire ou l'adjoint nommé par
le conseil municipal, et dont l'élection vient à être annulée,
doit néanmoins rester en fonctions jusqu'à l'installation de son
successeur (art. 2, L. 5 mai 1855); d'où il suit qu'il a qualité
pour présider une des sections électorales. Les prescriptions de
l'article 2 de la loi de 1855 sur ce point n'ont pas été abrogées
par la loi du 14 avril 1871, qui, en vue des élections ordonnées
par cette loi, dispose que provisoirement, et jusqu'à l'installation
des nouveaux conseils municipaux, les fonctions de maires,
d'adjoints, de présidents de bureaux électoraux dans les com-

munes administrées par des commissions municipales ou par des maires et adjoints pris en dehors du conseil municipal, seront remplies par les membres des derniers conseils municipaux élus, en suivant l'ordre d'inscription du tableau. Ces dispositions étaient spéciales aux élections que cette loi ordonnait ; pour les autres, le principe général écrit dans l'article 29 de la loi de 1855 demeure applicable. (C. d'Ét., 6 déc. 1872, él. de Bastelica.)

24. — L'ordre fixé par l'article 29 pour l'attribution des fonctions de président peut être interverti, sans qu'il en résulte une cause de nullité.

Il en est ainsi notamment lorsque le maire a présidé la seconde section, désignée par erreur comme la première, si nulle atteinte n'a été portée à la sincérité du vote. (C. d'Ét., 19 mai 1866, él. de Châteauvilain.)

Même solution, dans le cas où une section a été présidée par un conseiller municipal, au lieu de l'être par un adjoint. (C. d'Ét., 27 juin 1866, él. de Videix.)

25. — A défaut d'un nombre suffisant de conseillers municipaux pour présider les sections, on peut désigner à cet effet de simples électeurs. (C. d'Ét., 25 avril 1862, él. de Marseille.)

La présidence peut également être déférée à un électeur, si les membres du conseil municipal l'ont refusée. (C. d'Ét., 19 juillet 1866, él. de Marseille.)

Mais si la présidence était donnée à un électeur illettré, et qui n'y serait appelé ni à titre de maire ou d'adjoint, ni à titre de membre du conseil municipal choisi dans l'ordre d'inscription, conformément à la loi du 14 avril 1871, mais simplement comme étant le plus âgé des membres de l'ancien conseil, les opérations devraient être annulées. (C. d'Ét., 15 avril 1872, él. d'Épenède.)

26. — On remarquera que les conseillers municipaux ne sont plus appelés à siéger comme assesseurs, ainsi que cela a lieu pour les autres élections (voir *suprà*, n° 3). Les électeurs leur sont préférés, parce que l'intérêt personnel des conseillers est engagé dans ces élections, et qu'on pourrait douter de leur impartialité.

Aucune disposition législative ne prescrit d'attendre, pour constituer le bureau, qu'un nombre déterminé d'électeurs soit présent, par exemple le tiers. (C. d'Ét., 9 juill. 1856, él. d'Écos.)

27. — Si le nombre des assesseurs a été inférieur à celui qui est prescrit par la loi, ou si l'on a omis de leur adjoindre un secrétaire, cette irrégularité entraîne la nullité des opérations (C. d'Ét., 12 août 1861, él. de Saint-Loup; 29 déc. 1871, él. de Venzolasca); à moins qu'elle n'ait pas eu pour résultat de nuire à leur régularité (C. d'Ét., 3 mai 1866, él. de Montoussé.)

28. — Si les membres du bureau n'avaient pas la qualité d'électeur, les opérations seraient également irrégulières. Décidé toutefois qu'une élection ne devait pas être annulée, à raison de ce qu'un des membres n'était pas électeur, alors que ce fait avait été le résultat d'une erreur, et était resté sans influence sur l'élection. (C. d'Ét., 6 août 1866, él. de Préchacq; 14 févr. 1872, él. de Porchères; 17 mars 1876, él. de Plougoulm.)

29. — L'obligation de composer le bureau des deux plus âgés et des deux plus jeunes électeurs présents n'est pas moins rigoureuse. Cette prescription a-t-elle été enfreinte, au mépris des réclamations faites à cet égard, le scrutin doit être annulé. (C. d'Ét., 25 avril 1860, él. de Montbarrois; 12 déc. 1861, él. d'Istres; 27 mars 1862, él. de Steinsultz; 30 mai 1866, él. de Chaillé-sous-les-Ormeaux; 3 juill. 1866, él. d'Olmiccia; 10 juill. 1866, él. de Cépie; 18 juill. 1866, él. de Cassano; 12 févr. 1870, él. de Nogaro; 24 févr. 1870, él. de Labrugnières; 15 nov. 1871, él. de Trouillas.)

Exception est faite pour le cas où un électeur non désigné par son âge a été nommé, sur le refus d'électeurs plus jeunes. (C. d'Ét., 29 mai 1866, él. de Monferran-Plavès.)

30. — Le bureau ne peut pas non plus être constitué avant l'heure indiquée pour l'ouverture du scrutin, ni composé d'électeurs désignés d'avance. S'il était contrevenu à cette règle, l'élection serait nulle. (C. d'Ét., 29 mai 1861, él. d'Aniane; 14 juin 1861, él. de Saint-Christophe-du-Jambet; 31 août 1861, él. de Pineuilh; 12 mars 1863, él. de Mansles; 6 juin 1866, él. de Saint-Aignan-sur-Ry; 5 sept. 1866, él. de Prémery.)

Il n'y aurait pas lieu toutefois à annulation, bien que les membres du bureau eussent été désignés d'avance, si le scrutin avait été ouvert à l'heure indiquée, et s'il n'était pas démontré que des électeurs, sachant lire et écrire, plus jeunes ou plus âgés que ceux appelés à remplir les fonctions d'assesseurs, eussent été présents à l'ouverture de la séance. (C. d'Ét., 9 juill. 1856, él. de Bray-sur-Seine; 29 mai 1861, él. de Sauveterre; 12 août 1861, él. de Vaisons; 10 avril 1866, él. de Vinon; 26 juin 1866, él. de Lavoulte; 17 juill. 1866, él. de Saint-Nicolas-près-Granville; 18 juill. 1866, él. de Porchères; 20 sept. 1871, él. de Notre-Dame de Bliquetuit; 26 févr. 1872, él. de Cursan; 2 nov. 1871, él. de Tillay le Péneux; 29 déc. 1871, él. d'Ajaccio; 4 juin 1875, él. de Culey; 7 août 1875, él. de Vaudelnay-Rillé, de Blanzy, de Savigny, de Laxou et de Vitrolles; 3 déc. 1875, él. de Grandvilliers; 9 juin 1876, él. de Crouzeilles.)

34. — Les électeurs illettrés ne devant pas faire partie du bureau, il a été jugé aussi qu'un maire qui n'avait trouvé, à l'ouverture de la séance, que deux électeurs sachant lire et écrire, avait pu faire appeler, pour compléter le bureau, deux anciens membres du conseil municipal. (C. d'Ét., 25 mai 1861, él. de Saint-Sosy.)

Si le bureau avait été composé d'électeurs illettrés, il y aurait lieu à annulation. Décidé même que cette irrégularité n'avait pu être couverte par l'adjonction, qui aurait eu lieu plus tard, de scrutateurs supplémentaires (C. d'Ét., 7 août 1875, él. de Villedomain). L'observation faite *suprà*, n° 16, est applicable ici.

La condition de savoir lire et écrire a été considérée comme remplie par un membre du bureau, bien que celui-ci (qui connaissait la langue allemande) ne sût ni lire ni écrire le français. (C. d'Ét., 29 mai 1861, él. de Hartmanswiller.)

32. — L'annulation a été prononcée dans un cas où il était établi que deux scrutateurs avaient la vue tellement faible qu'il leur était impossible de vérifier les noms inscrits sur la liste électorale. (C. d'Ét., 10 juill. 1866, él. d'Aix-en-Othe.)

Mais on ne saurait écarter du bureau un électeur, sous le prétexte de son trop grand âge, quand il n'a aucune infirmité qui l'empêche de remplir ses fonctions. (C. d'Ét., 9 juill. 1856, él. d'Écos.)

33. — On admet, en l'absence de toute disposition prohibitive de la loi, que des parents ou alliés peuvent faire partie du même bureau. (C. d'Ét., 26 mars 1856, él. de Monchaux-Soreng; 3 mai 1861, él. de Calacuccia ; 22 janv. 1863, él. d'Istres ; 11 juill. 1866, él. de Molières.) L'emploi de garde-champêtre n'est pas non plus un obstacle à ce que celui qui en est revêtu fasse partie du bureau. (C. d'Ét., 4 mai 1877, él. d'Anctoville.)

Les candidats peuvent également faire partie du bureau (Cons. de préf. de la Seine, 24 déc. 1874, Chereau), et délibérer sur l'attribution à faire de bulletins les concernant. (C. d'Ét. 22 juill. 1835, él. de Pavilly.)

34. — Les électeurs en état d'ivresse doivent être écartés. (C. d'Ét., 7 août 1875, él. de Sartène.)

35. — Ajoutons qu'il est de règle aussi, en cette matière, que la composition irrégulière du bureau n'est pas en général une cause de nullité, quand la sincérité du vote n'a pas été altérée. (C. d'Ét., 12 sept. 1853, él. de Coupiac; 23 juill. 1856, él. de Berry-Bouy; 30 juill. 1857, él. de Saint-Pol-de-Monts; 25 avril 1861, él. de Garindein; 3 mai 1866, él. de Montoussé ; 1er juin 1866, él. de Bastelica; 6 août 1866, él. de Préchacq; 14 févr. 1872, él. de Porchères; 28 mai 1872, él. de Château-sur-Allier; 18 juin 1875, él. de Marsac.)

36. — L'article 31, paragraphe 4, de la loi du 5 mai 1855 porte : « Trois membres du bureau, au moins, doivent être présents « pendant tout le cours des opérations. »

L'inobservation de cette prescription ne deviendrait également une cause de nullité de l'élection, que si la réduction à moins de trois membres avait pu avoir pour résultat de compromettre la sincérité du vote. (C. d'Ét., 8 juin 1847, él. de Carentoir ; 17 avril 1861, él. de Crouttes ; 18 mai 1861, él. de Lillers et de Bizanos; 2 juill. 1861, él. de Cuq-Toulza; 6 août 1861, él. d'Aix-en-Othe ; 21 nov. 1861, él. de Châteauneuf; 1er juin 1866, él. d'Hardauges et de Mouzon ; 10 juill. 1866, él. de Claix; 17 juill. 1866, él. de Sospel ; 19 juill. 1866, él. de Chaillé-sous-les-Ormeaux ; 16 août 1866, él. d'Oradour-sur-Glane; 21 novembre 1871, él. de Vimenet; 23 janv. 1872, él. de Prunelli-Fiumorbo ; 18 juin 1875, él. de Montastruc-Saves ; 7 août 1875, él. de Montmeyran ; 5 nov. 1875, él. d'Ariès; 19 nov. 1875, él. de Mareuil-en-Dole; 29 nov. 1875, él. de Maillé.)

37. — Le secrétaire doit être compris parmi les trois membres du bureau, dont la présence est exigée par la loi pour la validité des élections. (C. d'Ét., 14 févr. 1842, él. d'Allemagne; 26 févr. 1872, él. de Rodez.)

38. — Le président peut quitter le bureau, après avoir fait procéder à son remplacement (C. d'Ét., 23 avril 1875, él. de Saint-André-de-Double). Il en est de même pour le secrétaire. Le président doit être remplacé par le plus âgé des assesseurs, et le secrétaire par le plus jeune.

Si l'un des assesseurs vient ensuite à être nommé secrétaire, et n'est pas remplacé comme assesseur, ce fait ne saurait vicier l'élection, alors que trois membres ont été constamment présents pendant le cours des opérations. (C. d'Ét., 25 avril 1861, él. de Garindein.)

Art. II. — *Attributions.*

39. — Les attributions du bureau sont les mêmes pour toutes les élections,

40. — La police de l'assemblée appartient à son président. Nulle force armée ne peut, sans son autorisation, être placée dans la salle du scrutin ni aux abords. Les autorités civiles et militaires sont tenues de déférer à ses réquisitions. (Art. 11 du décr. régl., du 2 févr. 1852, et 30 de la loi du 5 mai 1855 ; *Voir* aussi v° LIBERTÉ, n° 12, et v° SCRUTIN, n° 19.)

40. — Une fois le bureau constitué, il est recommandé au président, pour éviter toute erreur, de rappeler aux électeurs le nombre de candidats qu'ils ont à élire. (Circ. du min. de l'int., du 11 août 1836.)

41. — Il est interdit aux colléges électoraux de s'occuper d'autres objets que des élections pour lesquelles ils sont réunis. S'il était contrevenu à cette règle, le président serait tenu de rappeler l'assemblée à l'ordre ; et s'il ne pouvait parvenir à se faire obéir, la réunion devrait être ajournée à une autre heure. (*Voir* COLLÉGE ÉLECTORAL.)

42. — Le bureau est chargé de surveiller les opérations, pour empêcher la violation du secret des votes, la substitution des bulletins ou tout autre acte illicite.

43. — Aux termes de l'article 22 du décret réglementaire de 1852 et de l'article 38, paragraphes 4 et 5 de la loi de 1855, le bulletin de chaque électeur est remis au président, qui le dépose dans une boite fermée à deux serrures : une clef reste entre les mains du président, l'autre entre celles du scrutateur le plus âgé. (*Voir* v° VOTE, art. 4 et 7.)

44. — Suivant l'article 23 du décret et l'article 38, paragraphe 6, de la loi de 1855, le vote de chaque électeur est constaté par la signature ou le paraphe de l'un des membres du bureau, apposé sur la liste, en marge du nom du votant. (*Voir* v° VOTE, art. 5.)

45. — Le bureau est chargé, en outre, de procéder au dépouillement du scrutin ou d'exercer à cet égard sa surveillance. (*Voir* v° DÉPOUILLEMENT, art. 2.)

46. — Le procès-verbal est rédigé par le secrétaire. Il est signé de tous les membres du bureau, qui doivent aussi parapher les bulletins y annexés (Art. 16 du décr. régl. de 1852 ; *Voir* v° PROCÈS-VERBAL, art. 2, § 1, et DÉPOUILLEMENT, art. 7). On verra v° PROCÈS-VERBAL, article 2, paragraphe 2, les énonciations que ce document doit contenir.

47. — Enfin, le bureau a pour mission de statuer provisoirement sur les difficultés auxquelles peuvent donner lieu les opérations électorales. L'article 16 du décret réglementaire, dont les dispositions ont été reproduites par l'article 34 de la loi de 1855 porte, à ce sujet : « Le bureau prononce provisoirement « sur les difficultés qui s'élèvent touchant les opérations du « collège ou de la section. — Ses décisions sont motivées. — « Toutes les réclamations et décisions sont inscrites au procès- « verbal; les pièces ou bulletins qui s'y rapportent y sont « annexés, après avoir été paraphés par le bureau. »

Dans le cas où le bureau n'aurait pas eu égard à des réclamations ; si même, il avait refusé de les annexer au procès-verbal, il n'en résulterait pas, en général, *ipso facto* une cause de nullité, car ce refus ne ferait pas obstacle à ce que leurs auteurs les portassent directement devant le conseil de préfecture. (*Voir* v° Procès-verbal, n° 17.)

48. — Le bureau ne rend pas de décision proprement dite. Il peut se présenter une foule de questions de détail qui doivent recevoir une solution immédiate, afin que le cours des opérations ne soit pas entravé. Le bureau statue alors, mais à titre purement provisoire : il ne constitue pas un premier degré de juridiction.

49. — Il n'appartient pas au bureau de se prononcer sur la capacité légale des électeurs; il doit se borner à vérifier si ceux qui se présentent sont inscrits ou non sur la liste, et s'assurer de leur identité. (*Voir* v° Vote, art. 2.)

Le bureau ne peut statuer davantage sur les questions d'éligibilité.

Il a été jugé, conformément à ces principes, en matière d'élections municipales, que le bureau excédait ses pouvoirs en refusant de proclamer des candidats, sous le prétexte qu'ils ne réunissaient pas les conditions légales nécessaires pour être élus, ou à raison des empêchements à leur nomination, résultant soit d'alliance, soit d'incompatibilité. (C. d'Ét., 29 mai 1861, él. de Mirandol; 30 août 1861, él. de Sous-Moulins; 16 févr. 1866, él. de Feurs; 20 mars 1866, él. de Burzet;

7 avril 1866, él. de Bourganeuf ; 8 mai 1866, él. de Lolif ;
7 juin 1866, él. de Mazangé ; 19 juill., 1866, él. de Bayeux ;
2 août 1866, él. d'Augeac ; 10 août 1866, él. de Trévières et
de Ladevèze-Rivière ; 9 août 1869, él. d'Écuras ; 2 nov. 1871,
él. de Tillay-le-Peneux ; 15 nov. 1871, él. de Ferrière-la-
Grande ; 19 nov. 1875, él. de Bernac-Debat.)

50. — Les délibérations du bureau sont secrètes. Ses décisions
sont prises à la majorité ; en cas de partage, il en est fait mention
au procès-verbal (Instr. min. du 30 mai 1857). Aux termes des
articles 12 du décret réglementaire du 2 février 1852 et 31 de
la loi du 5 mai 1855, le secrétaire n'a que voix consultative.

51. — Le bureau a la faculté de se retirer dans une autre
salle pour délibérer ; mais le résultat de sa délibération doit
être proclamé publiquement. (C. d'Ét., 24 juill. 1861, él. mun.
de Bédous.)

52. — Il peut rectifier les erreurs dont il s'aperçoit, à la
double condition que cette rectification ait lieu publiquement,
et que la clôture des opérations n'ait pas été prononcée.
Une fois le scrutin clos, s'il est reconnu qu'une erreur
a été commise, celle-ci ne peut que faire l'objet d'une
protestation devant le juge administratif. (C. d'Ét., 18 août
1856, él. mun. de Sijean ; 11 juin 1870, él. mun. de Duault.)

53. — Indépendamment du bureau dont il vient d'être parlé,
il existe au chef-lieu du département pour les élections législatives, et au chef-lieu de canton pour les élections des conseils généraux et d'arrondissement, un bureau central chargé
de faire le recensement général des votes et de proclamer les
candidats élus. (*Voir*, v° RECENSEMENT, art. 1er, § 2, et art. 2, § 2.)

CANDIDAT.

1. — Une candidature peut se produire et être propagée, au
moyen de la publicité des journaux, de l'affichage et de la distribution de professions de foi et circulaires. (*Voir* v^is CIRCU-
LAIRES et LIBERTÉ.)

En ce qui touche les conditions de l'éligibilité, *voir* v° ÉLIGI-
BILITÉ.

2. — Nul doute ne doit exister sur la personne du candidat
qui se présente dans une élection. Aussi doit-il indiquer le nom
sous lequel il est ordinairement désigné.

S'il avait pris un autre nom , et que ce fait n'eût pas permis
aux électeurs de vérifier son identité et de connaître ses anté-
cédents, l'élection devrait être invalidée. (C. de préf. de la
Seine, 22 déc. 1874 (Krzyanowski), *Dalloz*, 1875, III, 83.)

3. — Il n'est pas nécessaire d'avoir été candidat à un premier tour pour pouvoir se porter à un second et être éligible.
(C. d'Ét., 18 févr. 1876, él. d'arr. de Lanmeur.).

4. — Les candidats n'ont, dans aucun cas, un caractère public. On lit à ce sujet, dans le *Répertoire* de Dalloz : « Les can-
« didats aux fonctions de députés, de membres des conseils
« généraux, des conseils d'arrondissement, des conseils muni-
« cipaux, n'ont d'autre mission que celle qu'ils se donnent
« eux-mêmes : ils aspirent à avoir un caractère public, mais
« ils n'en sont pas revêtus. » (*Voir* v° PRESSE, n° 1527.)

Touchant les électeurs, *voir* v°ˢ ÉLECTEUR, n° 11, et SÉNAT,
n° 42.

CARTES.

Voir v° VOTE, n°ˢ 16 et 17.

CASIERS ADMINISTRATIFS ÉLECTORAUX.

Voir v° INCAPACITÉ, section IV.

CASSATION.

§ 1. — Décisions qui peuvent faire l'objet d'un pourvoi (n. 2 à 3).
§ 2. — De ceux qui peuvent se pourvoir (n. 4 à 7).
§ 3. — Délai du pourvoi (n. 8 à 9).
§ 4. — Forme du pourvoi (n. 10 à 16).
§ 5. — Dénonciation du pourvoi (n. 17 à 21).
§ 6. — Mode de procéder devant la Cour de Cassation (n. 22 à 24).
§ 7. — Pourvoi dans l'intérêt de la loi (n. 25 à 27).

1. — Les demandes en inscription ou en radiation des individus omis ou portés indûment sur les listes électorales sont

jugées, en première instance, par une commission municipale, et en appel par le juge de paix. (*Voir* v^{is} Commission municipale et Juge de paix.)

Aux termes de l'article 23 du décret organique du 2 février 1852, la sentence du juge de paix peut être déférée à la Cour de Cassation.

Le pourvoi, suivant la règle générale, n'est pas suspensif.

§ 1. — Décisions qui peuvent faire l'objet d'un pourvoi.

2. — Les décisions définitives peuvent seules faire l'objet d'un pourvoi.

Si la sentence a été rendue par défaut, le recours ne peut être formé qu'après l'expiration du délai d'opposition. (C. C. ch. req., 13 mai 1863, rejet (Goyon), *Dalloz*, 1864, V, 117.)

3. — La décision du juge de paix rendue sur les moyens et conclusions des parties est considérée comme contradictoire en cette matière; la comparution des parties, en personne ou par fondé de pouvoirs, n'est pas nécessaire. (C. C. ch. req., 3 mai 1869, rejet (Dagé), *Dalloz*, 1871, V, 134 ; *voir* v° Juge de paix, n° 27.)

§ 2. — De ceux qui peuvent se pourvoir.

4. — Le droit de former un recours en cassation n'appartient qu'à ceux qui ont été parties dans la décision attaquée. Ce principe ne souffre aucune dérogation. A la différence de ce qui est admis pour le droit d'appel (*voir* v° Juge de paix, n° 2), la jurisprudence décide que les tiers électeurs qui n'ont pas figuré dans l'instance devant le juge de paix ne sont pas recevables à se pourvoir contre la sentence par lui rendue. (C. C. ch. civ., 30 juill. 1851, rejet (Duffau), *Dalloz*, 1851, I, 232; ch. req., 23 mars 1863, rejet (Boussard), *Dalloz*, 1863, I, 141; 4 mai 1868, rejet (Leloutre), *Sirey*, 1868, I, 308 ; 26 juin 1871, rejet (Alquier), *Sirey*, 1871, I, 243; 8 juin 1873, rejet (Seta), *Dalloz*, 1874, I, 487; ch. civ., 14 févr. 1876, rejet (Emanuelli), *Dalloz*, 1876, I, 78; 29 mars 1876, rejet (Tomassini, Zerbi et Bartoli), *Dalloz*, 1876, I, 205.)

La même règle est applicable aux préfets et sous-préfets qui sont restés étrangers à sa décision. (C. C. ch. req., 14 avril 1857, rejet (sous-préfet de Provins) [1].)

5. — Cependant le pourvoi des électeurs qui n'ont pas été parties au jugement est autorisé dans le cas où les formes et les délais destinés à mettre les tiers en demeure d'intervenir n'ont pas été observés. Il est admis notamment, quand le juge de paix a ordonné des inscriptions ou des radiations sur simple requête et en l'absence d'une décision de la commission. (C. C. ch. req., 10 août 1864, cassation (Arrazat), *Sirey*, 1865, I, 385; 5 juillet 1865, cassation (Royer), *Sirey*, 1865, I, 386 ; 3 avril 1866, cassation (Andréani) [2].)

---

[1] « Attendu qu'il n'est pas contesté que le tiers électeur qui n'a pas usé « des voies légales est non recevable à se pourvoir en cassation contre « une décision à laquelle il est demeuré étranger; que, dès lors, il n'en « saurait être autrement à l'égard des préfets et des sous-préfets, qui n'ont « que le même droit que ces tiers électeurs; — Attendu que cette consé- « quence nécessaire, décisive à elle seule, se trouve d'ailleurs parfaite- « ment d'accord avec l'économie générale des décrets du 2 février 1852, « ainsi qu'avec les caractères essentiels du recours en cassation et les effets « légaux de ce mode extraordinaire de recours; — Attendu que la vérité « légale, ainsi reconnue, ne fait rien perdre à l'administration de son « droit d'action et de surveillance dans la confection des listes électorales, « ni même du droit de poursuivre les rectifications dont ces listes peuvent « lui paraître susceptibles par la voie contentieuse : que tous les moyens « réguliers d'action et de recours ont été mis à sa disposition, puisqu'il « suffit qu'elle introduise la demande ou qu'elle y intervienne pour être « autorisée à suivre cette demande dans toutes ses phases et à tous les « degrés de juridiction; — Et attendu, en fait, que le sous-préfet de Pro- « vins, demandeur en cassation d'une décision rendue sur appel en ma- « tière électorale, par le juge de paix du canton de Donnemarie, le 4 fé- « vrier 1857, n'a été partie dans la demande sur laquelle cette décision « a statué en dernier ressort, ni devant la commission municipale, ni en « appel devant le juge de paix, — Déclare le pourvoi non recevable. »

[2] « Attendu que, sur la requête du sieur Bonavita, appelant régulière- « ment, en ce qui le concernait, de la décision de la commission muni- « cipale de Croce, le juge de paix du canton de Porto a ordonné la « radiation de la liste électorale de cette commune des sieurs Andreani « (Jean-Antoine)... sans que l'inscription de ces quatre individus ait été « l'objet d'aucune contestation devant la commission municipale; — Qu'en cet « état, Pascal et François Andreani, électeurs inscrits sur la liste de Croce,

6. — Le maire et les autres membres de la commission municipale ne peuvent former de recours en cassation, par le motif
qu'ils ont rempli dans la cause l'office de juges. (C. C. ch. req.,
12 août 1850, rejet (Keller), *Dalloz*, 1850, V, 159 ; 15 mai 1872,
rejet (Georjon, Alric et autres), *Sirey*, 1872, I, 306 ; 5 mars 1873,
rejet (commune de Sumène), *Dalloz*, 1873, I, 415 ; 17 mars 1873,
rejet (Delpux), *Dalloz*, 1873, I, 415 ; 7 avril 1873, rejet (Causse),
Dalloz, 1874, I, 486 ; Ch. civ., 20 mars 1876, rejet (maire de
Godivelle), et 21 mars 1876 (Sappia), *Dalloz*, 1876, I, 205.)

7. — Le pourvoi, qui est sans intérêt pour celui qui l'a in-
tenté, est également non recevable. Il en serait ainsi, par
exemple, dans le cas où il serait formé par un électeur qui,
conformément à sa demande, aurait obtenu qu'un citoyen fût
porté sur la liste électorale. (C. C. ch. civ., 8 mai 1876, rejet
(Piétri), *Dalloz*, 1876, I, 229.)

§ 3. — Délai du pourvoi.

8. — L'article 23 précité porte : « Le pourvoi n'est recevable
« que s'il est formé dans les dix jours de la notification de la
« décision. »

Aucun délai n'est prescrit par la loi pour la notification de
la sentence. Le recours peut être exercé avant qu'elle ait eu
lieu ; mais lorsqu'elle a été faite, le pourvoi doit être formé
dans les dix jours suivants. Le jour *a quo* n'est pas compris
dans ce délai ; on compte seulement celui *ad quem*. (C. C.
req., 11 mars 1863, rejet (Bernier), *Dalloz*, 1864, I, 240.)

9. — Si le recours est dirigé par des tiers électeurs, dans le

---

« étaient recevables, quoique étrangers à la contestation portée devant le
« juge de paix, à se pourvoir en cassation contre une sentence où les formes
« de la loi n'avaient pas été observées ; — Au fond : Attendu que le juge
« de paix de Porto, ordonnant la radiation des noms des quatre individus
« susdits de la liste électorale de Croce, sans que l'inscription de ces noms
« sur ladite liste ait été, devant la commission municipale, l'objet d'une
« contestation, a commis un excès de pouvoir et violé les articles 20, 21
« et 22 du décret organique du 2 février 1852, — Casse. »

cas exceptionnel où ce droit leur est attribué par la jurisprudence (*suprà*, n° 5), le délai court à partir du jour où ils ont eu connaissance du jugement. (Arrêts cités même numéro, des 10 août 1864 et 5 juillet 1865.)

§ 4. — Forme du pourvoi.

10. — L'article 23 détermine ainsi qu'il suit les formalités auxquelles est soumis le pourvoi : « Il est formé par simple « requête dénoncée au défendeur dans les dix jours qui suivent; « il est dispensé de l'intermédiaire d'un avocat à la Cour, et « jugé d'urgence sans frais ni consignation d'amende. Les « pièces et mémoires fournis par les parties sont transmis sans « frais par le greffier de la justice de paix au greffier de la Cour « de Cassation. »

11. — Le recours est exercé au moyen d'une simple requête, qui est remise au greffier de la justice de paix. Il peut même être formé verbalement (C. C. ch. req., 7 mars 1864, cassation (Georjon et Gamon), *Dalloz*, 1864, I, 238). Le greffier de la justice de paix est tenu de faire parvenir à celui de la Cour de Cassation les pièces produites par les parties.

La réception du pourvoi doit être constatée par le greffier. S'il refusait de le faire, une signification par huissier serait utile pour en prouver l'existence.

12. — Il a été jugé que la Cour de Cassation n'est pas compétente, en ce cas, pour condamner le greffier aux frais de l'acte extra-judiciaire occasionnés par son refus. La raison en est que le décret de 1852 attribue seulement à la chambre des requêtes la mission de statuer sur la question de droit électoral qui fait l'objet du pourvoi. L'action en indemnité contre le greffier doit être portée devant les tribunaux ordinaires. (C. C. ch. req., 4 juillet 1870, cassation (Carlin), *Dalloz*, 1871, I, 64.)

13. — Bien qu'il soit dispensé de l'intermédiaire d'un avocat à la Cour de Cassation, le recours n'est pas affranchi des formes essentielles du pourvoi. Il serait non recevable, si l'on n'y joignait pas, conformément à la prescription de l'article 4 du èglement du 28 juin 1738, une copie signifiée ou l'expédition en forme de la décision attaquée. (C. C. ch. civ., 15 mars 1876, rejet (Terme), *Dalloz*, 1876, I, 205.)

L'analyse du jugement faite par le greffier ne saurait tenir lieu de la copie ou expédition exigée par ce règlement. (C. C. ch. req., 1er déc. 1874, rejet (Mazeyrat), *Dalloz*, 1875, I, 72.)

Une lettre d'avis écrite au maire par le juge de paix ne pourrait davantage suppléer la copie signifiée. (C. C. ch. req., 18 nov. 1850 rejet (Larrezi), *Dalloz*, 1850, V, 158.)

14. — Le pourvoi doit contenir, d'ailleurs, l'indication des moyens sur lesquels il se fonde ; ou du moins, il faut que ces moyens soient produits ultérieurement. S'il n'en était pas présenté, le recours ne serait pas recevable ; car la Cour ne peut relever d'office que les moyens qui sont d'ordre public. (C. C. ch. req., 23 avril 1860, rejet (Campocasso), *Sirey*, 1861, I, 290 ; 26 juin 1876, rejet (Bodet) [1].)

Des conclusions jointes au dossier et ne portant aucune signature ne pourraient suppléer, à cet égard, au silence du pourvoi. (Arrêt Campocasso.)

15. — En ce qui touche les pièces justificatives, la Cour de Cassation n'étant pas juge des points de fait [2], n'a pas égard à celles qui sont produites devant elle pour la première fois, à l'effet, par exemple, d'établir la nationalité du réclamant. (C. C. ch. req., 10 mars 1863, rejet (Cuvelier), *Dalloz*, 1863, I, 136.)

---

[1] Cet arrêt porte : « Attendu que Bodet se borne à déclarer dans sa re-
« quête en pourvoi : qu'il demande la cassation d'un jugement de la justice de
« paix du canton de Paimbœuf, en date du 21 février 1876, *pour avoir été*
« *rayé de la liste électorale*, sans préciser aucun moyen de cassation, sans
« viser aucun texte de loi qui aurait été enfreint à son préjudice, et sans in-
« diquer en quoi les prescriptions légales auraient été violées ou fausse-
« ment appliquées par le jugement attaqué; — Que le demandeur n'a réparé
« cette lacune par la production d'aucun mémoire ou écrit supplétif: qu'il
« a ainsi contrevenu aux dispositions formelles de l'article 1er, titre IV, du
« règlement du 30 juin 1738, portant : Les demandes en cassation d'arrêts,
« ou de jugements en dernier ressort, seront formées par une requête en
« forme de *vu d'arrêt qui contiendra les moyens de cassation*. — Que dès
« lors la requête doit être considérée comme non avenue, — Par ces motifs,
« — Rejette, etc. »

[2] Voir *infrà*, no 23.

Quand tout tend à établir qu'une pièce n'a été demandée que dans l'intention évidente d'en faire usage devant le juge de paix, il en résulte une présomption suffisante qu'elle a été produite devant ce magistrat, bien que sa décision n'en fasse pas mention. (C. C. ch. req., 11 mars 1863, cassation (Goumy), *Dalloz*, 1863, I, 137.)

16. — Les parties ne sont pas tenues d'employer le ministère des avocats à la Cour ; mais elles sont libres d'y recourir. (Cir. min. de la justice, du 26 avril 1849.)

§ 5. — Dénonciation du pourvoi.

17. — L'article 23 impose au demandeur l'obligation de dénoncer le pourvoi aux défendeurs dans le délai de dix jours.

Quels sont ces défendeurs? Cette qualité appartient-elle exclusivement à ceux qui ont comparu devant le juge de paix ? Il y a lieu de faire une distinction. S'agit-il d'une demande en inscription formée par un tiers électeur et rejetée par la sentence, la dénonciation du pourvoi ne doit pas être faite à celui dont l'inscription a été refusée, s'il n'est pas intervenu devant le juge de paix. S'agit-il au contraire d'une demande en radiation qui n'a pas été accueillie, l'électeur dont l'inscription est contestée est considéré comme défendeur dans la cause ; par suite le pourvoi doit lui être dénoncé, bien qu'il n'ait pas été appelé et ne soit pas intervenu dans l'instance. (C. C. ch. req., 22 mars 1870, cassation(Guerrini), *Dalloz*, 1870, I, 174); 9 avril 1873, rejet (Seta), *Dalloz*, 1874, I, 484 ; 21 avril 1875, cassation (Grégoire) ; *Sirey*, 1875, I, 470 ; 12 avril 1876, rejet (Toussaint et Siméoni), et cassation (Campana), *J. du Palais*, 1876, 533 ; 8 mai 1876, rejet (Piétri), *Dalloz*, 1876, I, 229.)

18. — Il n'est pas nécessaire de recourir au ministère des huissiers pour faire la dénonciation du pourvoi : dans le silence de la loi, on admet qu'il peut être notifié par un agent assermenté. (C. C. ch. req., 23 avril 1860, rejet (Blanc), *Dalloz*, 1860, I, 256). Mais comme il n'est pas toujours facile

aux particuliers d'obtenir le concours des agents de l'administration, la notification par huissier est plutôt en usage. Conformément à la disposition de l'article 24 du décret organique, cet acte est dispensé du timbre et enregistré gratis.

19. — La notification doit être faite à la partie elle-même. Elle serait irrégulière, et en conséquence nulle, si lorsqu'elle concerne les pensionnaires d'un hospice, elle était adressée à l'administrateur de cet établissement. (C. C. ch. req., 1er avril 1873, rejet (Carette), *Dalloz*, 1874, I, 487.)

Par application de l'article 68 du Code de procédure civile, la copie de la notification est remise, en cas d'absence du défendeur, à des parents ou à des voisins, et lorsque ceux-ci refusent de la recevoir, au maire de la commune.

Si la remise était faite au maire d'une commune autre que celle de son domicile, l'acte serait également entaché de nullité. (C. C. ch. req., 7 août 1873, rejet (Ottavi), *Dalloz*, 1874, I, 486.)

20. — Il n'est pas nécessaire de signifier aux défendeurs la copie littérale de la requête en pourvoi. Comme l'a décidé la Cour de Cassation, le mot *dénoncer*, dont la loi se sert, ayant un sens restreint, il suffit de donner connaissance du recours aux défendeurs. Cette opinion paraît d'autant plus fondée que le recours peut être formé par une déclaration verbale. (C. C. ch. req., 7 mars 1864, cassation (Georjon et Gamon), *Dalloz*, 1864, I, 238.) [1]

21. — La dénonciation intéresse le droit de défense et elle est par cela même d'ordre et d'intérêt publics. A défaut d'accomplissement de cette formalité essentielle, le pourvoi est non recevable. Il en est de même quand la dénonciation a eu lieu tardivement. (C. C. ch. req., 23 avril 1860, rejet (Campocasso), *Sirey*, 1861, I, 290; 17 mars 1873, rejet (Duverne), *Dalloz*, 1873, I, 336); ch. civ., 28 mars 1876, rejet (Bissambiglia), *Dalloz*, 1876, I, 229; 8 mai 1876, rejet (Piétri), *Sirey*, 1876, I, 384.)

---

[1] Cette solution est contraire à celle d'un précédent arrêt, rendu par la chambre des requêtes, le 23 avril 1860, rejet (Blanc), *Dalloz*, 1860, I, 256.

§ 6. — Mode de procéder devant la Cour de Cassation.

22. — Suivant l'article 23 du décret organique de 1852, la chambre des requêtes de la Cour de Cassation devait statuer définitivement sur les pourvois. Cette disposition a été modifiée par l'article 1er de la loi du 30 novembre 1875 qui transporte à la chambre civile la connaissance de ces affaires : « Les pourvois « en cassation, porte cet article, relatifs à la formation et à la « révision de l'une et l'autre listes, seront portés directement « devant la chambre civile de la Cour de Cassation. »

23. — D'ailleurs, les principes généraux de la matière reçoivent ici leur application. On ne peut proposer utilement un moyen qui n'a pas été soumis au juge du fond. Il n'y a d'exception que pour les moyens d'ordre public qui peuvent être relevés, soit par les parties, soit par le ministère public. Enfin la Cour suprême n'est appelée à prononcer que sur la violation des dispositions de la loi ; l'appréciation souveraine des points de fait appartient au juge de paix.

En général, une question de changement de résidence constitue un point de fait, sur lequel le juge de paix statue définitivement.

Ainsi ce magistrat décide souverainement, d'après les circonstances de la cause, si la résidence est établie et paraît suffisante pour autoriser l'inscription sur la liste électorale. (*Voir* v° LISTE, n° 14.)

24. — Lorsqu'une décision est cassée, l'affaire est renvoyée devant le juge de paix ie plus voisin de celui qui l'a rendue, conformément à la règle tracée par l'article 87 de la loi du 27 ventôse an VIII.

Si le second jugement est déféré à la Cour de Cassation par un pourvoi fondé sur les mêmes moyens, il est statué alors par les chambres réunies. Après une deuxième cassation, le juge de paix, saisi de l'affaire par suite du renvoi, doit se conformer à la décision de la Cour suprème sur le point de droit qu'elle a résolu. (Art. 1ᵉʳ et 2 de la loi du 1ᵉʳ avril 1837.)

Une expédition de l'arrêt de cassation est délivrée gratuitement aux parties, soit au greffe même de la Cour, soit à celui de la justice de paix où elle est transmise.

§ 7. — Pourvoi dans l'intérêt de la loi.

25. — Aux termes des articles 80 et 88 de la loi du 27 ventôse an VIII, le procureur général près la Cour de Cassation peut se pourvoir d'office, ou sur l'ordre du garde des sceaux, contre tout jugement contraire aux lois ou aux formes de procéder, ou entaché d'excès des pouvoirs, et contre lequel cependant aucune des parties n'a réclamé dans le délai fixé.

Cette disposition générale s'applique également aux décisions rendues en matière électorale. (*Voir* notamment C. C., ch. req., 26 juin, 1861, cassation (jug. de Montbois), *Dalloz*, 1862, I, 135; même date, cassation (jug. de Pont-l'Évêque), *Dalloz*, 1861, I, 416; 17 mars 1873, cassation (jug. de Tenès), *Sirey*, 1873, I, 83; 5 mai 1873, cassation (jug. de Constantine), *Sirey*, 1873, I, 419; 16 juin 1873, cassation (jug. de Lyon), *Sirey*, 1873, I, 419; 6 mars 1876, cassation (jug. d'Albi), *Dalloz*, 1876, I, 203; ch. civ., 8 mai 1876, cassation (jug. de l'île Rousse), *Dalloz*, 1876, I, 231. *Voir* vᵒ LISTE, n° 39.)

26. — Ce droit appartient seulement au procureur général près la Cour de Cassation; il ne pourrait être exercé par nul autre, notamment par un préfet. (C. C. ch., req., 10 déc. 1860, rejet (préfet des Ardennes)[1].)

27. — D'un autre côté, le pourvoi d'office, formé en exécution de l'article 88 précité, ne peut être exercé que contre les décisions du juge de paix et non contre celles de la commission municipale. C'est là une application du principe d'après

[1] « Attendu que le préfet du département des Ardennes a déclaré se pourvoir en cassation, dans l'intérêt de la loi, contre le jugement rendu en ma-

lequel le recours en cassation n'est ouvert qu'après que les autres voies de réformation ont été épuisées[1]. Il faut, de plus, que le délai du recours soit expiré sans réclamation de la part des parties.

28. — Le pourvoi pour excés de pouvoir est porté devant la chambre des requêtes, conformément aux dispositions de l'article 80 de la loi du 27 ventôse an VIII; celui dans l'inté-rêt de la loi est porté devant la chambre civile. (*Voir* les ar-rêts cités *suprà*, n° 25, et *Dalloz, Rep. per.*, année 1876, p. 203, note 1.)

Ajoutons que la cassation résultant de ce recours ne saurait nuire ou profiter aux parties en cause.

CHAMBRE DES DÉPUTÉS[2].

1. — Le pouvoir législatif est exercé au moyen de deux

« tière électorale par le juge de paix du canton de Monthois, le 13 août 1860;
« — Attendu qu'aux termes de la loi du 27 ventôse an VIII, le procureur
« général près la Cour de Cassation a seul le droit de se pourvoir en cas-
« sation dans l'intérêt de la loi, soit d'office, soit de l'ordre de M. le garde
« des sceaux ; — Qu'ainsi le préfet des Ardennes n'avait pas qualité pour
« se pourvoir en cassation, dans l'intérêt de la loi, contre le jugement sus-
« mentionné, — Déclare le pourvoi non recevable. »

1 Ce principe a été consacré, le 24 juin 1829, par l'arrêt suivant de la chambre des requêtes : « La Cour : — Attendu que le jugement rendu par
« le juge de paix de Dannemarie, le 22 octobre dernier, dans l'affaire du
« sieur Chaumasse, et dénoncé par le procureur général, dans l'intérêt de
« la loi, est par sa nature en premier ressort, — Déclare qu'il n'y a pas
« lieu à statuer sur le réquisitoire. »

2 On peut consulter très-utilement, pour tout ce qui concerne la juris-

Chambres : la Chambre haute ou Sénat, et la Chambre des
députés. (Loi 25 févr. 1875, art. 1er, § 1.)

On verra r° SÉNAT tout ce qui concerne le mode de nomination
des membres qui le composent.

Quant à la seconde Chambre, ses membres sont élus par le
suffrage universel et direct, dans les conditions déterminées
par la loi électorale du 30 novembre 1875. Les formes à suivre
pour les élections sont indiquées sous les mots que chaque
question concerne.

ART. Ier. — *De la vérification des pouvoirs.*

2. — Toutes les questions relatives à l'organisation intérieure de l'Assemblée et à la vérification des pouvoirs de ses
membres sont résolues par l'Assemblée elle-même [1].

---

prudence électorale parlementaire, l'ouvrage publié, sons ce titre, par
M. Grün.

[1] Elle suit à cet égard certaines formes tracées par un règlement que
la Chambre des députés a adopté le 16 juin 1876. — Voici la teneur de ce
règlement :

Règlement de la Chambre des députés.

La Chambre des députés a adopté le règlement dont la teneur suit

CHAPITRE PREMIER.

Présidence d'âge. — Bureau provisoire. — Vérification des pouvoirs.

Art. 1er. — A l'ouverture de la première séance de chaque session ordinaire, le plus âgé des membres présents occupe le fauteuil; il est assisté
des six plus jeunes membres présents, lesquels remplissent les fonctions
de secrétaires jusqu'à l'élection du bureau définitif.

Art. 2. — A la première séance d'une nouvelle législature, et après
l'installation du président d'âge, il est procédé immédiatement, en séance
publique, par scrutin séparé, et à la majorité absolue, à la nomination
d'un président et de deux vice-présidents provisoires.

Après deux tours de scrutin, et en cas de ballottage, la majorité relative suffit.

S'il y a égalité de suffrages, le plus âgé est nommé.

Ce droit est écrit dans l'article 5 du décret organique du 2 février 1852, ainsi conçu : « Les opérations électorales sont

Des scrutateurs tirés au sort dépouillent le scrutin, et le doyen d'âge en proclame le résultat.

Art. 3. — Le président provisoire est installé.

Il procède par la voie du sort à la division de la Chambre en onze bureaux.

Art. 4. — Les bureaux procèdent, sans délai, à l'examen des procès-verbaux d'élection. Ces procès-verbaux sont répartis par ordre alphabétique de départements, et, autant que possible, proportionnellement au nombre total des élections. Ils sont examinés par des commissions de cinq membres au moins, formées dans chaque bureau par la voie du sort.

Les députés chargés de faire le rapport sont nommés par les bureaux.

Art. 5. — La Chambre prononce sur la validité des élections, et le président proclame le nom des députés dont les pouvoirs ont été déclarés valides.

Si le bureau conclut à l'invalidation, la discussion ne peut avoir lieu le jour même de la lecture du rapport à la tribune.

Art. 6. — Les députés dont les pouvoirs n'ont pas encore été validés peuvent prendre part aux délibérations et aux votes.

Toutefois, le droit de voter est suspendu pour tout député dont l'admission a été ajournée par décision de la Chambre.

Les députés non validés ne votent sur leur admission ni dans les bureaux, ni en assemblée générale. Ils ne peuvent déposer aucune proposition de loi.

CHAPITRE II.

Bureau définitif.

Art. 7. — Quand les pouvoirs de la moitié plus un des membres de la Chambre ont été vérifiés, il peut être procédé à l'élection du bureau définitif.

Si les pouvoirs ont été vérifiés dans une session précédente, cette élection a lieu à la première séance de la session nouvellement ouverte.

Art. 8. — Le bureau se compose d'un président, de quatre vice-présidents, de huit secrétaires, dont quatre au moins doivent siéger à tour de rôle pendant les séances publiques, et de trois questeurs. L'élection a lieu dans les formes déterminées par l'article 2.

Art. 9. — Les vice-présidents, secrétaires et questeurs sont nommés au scrutin de liste.

Le scrutin a lieu séparément pour chacune de ces fonctions.

Art. 10. — Les membres du bureau définitif, sont élus au commencement de chaque session ordinaire.

Ils restent en fonctions jusqu'à l'ouverture de la session ordinaire suivante.

« vérifiées par le Corps législatif, qui est seul juge de leur
« validité. »

3. — Les procès-verbaux doivent être transmis directement

Art. 11. — Après l'élection du bureau définitif, le président fait connaître au Sénat et au Président de la République que la Chambre des députés est constituée.

Chapitre III.

Bureaux. — Commissions. — Rapports. — Documents.

Art. 12. — Les bureaux, formés conformément à l'article 3, se renouvellent chaque mois par la voie du sort. Ils ne peuvent procéder à aucun vote que si le tiers au moins des membres est présent.

Ils élisent au scrutin, conformément à l'article 2, leurs présidents et leurs secrétaires.

Art. 13. — Ils doivent se conformer pour leurs travaux aux ordres du jour arrêtés par la Chambre. Il est tenu procès-verbal de leurs délibérations.

Le procès-verbal de chaque séance mentionne le nom des membres présents.

Art. 14. — La discussion dans les bureaux ne peut s'ouvrir, sauf cas d'urgence déclarée, que vingt-quatre heures après la distribution des projets de lois et propositions.

Art. 15. — Lorsque la discussion est terminée, chaque bureau nomme un commissaire, conformément aux règles déterminées par l'article 2.

Art. 16. — Suivant la nature des projets qui sont à examiner, la Chambre peut décider que les commissions seront de vingt-deux membres ou de trente-trois au lieu de onze.

Art. 17. — Lors du renvoi d'un projet de loi ou d'une proposition à l'examen des bureaux, la Chambre peut décider, sur la demande d'un de ses membres, que la nomination des commissaires sera faite par scrutin de liste, soit en assemblée générale, soit dans les bureaux, conformément aux règles déterminées par l'article 2.

Dans le cas où la nomination est renvoyée aux bureaux, les scrutins sont ouverts et dépouillés dans chaque bureau. Le recensement général est opéré par le premier bureau et transmis au président de la Chambre, qui proclame le résultat.

Art. 18. — La Chambre peut renvoyer à une commission déjà formée l'examen des propositions et des projets de lois qui lui sont présentés.

Dans ce cas, la nouvelle proposition sera soumise aux mêmes conditions d'examen auxquelles est assujettie la proposition dont la commission est déjà saisie.

Art. 19. — Les bureaux, au commencement de chaque session ordinaire, nomment pour l'année entière une commission de onze membres, chargée de la comptabilité des fonds alloués pour les dépenses de la Chambre.

au président de l'Assemblée, conformément aux dispositions de l'article 9 du décret du 13 avril 1873, qui porte : « Aussitôt

Art. 20. — A chaque renouvellement des bureaux il est nommé quatre commissions mensuelles :

Une commission de vingt-deux membres, chargée d'examiner les projets émanant de l'initiative parlementaire et de donner un avis sur la prise en considération :

Une commission de onze membres, chargée de l'examen des projets de lois relatifs aux intérêts communaux et départementaux ;

Une commission de onze membres, chargée de l'examen des pétitions :

Une commission de onze membres, chargée de donner son avis sur toute demande de congé.

Art. 21. — Une commission de trente-trois membres, nommés par les bureaux, est chargée de l'examen de la loi des recettes et des dépenses.

Art. 22. — Sont renvoyés à l'examen de cette commission :

1º Tous projets de loi portant demande de crédits supplémentaires ou extraordinaires afférents aux exercices courants, clos ou périmés ;

2º Tous projets de lois ou propositions qui peuvent avoir pour effet de modifier les recettes ou les dépenses de l'État.

Lors de la présentation des projets de lois de crédits supplémentaires ou extraordinaires, ces projets sont dévolus à la commission sur le rapport de laquelle la dernière loi des recettes et des dépenses a été votée.

Art. 23. La Chambre peut toujours renvoyer à une commission spéciale l'examen des projets de loi et propositions énoncés en l'article précédent.

Art. 24. — Toute commission spéciale chargée de l'examen d'un projet de loi ou d'une proposition affectant les recettes ou les dépenses de l'Etat fait un rapport sur l'ensemble du projet, sans pouvoir proposer d'imputation de crédits.

Si les conclusions sont favorables au projet, elle est tenue de les communiquer à la commission du budget. Celle-ci, dans les dix jours, donne son avis sur l'imputation des crédits.

Cet avis motivé est imprimé et annexé au rapport principal.

Ces dispositions ne sont pas applicables au cas d'urgence.

Art. 25. — Les commissions, convoquées sans retard, nomment un président et un secrétaire, conformément à l'article 2.

Elles élisent en outre, dans les mêmes formes, un rapporteur chargé de rendre compte à la Chambre du résultat de leurs travaux.

Le procès-verbal de chaque séance d'une commission mentionne le nom des membres présents.

Art. 26. — Le rapport de la commission sur un projet de loi ou sur une proposition est déposé en séance publique ; il en est donné lecture si la Chambre le décide.

Ce rapport est imprimé et distribué vingt-quatre heures au moins avant la discussion, sauf le cas d'urgence déclarée par la Chambre.

« après la proclamation du résultat définitif des opérations
« électorales, un des doubles du procès-verbal de recensement

Art. 27. — Aucun membre de la Chambre, faisant partie de deux commissions autres que la commission chargée d'examiner les projets de loi d'intérêt local, la commission de comptabilité ou celle des congés, ne peut être appelé à faire partie d'une troisième commission jusqu'à ce que l'une des deux premières ait nommé son rapporteur.

Les membres de la commission du budget ne peuvent faire partie d'aucune autre commission tant que les rapporteurs sur les recettes et les dépenses des divers ministères n'ont pas été nommés.

Tout membre élu commissaire est tenu de déclarer devant le bureau s'il est libre, aux termes du règlement, d'accepter cette mission.

Dans le cas de la négative, il est immédiatement procédé à son remplacement.

Art. 28. — Le président envoie aux bureaux et commissions toutes les pièces relatives aux objets qui doivent y être discutés.

Les membres de la Chambre peuvent prendre communication des documents remis aux commissions ou aux bureaux pour l'étude des projets à examiner.

Cette communication doit avoir lieu sans déplacement et sans que les travaux des commissions puissent être entravés.

Ces documents et les procès-verbaux des bureaux et des commissions restent déposés aux archives de la Chambre, après le vote des projets.

Art. 29. — La Chambre consacre un jour par semaine aux travaux des commissions. Toutefois, une résolution contraire peut toujours être prise si l'urgence de certaine délibération le commande

CHAPITRE IV.
Projets de lois présentés par le Gouvernement.

Art. 30. — Les projets de lois présentés au nom du Gouvernement sont déposés par un des ministres sur le bureau de la Chambre, après lecture s'il y a lieu.

Art. 31. — Ces projets sont imprimés avec l'exposé des motifs et distribués.

Ils sont transmis aux bureaux par le président ou renvoyés, comme il est dit à l'article 18, à une commission déjà existante.

Art. 32. — Lorsque la Chambre est saisie d'un projet de loi par lequel le Gouvernement, conformément à l'article 8 de la loi du 16 juillet 1875, lui demande l'approbation d'un traité, conclu avec une puissance étrangère, il n'est pas voté sur les articles du traité, et il ne peut être présenté d'amendement à son texte.

Si, dans le cours des deux délibérations, il y a opposition à quelques-unes des clauses du traité, elle se produit sous forme de demande de ren-

« général, ainsi que des procès-verbaux des assemblées des
« communes, tant pour le premier que pour le second tour,

voi à la commission, imprimée et distribuée au moins vingt-quatre heures
à l'avance.

Si, après débat, la Chambre prend en considération, elle prononce le
renvoi.

Lors de la seconde délibération, la commission fait un rapport d'ensemble, qui doit être imprimé et distribué, sur les différentes clauses contestées et renvoyées à son examen. Elle conclut à l'adoption, au rejet ou
à l'ajournement du projet de loi.

L'ajournement est motivé en ces termes :

« La Chambre, appelant de nouveau l'attention du Gouvernement sur
telle ou telle clause du traité (relater en entier les clauses sur lesquelles
se fonde l'ajournement), surseoit à donner l'autorisation de ratifier. »

Lorsque l'urgence a été déclarée, la commission présente son rapport sur
les clauses envoyées à son examen, après la clôture de la discussion sur
les articles non contestés.

Les dispositions de l'article 58 ne sont pas applicables aux traités.

Art. 33. — Lorsque, en vertu de l'article 7 de la loi constitutionnelle
sur les rapports des pouvoirs publics, du 16 juillet 1875, le Président de
la République demande une nouvelle délibération de la Chambre, le message motivé est imprimé et distribué.

La Chambre se réunit dans ses bureaux et nomme une commission, sur
le rapport de laquelle il est procédé à la nouvelle délibération.

CHAPITRE V.

Propositions de lois provenant de l'initiative parlementaire.

Art. 34. — Toute proposition faite par un député doit être formulée par
écrit, en articles de loi et précédée d'un exposé des motifs.

Elle est remise au président, qui après en avoir donné connaissance à
la Chambre, la renvoie à l'examen de la commission d'initiative, sauf
l'exception portée en l'article 18.

Art. 35. — L'auteur ou les auteurs d'une proposition ont le droit d'être
entendus dans la commission chargée d'examiner leur proposition.

Art. 36. — Dans la quinzaine, la commission d'initiative présente un
rapport sommaire sur chacune des propositions qui ont été renvoyées à
son examen.

Le rapport conclut à la prise en considération, ou au rejet pur et
simple, ou à la question préalable.

La commission peut également conclure à la déclaration d'urgence.

Si la proposition est prise en considération par la Chambre, elle est
renvoyée à l'examen des bureaux.

Si la commission reconnaît qu'une proposition rentre dans les travaux

« s'il y a lieu, avec les pièces annexes, seront transmis, par les
« soins du préfet, au président de l'Assemblée nationale. »

d'une autre commission déjà nommée, elle peut demander le renvoi à
cette autre commission.

Art. 37. — L'auteur d'une proposition peut la retirer, même quand la
discussion est ouverte.

Si un autre membre la reprend, la discussion continue.

Art. 38. — Les propositions rejetées par la Chambre ne peuvent être
représentées avant un délai de trois mois, si elles ont été prises en considération ; avant un délai de six mois, si elles ont été repoussées au premier vote.

CHAPITRE VI.
Des interpellations et des questions.

Art. 39. — Tout député qui veut faire des interpellations, en remet la
demande écrite au président.

Cette demande explique sommairement l'objet des interpellations ; le
président en donne lecture à la Chambre.

Les interpellations de député à député sont interdites.

Art. 40. — La Chambre, après avoir entendu un des membres du Gouvernement, fixe, sans débat sur le fond, le jour où l'interpellation sera
faite.

Art. 41. — Aucun ordre du jour motivé sur les interpellations ne peut
être présenté s'il n'est rédigé par écrit et déposé sur le bureau du président.

Art. 42. — L'ordre du jour pur et simple, s'il est demandé, a toujours
la priorité.

Art. 43. — Si l'ordre du jour pur et simple n'est pas adopté et si le
renvoi aux bureaux n'est pas ordonné, conformément aux articles ci-après,
le président soumet les ordres du jour motivés au vote de la Chambre.

Il sera statué par la Chambre sur les questions de priorité.

Art. 44. — Si l'ordre du jour pur et simple est écarté, la Chambre peut,
sur la demande d'un de ses membres, décider qu'elle renverra dans les
bureaux l'examen des ordres du jour motivés.

En cas de renvoi dans les bureaux, la Chambre, sur le rapport d'une
commission, statue comme en matière d'urgence.

Art. 45. — Si la résolution de la commission est rejetée, il est statué
sur les ordres du jour motivés suivant le rang fixé par la Chambre.

Art. 46. — Les demandes d'interpellation, retirées par ceux qui les ont
faites, peuvent être reprises par d'autres députés.

Art. 47. — Des questions peuvent être adressées par les députés aux
membres du Gouvernement, au commencement ou à la fin de chaque
séance.

4. — La Chambre doit procéder à la vérification des pouvoirs avant toute autre opération.

Art. 48. — Avis est donné de ces questions aux ministres compétents.

Art. 49. — Le député qui a posé la question a seul le droit de répliquer sommairement.

CHAPITRE VII.

Discussion des projets de loi. — Amendements.

Art. 50. — Aucun projet de loi, sauf les cas d'urgence, n'est voté définitivement qu'après deux délibérations, à des intervalles qui ne peuvent être moindres de cinq jours.

Art. 51. — Les amendements provenant de l'initiative d'un ou plusieurs membres indiquent l'article de loi ou le chapitre du budget auquel ils se rapportent.

Ces amendements sont rédigés par écrit et déposés entre les mains du président, qui les transmet à la commission.

La Chambre ne délibère sur aucun amendement, si, après avoir été développé, il n'est appuyé.

Art. 52. — Tout amendement présenté et non soumis au vote dans le cours de la séance, est imprimé et distribué avant la séance suivante.

Art. 53. — Les amendements nouveaux présentés après la clôture de la première délibération, doivent être communiqués à la commission, imprimés, distribués un jour au moins avant l'ouverture de la seconde.

Art. 54. — Tout amendement proposé dans le cours des deux délibérations est renvoyé de droit à l'examen de la commission, si le rapporteur le demande.

Art. 55. — Si le renvoi n'est pas demandé, les amendements présentés dans le cours de la seconde délibération sont motivés sommairement à la tribune. Les membres de la commission peuvent seuls répondre à l'auteur de l'amendement. La Chambre, consultée, décide si elle les prend en considération. Dans le cas de l'affirmative, ils sont renvoyés à l'examen de la commission.

Ils ne peuvent être votés le jour même où ils ont été présentés.

Art. 56. — Les auteurs des amendements ont le droit d'être entendus dans la commission, s'ils en font la demande.

Art. 57. — Dans le cas de renvoi d'un article à la commission, le droit d'amendement peut s'exercer conformément aux règles précédentes.

Art. 58. — Après le dépôt et la distribution du rapport, la Chambre fixe le jour de la discussion. La première délibération porte d'abord sur l'ensemble du projet de loi.

Art. 59. — Quand la discussion générale est close sur l'ensemble du projet de loi, le président consulte la Chambre pour savoir si elle entend passer à la discussion des articles.

§ 1. — Répartition entre les bureaux des procès-verbaux d'élection.

5. — Aux termes de l'article 4 du règlement de la Chambre, les procès-verbaux sont repartis entre les bureaux, par ordre

Si la Chambre décide qu'elle ne veut point passer à la discussion des articles, le président déclare que le projet de loi n'est pas adopté.

Dans le cas contraire, la discussion continue : elle porte successivement sur chaque article et sur les amendements qui s'y rattachent.

La Chambre décide si elle entend passer à la seconde délibération.

A la seconde délibération, il est procédé au vote de chaque article et des amendements qui s'y rapportent.

Avant le vote définitif du projet, tout député a le droit de présenter des considérations générales sur l'adoption ou sur le rejet.

Art. 60. — Les prescriptions relatives aux deux délibérations ne s'appliquent pas au budget des recettes et des dépenses, aux lois des comptes, aux lois portant demande de crédits spéciaux, aux lois d'intérêt local. Pour le vote de ces lois, une seule délibération suffit, et elle a lieu, tant pour la discussion des projets de loi que pour celle des amendements, suivant les formes déterminées au chapitre IX du présent règlement, pour les cas où l'urgence a été déclarée.

Néanmoins, les amendements ou articles additionnels présentés dans le cours de la délibération, sont soumis aux formalités prescrites par l'article 55.

CHAPITRE VIII.

Des pétitions.

Art. 61. — Toute pétition doit être rédigée par écrit et signée ; elle doit en outre indiquer la demeure du pétitionnaire ou de l'un d'eux, si elle est revêtue de plusieurs signatures.

Les signatures des pétitionnaires doivent être légalisées.

Si la légalisation était refusée, le pétitionnaire ferait mention de ce refus à la suite de sa pétition.

Les pétitions doivent être adressées au président de la Chambre.

Elles peuvent également être déposées par un député, qui fait, en marge, mention du dépôt et signe cette mention.

Une pétition apportée ou transmise par un rassemblement formé sur la voie publique, ne pourra être reçue par le président ni déposée sur le bureau.

Art. 62. — Les pétitions, dans l'ordre de leur arrivée, sont inscrites sur un rôle général contenant le numéro d'ordre de la pétition, le nom et la demeure du pétitionnaire, ainsi que l'indication sommaire de l'objet de sa demande, et, lorsqu'elle n'aura pas été adressée directement au président, le nom du député qui l'aura déposée.

Ce rôle est imprimé et distribué à la Chambre.

alphabétique de départements, et examinés par des commissions de cinq membres formées dans chaque bureau par la voie du sort.

Art. 63. — Les pétitions inscrites sur le rôle sont renvoyées à la commission des pétitions.

Néanmoins, celles qui sont relatives à une proposition actuellement soumise à l'examen d'une commission spéciale, sont directementr envoyées à cette commission par le président de la Chambre.

Ce renvoi peut également être ordonné par la commission des pétitions.

Tout membre de la Chambre pourra prendre communication des pétitions en s'adressant au président de la commission chargée de leur examen.

Art. 64. — La commission, après examen de chaque pétition, les classe dans l'ordre suivant :

Celles qu'elle juge à propos de renvoyer à un ministre ;

Celles qu'elle juge devoir être, indépendamment de ce renvoi, soumises à l'examen de la Chambre ;

Celles qu'elle ne juge pas devoir être utilement soumises à cet examen.

Avis est donné au pétitionnaire de la résolution adoptée à l'égard de sa pétition, et du numéro d'ordre qui lui est donné.

Art. 65. — Un feuilleton, distribué chaque semaine, s'il y a lieu, aux membres de la Chambre, mentionne le nom et le domicile du pétitionnaire, l'indication sommaire de l'objet de la pétition, le nom du rapporteur, enfin la résolution adoptée par la commission, avec le résumé succinct de ses motifs.

Toutefois la commission, si, à l'unanimité de ses membres présents, elle l'a décidé, peut ne faire figurer la pétition au feuilleton que par son numéro d'ordre et par le nom de son auteur, avec indication de la résolution adoptée.

Art. 66. — Tout député, dans le mois de la distribution du feuilleton, peut demander le rapport en séance publique d'une pétition, quel que soit le classement que la commission lui ait assigné.

Sur sa demande, le rapport sera fait de plein droit.

Après l'expiration du délai ci-dessus indiqué, les résolutions de la commission deviennent définitives à l'égard des pétitions qui ne doivent pas être l'objet d'un rapport public, et elles sont mentionnées au *Journal officiel*.

Art. 67. — La commission rapporte les pétitions en séance publique. La priorité ou l'urgence peut être demandée pour l'examen d'une pétition.

Sur cette demande sommairement motivée, la Chambre décide. Le rapporteur ou un membre du Gouvernement peut toujours être entendu.

Art. 68. — Les commissions spéciales auxquelles des pétitions auront été renvoyées devront les mentionner dans leurs rapports.

6. — Les bureaux divisent les élections en deux catégories : celles qui sont contestées et celles qui ne le sont pas. Ils s'oc-

Dans un délai de six mois, les ministres feront connaître, par une mention portée au feuilleton distribué aux membres de la Chambre, la suite qu'ils ont donnée aux pétitions qui leur ont été respectivement renvoyées.

CHAPITRE IX.
De la déclaration d'urgence.

Art. 69. — Lors de la présentation d'un projet de loi ou d'une proposition, l'urgence peut être demandée.

Elle peut l'être par le Gouvernement, l'auteur de la proposition, par tout membre de la Chambre.

Art. 70. — La demande ayant pour objet de faire déclarer l'urgence est précédée d'un exposé des motifs.

La Chambre, consultée, décide s'il y a lieu de donner suite à la demande d'urgence.

Art. 71. — Si l'urgence est déclarée, la Chambre prononce le renvoi, soit à une commission déjà formée, soit aux bureaux. Elle peut même, par décision spéciale, statuer immédiatement.

Art. 72. — Les propositions et les projets de loi en faveur desquels la déclaration d'urgence a été prononcée ne sont soumis qu'à une seule lecture.

La délibération porte d'abord sur l'ensemble du projet ou de la proposition.

Le président consulte la Chambre pour savoir si elle entend passer à la discussion des articles.

Art. 73. — Si la Chambre refuse de passer à la discussion des articles, la proposition ou projet est rejeté.

Dans le cas contraire la discussion continue, et porte exclusivement sur chacun des articles et sur les amendements qui s'y rapportent.

Art. 74. — Tout amendement, tout article additionnel, proposé dans le cours de la discussion, est motivé sommairement à la tribune. Il est envoyé de droit à l'examen de la commission si un ministre ou le rapporteur le demande.

Si ce renvoi n'est pas demandé, la Chambre consultée, décide, après avoir entendu le rapporteur, si elle les prend en considération ; dans ce cas, ils sont renvoyés à l'examen de la commission.

Art. 75. — Après le vote des articles, il est procédé au vote sur l'ensemble de la proposition. Avant ce dernier vote, tout député peut présenter des considérations générales pour l'adoption ou pour le rejet.

La Chambre peut aussi, avant le vote sur l'ensemble, renvoyer le projet à la commission, afin qu'il soit révisé et coordonné. Ce renvoi est de droit si la commission le demande.

cupent immédiatement de ces dernières, réservant les autres
pour le moment où il y aura un assez grand nombre de députés

La commission présente sans délai son travail. Lecture en est donnée,
et la discussion qui s'ouvre porte exclusivement sur la rédaction.

Art. 76. — Si la Chambre s'est prononcée contre l'urgence, la proposition ou le projet est examiné et voté dans les formes ordinaires.

Le caractère d'urgence reconnu à une proposition ou à un projet de loi
pourra être retiré, sur la demande d'un membre de la Chambre, après
le dépôt du rapport de la commission chargée de son examen.

Ce retrait ne pourra plus être demandé après l'ouverture de la discussion sur les articles.

Art. 77. — Après le vote d'une loi, la Chambre, sur la proposition
d'un député, est consultée par le président sur le point de savoir si la loi
votée sera promulguée d'urgence dans les trois jours, aux termes de l'article 7 de la loi constitutionnelle du 16 juillet 1875.

Chapitre X.
Des votations.

Art. 78. — La Chambre vote sur les questions soumises à ses délibérations par assis et levé, au scrutin public, au scrutin secret.

Art. 79. — Le vote par assis et levé est de droit sur toutes les questions, sauf les exceptions prévues par les articles 81, 82, 86 du présent
règlement.

Art. 80. — Le vote par assis et levé est constaté par le président et les
secrétaires. S'ils décident qu'il y a doute, l'épreuve est renouvelée.

Nul ne peut obtenir la parole entre les deux épreuves par assis et levé,
ni entre la deuxième épreuve et le vote au scrutin.

Art. 81. — Le vote au scrutin public est de droit :

1° Après deux épreuves douteuses ;

2° Sur tous les projets de lois portant ouverture de crédits autres que
ceux d'intérêt local.

Art. 82. — Le vote par scrutin public peut être demandé en toute matière, excepté dans les questions de rappel au règlement et dans les cas
prévus par les articles 106, 120 et 124.

Le scrutin public peut être demandé, soit avant l'épreuve commencée,
soit après une première épreuve douteuse.

Art. 83. — La demande du scrutin public doit être faite par écrit, signée de vingt membres au moins, et déposée entre les mains du président.

Elle peut être faite oralement par un seul membre, après une épreuve
douteuse.

Les noms des membres qui ont demandé le scrutin et ceux des votants
sont insérés au *Journal officiel*.

Art. 84. — Il est procédé au scrutin public dans les formes suivantes :

dont les pouvoirs auront été vérifiés, afin de pouvoir se prononcer avec autorité sur les difficultés soulevées devant la
Chambre.

Le président invite les députés à prendre leurs places. Chaque député a
deux bulletins de vote sur lesquels son nom est imprimé. Les bulletins
blancs expriment l'adoption, les bulletins bleus la non-adoption. Les huissiers présentent à chaque membre de la Chambre une urne dans laquelle
il dépose son bulletin. Lorsque les votes sont recueillis, le président prononce la clôture du scrutin. Les urnes sont immédiatement apportées sur
la tribune. Les secrétaires en font le dépouillement, et le président proclame
le résultat.

Art. 85. — Sur la demande de quarante membres, le scrutin public a
lieu à la tribune.

Il est procédé de la manière suivante :

Chaque député, après avoir reçu une boule de contrôle des mains d'un
secrétaire, dépose son bulletin dans l'urne du vote placée sur la tribune et
la boule de contrôle dans l'urne placée sur le bureau des secrétaires de
droite.

Il est procédé au dépouillement du scrutin conformément à l'article
précédent.

Art. 86. — Dans tous les cas où le scrutin public peut ou doit être
admis, si cinquante membres réclament le scrutin secret, il doit y être
procédé.

Les noms des signataires de la demande sont insérés au *Journal officiel*.

Art. 87. — Le scrutin secret a lieu dans les mêmes formes que le scrutin
public à la tribune ; seulement le bulletin de vote est remplacé par une
boule blanche ou noire. La boule blanche exprime l'adoption, la boule
noire la non-adoption.

Les secrétaires versent dans une corbeille les boules ayant servi au vote ;
ils font ostensiblement le compte des boules et séparent les boules blanches
des noires ; ils procèdent de la même manière au dépouillement de l'urne
de contrôle.

Le résultat du compte est arrêté par quatre secrétaires au moins et proclamé par le président.

Art. 88. — En cas de scrutin public ou de scrutin secret, si l'appel nominal est réclamé, la Chambre prononce sans débats.

L'appel nominal est fait par un des secrétaires, il est immédiatement
suivi d'un réappel pour les députés qui n'ont pas encore voté.

Art. 89. — Les nominations, soit en assemblée générale, soit dans les
bureaux ou dans les commissions, ont lieu au scrutin secret.

Pour les nominations en assemblée générale, deux urnes sont placées,
l'une sur la tribune, l'autre sur le bureau des secrétaires. Chaque dé-

7. — Quand des rapports d'élections non contestées sont prêts, ils sont présentés à la tribune.

puté dépose dans la première son bulletin de vote sous enveloppe non cachetée, dans la seconde, la boule servant de contre-épreuve.

Le dépouillement des scrutins de nomination se fait par les soins de scrutateurs dont les noms sont tirés au sort, à raison de trois par chaque table de dépouillement.

Art. 90. — La question préalable, tendant à faire déclarer qu'il n'y a pas lieu à délibérer, peut toujours être proposée.

Elle ne peut être demandée sur les propositions pour lesquelles l'urgence n'est pas réclamée qu'après le rapport de la commission d'initiative.

La question préalable est mise aux voix avant la question principale.

Art. 91. — Les demandes d'ordre du jour, de priorité et de rappel au règlement, ont toujours la préférence sur la question principale; elles en suspendent la discussion.

Toutefois, elles ne peuvent se produire tant que l'orateur n'a pas achevé son discours.

Art. 92. — Les amendements sont mis aux voix avant la question principale.

Art. 93. — Dans les questions complexes, la division est de droit lorsqu'elle est demandée.

Art. 94. — Les propositions et les projets de lois sont votés par articles.

La délibération est toujours terminée par un vote sur l'ensemble.

Art. 95. — La présence de 267 députés, majorité absolue de leur nombre légal, est nécessaire pour la validité des votes.

Le bureau constate le nombre des membres présents.

Si le bureau n'est pas unanime, il est procédé au scrutin public à la tribune.

Au cas d'impossibilité d'un vote par le défaut de présence de la majorité absolue du nombre légal des députés, un second tour de scrutin sur le même objet est porté à l'ordre du jour de la séance suivante et, à ce second tour, le vote est valable, à la majorité relative, quel que soit le nombre des votants.

Art. 96. — Le résultat des délibérations de la Chambre est proclamé par le président en ces termes :

« La Chambre a adopté » ou « la Chambre n'a pas adopté. »

CHAPITRE XI.

Tenues des séances.

Art. 97. — Le président ouvre la séance.

Il dirige les délibérations ; il fait observer le règlement, et il maintient l'ordre.

A. — Élections non contestées.

8. — On entend par élections non contestées, non-seulement celles qui n'ont fait l'objet d'aucune critique, mais encore

Art. 98. — Les secrétaires surveillent la rédaction du procès-verbal.

Un d'eux en donne lecture à l'ouverture de chaque séance.

Le procès-verbal adopté par la Chambre est signé par le président ou le vice-président qui a tenu la séance et trois secrétaires au moins.

Art. 99. — Avant de passer à l'ordre du jour, le président donne connaissance à la Chambre des communications qui la concernent.

Art. 100. — Les pièces communiquées à la Chambre peuvent être adressées au président ou déposées sur le bureau.

La Chambre en ordonne l'impression, si elle le juge utile.

Art. 101. — Aucun membre de la Chambre ne peut parler qu'après avoir demandé la parole au président et l'avoir obtenue.

Il parle à la tribune, à moins que le président ne l'autorise à parler de sa place.

Art. 102. — Les secrétaires inscrivent les députés qui demandent la parole, suivant l'ordre de leur demande.

S'il s'agit d'un projet de loi, aucune inscription ne peut être reçue qu'après le dépôt du rapport.

Art. 103. — Dans les discussions, les orateurs parlent alternativement pour et contre.

Les ministres, les commissaires du gouvernement et les rapporteurs chargés de soutenir la discussion des projets de lois, ne sont point assujettis au tour d'inscription et obtiennent la parole quand ils la réclament.

Un député peut toujours obtenir la parole après un orateur du gouvernement.

Art. 104. — La parole est accordée à tout député qui la demande pour un fait personnel.

Art. 105. — L'orateur doit se renfermer dans la question : s'il s'en écarte, le président l'y rappelle.

La parole ne peut être accordée sur le rappel à la question.

Art. 106. — Si l'orateur, rappelé deux fois à la question dans le même discours, continue à s'en écarter, le président consulte la Chambre pour savoir si la parole ne sera pas interdite à l'orateur pendant le reste de la séance, sur le même sujet.

La décision a lieu, sans débat, par assis et levé; en cas de doute, la parole n'est pas interdite à l'orateur.

Art. 107. — Toute interruption, toute personnalité, toutes manifestations troublant l'ordre sont interdites.

Art. 108. — Avant de prononcer la clôture de la discussion, le président consulte la Chambre.

celles contre lesquelles il n'existe pas de protestations véritablement sérieuses. Ainsi, ne doit pas être considérée comme

Si la parole est demandée contre la clôture, elle ne peut être accordée qu'à un seul orateur.

S'il y a doute sur le vote de la Chambre, après une seconde épreuve, la discussion continue.

La clôture prononcée, la parole n'est plus accordée que sur la position de la question.

Art. 109. — Si la Chambre devient tumultueuse, et si le président ne peut la calmer, il se couvre. Si le trouble continue, il annonce qu'il va suspendre la séance.

Si le calme ne se rétablit pas, il suspend la séance pour une heure, et les députés se retirent dans leurs bureaux respectifs.

L'heure étant expirée, la séance est reprise; mais, si le tumulte renaît, le président lève la séance et la renvoie au lendemain.

Art. 110. — La Chambre peut décider qu'elle se formera en comité secret, conformément à l'article 5 de la loi constitutionnelle du 16 juillet 1875.

Les demandes de comité secret, signées de vingt membres, sont remises au président. La décision est prise sans débats.

Les noms des signataires de la demande sont insérés au procès-verbal.

Si le motif qui a donné lieu au comité secret a cessé, le président consulte la Chambre sur la reprise de la séance publique.

Art. 111. — Le président, avant de prononcer la clôture de la séance, consulte la Chambre sur le jour, l'heure et les objets de discussion de sa prochaine séance.

L'ordre du jour ainsi réglé est affiché dans l'enceinte du palais et publié au *Journal officiel*.

CHAPITRE XII.

Des congés.

Art. 112. — Nul député ne peut s'absenter sans un congé de la Chambre.

Le président peut néanmoins, en cas d'urgence, accorder un congé; il en rend compte à la Chambre.

Art. 113. — Les demandes de congés sont renvoyées à l'examen d'une commission qui donne son avis sur chaque demande.

Art. 114. — En soumettant les demandes de congé à la Chambre, le président fait connaître l'avis de la commission sur chacune d'elles.

Art. 115. — L'indemnité cesse de droit pour tout député absent sans congé ou qui prolonge son absence au delà du terme du congé qui lui a été accordé.

Art. 116. — Est réputé absent sans congé le député qui, pendant six séances consécutives, n'aura pas répondu aux appels nominaux ou n'aura

contestée une élection contre laquelle quelques protestations se sont élevées, si le bureau déclare qu'il n'y a pas lieu

pris part ni aux travaux des bureaux et des commissions, ni, en séance
publique, aux discussions de tribune et aux scrutins de vote.

Ces circonstances établissant l'absence sont relevées et constatées par
la questure.

A défaut de motifs valables qui justifient son absence, le député est
inscrit nominalement au *Journal officiel* comme absent sans congé.

Les réclamations sont portées au bureau de la Chambre, qui prononce
après avoir pris l'avis de la commission des congés.

CHAPITRE XIII.
De la discipline.

Art. 117. — Les peines disciplinaires applicables aux membres de la
Chambre des députés sont :

Le rappel à l'ordre ;

La censure ;

La censure avec exclusion temporaire du lieu des séances.

Art. 118. — Est rappelé à l'ordre tout député qui s'en écarte, tout
membre qui trouble l'ordre par une des infractions au règlement prévues
dans l'article 107, ou de toute autre manière.

Art. 119. — Le président seul rappelle à l'ordre ; la parole est accordée à l'orateur qui, rappelé à l'ordre, se soumet à l'autorité du président
et demande à se justifier.

Tout député qui, n'étant pas autorisé à parler, s'est fait rappeler à
l'ordre, n'obtient la parole pour se justifier qu'à la fin de la séance, à
moins que le président n'en décide autrement.

Si le rappel à l'ordre est maintenu par le président, il en est tenu note
par les secrétaires.

Art. 120. — Lorsqu'un orateur a été rappelé à l'ordre deux fois dans
une même séance, si une troisième fois il s'écarte de l'ordre, le président
propose à la Chambre de lui interdire la parole pour le reste de la séance.

La Chambre prononce par assis et levé, sans débats.

Art. 121. — La censure est prononcée contre :

Tout député qui, après avoir encouru l'interdiction mentionnée en l'article précédent, ne sera pas rentré dans le devoir ;

Tout député qui, pendant l'espace de trente jours, aura, dans trois
séances différentes, subi le rappel à l'ordre ;

Tout député qui, dans la Chambre, aura donné le signal d'une scène
tumultueuse ou d'une abstention collective de prendre part aux travaux
législatifs ;

Tout député qui aura adressé à un ou plusieurs de ses collègues des injures, provocations ou menaces.

de s'y arrêter, les faits signalés étant restés sans influence sur le résultat. (Corps légis. 9 nov. 1863, él. de MM. Berryer et

Art. 122. — La censure avec exclusion temporaire du lieu des séances est prononcée contre tout député :

Qui aura résisté a la censure simple ;

Qui aura, en séance publique, fait appel à la violence, ou provoqué à la guerre civile ;

Qui se sera rendu coupable d'outrages envers la Chambre, ou une partie de cette Assemblée, ou son président ;

Qui se sera rendu coupable d'outrages envers le Sénat ou envers le Président de la République.

Art. 123. — La censure, avec exclusion temporaire, impose au député contre lequel elle a été prononcée l'obligation de sortir immédiatement de la Chambre et de s'abstenir d'y reparaître pendant les trois séances suivantes.

En cas de désobéissance du député à l'injonction qui lui est faite par le président de sortir de la Chambre, la séance est levée. Elle peut être reprise.

Art. 124. — La censure simple et la censure avec exclusion temporaire sont prononcées par la Chambre, sans débats, et par assis et levé, sur la proposition du président.

Le député contre qui l'une ou l'autre de ces peines disciplinaires est demandée, a toujours le droit d'être entendu, ou de faire entendre en son nom un de ses collègues.

La décision de la Chambre prononçant soit la censure simple, soit la censure avec exclusion temporaire, est inscrite au procès-verbal.

Art. 125. — Si un délit est commis par un député dans l'enceinte du palais législatif, toute délibération est suspendue.

Le président porte, séance tenante, le fait à la connaissance de la Chambre.

Sur l'ordre du président, le député est tenu de se rendre dans le cabinet du président où le bureau réuni entend ses explications.

Le bureau dresse un procès-verbal qu'il envoie, s'il y a lieu, à l'autorité compétente.

CHAPITRE XIV.

De la comptabilité.

Art. 126. — Les services de la Chambre des députés se divisent en services législatifs et en services administratifs.

Les services législatifs sont : le secrétariat général de la présidence, la rédaction du procès-verbal et des comptes rendus analytiques, la sténographie, et l'expédition des lois et procès-verbaux.

Les services administratifs sont : le secrétariat général de la questure, les archives, la bibliothèque, la caisse et les bâtiments.

Art. 127. — Le président à la haute direction et le contrôle de tous les

Fould, *Mon.* du 10, p. 1327 ; él. de M. Creuzet, p. 1328 ; Ch. des dép., 9 mars 1876, él. de M. Vacher, *J. off.* du 10, p. 1665 ;

services législatifs ; mais les dépenses qui les concernent ne peuvent être engagées sans l'avis préalable des questeurs.

Les questeurs ont la direction et le contrôle de tous les services administratifs. Ils habitent le palais de la Chambre des députés.

Art. 128. — La commission de comptabilité vérifie et apure les comptes, même les comptes antérieurs non réglés.

Elle fait un récolement général du mobilier appartenant à la Chambre.

Les questeurs préparent le budget de la Chambre ; la commission de comptabilité l'examine et le soumet à l'approbation de la Chambre, en séance publique.

Les dépenses de la Chambre sont réglées par exercice, comme le budget de l'État.

À la fin de chaque exercice, la commission de comptabilité rend compte à la Chambre de l'exécution du mandat qui lui a été confié.

Art. 129. — Un des questeurs de la Chambre, désigné par ses collègues, est spécialement chargé de la comptabilité des dépenses.

Pour qu'ils soient valablement payables par le trésorier de la Chambre, les mandats délivrés pour l'acquittement des dépenses doivent être imputables sur un crédit ouvert au budget, accompagnés des pièces exigées par le règlement de comptabilité, et revêtus de la signature du questeur délégué.

Les membres du bureau ne peuvent faire partie de la commission de comptabilité.

CHAPITRE XV.

De la police intérieure et extérieure de la Chambre. — Des droits du président.

Art. 130. — Le président est chargé de veiller à la sûreté intérieure et extérieure de la Chambre. À cet effet, il fixe l'importance des forces militaires qu'il juge nécessaires ; elles sont placées sous ses ordres.

Le président habite dans l'intérieur du palais législatif.

Art. 131. — La police de la Chambre est exercée, en son nom, par le président.

Art. 132. — Nul étranger ne peut, sous aucun prétexte, s'introduire dans l'enceinte où siègent les membres de la Chambre des députés.

Art. 133. — Pendant tout le cours des séances, les personnes placées dans les tribunes se tiennent assises, découvertes et en silence.

Art. 134. — Toute personne qui donne des marques d'approbation ou

él. de M. Levêque, p. 1668 ; él. de M. Cochery, p. 1671 ; 10 mars 1876, él. de MM. Latrade, Destremx et Rouveure, *J. off.* du 11,

d'improbation est sur le champ exclue des tribunes par les huissiers chargés d'y maintenir l'ordre.

Art. 135. — Tout individu qui trouble les délibérations est traduit sans délai, s'il y a lieu, devant l'autorité compétente.

CHAPITRE XVI.

Des rapports de la Chambre des députés avec le Sénat.

Art. 136. — Si les deux Chambres ont été saisies de projets ou de propositions de lois sur le même objet, et si la délibération est commencée au Sénat, la Chambre des députés ne mettra pas les projets ou propositions à son ordre du jour avant le vote définitif du Sénat.

Art. 137. — Toute proposition de loi votée par la Chambre des députés est transmise directement par le président de la Chambre au président du Sénat. Le gouvernement est avisé de cet envoi.

Tout projet de loi voté par la Chambre des députés est transmis par le président de la Chambre au ministre qui en a fait la présentation.

Au cas où, dans le délai d'un mois, ce projet n'aurait pas été présenté au Sénat par le ministre compétent, le président de la Chambre des députés transmettrait lui-même le projet au président du Sénat.

Le délai d'un mois est réduit à trois jours si la Chambre, par une décision spéciale, a déclaré que la transmission aurait lieu d'urgence.

Art. 138. — Les propositions de lois émanées de l'initiative parlementaire, votées par le Sénat et transmises au président de la Chambre des députés, sont examinées conformément aux règles suivies pour les projets présentés par le gouvernement.

Dans le cas où le Sénat a déclaré l'urgence, la Chambre doit être consultée sur la question d'urgence.

Art. 139. — Si la Chambre adopte sans modifications les propositions de lois ou les projets votés par le Sénat, le président de la Chambre des députés transmet la loi au président de la République par l'intermédiaire du ministre compétent.

Art. 140. — Lorsqu'un projet de loi voté par la Chambre des députés a été modifié par le Sénat, la Chambre des députés peut décider, sur la proposition d'un de ses membres, qu'une commission sera chargée de se réunir avec une commission du Sénat à l'effet de s'entendre sur un texte commun.

La Chambre décidera si les pouvoirs, à cet effet, seront donnés à la commission qui a fait le rapport sur le projet ou à une nouvelle commission élue dans les bureaux.

Art. 141. — Si les deux commissions s'entendent sur un texte, la com-

p. 1697 ; él. de MM. Provost de Launay et de Rémusat, p. 1701 ; él. de M. Paul Granier de Cassagnac, p. 1702 ; él. de MM. Sarrette et Faye, p. 1704 ; él. de M. Lecomte, p. 1705 ; él. de M Léon Renault, p. 1710 ; él. de MM. Clémenceau, baron Reille et Desseaux., p. 1711 ; 11 mars 1876, de MM. Taillefer et Colin, *J. off.* du 12, p. 1735 ; él. de MM. Guilloutet et Bethmont, p. 1737 ; él. de MM. Duchasseint et comte Lemarrois, p. 1738 ; él. de M. de Ladoucette, p. 1742) ; surtout lorsque l'élection a

mission nommée par la Chambre des députés fait un rapport à cette Assemblée.

La Chambre des députés délibère sur la nouvelle rédaction.

Art. 142. — Si la Chambre des députés a repoussé la proposition d'une conférence, le projet ne pourra être de nouveau à l'ordre du jour avant le délai de deux mois que sur l'initiative du gouvernement. Il en sera de même dans le cas où les deux commissions ne s'entendront pas sur un texte ou si la Chambre persiste dans sa première résolution.

Art. 143. — Lorsque les propositions de lois ou les projets votés par la Chambre des députés seront rejetés par le Sénat, il ne pourront être repris, avant le délai de trois mois, que sur l'initiative du gouvernement.

CHAPITRE XVII.

Dispositions diverses.

Art. 144. — Les députations sont désignées par la voie du sort. Le nombre des membres qui les composent est déterminé par la Chambre.

Art. 145. Le président ou un vice-président et deux secrétaires font nécessairement partie des députations.

Art. 146. — Tout député peut faire imprimer et distribuer librement, à ses frais, le discours qu'il a prononcé.

Art. 147. — Tout député dont les pouvoirs ont été vérifiés peut se démettre de ses fonctions.

La démission donnée par un député avant la vérification de ses pouvoirs ne dessaisit pas la Chambre des députés du droit de procéder à cette vérification.

Art. 148. — Les démissions sont adressées au président de la Chambre, qui en envoie immédiatement copie au ministre de l'intérieur.

Art. 149. — Les insignes des députés consistent en une décoration ornée des faisceaux de la République surmontés de la main de Justice, et en une écharpe tricolore à franges d'or, portée en sautoir.

Art. 150. — Un règlement intérieur, arrêté par le bureau de la Chambre,

eu lieu à une majorité considérable. (Corps légis., 9 nov. 1863, él. de MM. le baron de Sibuet, Berryer, de Laugier de Chartrouze, Marie, Houesnel, *Mon.* du 10, p. 1327 ; él. de MM. Janzé, Adam de Belleym, p. 1328 ; Ch. des dép., 10 mars 1876, él. de MM. Gévelot et Grollier, *J. off.* du 12, p. 1740 ; 14 mars 1876, él. de M. Mathieu, *J. off.* du 15, p. 1813.

9. — En cas de doute, la Chambre est juge du point de savoir si une élection doit ou non être considérée comme contestée, et s'il y a lieu de renvoyer la discussion à une séance postérieure, ou de passer outre et d'entendre immédiatement le rapport. (Corps légis., 11 nov. 1863, él. de M. Pelletier d'Aunay, *Mon.* du 12, p. 1340.

10. — Le rapport n'est soumis à aucune forme précise. Quelque laconiques qu'en soient les termes, il suffit qu'il fasse bien connaître les faits. (Obs. de M. Glais-Bizoin sur le rapport de M. Clary, relatif à l'élection de M. Guilloutet, Corps légis., 9 nov. 1863, *Mon.* du 10, p. 1329.)

11. — On ne saurait tenir compte de protestations qui auraient été annoncées ou qui seraient arrivées le jour même au ministère de l'intérieur, si la Chambre n'en a pas été saisie par un envoi fait à son président. (Corps légis., 12 nov, 1863, él. de M. Lanjuinais, *Mon.* du 13, p. 1345.)

Cependant on a vu prononcer l'ajournement dans de telles circonstances. (Ch. des dép., 14 mars 1876, él. de M. le comte d'Aulan, *J. off.* du 15, p. 1815.)

12. — Mais dans le cas où un député annoncerait l'intention de critiquer une élection, il y aurait lieu de retirer l'affaire de l'ordre du jour et d'en remettre l'examen à une autre séance. (Corps légis., 10 nov. 1863, él. de M. le baron de Bussières, *Mon.* du 11, p. 1334.)

determinera les règles relatives à la tenue des procès-verbaux et au service intérieur, les attributions respectives des divers officiers et agents de la Chambre, et le mode de leur nomination.

Délibéré en séance publique, à Versailles, le 16 juin 1876.

B. — Élections contestées.

13. — Le gouvernement, — tout député, — tout électeur de la circonscription, peuvent arguer de nullité les opérations.

14. — Aucun délai n'est fixé pour l'envoi des protestations. Celles-ci ne sont soumises en outre à aucune forme particulière.

15. — Il est d'usage de se livrer d'abord à l'examen de celles dont le rapport a déjà été fait à la Chambre et sur lesquelles un débat s'est déjà engagé. (Obs. de M. de Morny, Corps légis., 11 nov. 1863, *Mon.* du 12, p. 1341.)

§ 2. — Instruction par les bureaux.

16. — Les bureaux ont pour mission d'examiner tous les faits dont la Chambre doit connaître ; ils instruisent les affaires et proposent les solutions à l'Assemblée.

17. — Aucune forme spéciale n'est prescrite pour saisir un bureau d'une réclamation.

Il n'est pas nécessaire que le réclamant justifie de la qualité d'électeur. (Ch. des dép., 23 déc. 1837, él. de M. Emile de Girardin, *Mon.* du 24, p. 2533.)

18. — Les signatures des réclamants doivent, autant que possible, être légalisées. Cependant le bureau pourrait examiner la valeur des griefs formulés, en l'absence de toute légalisation. (Corps légis., 25 nov. 1863 ; él. de M. Arman, *Mon.* du 26, p. 1428.)

Il peut même tenir compte de demandes anonymes. (Corps légis., 13 nov. 1863, él. de M. Chadenet, *Mon.* du 14, p. 1357.)

19. — Le bureau n'est pas astreint à suivre les formes de procédure usitées devant les tribunaux. Par suite, le débat se trouve clos dès que sa conviction est formée. (Corps légis., 24 nov. 1863, él. de M. Corberon, *Mon.* du 25, p. 1422.)

20. — Le bureau n'est pas lié par les décisions judiciaires. Il pourrait donc apprécier des faits qui auraient été antérieurement soumis aux tribunaux. (Corps légis., 6 févr. 1862, él. de M. Pamard, *Mon.* du 7, p. 156.)

21. — Le bureau n'est même pas lié par ses propres décisions, tant que le rapport n'est pas arrêté ; en sorte qu'après avoir déclaré nne élection valable, il peut ensuite cn proposer l'annulation. (Corps légis., 19 févr. 1864, él. de M. Bravay, *Mon.* du 20, p. 239.

22. — Son rôle consiste uniquement à rechercher si les opérations ont eu lieu régulièrement. Il ne saurait se livrer à l'appréciation de théories politiques développées dans les protestations qui lui sont adressées. (Corps légis., 17 nov. 1863, él. de M. de Kervéguen, *Mon.* du 18, p. 1382) ;

Ni rechercher si un département devait nommer un député de plus qu'il n'en a élu, à raison du chiffre de sa population ; cette question ne touchant pas directement à la validité de l'élection. (Même affaire.)

23. — Mais le bureau apprécie, au point de vue du secret du vote, la nature des bulletins annexés au procès-verbal. (Corps légis., 9 nov. 1863, él. de M. Andrieu, *Mon.* du 10 p. 1330.)

Il peut également contrôler les résultats annoncés par le *Journal officiel*, et les comparer à ceux qui figurent aux procès-verbaux de recensement. (Corps légis., 20 nov. 1863, él. de M. Dalmas, *Mon.* du 21, p. 1399.)

S'il lui paraît qu'il y a une erreur dans la supputation des votes, il doit même refaire tous les calculs et vérifier avec le plus grand soin le nombre et la valeur des bulletins.

24. — Le bureau ne doit, d'ailleurs, avoir égard qu'aux griefs de nature à vicier les opérations. (Corps légis., 17 nov. 1863, él. de M. Boursier de Villers, *Mon.* du 18, p. 1383 ; Ch. des dép., 5 avril 1876, él. de M. Achille Adam, *J. off.* du 6, p. 2459.)

25. — Il peut proposer l'annulation ou le maintien d'une élection, à la suite d'une appréciation d'ensemble. (Ch. des dép., 17 août 1831, él. de M. Bourgeois, *Mon.* du 18, p. 1409 ; 22 sept. 1831, él. de M. Voysin de Gartempe, *Mon.* du 23, p. 1654 ; 23 mars 1876, él. de M. le comte d'Aulan, *J. off.* du 24, p. 2062);

Spécialement dans le cas de maintien, si les allégations produites se trouvent combattues par des allégations contraires, et si la majorité obtenue par le candidat élu est importante. (Corps légis., 30 mars 1864, él. de M. Stiévenard, *Mon.* du 31, p. 413 ; Ch. des dép., 3 avril 1876, él. de M. Roques, *J. off.* du 4, p. 2406.)

26. — Les bureaux peuvent différer leur décision jusqu'à ce que les pièces qui sont annoncées à l'appui d'une protestation soient produites. (Corps légis., 13 nov. 1863, él. de M. le duc de Tarente, *Mon.* du 14, p. 1356. ; Ch. des dép., 4 avril 1876, él. de M. Bartoli *J. off.* du 5, p. 2438.)

27. — Le bureau a le droit de s'éclairer par tous les moyens possibles et de s'entourer de tous les renseignements qui lui paraissent utiles.

Il a le droit d'appeler devant lui les agents de l'administration qu'il juge utile d'interroger, tels que préfets, inspecteurs d'académie et agents voyers. (Ch. des dép., 8 avril 1876, él. de M. Lebaudy, *J. off.* du 9, p. 2557.)

Dans une espèce, il a fait comparaître, d'une part, un commissaire du gouvernement ainsi qu'un préfet, et d'autre part, un individu qui soutenait que la liste électorale avait été modifiée après la clôture légale. (Ch. des dép. 13 nov. 1863, él. de M. le duc d'Albuféra, *Mon.* du 14, p. 1356.)

Un candidat non élu peut aussi être cité devant lui. (Corps légis., 21 nov. 1863, él. de M. Melorel de la Haichois, *Mon.* du 22, p. 1406 ; Ch. des dép., 8 avril 1876, él. de M. Lebaudy *J. off.* du 9, p. 2557); et ce candidat peut même être entendu lorsque le rapport concluant à l'admission est sur le point d'être présenté. (Corps légis., 13 nov. 1863, él. de M. Belliard, *Mon.*

du 14, p. 1357; 20 nov. 1863, él. de M. Roulleaux-Dugage, *Mon.* du 21, p. 1399; 20 nov. 1863, él. de M. Perras, *Mon.* du 21, p. 1400.)

28. — Le droit de réclamer l'enquête appartient au candidat dont l'élection est contestée, ainsi qu'aux électeurs. Tout membre du bureau, et ensuite, quand l'affaire est portée devant l'Assemblée, tout député peut également la réclamer.

Mais, bien entendu, le bureau est juge du point de savoir s'il doit ou non la proposer, et plus tard l'Assemblée reste libre de l'ordonner ou de la refuser.

La Chambre pourrait même prononcer la validation ou l'annulation sans avoir égard à une demande d'enquête faite par le candidat. élu ou évincé. (Corps légis., 10 nov. 1863, él. de M. Noualhier, *Mon.* du 11, p. 1335 ; 28 nov. 1863, él. de M. Bravay, *Mon.* du 29, p. 1442 ; 14 déc. 1869, él. de M. Clément Duvernois, *J. off.* du 15 p. 1623.)

29. — On n'a recours, dans tous les cas, à ce moyen que quand l'utilité en est nettement démontrée.

Une demande d'enquête ne saurait être accueillie si les faits relevés à l'appui n'ont pas un caractère précis et pertinent, s'ils n'ont rien de probant, ou s'ils ne sont pas appuyés d'un commencement de preuve. (Corps légis., 2 déc. 1857, él. de M. Delamarre, *Mon.* du 4, p. 1328; 17 févr. 1859, él. de M. Charlemagne, *Mon.* du 18, p. 190 ; 21 mars 1860, él. de M. Dalmas, *Mon.* du 23, p. 347 ; Ch. des dép., 20 mars 1876, él. de M. le baron Dufour, *J. off.* du 21, p. 1965 ; 24 mars 1876, él. de M. Martenot, *J. off.* du 25, p. 2021) ;

Ou encore, lorsque les faits n'était pas contestés, il y a lieu seulement d'en faire l'appréciation (Corps légis., 24 nov. 1863, él. de M. Isaac Pereire, *Mon.* du 25, p. 1421 ; Ass. nat., 2 déc. 1872, él. du Morbihan *J. off.* du 3, p. 7476) ;

Ou lorsque l'objet de l'enquête est seulement d'apprécier des influences morales qui ont pu s'exercer dans une élection. (Ch. des dép., 20 mars 1876, él. de M. Jolibois, *J. off.* du 21, p.

1962); surtout lorsqu'il est établi d'autre part, qu'il s'est produit au cours des opérations des faits illégaux suffisants à eux seuls pour en motiver l'annulation. (Ch. des dép., 17 août 1831, él. de M. Bourgeois, *Mon.* du 18, p. 1410.)

30. — Lorsqu'une enquête a été ordonnée, la Chambre désigne une commission pour y procéder. Celle-ci peut créer une ou plusieurs sous-commissions auxquelles une partie de l'instruction est confiée, et des délégués peuvent être envoyés sur les lieux où l'élection s'est accomplie.

31. — Les commissaires peuvent citer devant eux tels individus qu'ils jugent bon ; ils sont assistés d'un secrétaire chargé de consigner par écrit les dépositions ; celles-ci sont signées, après lecture, par les commissaires et les témoins.

La commission peut inviter le ministre de l'intérieur et les divers candidats à lui faire part de tous les renseignements qu'ils seraient à même de lui fournir. (Rapport de M. Lanyer, p. 1re du suppl. du *Mon.* du 27 avril 1843.)

Des fonctionnaires peuvent être également appelés devant elle comme devant le bureau lui-même. Dans ce cas, bien entendu, les commissaires doivent s'abstenir de formuler aucune espèce de jugement sur leur conduite ; ils doivent se borner à constater les faits et à en tirer les conséquences au point de vue de l'élection. (Ch. des dép. 27 avril 1843, suppl., rapport, p. 7.)

32. — Personne ne peut représenter à l'enquête, comme fondé de pouvoirs, le candidat dont l'élection est contestée. Ass. const., 23 août 1848, él. de M. Laissac, *Mon.* du 24, p. 2122.)

33. — Il n'y a pas lieu de déterminer le délai dans lequel l'enquête devra être faite : sa durée dépend des circonstances ainsi que des difficultés que l'on pourra rencontrer. (Ch. des dép., 24 mars 1876, obs. de M. Marcel Barthe, *J. off.* du 25, p. 2094.)

§ 3. — Rapport sur les élections.

34. — Quand le bureau ou la commission qu'il a désignée, a achevé l'examen d'une élection, un rapporteur est désigné à l'effet d'exposer et de motiver sa décision.

Dès que le rapport est prêt, il en est donné connaissance à l'Assemblée. Rappelons, à cette occasion, qu'il doit être présenté un rapport sur chaque élection et qu'il n'est pas nécessaire de le porter à l'ordre du jour, attendu qu'il est de principe que les vérifications de pouvoirs y sont toujours comprises.

35. — Lorsque les rapports sont prêts, le président de la Chambre en est averti par les présidents des bureaux qui doivent lui en remettre la liste, et veiller à ce que les rapporteurs soient présents au moment de l'appel des affaires. (Corps légis., 11 nov. 1863, obs. de M. de Morny, *Mon.* du 12, p. 1340.)

36. — L'Assemblée doit être mise à même de connaître le rapport un peu à l'avance, surtout s'il renferme un grand nombre de questions. Elle peut du reste en ajourner la discussion, pour l'étudier dans le *Journal officiel* où il est inséré, après qu'il en a été donné lecture à la Chambre (Ass. légis., 7 juin 1849, él. de M. Fortoul, *Mon.* du 8, p. 2020 ; él. de M. Michot, p. 2021 ; 15 juin 1849, él. de la Loire, *Mon.* du 16, p. 2084 ; 5 avril 1850-él. du Haut-Rhin, *Mon.* du 6, p. 1111 ; Corps légis., 21 déc. 1869, él. de MM. Marion et Ducoüedic, *J. off.* du 22, p. 1685. *Voir*, en outre, ce qui est dit *infrà*, n° 48.)

37. — La Chambre connaît d'ailleurs de l'élection, quelles que soient les modifications survenues dans la situation personnelle du député, dans l'intervalle de sa nomination à la vérification de ses pouvoirs. (*Voir* v° DÉMISSION, art. 1er.)

Cette règle semble devoir s'appliquer même au cas de décès.

38. Le rapport peut être présenté verbalement, et c'est ce qui a lieu le plus souvent ; mais le bureau peut exiger qu'il soit fait par écrit et qu'il lui soit soumis avant que lecture en soit donnée à l'Assemblée.

39. — Lorsqu'il y a lieu de faire au bureau la lecture d'un rapport, une convocation spéciale doit être adressée à cet effet à ses divers membres; (Corps légis., 9 févr. 1861, él. de M. de Monnecove, *Mon.* du 10, p. 182.)

40. — Tout député peut être chargé de faire un rapport sur une élection, même celui de sa propre élection. (Ch. des dép., 18 août 1846, él. de M. Las Cases, *Mon.* du 19, p. 2178.)

41. — La lecture du rapport peut être faite par un.député autre que le rapporteur. Elle a lieu à haute voix et en séance publique. (Corps. légis., 12 nov. 1863, *Mon.* du 13, p. 1345.)

42. — Quand une protestation est déposée au moment de la lecture du rapport, le rapporteur peut en demander le renvoi au bureau, et la Chambre peut l'ordonner. (Ch. des dép., 6 juin 1822, él. de M. Caumartin, *Mon.* du 7, p. 809.)

43. — Le rapporteur doit s'en tenir à ce qu'il a reçu mission d'expliquer; il n'est autorisé à lire que les pièces dont le bureau a décidé qu'il serait donné connaissance à la Chambre. Celle-ci peut toutefois ordonner la lecture de tous autres documents qu'elle juge utile de connaître.

Il a toute liberté pour exprimer au nom du bureau l'opinion de ce dernier sur les abus de l'administration ou sur tout autre grief. (Ch. des dép., 11 avril 1839, él. de M. Delbecque, *Mon.* du 12, p. 520.)

44. — Le rapporteur n'a pas à énumérer chacune des protestations et chacun des griefs présentés, lorsque le bureau n'a pas cru devoir s'y arrêter. Il lui suffit d'indiquer que ce dernier ne leur a pas reconnu un caractère suffisamment probant. (Corps légis., 2 déc. 1857, él. de M. Sallandrouze de Lamornaix, *Mon.* du 4, p, 1328; 9 nov. 1863, él de M. le comte de Lagrange, *Mon.* du 10, p. 1328; 10 nov. 1863, él. de M. West, *Mon.* du 11, p. 1334; él. de M. Rolle, p. 1336);

Ou qu'il résulte des explications du gouvernement que ces griefs n'ont aucune valeur. (Corps légis., 21 nov. 1863, él. de M. le baron Gorsse, *Mon.* du 22, p. 1406);

Ou bien que les faits sont évidemment faux, exagérés et travestis, ou encore sans influence sur l'élection. (Corps légis., 10 nov. 1863, él. de MM. Pissart et Bartholoni, *Mon.* du 11, p. 1364 ; 16 nov. 1863, él. de M. Dambry, *Mon.* du 17, p. 1376; 17 nov. 1863, él. de M. de Kervéguen, *Mon.* du 18, p. 1383; 19 nov. 1863, él. de M. Curé, *Mon.* du 20, p. 1392 ; 24 nov. 1863, él. de M. Corberon, *Mon.* du 2 p. 1422 ; 24 déc. 1863, él. de M. Pelletan, *Mon.* du 25, p. 1561.)

45. — Le rapport doit énoncer en terminant la solution que le bureau propose d'adopter.

Dans le cas où il y aurait eu partage sur la question de validité ou d'annulation, le rapporteur se borne à exprimer les opinions qui se sont fait jour, et la Chambre décide. (Ch. des dép., 12 avril 1839, él. de M. de Loyne, *Mon.* du 13, p. 530; Corps légis., 9 déc. 1869, él. de M. Chaix-d'Est-Ange, *J. off.* du 10, p. 1590.)

Le bureau pourrait même produire en ce cas un double rapport. (Obs. de M. Jules Grévy, président, séance du 2 août 1871, *J. off.* du 3, p. 2417.)

46. — Lorsque parmi les divers griefs relevés contre une élection, il en est un qui doit entraîner forcément la nullité des opérations, il suffit que le rapporteur énonce le moyen, et il est inutile d'examiner les autres. Il en serait ainsi, par exemple, si le candidat élu n'avait pas l'âge requis par la loi. (Ch. des dép., 20 janv. 1847, él. de M. Ernest Portalis, *Mon.* du 21, p. 117.)

Art. 2. — *Vote par l'Assemblée.*

47. — L'Assemblée a tous pouvoirs pour prononcer sur la validité des opérations électorales.

48. — Lorsque le bureau a conclu à l'invalidation, la discus-

sion ne peut avoir lieu le jour même de la lecture du rapport
à la tribune. (Art. 5 du règlement.)

Quand le rapport conclut à l'admission de l'élu, et qu'il ne
soulève aucune opposition dans la Chambre, il est inutile qu'un
vote intervienne.

Mais le vote serait néces aire si un orateur avait combattu
les conclusions du bureau tendant à la validation des opérations
(Ch. des dép., 20 déc. 1837, él. de M. Bonnefons, *Mon.* du 21,
p. 2507) ; ou si quelque député avait simplement protesté contre leur régularité, sans demander la parole pour soutenir son
opposition. (Ass. légis., 3 déc. 1850, él. de M. Duvergier de
Hauranne et Bidault, *Mon.* du 4, p. 3451.)

Un vote est toujours indispensable pour prononcer l'annulation d'une élection. (Ch. des dép., 26 juillet 1831. él. de
M. Portalis, *Mon.* du 27, p. 1270.)

49. — De ce que les formes prescrites par la loi ont été mé-
connues dans une élection, il ne s'ensuit pas pour celle-ci une
cause de nullité absolue : tout dépend des circonstances dans
lesquelles les irrégularités se sont produites et de l'influence
qu'elles ont pu exercer sur le résultat. La Chambre jouit en pareille matière de la même faculté d'appréciation qui appartient à
un jury (Ch. des dép., 2 août 1834, él. de M. Falquerolle, *Mon.*
du 4, p. 1632 ; Corps légis., 22 déc. 1869, él. de M, Marion,
J. off., du 23, p. 1694.)

50. — La Chambre peut provoquer les explications verbales
des réclamants, mais ces observations doivent être présentées
dans les bureaux, Un candidat non élu ne saurait non plus être
entendu en séance publique. (Ch. des dép., 6 août 1834, él. de
M. Drault, *Mon.* du 7, p. 1659.)

51. — La Chambre peut revenir sur une appréciation du bureau, en ordonnant la lecture d'une pièce ou d'une protestation
que celui-ci aurait jugé inutile de placer sous les yeux de l'Assemblée. (Ch. des dép., 20 déc. 1837, él. de M. Tupinier, *Mon.*
du 21, p. 2505.)

52. — Elle a le droit de tenir compte des moyens qui n'ont pas été invoqués. (Disc. de M. Berthaud, rapport des élect. des Bouches-du-Rhône, 19 août 1871, *J. off.* du 20, p. 2809.)

53. — La Chambre peut également se livrer à l'examen des bulletins dont l'état matériel a donné lieu à une discussion. (Ch. des dép., 28 juillet 1831, él. de M. Meynard, *Mon.* du 29 p. 1276 ; 5 août 1834, él. de M. Fumeron d'Ardeuil, *Mon.* du 6, p. 1651 ; 23 déc. 1837, él. de M. Viennet, *Mon.* du 24, p. 2530 ; Ass. légis., 7 juin 1849, él. des Basses-Alpes *Mon.* du 8, p. 2009.)

54. — Le même fait qui a motivé une première fois la nullité des opérations peut une seconde fois devenir une cause d'annulation. (Ch. des dép., 29 avril 1844, él. de M. Charles Laffite, *Mon.* du 30, p. 1150 ; 6 juin 1844, *Mon.* du 7, p. 1654.)

55. — La Chambre doit, d'ailleurs, s'attacher non pas à un tparticulier, mais aux opérations prises dans leur ensemble.

56. — La personnalité de l'élu ne doit pas être mise en cause ; discussion ne peut porter que sur les faits relatifs à l'élection. (Ch. des dép., 5 mai 1838, él. de M. Emile de Girardin, *Mon.* du 6, p. 1137.)

57. — Mais la Chambre doit tenir compte de toutes les circonstances qui ont pu exercer une influence sur les opérations.

Il y aurait lieu, en conséquence, d'annuler une élection s'il était démontré que des électeurs ont pu être trompés sur le degré d'honorabilité ou sur la véritable situation du candidat. Cette question a été résolue à l'occasion de l'élection d'un candidat, ancien agent de change, qui avait été contraint par la chambre syndicale de vendre sa charge et s'était retiré des affaires laissant un déficit considérable. (Corps légis., 22 déc. 1869, él. *J. off.* du 23, p. 1694.)

58. — Un rapport, avons-nous dit n° 34, est présenté sur chaque élection. Nous ajouterons que l'Assemblée doit être appelée à voter séparément sur les conclusions de chacun de ces rapports (Corps légis., 9 nov. 1863, él. de MM. de Parieu et Creuzet, *Mon.* du 10 p. 1328), même si par suite d'option pour un autre département, l'admission du candidat élu avait déjà été prononcée. (Ass. const., 17 mai 1848, él. de la Corse, *Mon.* du 18, p. 1077; Ass. légis., 21 juin 1849, él. du général Changarnier, *Mon.* du 22, p. 2126.)

Si les différentes élections d'un département avaient fait l'objet d'un seul rapport, chacune d'elles n'en doit pas moins donner lieu à un vote particulier. (Ch. des dép., 6 juin 1822, él. de la Seine, *Mon.* du 7, p. 810 ; 19 févr. 1828, él. de MM. de Chollet et Desbassyns de Richemont, *Mon.* du 21, p. 217 ; 10 août 1830, él. de MM. Nieulle et Magnan, *Mon.* du 11, p. 886.)

Il a été décidé également que deux élections, donnant lieu à l'examen d'une même question, pourraient être comprises dans le même rapport, mais qu'il devait être voté séparément sur chacune. (Corps légis., 18 févr. 1861, él. de M. Pissard, *Mon.* du 19, p. 217.)

Il est arrivé cependant, à la suite d'un renouvellement intégral, que pour pouvoir se constituer plus promptement, on ait mis aux voix collectivement les conclusions des rapports admettant tous les députés d'un département.

59. — C'est sur les conclusions du rapport que la Chambre doit être appelée à se prononcer. Par suite, quand le bureau conclut à l'admission, la Chambre doit délibérer sur cette proposition et non sur les demandes d'annulation qui peuvent être présentées au cours de la discussion ou au moment du vote. (Ch. des dép., 6 juin 1839, él. de M. Dury de Peyramont, *Mon.* du 7, p. 899 ; Ass. légis., 6 juin 1849, él. de l'Yonne, *Mon.* du 7, p. 2013 ; Ch. des dép., 27 mars 1876, él. de M. Haentjens, *J. off.* du 28, p. 2192 ; 1er avril 1876, él. de M. Renard, *J. off.* du 2, p. 2353 ; 3 avril 1876, él. de M. Vitalis, *J. off.* du 4, p. 2405.)

De même, si le bureau a conclu à l'annulation, et si le candidat ou un autre député a remis une déclaration, par laquelle

il demande le rejet desdites conclusions et la validation de l'é-
lection. (Ch. des dép., 1er avril 1876, él. de M. Cardenau, *J. off.*
du 2, p. 2358 ; 10 avril 1876, él. de M. Lachambre, *J. off.* du
11, p. 2615.)

60. — Le président, en mettant les conclusions aux voix,
n'est aucunement tenu d'en rappeler les motifs. (Ch. des dép.,
1er févr. 1847, él. de M. Sieyès, *Mon.* du 2, p. 189.)

61. — Aucun député ne peut plus avoir la parole après la
mise aux voix des conclusions du bureau. Si le vote a eu lieu a
mainlevée, il est acquis, et ni le vote par scrutin, ni même le
vote par assis et levé ne pourraient être réclamés. (Corps légis.
25 nov. 1863, él. de M. Mathieu, *Mon.* du 26, p. 1426.)

62. — Pour pouvoir se prononcer valablement, il est nécessaire que la Chambre soit en nombre [1], surtout si une observation est présentée à ce sujet par un de ses membres. (Ch. des
dép., 31 mars 1846, él. de M. Garnier, *Mon.* du 1er avril, p. 813,
3 avril 1876, él. de M. de Tocqueville, *J. off.* du 4, p. 2407.)

63. — Tous les députés, vérifiés ou non, peuvent prendre
part au vote sur la vérification des pouvoirs de leurs collègues,
alors même que leur propre élection serait contestée [2], à moins
toutefois que celle-ci n'ait été ajournée. Il y a exception aussi
pour celui dont l'élection est en cause; il ne peut voter sur sa
propre admission, ni dans les bureaux, ni en assemblée générale [3].

64. — Si la Chambre n'a pas approuvé les conclusions du
bureau, tendant à la validation d'une élection, celle-ci se trouve-
t-elle invalidée *ipso facto* ? Le vote sur les conclusions du
bureau n'implique pas annulation de l'élection, attendu que

[1] Article 95 du règlement.
[2] Ce n'est là qu'une application du principe écrit dans l'article 9 de la
loi du 15 mars 1791, d'après lequel « l'exercice provisoire demeure à ceux
« dont l'élection est attaquée. »
[3] Article 6 du règlement.

tout membre peut encore demander soit l'enquête, soit l'ajournement ; et, dans tous les cas, on ne saurait prononcer la nullité sans discussion. (Corps légis., 11 déc. 1869, él. de M. Girault, *Mon.* du 12, p. 1609.)

65. — Comme rien n'est plus urgent que la constitution de l'Assemblée, il faut éviter autant que possible les causes d'ajournement. Mais lorsqu'une proposition de cette nature a été faite, elle doit avoir la priorité. (Ch. des dép., 6 juin 1822, él. de M. de Caumartin, *Mon.* du 7, p. 809 ; 16 févr. 1828, él. de M. Sirieys de Marinhac, *Mon.* du 18, p. 204 ; 15 mars 1828, él. de M. Garnier Dufougeray, *Mon.* du 17, p. 322 ; 4 août 1830, él. de MM. Lautilhac et de Seguy, *Mon.* du 6, p. 853 ; Ass. const., 20 janv. 1848, él. de M. Richard des Bras, *Mon.* du 21, p. 143 ; Ass. légis., 31 mai 1849, él. des Côtes-du-Nord, *Mon.* du 1er juin, p. 1952 ; 23 mars 1850, él. de Saône-et-Loire, *Mon.* du 24, p. 990 ; Ch. des dép., 14 mars 1876, él. de M. le comte d'Aulan, *J. off.* du 15, p. 1816 ; 29 mars 1876, él. de Poujade, *J. off.* du 30, p. 2268 ; 8 avril 1876, él. de M. Fairé, *J. off.* du 9, p. 2538.)

66. — Il conviendrait de prononcer l'ajournement, si un certain délai était nécessaire à un député pour être en mesure de repousser une protestation (Ch. des dép., 22 déc. 1837, él. de M. Paranque, *Mon.* du 23, p. 2521 ; Corps légis., 18 nov. 1863, él. de M. Bravay, *Mon.* du 19, p. 1387) ; ou si une protestation s'est trouvée égarée et que le rapporteur déclare n'en avoir pas eu connaissance. (Corps légis., 7 nov. 1863, él. de la 3e circonsc. du Doubs, *Mon.* du 10, p. 1328.)

67. — L'admission d'un candidat doit être différée jusqu'à ce qu'il ait produit toutes les pièces justificatives des conditions d'éligibilité. (Corps légis., 31 mars 1852, él. de MM. de la Guéronnière, — Paul Dupont, — de Latour, — Granier de Cassagnac, — Charlier, — Lemaire, — d'Hérambault, — Dauzat, — Dambarère — Couleaux, — de Kervéguen, *Mon.* du 1er avril, p. 530 ; 3 déc. 1857, él. de M. le comte de Las-Cases, *Mon.* du 5, p. 1332.)

68. — Il n'y aurait pas lieu de prononcer l'ajournement pour donner à un failli le temps d'obtenir sa réhabilitation (Ass. légis., 2 juin 1849, él. de M. Germain Sarrut, *Mon.* du 3, p. 1967) ; ou pour attendre la solution d'une poursuite judiciaire. (Ch. des dép., 27 févr. 1847, él. de M. Brouillard, *Mon.* du 28, p. 406 ; 20 mars 1876, él. de M. Gatineau, *J. off.* du 21, p. 1965.)

69. — Si la demande d'ajournement se produit sous la forme d'une demande d'enquête, celle-ci doit également avoir la priorité sur la question de validation. (Ass. légis., 2 juin 1849, él. de l'Aude, *Mon.* du 3, p. 1969 ; él. de Vaucluse, p. 1974; él. de Lot-et-Garonne, p. 1990 ; 26 juill. 1849, él. de Loir-et-Cher, *Mon.* du 27, p. 2489 ; 26 mars 1850, él. de l'Ardèche, *Mon.* du 27, p. 1014 ; Corps légis., 24 nov. 1863, él. de M. Isaac Pereire, *Mon.* du 25, p. 1421 ; 14 déc. 1869, él. de M. Clément Duvernois, *J. off.* du 15, p. 1623 ; Ch. des dép., 21 mars 1876, él. de M. le comte d'Ayguesvives, *J. off.* du 22, p. 2000 ; 22 mars 1876, él. de M. Martenot, *J. off.* du 23, p. 2023 ; 23 mars 1876, él. de M. Estignard, *J. off.* du 24, p. 2060 ; 23 mars 1876, él. de M. le comte d'Aulan, *J. off.* du 24, p. 2063 ; 29 mars 1876, él. de M. Corentin Guyho, *J. off.* du 30, p. 2263.)

Il a même été décidé que si un scrutin avait été ouvert par erreur, sur la question de validation, alors qu'une enquête avait été réclamée, on devait suspendre le scrutin commencé et en ouvrir un sur l'enquête. (Ass. légis., 4 juin 1849, él. de Vaucluse, *Mon.* du 5, p. 1984.)

Cependant il est arrivé que l'on a voté d'abord sur la question de validation, alors que le bureau avait conclu à une enquête. (Ch. des dép., 24 mars 1876, él. de M. de Mun, *J. off.* du 25, p. 2089, et él. de M. Tron, *J. off.* du 25, p. 2093.)

70. — La question d'annulation doit-elle avoir la priorité sur une demande d'enquête ? Il semble que si l'annulation est admise l'enquête devient inutile, et que si l'annulation est rejetée, la proposition d'enquête peut encore être accueillie.

C'est ce qui a été admis lors de l'examen d'une élection en 1848. (Ass. const., 20 juil. 1848, él. de M. Gent, *Mon.* du 21, p. 1712.)

Mais ce point a été résolu en sens contraire en 1876, à l'occasion de l'élection de M. de Boigne. Le bureau avait conclu à une enquête. Une demande d'invalidation fut présentée. Le président mit aux voix d'abord les conclusions du bureau, se fondant sur les motifs suivants : « Il me semble difficile de ne « pas commencer par la mesure préparatoire ou préjudicielle... « si l'invalidation demandée était repoussée, la conclusion « logique serait la validation... et la Chambre n'aurait aucun « moyen de statuer sur une mesure qui ne préjuge rien, qui « est purement préparatoire, c'est-à-dire l'enquête, laquelle, si « vous la repoussez, laissera les deux autres questions de vali- « dation et d'invalidation au vote de l'Assemblée. » (Corps légis., 7 avr. 1876, *J. off.* du 8, p. 2529.)

71. — Lorsqu'un bureau a conclu à la validation, et qu'une proposition d'ajournement qui avait été produite a été écartée, il ne reste plus au président qu'à proclamer l'admission. (Ch. des dép., 3 déc. 1819, él. de M. Sébastiani, *Mon.* du 4, p. 1532.)

Il en est de même dans le cas où la proposition d'ajournement faite par le bureau a été rejetée, ainsi qu'une demande tendant à l'annulation. (Ch. des dép., 23 déc. 1820, él. de M. Creuzé, *Mon.* du 25, p. 1680.)

72. — Si le bureau avait conclu à une enquête, et si la Chambre avait rejeté cette protestation, il y aurait lieu alors de mettre aux voix la validation. (Ch. des dép., 27 mars 1876, él. de M. Mitchell, *J. off.* du 28, p. 2187.)

Art. III. — *Admission des députés.*

73. — Quand l'élection a été validée, le président proclame l'admission de l'élu, et il n'est plus permis de revenir sur les faits relatifs à cette nomination. (Ass. const., 26 sept. 1848, él. de Louis Bonaparte, *Mon.* du 27, p. 2607; Ass. légis., 30 mai 1849, él. de la Nièvre, *Mon.* du 31, p. 1939. Obs. de M. de Morny, dans la séance du 23 nov. 1863, *Mon.* du 24, p. 1406.)

Par application de ce principe, la Chambre n'a point permis à un député admis de s'expliquer sur une protestation qui avait été présentée contre son élection, pour répondre à l'imputation de faits personnels. (Ch. des dép., 5 déc. 1834, él. de M. Chamaraule, *Mon.* du 6, p. 2174.)

Elle a décidé également qu'il n'y avait pas lieu de rectifier le nom sous lequel un élu avait été désigné et admis, sous le prétexte que ce nom n'était pas le sien. (Ass. légis., 21 juin 1849, él. de M. Fialin de Persigny, *Mon.* du 22, p. 2126.)

74. — Toutefois, après avoir prononcé la validation sur les conclusions du bureau, la Chambre pourrait voter sur un deuxième chef de conclusions, qui aurait pour objet d'appeler l'attention d'un ministre sur les agissements de certains agents de l'administration. (Ch. des dép., 21 mars 1876, él. de M. La serre, *J. off.* du 22, p. 2003.)

75. — Le refus d'admission est également définitif. L Chambre ne saurait, en conséquence, sous aucun prétexte, revenir sur sa décision. (Ch. des dép., 16 février 1828, él. de M. Chardonnel, *Mon.* du 17, p. 200.)

76. — En ce qui touche les députés élus dans plusieurs circonscriptions, démissionnaires ou inéligibles. *Voir* v° Incompatibilité, Démission et Éligibilité.

CIRCONSCRIPTIONS ÉLECTORALES.

1. — L'article 14 de la loi du 30 novembre 1875 est ainsi conçu : « Les membres de la Chambre des députés sont élus « au scrutin individuel. Chaque arrondissement administratif « nommera un député. »

Le scrutin de liste, qui avait été adopté pour l'élection des membres de l'Assemblée nationale, se trouve ainsi aboli.

2. — Les arrondissements, à raison du chiffre de leur population, peuvent être divisés en plusieurs circonscriptions, et chacune d'elles est appelée à élire un député. L'article 14 porte, à ce sujet : « Les arrondissements dont la population dé-« passe 100,000 habitants nommeront un député de plus par « 100,000 ou fractions de 100,000 habitants. »

3. — Aux termes d'un sénatus-consulte du 27 mai 1857, le tableau des circonscriptions devait être réglé par un décret. Pour éviter les décisions arbitraires, il a été décidé que l'établissement des circonscriptions serait déterminé par une loi, et ne pourrait également être modifié que de la même manière. (Même article.)

En conséquence, le nombre des circonscriptions, pour les arrondissements de plus de 100,000 habitants, a été fixé par une loi du 24 décembre 1875. En voici le tableau :

TABLEAU

des circonscriptions électorales dans les arrondissements dont la population excède 100,000 habitants.

DÉPARTEMENTS.	ARRONDISSEM.	Députés par arr.	Numéros des circonscript.	CANTONS composant les circonscriptions électorales.	DÉPARTEMENTS.	ARRONDISSEM.	Députés par arr.	Numéros des circonscript.	CANTONS composant les circonscriptions électorales.
AIN.	Bourg.	2	1re	Bourg. Ceyzeriat. Coligny. Pont-d'Ain. Treffort.	AISNE (suite).	Laon (s.).	2	2e	Anizy-le-Château. Chauny. Coucy-le-Château. Crécy-sur-Serre. Fère (la).
			2e	Bagé-le-Châtel. Mont cvel. Pont-de-Vaux. Pont-de-Veyle. Saint-Trivier.		St-Quentin.	2	1re	Moy. Ribemont. Saint-Quentin.
AISNE.	Laon.	2	1re	Craonne. Laon. Marle. Neufchâtel. Rozoy-sur-Serre. Sissonne.				2e	Bohain. Catelet (le). Saint-Simon. Vermand.
						Vervins.	2	1re	Aubenton. Capelle (la). Hirson. Vervins.

DÉPARTEMENTS.	ARRONDISSEM.	Députés par arr.	Numéros des circonscript.	CANTONS composant les circonscriptions électorales.	DÉPARTEMENTS.	ARRONDISSEM.	Députés par arr.	Numéros des circonscript.	CANTONS composant les circonscriptions électorales.
AISNE (s.)	Vervins (s.)	2	2e	Guise. / Nouvion (le). / Sains. / Wassigny.	ARDÈCHE (s.)	Tournon (s.)	2	2e	Annonay. / Saint-Agrève. / Saint-Félicien. / Satillieu. / Serrières.
ALLIER	Montluçon	2	1re	Commentry. / Marcillat. / Montluçon (Est). / Montmarault.	AVEYRON	Rodez	2	1re	Bozouls. / Cassagnes-Begonhès. / Salars. / Requista. / Rodez.
			2e	Cérilly. / Hérisson. / Huriel. / Montluçon (Ouest).				2e	Conques. / Marsillac. / Naucelle. / Rignac. / Salvetat (la). / Sauveterre.
	Moulins	2	1re	Chevagnes. / Dompierre. / Moulins (Est). / Neuilly-le-Réal.		Villefranche	2	1re	Najac. / Rieupeyroux. / Villefranche. / Villeneuve.
			2e	Bourbon-l'Archambault. / Lurcy-Lévy. / Montet (le). / Moulins (Ouest). / Souvigny.				2e	Asprières. / Aubin. / Montbazens.
ALPES-MARITIMES	Nice	2	1re	Nice.... Est. / Ouest.	BOUCHES-DU-RHÔNE	Aix	2	1re	Aix.... Nord. / Sud. / Gardanne. / Peyrolles. / Trets.
			2e	Breil. / Contes. / Escarène (l'). / Levens. / Menton. / Saint-Martin-Lantosque. / Sospel. / Utelle. / Villefranche.				2e	Berre. / Istres. / Lambesc. / Martigues. / Salon.
ARDÈCHE	Largentière	2	1re	Burzet. / Coucouron. / Largentière. / Montpezat. / Saint-Etienne-de-Lugdarès. / Thueyts.		Marseille	4	1re	Marseille Nord intra. / Centre intra.
			2e	Joyeuse. / Valgorge. / Vallon. / Vans (les).				2e	Marseille Nord extra. / Centre extra.
	Privas	2	1re	Chomérac. / Voulte (la). / Privas. / Rochemaure. / Saint-Pierreville.				3e	Marseille Sud intra. / Sud extra (partie urbaine).
			2e	Antraigues. / Aubenas. / Bourg-Saint-Andéol. / Villeneuve-de-Berg. / Viviers.				4e	Marseille, Sud extra (le reste du canton.) / Aubagne. / Ciotat (la). / Roquevaire.
	Tournon	2	1re	Cheylard (le). / Lamastre. / Saint-Martin-de-Valamas. / Saint-Péray. / Tournon. / Vernoux.	CALVADOS	Caen	2	1re	Bourguébus. / Caen.... Est. / Ouest. / Troarn.
								2e	Creuilly. / Douvres. / Evrecy. / Tilly-sur-Seulle. / Villers-Bocage.
					CHARENTE	Angoulême	2	1re	Angoulême (1er canton). / Blanzac. / Montbron. / Rochefoucauld (la). / Villebois-la-Valette.

DÉPARTEMENTS.	ARRONDISSEM.	Députés par arr.	Numéros des circonscript.	CANTONS composant les circonscriptions électorales.
CHARENTE-INFER. — CHAR. (s.)	Ang. (s.)	2	2e	Angoulême (2e canton). Hiersac. Rouillac. Saint-Amand-de-Boixe. Burie.
	Saintes.	2	1re	Saintes.. { Nord. Sud. } Saint-Porchaire. Cozes.
			2e	Gémozac. Pons. Saujon.
CHER.	Bourges.	2	1re	Aix-d'Angillon (les). Baugy. Bourges. Levet. Saint-Martin.
			2e	Charost. Graçay. Lury-sur-Arnon. Mehun-sur-Yèvre. Vierzon.
	Saint-Amand.	2	1re	Châteaumeillant. Châteauneuf-sur-Cher. Châtelet (le). Lignières. Saint-Amand-Mont-Rond. Saulzais-le-Potier.
			2e	Charenton-sur-Cher. Dun-le-Roi. Guerche-sur-Aubois (la). Néronde. Sancoins.
CORRÈZE.	Brive.	2	1re	Beaulieu. Beynat. Brive. Larche. Meyssac.
			2e	Ayen. Donzenac. Juillac. Lubersac. Vigeois.
	Tulle.	2	1re	Argentat. Lapleau. Laroche-Canillac. Mercœur. Saint-Privat. Tulle (Sud).
			2e	Corrèze. Egletons. Seilhac. Treignac. Tulle (Nord). Uzerches.
CÔTE-D'OR.	Beaune.	2	1re	Beaune.. { Nord. Sud. } Nuits. Saint-Jean-de-Losne. Seurre.

DÉPARTEMENTS.	ARRONDISSEM.	Députés par arr.	Numéros des circonscript.	CANTONS composant les circonscriptions électorales.
CÔTE-D'OR (suite).	Beaune (s.)	2	2e	Arnay-le-Duc. Bligny-sur-Ouche. Liernais. Nolay. Pouilly-en-Auxois.
	Dijon.	2	1re	Dijon.... { Est. Nord. Ouest. } Gevrey-Chambertin.
			2e	Auxonne. Fontaine-Française. Genlis. Grancey-le-Château. Is-sur-Tille. Mirebeau. Pontailler-sur-Saône. Saint-Seine-l'Abbaye. Selongey. Sombernon.
CÔTES-DU-NORD.	Dinan.	2	1re	Dinan... { Est. Ouest. } Evran. Ploubalay. Saint-Jouan-de-l'Isle.
			2e	Broons. Jugon. Matignon. Plancoët. Plélan-le-Petit.
	Guingamp.	2	1re	Bégard. Belle-Isle-en-Terre. Guingamp. Plouagat. Pontrieux.
			2e	Bourbriac. Callac. Maël-Carhaix. Rostrenen. Saint-Nicolas-du-Pelem.
	Lannion.	2	1re	Lannion. Plestin. Plouaret.
			2e	Lézardrieux. Perros-Guirec. Roche-Derrien (la). Tréguier.
	Saint-Brieuc.	2	1re	Châtelaudren. Etables. Lanvollon. Paimpol. Plouha. Saint-Brieuc (Nord).
			2e	Lamballe. Moncontour. Pléneuf. Ploeuc. Quintin. Saint-Brieuc (Sud).

DÉPARTEMENS.	ARRONDISSEM.	Députés par arr.	Numéros des circonscrip.t.	CANTONS composant les circonscriptions électorales.
CREUSE.	Aubusson.	2	1re	Aubusson. Auzances. Bellegarde. Chénérailles. Evaux. Courtine (la).
			2e	Crocq. Felletin. Gentioux. Saint-Sulpice-les-Champs.
DORDOGNE.	Bergerac.	2	1re	Beaumont. Bergerac. Cadouin. Issigeac. Lalinde. Montpazier. Saint-Alvère.
			2e	Eymet. Laforce. Sigoulès. Velines. Villamblard. Villefranche de Longchapt.
	Périgueux.	2	1re	Brantôme. Périgueux. Saint-Astier. Vergt.
			2e	Excideuil. Hautefort. Saint-Pierre-de-Chignac. Savignac-les-Eglises. Thenon.
	Sarlat.	2	1re	Carlux. Montignac. Salignac. Sarlat. Terrasson.
			2e	Belvès. Bugue (le). Domme. Saint-Cyprien. Villefranche-de-Belvès.
DOUBS.	Besançon.	2	1re	Besançon Nord, Sud.
			2e	Amancey. Audeux. Boussières. Marchaux. Ornans. Quingey.
DRÔME.	Valence.	2	1re	Bourg-de-Péage. Chabeuil. Loriol. Saint-Jean-en-Royans. Valence.
			2e	Grand-Serre (le). Romans. Saint-Donat. Saint-Vallier. Tain.

DÉPARTEMENTS.	ARRONDISSEM.	Députés par arr.	Numéros des circonscript.	CANTONS composant les circonscriptions électorales.
EURE.	Evreux.	2	1re	Évreux Nord, Sud. Pacy-sur-Eure. Saint-André. Vernon.
			2e	Breteuil. Conches. Damville. Nonancourt. Rugles. Verneuil.
EURE-ET-LOIR.	Chartres.	2	1re	Chartres Nord, Sud. Maintenon.
			2e	Auneau. Courville. Illiers. Janville. Voves.
FINISTÈRE.	Brest.	3	1re	Brest 1er canton, 2e canton, 3e canton.
			2e	Daoulas. Landerneau. Plabennec. Ploudiry.
			3e	Lannilis. Lesneven. Ouessant. Ploudalmézeau. Saint-Renan.
	Châteaulin.	2	1re	Châteaulin. Crozon. Faou (le). Pleyben.
			2e	Carhaix. Châteauneuf. Huelgoat (le).
	Morlaix.	2	1re	Lanmeur. Morlaix. Plouigneau. Saint-Thégonnec. Taulé.
			2e	Landivisiau. Plouescat. Plouzévédé. Saint-Pol-de-Léon. Sizun.
	Quimper.	2	1re	Briec. Concarneau. Fouesnant. Quimper.
			2e	Rosporden. Douarnenez. Plogastel-Saint-Germain. Pont-Croix. Pont-l'Abbé.

DÉPARTEMENTS.	ARRONDISSEM.	Députés par arr.	Numéros des circonscript.	CANTONS composant les circonscriptions électorales.
GARD.	Alais.	2	1re	Alais.... {Est. / Ouest.} Anduze. Lédignan. Saint-Jean-du-Gard. Vezenobres.
			2e	Barjac. Bességes. Génolhac. Grand-Combe (la). Saint-Ambroix.
	Nîmes.	2	1re	Nimes... {1er canton. / 2e canton. / 3e canton.} Marguerittes.
			2e	Aigues-Mortes. Aramon. Beaucaire. S int-Gilles. Saint-Mamert. Sommières. Vauvert.
GARONNE (HAUTE-).	Saint-Gaudens.	2	1re	Aurignac. Boulogne. L'Isle-en-Dodon. Montréjeau. Saint-Gaudens. Saint-Martory.
			2e	Aspect. Bagnères-de-Luchon. Saint-Béat. Saint-Bertrand. Salies.
	Toulouse.	3	1re	Toulouse {Centre, ville. / Sud, ville. / Nord. / Ouest.}
			2e	Toulouse {Centre, communes rurales. / Sud, communes rurales.}
			3e	Cadours. Castanet. Fronton. Grenade. Leguévin. Montastruc. Verfeil. Villemur.
GIRONDE.	Bordeaux.	4	1re	Bordeaux {1er canton (partie urbaine). / 2e canton (partie urbaine). / 3e canton. / 4e canton. / 5e canton. / 6e canton (partie urbaine).}
			2e	Bordeaux

DÉPARTEMENTS.	ARRONDISSEM.	Députés par arr.	Numéros des circonscript.	CANTONS composant les circonscriptions électorales.
GIRONDE (suite).	Bordeaux (suite).	4	3e	Blanquefort. Carbon-Blanc. Castelnau. Partie rurale des 1er, 2e et 6e cantons de Bordeaux. Pessac. Saint-André-de-Cubzac.
			4e	Audenge. Belin. Cadillac. Créon. Labrède. Podensac. Teste (la).
	Libourne.	2	1re	Branne. Libourne. Pujol. Sainte-Foy-la-Grande.
			2e	Castillon. Coutras. Fro sac. Guitres. Lussac.
HÉRAULT.	Béziers.	2	1re	Agde. Béziers.. {1er canton. / 2e canton.} Capestang. Rédarieux. Florensac. Montagnac.
			2e	Murviel. Pézenas. Roujan. Saint-Gervais. Servian.
	Montpellier.	2	1re	Castries. Lunel. Mauguio. Montpellier {1er canton. / 2e canton. / 3e canton (partie urbaine).}
			2e	Aniane. Cette. Claret. Frontignan. Ganges. Matelles (les). Mèze. Montpellier (3e canton), partie rurale. Saint-Martin-de-Londres.
ILLE-ET-V.	Rennes.	2	1re	Rennes.. {Nord-Est. / Nord Ouest. / Sud-Est. / Sud-Ouest.}

DÉPARTEMENTS	ARRONDISSEM.	Députés par arr.	Numéros des circonscript.	CANTONS composant les circonscriptions électorales.
ILLE-ET-VILAINE (suite)	Rennes (s.)	2	2e	Châteaugiron. Hédé. Janzé. Liffré. Mordelles. Saint-Aubin-d'Aubigné.
	Saint-Malo.	2	1re	Cancale. Dol. Pleine-Fougères. Saint-Malo.
			2e	Châteauneuf. Combourg. Pleurtuit. Saint-Servan. Tinténiac.
INDRE.	Châteauroux.	2	1re	Ardentes. Argenton. Châteauroux. Buzançais.
			2e	Châtillon. Ecueillé. Levroux. Valençay.
INDRE-ET-LOIRE.	Tours.	2	1re	Montbazon. Tours... Centre. Nord. Sud.
			2e	Amboise. Bléré. Château-la-Vallière. Châteaurenault. Neuillé-Pont-Pierre. Neuvy-le-Roi. Vouvray.
ISÈRE.	Grenoble.	3	1re	Alleyard. Domène. Goncelin. Grenoble Est (partie rurale). Sud (partie rurale). Trouvet (le). Vizille.
			2e	Grenoble Est, ville. Nord. Sud, ville. Saint-Laurent du-Pont. Sassenage. Voiron.
			3e	Bourg-d'Oisans (le). Clelles. Corps. Mens. Monestier-de-Clermont. Mure (la). Valbonnais. Vif. Villard-de-Lans.

DÉPARTEMENTS	ARRONDISSEM.	Députés par arr.	Numéros des circonscript.	CANTONS composant les circonscriptions électorales.
ISÈRE (suite).	La Tour-du-Pin.	2	1re	Grand-Lemps. Pont de Beauvoisin. Saint-Geoire. Tour-du-Pin (la). Virieu.
			2e	Bourgoin. Crémieu. Morestel.
	Vienne.	2	1re	Heyrieu. Meyzieu. Saint-Symphorien d'Ozon. Vienne.. Nord. Sud.
			2e	Beaurepaire. Côte-Saint-André (la). Roussillon. Saint-Jean-de-Bournay. Verpillière (la).
LANDES.	Dax.	2	1re	Dax. Montfort. Pouillon.
			2e	Castets. Peyrehorade. Saint-Martin-de-Seignaux. Saint-Vincent-de-Tyrosse. Soustons.
	Mont-de-Marsan.	2	1re	Gabarret. Grenade. Mont-de-Marsan. Roquefort. Villeneuve.
			2e	Arjuzaux. Labrit. Mimizan. Parentis-en-Born. Pissos. Sabres. Sore.
LOIR-ET-CHER.	Blois.	2	1re	Blois.... Est. Ouest. Herbault. Marchenoir. Mer. Ouzouer-le-Marché.
			2e	Bracieux. Contres. Montrichard. Saint-Aignan.
LOIRE.	Montbrison.	2	1re	Montbrison. Saint-Bonnet-le-Château. Saint Georges-en-Couzan. Saint-Jean-Soleymieux. Saint-Rambert.
			2e	Boën. Feurs. Noirétable. Saint-Galmier.

DÉPARTEMENTS.	ARRONDISSEM.	Députés par arr.	Numéros des circonscript.	CANTONS composant les circonscriptions électorales.
LOIRE (suite).	Roanne.	2	1re	Roanne. La Pacaudière. Saint-Haon-le-Châtel. Saint-Just. Saint-Germain-Laval. Belmont.
			2e	Charlieu. Perreux. Saint-Symphorien-de-Lay. Néronde.
	Saint-Etienne.	3	1re	Saint-Etienne (ville).
			2e	Bourg-Argental. Chambon-Feugerolles (le). Saint-Héand. Saint-Etienne (communes rurales des cantons de). Saint-Genest-Malifaux. Pelussin.
			3e	Rive-de-Gier. Saint-Chamond.
LOIRE (HAUTE-).	Le Puy.	2	1re	Allègre. Craponne. Loudes. Puy (le) (Nord-Ouest). Saint-Paulien. Saugues. Vorey.
			2e	Cayres. Fay-le-Froid. Monastier (le). Pradelles. Puy (le) (Sud-Est). Saint-Julien-Chapteuil. Solignac-sur-Loire.
LOIRE-INFÉRIEURE.	Nantes.	3	1re	Nantes... 1er canton. 2e canton. 3e canton. 5e canton. 6e canton (partie urbaine).
			2e	Carquefou. Chapelle-sur-Erdre. Clisson Loroux (le). Nantes (communes rurales des 4e et 6e cantons). Vallet. Vertou.
			3e	Aigrefeuille. Bouaye. Legé. Machecoul. Nantes (4e cant., part. urb.) Saint-Philbert.
	St Nazaire.	2	1re	Blain. Guéméné. Saint-Etienne-de-Montluc. Saint-Nazaire. Savenay.

DÉPARTEMENTS.	ARRONDISSEM.	Députés par arr.	Numéros des circonscript.	CANTONS composant les circonscriptions électorales.
LOIRE-INF. (s.)	St-Nazaire (s.)	2	2e	Croisic (le). Guérande. Herbignac. Pont-Château. Saint-Gildas-des-Bois. Saint-Nicolas-de-Redon.
LOIRET.	Orléans.	2	1re	Orléans.. Est. Ouest. Nord-Ouest. Nord-Est. Sud.
			2e	Artenay. Beaugency. Châteauneuf-sur-Loire. Cléry. Ferté-Saint-Aubin (la). Jargeau. Meung-sur-Loire. Neuville. Patay.
LOT.	Cahors.	2	1re	Lalbenque. Cahors. Nord. / Sud. Lauzès. Limogne. Saint-Géry.
			2e	Castelnau. Catus. Cazals. Luzech. Montcuq. Puy-l'Evêque.
MAINE-ET-LOIRE.	Angers.	2	1re	Angers (Sud-Est). Chalonnes-sur-Loire. Pont-de-Cé (les). Thouarcé.
			2e	Angers.. Nord-Est. / Nord-Ouest. Thiercé. Louroux-Béconnais (le). Saint-Georges-sur-Loire.
	Cholet.	2	1re	Chemillé. Cholet. Montfaucon.
			2e	Champtoceaux. Beaupréau. Montrevault. Saint-Florent-le-Vieil.
MANCHE.	Avranches.	2	1re	Avranches. Ducey. Pontorson. Saint-James.
			2e	Brécey. Granville. Haye-Pesnel (la). Sartilly. Villedieu.

DÉPARTEMENTS.	ARRONDISSEM.	Députés par arr.	Numéros des circonscript.	CANTONS composant les circonscriptions électorales.
MANCHE (suite).	Coutances.	2	1re	Bréhal. Cerizy-la-Salle. Coutances. Gavray. Montmartin-sur-Mer.
			2e	Haye-du-Puits (la). Lessay. Périers. Saint-Malo-de-la-Lande. Saint-Sauveur-Lendelin.
MARNE.	Reims.	2	1re	Reims... {1er canton. 2e canton. 3e canton.} Fismes.
			2e	Ay. Beine. Bourgogne. Châtillon-sur-Marne. Verzy. Ville-en-Tardenois.
MAYENNE.	Laval.	2	1re	Chailland. Laval.... {Est. Ouest.} Loiron.
			2e	Argentré. Evron. Meslay. Montsurs. Sainte-Suzanne.
	Mayenne.	2	1re	Ernée. Gorron. Landivy. Mayenne {Est. Ouest.}
			2e	Ambrières. Bais. Couptrain. Horps (le). Lassay. Pré-en-Pail. Villaine-la-Juhel.
MEURTHE-ET-MOS.	Nancy.	2	1re	Haroué. Nancy... {Ouest. Nord.} Vézelize.
			2e	Nancy (Est). Nomény. Pont-à-Mousson. Saint-Nicolas.
MORBIHAN.	Lorient.	2	1re	Belle-Isle. Beltz. Lorient.. {1er canton. 2e canton.} Port-Louis.
			2e	Auray. Hennebout. Plouay. Pluvignier. Pont-Scorff. Quiberon.

DÉPARTEMENTS.	ARRONDISSEM.	Députés par arr.	Numéros des circonscript.	CANTONS composant les circonscriptions électorales.
MORBIHAN (suite).	Vannes.	2	1re	Elven. Grand-Champ. Sarzeau. Vannes.. {Est. Ouest.}
			2e	Allaire. Gacilly (la). Muzillac. Questembert. Roche-Bernard (la). Rochefort.
NIÈVRE.	Nevers.	2	1re	Nevers. Pougues-les-Eaux. Saint-Benin-d'Azy. Saint-Saulge.
			2e	Decize. Dornes. Fours. Saint-Pierre-le-Moustier.
NORD.	Avesnes.	2	1re	Avesnes. {Sud. Nord.} Landrecies. Solre-le-Château. Trélon.
			2e	Bavai. Berlaimont. Maubenge. Quesnoy (le). {Est. Ouest.}
	Cambrai.	2	1re	Cambrai. {Est. Ouest.} Carnières. Marcoing.
			2e	Cateau (le). Clary. Solesmes.
	Douai.	2	1re	Douai... {Nord. Ouest. Sud.}
			2e	Arleux. Marchiennes. Orchies.
	Dunkerque.	2	1re	Dunkerque. {Est. Ouest.} Gravelines.
			2e	Bergues. Bourbourg. Hondschoote. Wormhoudt.
	Hazebrouck.	2	1re	Cassel. Hazebrouck {Nord. Sud.} Steenvoorde.
			2e	Bailleul. {Nord-Est. Sud-Est.} Merville.
	Lille.	6	1re	Lille.... {Centre. Nord-E-t. Ouest.}

DÉPARTEMENTS.	ARRONDISSEM.	Députés par arr.	Numéros des circonscript.	CANTONS composant les circonscriptions électorales.
NORD (suite).	Lille (suite).	6	2e	Lille.... {Sud-Est. / Sud-Ouest.}
			3e	Roubaix. {Est. / Ouest.}
			4e	Armentières. / Bassée (la). / Haubourdin. / Quesnoy-sur-Deûle.
			5e	Cysoing. / Lannoy. / Pont-à-Marcq. / Séclin.
			6e	Tourcoing.. {Nord. / Sud.}
	Valenciennes.	2	1re	Valenciennes. {Nord. / Est. / Sud.}
			2e	Bouchain. / Condé. / St-Amand. {Rive droite. / Rive gauche.}
OISE.	Beauvais	2	1re	Auneuil. / Beauvais {Nord-Est. / Sud-Ouest.} / Méru. / Nivillers. / Noailles.
			2e	Chaumont. / Coudray (le). / Formerie. / Grandvilliers. / Marseille. / Songeons.
ORNE.	Domfront.	2	1re	Domfront. / Ferté-Macé (la). / Juvigny-sous-Andaine. / Passais.
			2e	Athis. / Flers. / Messei. / Tinchebrai.
	Mortagne.	2	1re	Bellème. / Mortagne. / Nocé. / Pervenchères. / Theil (le).
			2e	Bazoches-sur-Hoëne. / Laigle. / Longny. / Moulins-la-Marche. / Rémalard. / Tourouvre.
PAS-DE-CAL.	Arras.	2	1re	Arras ... {Nord. / Sud.} / Baumets-les-Loges. / Pas. / Vimy.

DÉPARTEMENTS.	ARRONDISSEM.	Députés par arr.	Numéros des circonscript.	CANTONS composant les circonscriptions électorales.
PAS-DE-CALAIS (suite).	Arras (s.)	2	2e	Bapaume. / Bertincourt. / Croisilles. / Marquion. / Vitry.
	Bethune.	2	1re	Bethune. / Houdin. / Lillers. / Norrent-Fontes.
			2e	Cambrin. / Carvin. / Laventie. / Lens.
	Boulogne.	2	1re	Boulogne {Nord. / Sud.} / Desvres. / Samer.
			2e	Calais. / Guines. / Marquise.
	Saint-Omer.	2	1re	Aire. / St-Omer. {Nord. / Sud.}
			2e	Ardres. / Audruick. / Fauquemberques. / Lumbres.
PUY-DE-DÔME.	Clermont.	2	1re	Clermont {Nord. / Sud. / Sud-Ouest. / Est.} / Pont-du-Château. / Vertaizon.
			2e	Billom. / Bourg-Lastic. / Herment. / Rochefort. / Saint-Amand-Tallende. / Saint-Dier. / Veyre-Mouton. / Vic-le-Comte.
	Riom.	2	1re	Aigueperse. / Combronde. / Ennezat. / Randan. / Riom.... {Est. / Ouest.}
			2e	Manzat. / Menat. / Montaigu. / Pionzat. / Pontaumur. / Pontgibaud. / Saint-Gervais.
PYR. (B.-)	Pau.	2	1re	Nay .... {Est. / Ouest.} / Pau ..... {Est. / Ouest.}

DÉPARTEMENTS.	ARRONDISSEM.	Députés par arr.	Numéros des circonscript.	CANTONS composant les circonscriptions électorales.
PYRÉN. (B.-) (S.)	Pau (suite).	2	2e	Garlin. Lambeye. Lescar. Montaner. Morlaàs. Pontacq. Thèze.
PYRÉNÉES (HAUTES-).	Tarbes.	2	1re	Ossun. Tarbes.. {Nord. Sud.} Tournay.
			2e	Castelnau-Rivière-Basse. Galand. Maubourguet. Pouyastruc. Rabastens. Trie. Vic.
RHÔNE.	Lyon.	5	1re	1er arrondissement. 4e arrondissement.
			2e	3e arrondissement. 6e arrondissement.
			3e	2e arrondissement. 5e arrondissement.
			4e	Arbresle (L'). Limonest. St-Laurent-de-Chamousset. St-Symphorien-sur-Coise. Vaugneray.
			5e	Condrieu. Givors. Mornant. Neuville. Saint-Genis-Laval. Villeurbanne.
	Villefranche.	2	1re	Anse. Beaujeu. Belleville. Monsols. Villefranche.
			2e	Amplepuis. Bois-d'Oingt. Lamure. Tarare. Thizy.
SAÔNE (HAUTE-).	Lure.	2	1re	Champagney. Héricourt. Lure. Mélisey. Villersexel.
			2e	Faucogney. Luxeuil. Saint-Loup-sur-Sémouse. Saulx. Vauvillers.
SAÔNE-ET-L.	Autun.	2	1re	Autun. Epinac. Issy-l'Evêque. Lucenay-l'Evêque. Saint-Léger-sous-Beuvray.

DÉPARTEMENTS.	ARRONDISSEM.	Députés par arr.	Numéros des circonscript.	CANTONS composant les circonscriptions électorales.
Autun (s.)		2	2e	Couches-les-Mines. Creusot (le). Mesvres. Montcenis.
SAÔNE-ET-LOIRE (suite).	Châlon-sur-Saône.	2	1re	Buxy. Châlon-sur-Saône (Nord). Givry. Mont-Saint-Vincent. Monceau-les-Mines.
			2e	Chagny. Châlon-sur-Saône (Sud). Saint-Germain-du-Plain. Saint-Martin-en-Bresse. Sennecey-le-Grand. Verdun-sur-le-Doubs.
	Charolles.	2	1re	Chauffailles. Clayette (la). Guiche (la). Charolles. Saint-Bonnet-de-Joux. Semur-en-Brionnais.
			2e	Bourbon-Lancy. Digoin. Gueugnon. Marcigny. Palinges. Paray-le-Monial. Toulon-sur-Arroux.
	Mâcon.	2	1re	Chapelle-de-Guinchay. Mâcon... {Nord. Sud.} Matour. Tramayes.
			2e	Cluny. Lugny. Saint-Gengoux-le-Royal. Tournus.
SARTHE.	Mamers.	2	1re	Bonnétable. Ferté-Bernard (la). Mamers. Montmirail. Tuffé.
			2e	Beaumont-sur-Sarthe. Fresnay. Fresnaye (la). Maroiles-les-Braults. Saint-Paterne.
	Le Mans.	2	1re	Mans (le) {1er canton. 2e canton. 3e canton.} Montfort.
			2e	Ballon. Conlie. Ecommoy. Loué. Sillé-le-Guillaume. Suze (la).

DÉPARTEMENTS.	ARRONDISSEM.	Députés par arr.	Numéros des circonscript.	CANTONS composant les circonscriptions électorales.
SAVOIE.	Chambéry.	2	1re	Aix-les-Bains. Albens. Chambéry (Nord). Echelles (les). Pont-de-Beauvoisin. Ruffieux. Saint-Génix. Yenne.
			2e	Chambéry (Sud). Chamoux. Châtelard (le). Montmélian. Motte-Servollex (la). Rochette (la). Saint-Pierre-d'Albigny.
SEINE.	Paris.	20	1re	1er Arrondissement.
			2e	2e Idem.
			3e	3e Idem.
			4e	4e Idem.
			5e	5e Idem.
			6e	6e Idem.
			7e	7e Idem.
			8e	8e Idem.
			9e	9e Idem.
			10e	10e Idem.
			11e	11e Idem.
			12e	12e Idem.
			13e	13e Idem.
			14e	14e Idem.
			15e	15e Idem.
			16e	16e Idem.
			17e	17e Idem.
			18e	18e Idem.
			19e	19e Idem.
			20e	20e Idem.
	Sceaux. St-Denis.	3	1re	Pantin. Saint-Denis.
			2e	Neuilly.
			3e	Courbevoie.
		2	1re	Sceaux. Villejuif.
			2e	Charenton. Vincennes.
SEINE-INFÉRIEURE.	Dieppe.	2	1re	Dieppe. Envermeu. Eu.
			2e	Bacqueville. Bellencombre. Longueville. Offranville. Tôtes.
	Le Havre.	3	1re	Havre (les 3 cantons du).
			2e	Criquetot. Fécamp. Montivilliers.
			3e	Bolbec. Goderville. Lillebonne. Saint-Romain.

DÉPARTEMENTS.	ARRONDISSEM.	Députés par arr.	Numéros des circonscript.	CANTONS composant les circonscriptions électorales.
SEINE-INFÉRIEURE (suite).	Rouen.	3	1re	Rouen (Ville).
			2e	Boos. Elbeuf. Grand-Couronne.
			3e	Buchy. Clères. Darnétal. Duclair. Maromme. Pavilly.
	Yvetot.	2	1re	Caudebec-en-Caux. Fauville. Ourville. Valmont. Yvetot.
			2e	Cany-Barville. Doudeville. Fontaine-le-Dun. Saint-Valery-en-Caux. Yerville.
SEINE-ET-OISE.	Pontoise.	2	1re	Isle-Adam (L'). Luzarches. Marines. Pontoise.
			2e	Ecouen. Gonesse. Montmorency.
	Versailles.	3	1re	Argenteuil. Meulan. Poissy. Saint-Germain.
			2e	Sèvres. Versailles (Nord).
			3e	Marly. Palaiseau. Versailles. {Sud. Ouest.}
SÈVRES (DEUX-).	Niort.	3	1re	Champdenier. Coulonges. Niort (1er canton). St-Maixent. {1er canton. 2e canton.}
			2e	Beauvoir. Frontenay. Mauzé. Niord (2e canton). Prahecq.
SOMME.	Abbeville.	2	1re	Abbeville {Nord. Sud.} Ailly le Haut-Clocher. Crécy. Nouvion. Rue.
			2e	Ault. Gamaches. Hallencourt. Moyenneville. Saint-Valéry-sur-Somme.

DÉPARTEMENTS.	ARRONDISSEM.	Députés par arr.	Numéros des circonscript.	CANTONS composant les circonscriptions électorales.
SOMME (suite).	Amiens.	2	1re	Amiens..{ Nord-Est. Nord-Ouest. Sud-Est. Sud-Ouest. }
			2e	Conty. Sains. Corbie. Hornoy. Molliens-Vidame. Oisemont. Picquigny. Poix. Villers-Bocage.
	Péronne.	2	1re	Chaulnes. Ham. Nesles. Péronne.
			2e	Albert. Bray. Combles. Roisel.
TARN.	Castres.	2	1re	Castres. Dourgne. Labruguière. Lautrec. Montredon. Roquecourbe. Vielmur.
			2e	Anglès. Brassac. Lacaune. Mazamet. Murat. Saint-Amans-Soult. Vabre.
TARN-ET-GARONNE.	Montauban.	2	1re	Caussade. Française (la). Molières. Montauban.{ Est. Ouest. } Vilebrumier.
			2e	Caylus. Monclar. Montpezat. Negrepelisse. Saint-Antonin.
VAR.	Toulon.	2	1re	Toulon..{ Ouest. Est. } Beausset (le). Collobrières.
			2e	Cuers. Hyères. Ollioules. Seyne (la). Sollies-Pont.
VENDÉE. Font.-le-C.		2	1re	Chataigneraye (la). Fontenay-le-Comte. Pouzauges. Saint-Hilaire-des-Loges.
VENDÉE (suite).	Font.-le-C.(s.)	2	2e	Chaillé-les-Marais. Hermenault (l'). Luçon. Maillezais. Sainte-Hermine.
	La Roche-sur-Yon.	2	1re	Chantonnay. Essarts (les). Mareuil. Poiré-sur-Vie (le). Roche-sur-Yon (la).
			2e	Herbiers (les). Montaigu. Mortagne-sur-Sèvre. Rocheservière. Saint-Fulgent.
	Les Sables-d'Olonne.	2	1re	Mothe-Achard (la). Moutiers (les). Sables-d'Olonne (les). Saint-Gilles-sur-Vie. Talmont.
			2e	Beauvoir. Challans. Ile-Dieu (l). Noirmoutiers. Palluau. Saint-Jean-de-Monts.
VIENNE.	Poitiers.	2	1re	Lusignan. Poitiers..{ Nord. Sud. } Vivonne.
			2e	Mirebeau. Neuville. Saint-Georges. Saint-Jullien. Villedieu (la). Vouillé.
VIENNE (HAUTE-).	Limoges.	2	1re	Ambazac. Limoges..{ Nord. Sud. } Aix-sur-Vienne.
			2e	Châteauneuf. Eymoutiers. Laurière. Nieul. Pierre-Buffière. Saint-Léonard.
YONNE.	Auxerre.	2	1re	Auxerre.{ Est. Ouest. } Chablis. Ligny-le-Châtel. Saint-Florentin. Seignelay.
			2e	Coulange-la-Vineuse. Coulange-sur-Yonne. Courson. Saint-Sauveur. Toncy. Vermenton.

CIRCULAIRES ET PROFESSIONS DE FOI.

1. — Aux termes de la loi du 10 décembre 1830, article 1er, « aucun écrit, soit à la main, soit imprimé, gravé ou lithogra- « phié, contenant des nouvelles politiques ou traitant d'objets « politiques, ne peut être *affiché* ou *placardé* dans les rues, « places, ou autres lieux publics. »

Il a été jugé que la prohibition faite par la disposition qui précède, était applicable aux affiches dans lesquelles un parti- culier invitait ses concitoyens, à l'époque de la révision des listes électorales, à vérifier s'ils étaient portés sur ces listes. (C. de Paris, 1er oct. 1874). (Aff. Germinet, *Bulletin du minis- tère de l'intérieur*, année 1875, p. 235.)

2. — Il est de principe, d'ailleurs, que la *distribution* ou le *colportage* de livres et écrits de toute nature ne peut avoir lieu sans autorisation. Cela résulte de l'article 6 de la loi du 27 juil- let 1849, portant : « Tous distributeurs ou colporteurs de livres, « écrits, brochures, gravures et lithographies devront être « pourvus d'une autorisation qui leur sera délivrée, pour le « département de la Seine, par le préfet de police, et pour les « autres départements, par les préfets. »

3. — Une exception à la règle générale a été admise par l'article 3 de la loi du 21 avril 1849, modifié par l'article 10 de la loi du 16 juillet 1850, lequel est ainsi conçu : « Pen- « dant les vingt jours qui précèdent les élections, les circu- « laires et professions de foi *signées des candidats* pourront, « après dépôt au parquet du procureur de la République, être « *affichées* et *distribuées* sans autorisation de l'autorité muni- « cipale[1]. » Cette disposition doit être entendue en ce sens que,

---

[1] Les circulaires et professions de foi peuvent aussi être publiées par la voie des journaux. D'un autre côté, le candidat *nommé* ou *désigné* dans un journal a le droit de répondre. Cette réponse doit paraître dans le numéro qui suit. Elle est gratuite, si elle n'excède pas le double de

durant la période électorale, les circulaires et professions de foi demeurent affranchies de toute autorisation préalable. (C. C. Ch. réun., 26 mars 1856, cassation (Palun et Brun), *Dalloz*, 1856, I, 137; 30 janvier 1857, cassation (Thomas), *Dalloz*, 1857, I, 10 ; Ch. crim. 11 juill. 1862, cassation (Michel), *Dalloz*, 1863, I, 156 ; 6 mars 1875, cassation (Oger-Pissot et Gisbert), *Dalloz*, 1875, I, 443; 8 mai 1875, cassation (Dugoure), *Dalloz*, 1877, I, 43.)

4. — La signification du mot *écrit*, mentionné dans l'article 6 de la loi du 27 juillet 1849, a été l'objet de controverses : on s'est demandé si ce terme pouvait comprendre les bulletins de vote. La Cour de Cassation a décidé qu'aucune définition n'en ayant restreint la portée, il devait être pris dans son acception la plus large ; qu'en conséquence, les bulletins de vote étaient soumis aux mêmes règles que les circulaires et profession de foi. Elle a reconnu, en outre, que la disposition des lois précitées concernait la distribution accidentelle, aussi bien que celle qui était faite par un distributeur de profession. (*Voir* les décisions précitées, nº 3.)

5. — La dispense d'autorisation durant la période électorale, s'applique à l'affichage et à la distribution, à la condition que

---

l'article auquel elle s'adresse ; dans le cas contraire, le surplus de l'insertion est payé suivant le tarif des annonces. (Art. 11, loi 25 mars 1822; art. 17, loi du 9 sept. 1835 ; art. 13, loi du 27 juill. 1849.)

Ce droit, accordé à toute personne nommée ou désignée dans un journal ou écrit périodique d'y faire une réponse, est *général* et *absolu*. L'exercice n'en est aucunement subordonné à l'appréciation des tribunaux; la personne nommée ou désignée est seule juge de son intérêt à répondre. (C. C., ch. crim., 1er mars 1838, cassation (Lavalesquerie), *Sirey*, 1838, I, 447; C. de Rouen, ch. cor., 13 déc. 1839 (Rivoire), *Sirey*, 1840, II, 76; C. C., ch. crim., 27 nov. 1845, cassation (Loyau de Sacy), *Sirey*, 1846, I, 209; C. d'Orléans, ch. corr., 9 juin 1846 (*le Constitutionnel*), *Sirey*, 1846, II, 332.)

Le droit de réponse comprend, en outre, celui de *répliquer* aux observations dont les gérants d'un journal auraient accompagné une réclamation. C. C., ch. crim., 24 août 1832, rejet (Legall), *Sirey*, 1833, I, 149; C. de Riom, 1re ch., 14 janv. 1844 (Pons), *Sirey*, 1847, II, 501; Trib. corr. de Paris, 5 déc. 1846 (Grandin), *Sirey*, 1847, II, 504.

les circulaires et professions de foi aient été préalablement déposées au parquet.

Le dépôt doit être fait au parquet du procureur de la République de l'arrondissement où l'affichage et la distribution doivent avoir lieu ; un seul dépôt suffit (Circ. du min. de la justice du 5 juillet 1857). Il est d'ailleurs valablement effectué par un tiers.

Le procureur de la République est tenu d'en donner un récépissé ; s'il refuse de le faire, une sommation par huissier peut lui être notifiée.

6. — L'exception profite à toutes les sortes d'élections, générales ou partielles, législatives, départementales, d'arrondissements ou municipales. (Arrêt de cassation précité, n° 3, du 30 janv. 1857.)

7. — La loi du 30 novembre 1875 l'a maintenue et lui a donné une plus grande extension. L'article 3 de cette loi dispose en ces termes : « Pendant la durée de la période électorale, « les circulaires et professions de foi signées des candidats, « les placards et manifestes électoraux *signés d'un ou de* « *plusieurs électeurs* pourront, après dépôt au parquet du pro- « cureur de la République, être affichés et distribués sans auto- « risation préalable. »

Ainsi, la liberté de l'affichage et de la distribution est accordée aux placards et manifestes des électeurs, de même qu'aux circulaires et professions de foi des candidats, sous la seule condition d'être signés par des électeurs de l'arrondissement où l'affichage est effectué. L'autorité municipale ne saurait donc apporter aucune entrave à l'exercice de cette liberté : elle ne saurait particulièrement imposer l'obligation de ne faire procéder à l'affichage que par le tambour de la commune. (C. C. ch crim., 11 nov. 1875, cassation (Buzançais), *Dalloz*, 1877, 1, 43.)

8. — Mais la nouvelle immunité concernant les placards et les manifestes *signés des électeurs* est applicable uniquement aux élections à la Chambre des députés : ni les termes, ni l'esprit de la loi ne permettent de l'étendre aux autres élections. Il s'ensuit qu'en dehors de la période électorale, la distribution de

listes de candidats au conseil municipal doit être autorisée, conformément à l'article 6 de la loi du 27 juillet 1849, et que durant cette période, il y a lieu de faire au parquet le dépôt d'un exemplaire signé du candidat, par application de l'article 10 de la loi du 16 juillet 1850. (C. C. ch. crim., 8 mai 1875, cass. (Dugoure), *Dalloz*, 1877, I, 43.)

Le même arrêt a décidé que celui qui remettait à un individu des bulletins pour les distribuer, participait directement à la distribution et en commettait personnellement l'acte initial.

9. — Il est à remarquer que la loi exige la signature individuelle du candidat ou de l'électeur qui s'avoue l'auteur de l'écrit et en assume la responsabilité. La mention : « le comité. — Un groupe d'électeurs, — le président du comité, etc. » ne remplit pas le vœu de la loi. Dans ce cas, sans doute, il suffirait qu'un exemplaire de l'écrit, signé d'un nom collectif, fut déposé au parquet, avec la signature d'un électeur ou d'un candidat. Mais l'affichage resterait prohibé par l'article 14 du décret des 18-22 mai 1791, qui défend de faire aucune affiche en nom collectif, et ordonne à tous les citoyens qui ont coopéré à un placard de le signer. (Circ. du min. de la just., du 27 févr. 1876.)

Notons encore : 1° que l'immunité ne concerne que les écrits qui ont trait directement à l'élection et recommandent une candidature déterminée ; 2° que les signatures doivent émaner de citoyens jouissant de leurs droits électoraux dans l'arrondissement où l'affichage et la distribution sont effectués ; 3° enfin, que le droit de signer est attribué limitativement à certaines personnes, et ne pourrait, par suite, être délégué. (Même circ.)

10. — Le défaut d'accomplissement de la formalité du dépôt au parquet deviendrait une cause de nullité des opérations, s'il avait constitué une manœuvre de nature à porter atteinte à la sincérité de l'élection. A ce titre, mais à ce titre seulement, cette irrégularité pourrait être déférée à l'autorité administrative. (C. d'Ét., 6 juin 1866, él. mun. de Saint-Junien; 4 juin 1875, él. mun. de Dives, 18 juin 1875, él. mun. de Marsac et de Montastruc-Savès.)

11. — L'article 3 de la loi du 30 novembre 1875 affranchit du dépôt au parquet les bulletins de vote qui s'y trouvaient assujettis antérieurement. « La distribution des bulletins de vote, y « est-il dit, n'est point soumise à la formalité du dépôt au par- « quet. « Nous ferons la même observation que celle faite *suprà*, n° 8, en ce qui concerne les élections autres que celles à la Chambre des députés.

12. — D'autre part, cet article interdit aux agents de l'autorité de distribuer, soit des professions de foi et circulaires des candidats, soit des bulletins de vote. L'infraction à cette disposition est punie d'une amende (*voir* v° INFRACTION, n° 19), et deviendrait une cause de nullité des opérations, si elle avait pu exercer une influence sur le résultat.

Mais la distribution peut être faite par toutes autres personnes. Rien ne fait obstacle notamment à ce qu'un candidat distribue lui-même ses bulletins. De plus, la défense édictée par l'article précité paraît applicable uniquement aux élections politiques [1].

La distribution est interdite dans la salle du vote. (*Voir* v° VOTE, n° 12.)

Touchant la distribution des cartes, *voir* v° VOTE, n°s 16 et 17.

13. — Nous ferons d'ailleurs remarquer que l'affichage étant dispensé de l'autorisation, est, par cela même, exempté de la *déclaration préalable à la municipalité* du lieu, exigée par l'article 2 de la loi du 10 décembre 1830 (C. d'Amiens, ch. corr., 2 juill. 1863, (Leveillé), *Dalloz*, 1864, II, 21.)

14. — Mais il demeure soumis aux autres règles de la matière.

---

[1] Différentes décisions du Conseil d'État ont admis que les maires, adjoints et conseillers municipaux ne font qu'user du droit qui appartient à tout candidat et même à tout électeur en distribuant des bulletins, surtout lorsque aucun de ces bulletins n'a été joint aux cartes des électeurs, au moment de leur distribution (C. d'Ét., 13 mars 1872, él. mun. de Vignonet; 23 juill. 1875, él. mun. de Marmagne; 19 nov. 1875, él. dép. de Nyons.)

Ainsi les obligations imposées aux imprimeurs par la loi du 21 octobre 1814 [1] sur la police de la presse, relativement à la déclaration et au dépôt préalable de tout écrit par eux imprimé, ainsi qu'à l'indication de leur nom et de leur demeure, sont applicables aux circulaires et aux professions de foi des candidats, imprimées pendant la période électorale (C. C., ch. crim., 18 déc. 1863, rejet (Gounouilhou), *Sirey*, 1864, I, 55). Les dispositions de la loi du 21 octobre 1814 sont applicables même à l'impression des bulletins électoraux. (C. C., ch. crim., 11 janv. 1856, cassation (Villard), *Dalloz*, 1856, I, 92.)

Ajoutons que la loi du 30 novembre 1875 n'a entendu déroger aucunement sur ce point aux dispositions de la loi de 1814. (Circ. des min. de l'int. et de la justice, des 2 et 14 févr. 1876.)

15. — Les affiches doivent aussi être apposées dans les lieux déterminés par l'autorité municipale. (L. 18 mai 1791, art. 11.)

16. — Il faut enfin qu'elles soient imprimées sur papier de couleur; les affiches sur papier blanc étant exclusivement réservées aux actes émanant de l'autorité. (L. 28 juill. 1791, et 28 avril 1816, art. 65.)

---

[1] Cette loi contient les dispositions suivantes :

« Art. 14. Nul imprimeur ne pourra imprimer un écrit avant d'avoir « déclaré qu'il se propose de l'imprimer, ni le mettre en vente ou le pu- « blier, de quelque manière que ce soit, avant d'avoir déposé le nombre « prescrit d'exemplaires, savoir : à Paris, au *secrétariat de la direction* « *générale* et, dans les départements, au *secrétariat de la préfecture.*

« Art. 15. Il y a lieu à saisie et à séquestre d'un ouvrage : 1° si l'impri- « meur ne représente pas les récépissés de la déclaration et du dépôt or- « donnés en l'article précédent ; 2° si chaque exemplaire ne porte pas le « vrai nom et la vraie demeure de l'imprimeur ; 3° si l'ouvrage est déféré « aux tribunaux pour son contenu.

« Art. 16. Le défaut de déclaration avant l'impression, et le défaut de « dépôt avant la publication, constatés comme il est dit en l'article pré- « cédent, seront punis chacun d'une amende de 1,000 francs pour la pre- « mière fois, et de 2,000 francs pour la seconde.

« Art. 17. Le défaut d'indication, de la part de l'imprimeur, de son nom et « de sa demeure, sera puni d'une amende de 3,000 francs. L'indication d'un « faux nom ou d'une fausse demeure sera puni d'une amende de 6,000 francs, « sans préjudice de l'emprisonnement prononcé par le Code pénal. »

Sous le régime des candidatures officielles, une élection dans laquelle un candidat s'était servi de papier blanc pour ses affiches a été annulée, par le motif que ce fait avait pu avoir pour résultat de faire croire aux électeurs qu'il était le candidat agréé par l'administration. (C. d'Ét., 31 juill. 1862, él. dép. de Torrigni-sur-Vire.)

17. — La distribution par la poste de circulaires et professions de foi n'est soumise à aucune formalité [1]. A cet égard, il n'est besoin ni d'obtenir une autorisation, ni d'effectuer un dépôt préalable. (C. C., ch. crim., 17 août 1850, cassation (Jacquemart), *Sirey*, 1851, I, 301 ; 8 avril 1853, cassation (de Thieffries), *Sirey*, 1853, I, 393.)

18. — Les entraves apportées à la distribution des affiches, leur lacération ou leur enlèvement peuvent faire invalider l'élection. Mais la nullité n'en est prononcée que si ces faits ont exercé une influence sur les opérations. (*Voir* v° LIBERTÉ, n° 8.)

19. — Les écrits relatifs aux élections étaient affranchis du timbre, durant la période électorale, en vertu de l'article 2 de la loi du 21 avril 1849 et de l'article 10 de la loi du 16 juillet 1850. Cette exemption fut remise en question par le décret du 10 février 1852, qui soumettait au timbre les écrits politiques de moins de dix feuilles. Mais par une décision du ministre des finances, du 6 août 1857, la dispense de timbre a été maintenue pour les circulaires et professions de foi des candidats, et par une autre décision du 29 janvier 1859, le bénéfice en a été étendu aux élections des conseils généraux.

20. — En ce qui touche les affiches, la loi du 28 avril 1816 les assujettit au timbre d'une manière générale : celles contenant des écrits politiques y sont spécialement soumises par la loi du 10 décembre 1830.

---

[1] Il est utile de rappeler que les bulletins de vote réunis en une même feuille et accompagnés ou non d'une circulaire, s'ils sont placés sous une même bande, à l'adresse d'un seul destinataire, donnent lieu seulement à la perception du droit établi *d'après le poids total.* (Déc. min. des fin., du 24 avril 1869.)

Les affiches électorales émanant des candidats ont été exceptées par l'article 3 de la loi du 11 mai 1868, dont le paragraphe 3 est ainsi conçu : « Sont affranchies du timbre les affiches électo-
« rales d'un candidat, contenant sa profession de foi, une cir-
« culaire signée de lui ou seulement son nom. »

Cette exception doit être renfermée dans ses limites. En conséquence, toute affiche émanant d'un tiers, et qui ne porte pas la signature du candidat ou son nom, ne saurait être dispensée de la formalité du timbre. (Cour d'Agen, ch. corr., 19 nov. 1874 (Larigaudière), *Dalloz*, 1875, II, 4 ; circ. du min. de l'int., 3 févr. 1876.)

21. — Mentionnons en terminant que la presse périodique demeure soumise, durant la période électorale, à l'égard des candidats ou autres citoyens, aux dispositions des lois qui protégent les particuliers contre les injures, et les fonctionnaires publics contre les outrages à raison de leurs fonctions ou de leur qualité. (C. C., ch. crim., 16 nov. 1843, rejet (Cornède-Miramont), *Sirey*, 1844, I, 376 ; 19 mai 1876, rejet (Lenoir), *Dalloz*, 1877, I, 5.)

Si les électeurs ont le droit de discuter les candidats, leur opinion et leurs actes, ce droit ne peut aller jusqu'à la diffamation. Il s'arrête là où le délit commence. La diffamation ne cesse même pas d'être délictueuse, lorsqu'il y a eu provocation ; mais l'intention coupable, bien que présumée, disparaît en présence de faits justificatifs suffisants pour faire admettre la bonne foi. C'est ce qui arriverait s'il était constaté que le mobile de l'auteur de l'acte diffamatoire n'a été que l'intérêt de la défense ou la simple intention de contredire ses adversaires. (C. C., ch. crim., 10 nov. 1876, rejet (Bel et Parent), *Dalloz*, 1877, I, 44.)

COLLÉGE ÉLECTORAL.

1. — Le collége électoral se compose de tous les électeurs.

Il ne peut s'occuper que de l'élection pour laquelle il est réuni. Toutes discussions, toutes délibérations lui sont interdites. (Art. 10, décr. régl., du 2 févr. 1852 et 30 de la loi du 5 mai 1855; *voir* v° Bureau, n° 41.)

Si, contrairement à ces principes, un discours avait été prononcé dans la salle du vote, et qu'il eût exercé une influence sur les opérations, celles-ci devraient être annulées. (C. d'Ét., 11 janv. 1838, él. mun. de Druyes).

2. — Aucun électeur n'est admis, s'il est porteur d'armes quelconques. (Art. 37, décr. org., du 2 févr. 1852; art. 20, décr. régl.; art. 30, loi 5 mai 1855; *voir* v° Infraction, n° 18.)

3. — Tout ce qui concerne la convocation, le nombre, la durée et la surveillance des opérations des collèges électoraux est rappelé v^is Convocation et Scrutin. On trouvera v° Vote, l'indication du lieu et des conditions d'après lesquelles les électeurs sont appelés à voter. Les règles relatives à l'opération du dépouillement sont exposées v° Dépouillement.

COLONIES.

Art. 1er. — *Élections législatives.*

1. — Les quatre colonies de la Martinique, de la Guadeloupe, de la Réunion et des Indes françaises participent aux élections législatives. Chacune d'elles est appelée à nommer un sénateur et un député.

2. — L'article 2 de la loi du 24 février 1875, sur l'organisation du Sénat porte : « Les quatre colonies de la Martinique, de « la Guadeloupe, de la Réunion et des Indes françaises élisent « chacune un sénateur. »

Pour les trois premières, la composition du collége électoral est analogue à celle établie pour la métropole. Il existe toutefois une différence. D'après la loi générale, le collége est formé des députés, des conseillers généraux, des conseillers d'arrondissement et des délégués des conseils municipaux. Ces colonies ne possédant pas de conseils d'arrondissement, et l'un des quatre éléments y faisant défaut, le collége ne comprend que les trois autres.

Quant aux Indes françaises, aux termes de l'article 4 de la loi du 24 février, « les membres du conseil colonial ou des con- « seils locaux sont substitués aux conseillers généraux, aux « conseillers d'arrondissement et aux délégués des conseils « municipaux. »

3. — Notons quelques autres dispositions particulières, concernant les opérations électorales.

D'après l'article 9 de la loi du 2 août 1875, c'est le directeur de l'intérieur qui, dans les colonies, est chargé de dresser les listes des électeurs, par ordre alphabétique, huit jours au plus tard avant l'élection.

4. — Le lieu du vote est fixé par l'article 4 de la loi du 24 février, au chef-lieu de la colonie, et pour l'Inde française, au chef-lieu de chaque établissement.

Les chefs-lieux des établissements dont il est question, sont au nombre de cinq, savoir : Pondichéry, Chandernagor, Karikal, Yanaon et Mahé.

5. — A raison de la distance qui les sépare, il est impossible que les opérations du scrutin y soient accomplies et que les résultats en soient proclamés le même jour, comme le prescrit l'article 14 de la loi du 2 août. Les textes étant muets à cet

égard, il nous paraît qu'il y a lieu d'appliquer par analogie l'article 32 du décret réglementaire de 1852, c'est-à-dire d'effectuer le dépouillement des votes au chef-lieu de chaque établissement, puis d'opérer le recensement général à Pondichéry, chef-lieu de la colonie des Indes.

6. — La présidence du collége électoral est attribuée au président du tribunal civil du chef-lieu de la colonie. (Art. 12 de la loi du 2 août.)

§ 2. — Chambre des députés.

7. — L'article 21 de la loi du 30 novembre 1875 est ainsi conçu : « Les quatre colonies auxquelles il a été accordé des « sénateurs par la loi du 24 février 1875, relative à l'organisa- « tion du Sénat, nommeront chacune un député. »

En ce qui regarde le mode de nomination, les lois générales établies pour la métropole, leur sont applicables.

Art. 2. — *Élections des conseils généraux de la Martinique, de la Guadeloupe et de la Réunion.*

8. — La constitution des trois colonies de la Martinique, de la Guadeloupe et de la Réunion a été réglée par un sénatus-consulte du 3 mai 1854.

9. — Aux termes de l'article 11, le territoire de ces colonies est divisé en communes ; chacune d'elles est administrée par un maire, des adjoints et des conseillers municipaux, qui sont nommés par le gouverneur.

10. — L'article 12, relatif à l'institution des conseils généraux, est ainsi conçu : « Un conseil général nommé, moitié par « le gouverneur, moitié par les membres des conseils munici- « paux, est formé dans chacune des trois colonies. Le mode « d'élection et le nombre des membres de chaque conseil « général, ainsi que la durée des sessions, sont déterminés par « un décret, rendu en la forme d'un règlement d'administration « publique. »

Les dispositions complémentaires du sénatus-consulte ont été établies par un décret du 26 juillet de la même année. Suivant l'article 1er de ce décret, le nombre des membres de chaque conseil est fixé à vingt-quatre.

11. — Dans les quinze jours de la nomination de la moitié des membres, faite par le gouverneur, les conseillers municipaux doivent être convoqués pour procéder à l'élection de l'autre moitié. Les circonscriptions électorales, et le nombre des conseillers à élire par chacune d'elles, sont déterminés par un arrêté du gouverneur, rendu en conseil privé [1]. (Art. 2.)

12. — Pour être éligible, il faut être âgé de vingt-cinq ans révolus, et résider dans la colonie depuis un an au moins. (Art. 3.)

13. — Mais on ne peut élire : 1° les fonctionnaires, magistrats, officiers et agents de tous ordres en activité de service, et recevant un traitement sur les budgets de l'État ou de la colonie; 2° les membres déjà nommés par le gouverneur. (Art. 6.)

14. — L'article 4, exige pour la validité de l'élection, que les deux tiers des membres des conseils municipaux de la circonscription aient pris part au scrutin, et que la majorité absolue des voix ait été obtenue. Il dispose, en outre, que dans le cas d'égalité de suffrages, l'élection est acquise au plus âgé.

15. — Les réclamations formées contre les élections doivent être portées devant le conseil privé, *constitué en conseil du contentieux*, sauf recours au Conseil d'État. (Ord. du 9 févr. 1827, pour la Martinique et la Guadeloupe ; ord. du 21 août 1825, pour la Réunion ; et art. 10, du sénatus-consulte du 3 mai 1854, réglant la constitution de ces trois colonies.)

---

[1] Le conseil privé est composé du gouverneur, président ; de l'ordonnateur, du directeur de l'intérieur, du procureur général et de deux conseillers privés, qui sont au besoin remplacés par des suppléants (Art. 5 du décr. du 29 août 1855). — Ses attributions sont réglées, savoir : pour la Réunion, par une ordonnance du 21 août 1825, pour la Martinique et la Guadeloupe, par une ordonnance du 9 février 1827.

Il n'appartiendrait pas, en conséquence, au gouverneur, statuant en conseil privé *constitué en conseil administratif*, de prononcer sur une protestation. (C. d'Ét., 5 févr. 1867, du Plessis.)

Quant aux formes à suivre, elles sont déterminées par l'ordonnance royale du 31 août 1828, sur le mode de procéder devant les conseils privés des colonies.

16. — Les membres du conseil général sont nommés pour six ans, renouvelables par moitié tous les trois ans, et indéfiniment rééligibles. (Art. 5 du décr. du 26 juill. 1854.)

Art. 3. — *Élections des conseils locaux et coloniaux des établissements français de l'Inde.*

17. — Un décret du 13 juin 1872 a institué dans les Indes des conseils locaux et un conseil colonial.

« Les premiers, porte le rapport sur ce décret, dont les pou-
« voirs sont moins étendus ne comptent, à l'exception du pré-
« sident, que des membres élus au suffrage universel et direct.
« L'élément administratif intervient dans la composition du
« conseil colonial ; mais seulement dans une mesure suffisante
« pour établir une juste pondération des pouvoirs sans amoin-
« drir l'initiative des membres élus par les conseils locaux.
« Quant aux deux grands éléments qui composent la population
« de la colonie : l'un le plus nombreux, l'autre le plus instruit
« et le plus apte aux affaires politiques, on s'est efforcé de leur
« assurer une représentation de leurs intérêts qui satisfasse à
« leurs besoins réciproques, tout en répondant autant que pos-
« sible à l'état social du pays et à la situation des choses. C'est
« ainsi qu'ils concourent, chacun pour moitié, dans la nomina-
« tion des conseillers locaux et entrent au conseil colonial dans
« la proportion de deux Européens et de cinq indigènes, devant
« représenter les trois grandes divisions de l'élément natif (chré-
« tiens, musulmans, gentils).

« Les conseils locaux institués à Pondichéry, à Karikal, à
« Yanaon et à Mahé, sont présidés : le premier par l'ordonna-
« teur de la colonie ; les autres par le chef de service de chaque
« comptoir. Ils comportent un nombre de membres propor-
« tionnel au chiffre de la population de chacun des établis-
« sements...

    « Le conseil colonial se compose de douze membres : cinq
« membres de droit qui sont : le gouverneur, l'ordonnateur, le
« procureur-général, le contrôleur colonial et le chef de ser-
« vice de Karikal, et sept membres élus, parmi lesquels doivent
« nécessairement se trouver deux Européens et un représentant
« de chacune des trois grandes divisions de la population indi-
« gène. La présidence du conseil colonial appartient de droit
« au gouverneur, et, en cas d'empêchement, au fonctionnaire
« le plus élevé après lui dans la hiérarchie, parmi ceux qui
« siégent dans le conseil. »

Voici les termes du décret du 13 juin 1872, en ce qui concerne la nomination des membres des conseils.

    « Art. 1er. Il est créé dans les établissements de l'Inde des
« conseils locaux et un conseil colonial. — Les conseils locaux
« siégent à Pondichéry, à Chandernagor, à Karikal, à Yanaon
« et à Mahé. — Le conseil colonial siége à Pondichéry.

    « Art. 2. Les conseils locaux sont nommés par voie d'élection,
« au suffrage universel et direct, exercé conformément aux
« dispositions du décret du 2 février 1871 et de la loi du
« 15 mars 1849.

    « Art. 3. Les conseils se composent :
        « à Pondichéry de douze membres,
        « à Chandernagor de six membres,
        « à Karikal de huit membres,
        « à Yanaon de quatre membres,
        « à Mahé de quatre membres.

    « Art. 4. Ces membres sont élus moitié par les Européens
« et descendants d'Européens, et moitié par les indigènes. —
« Nul ne peut-être élu s'il ne sait parler, lire et écrire le fran-

« çais. L'administration dressera les deux listes d'après les-
« quelles le vote aura lieu.

« Art. 5. Le vote aura lieu au scrutin de liste.

« Art. 6. Le scrutin ne dure qu'un seul jour.

« Art. 7. Nul n'est élu au premier tour s'il n'a réuni la majo-
« rité absolue des suffrages exprimés et un nombre de voix
« égal au quart des électeurs inscrits. — Au second tour, l'élec-
« tion a lieu à la majorité relative, quel que soit le nombre des
« votants. — Lorsque deux candidats obtiennent un nombre
« égal de suffrages, le plus âgé est élu.

« Art. 8. Toutes les autres questions concernant la confec-
« tion, l'ouverture, la clôture et la révision des listes, la convo-
« cation des colléges, la fixation des lieux de vote, la régle-
« mentation des opérations électorales et la durée des sessions,
« seront réglées par des arrêtés du gouverneur en conseil
« d'administration.

« Art. 9. Les membres du conseil colonial sont élus pour
« six ans, renouvelables par moitié tous les trois ans et indé-
« finiment rééligibles.

« Art. 10. Est déchu de son mandat tout conseiller tombant
« pendant la durée de ses fonctions dans un des cas d'incapacité
« ou d'incompatibilité prévus par la loi.

« Art. 11. En cas de mort, de démission ou de déchéance d'un
« conseiller, il est pourvu à son remplacement dans le délai de
« deux mois.

« Art. 12. Les fonctions de conseiller sont gratuites, et ne
« peuvent être exercées par aucun agent recevant un traitement
« quelconque de l'État ou de la colonie, sauf par le président
« de droit, dont il est question ci-après.

« Art. 13. Les conseils sont présidés de droit, à Pondichéry,
« par l'ordonnateur, et dans chacun des autres établissements
« par le chef de service. Le président a voix prépondérante en
« cas de partage.

« Art. 14. Le vice-président et le secrétaire sont élus chaque
« année par le conseil.

« Art. 15. Les conseils vérifient et valident ou annulent
« l'élection de leurs membres, sauf recours au gouverneur, en
« conseil de contentieux.

« Art. 24. Les conseils locaux élisent au scrutin de liste des
« représentants au conseil colonial, pris dans le sein ou en
« dehors des conseils. — Le dépouillement des listes des cinq
« établissements est fait au chef-lieu, par le gouverneur, en
« conseil, qui proclame le résultat général des votes.

« Art. 25. Le vote n'est valable que si les deux tiers au
« moins du nombre total des conseillers locaux a pris part au
« scrutin.

« Art. 26. Nul n'est élu au premier tour s'il n'a réuni la
« majorité absolue des suffrages exprimés. — Au second tour,
« l'élection a lieu à la majorité relative. — En cas de partage
« des voix entre deux candidats, le plus âgé est élu.

« Art. 28. Le conseil colonial institué par l'article 1er du pré-
« sent décret, se compose de douze membres : cinq membres
« de droit et sept membres élus.

« Les membres de droit sont : le gouverneur, l'ordonnateur,
« le procureur général, le contrôleur colonial [1], le chef de
« service de Karikal. — Il est procédé à l'élection des autres
« membres conformément aux articles 24, 25 et 26 du titre II,
« du présent décret.

« Art. 29. Les membres élus comprennent nécessairement
« deux Européens. — Chacune des trois grandes divisions de
« l'élément natif (chrétiens, musulmans, gentils) doit-être
« représentée parmi les cinq autres membres élus.

« Art. 30. Les conseillers doivent remplir les conditions
« exigées par le paragraphe 2 de l'article 4.

[1] Un décret du 15 avril 1873 ayant supprimé le contrôle colonial, les
fonctions de membre de droit ont été attribuées, par décret du 1er septembre 1874, à l'un des chefs de service de Chandernagor, d'Yanaon ou
de Mahé, désigné par le gouverneur des établissements français de l'Inde.
Cette désignation doit être faite par l'arrêté de convocation du conseil colonial.

« Art. 31. Aucun fonctionnaire ou agent recevant un traite-
« ment quelconque de la métropole, ou de la colonie, ne peut
« faire partie des membres élus du conseil colonial.

« Art. 32. Est déchu de son mandat tout conseiller tombant
« dans l'un des cas prévus par l'article 10.

« Art. 33. En cas de mort, de démission ou de déchéance
« d'un conseiller, il est pourvu à son remplacement dans le
« délai de trois mois. — Est considéré comme démissionnaire,
« tout membre du conseil colonial qui a manqué à une session
« ordinaire sans excuse légitime ou empêchement admis par le
« conseil.

« Art. 34. Le conseil colonial est réuni en session ordinaire,
« chaque année, sur la convocation du gouverneur. — Le gou-
« verneur peut, en outre, le convoquer en session extraordinaire,
« toutes les fois qu'il le juge utile. — Il fixe la durée des sessions.

« Art. 35. Le gouverneur est de droit président du conseil
« colonial. Il a voix prépondérante en cas de partage. — En
« cas d'empêchement, le gouverneur est remplacé par le fonc-
« tionnaire le plus élevé dans la hiérarchie siégeant au conseil.
« — Le secrétaire est nommé par le conseil.

« Art. 36. Le conseil vérifie et valide ou annule l'élection de
« ses membres. »

Art. 4. — *Du rôle du principe électif dans les autres colonies.*

§ 1. — Cochinchine.

18. — Le gouverneur de la Cochinchine est assisté d'un
conseil privé dont la composition a été réglée par un décret du
16 octobre 1869. L'élection n'y a aucune part.

Un décret du 10 août 1873 a créé en outre une classe de
fonctionnaires civils, chargés de l'inspection des services indigènes, de la justice, de l'administration générale et de certains
recouvrements ou payements.

Les institutions municipales qui existaient sous le gouvernement annamite ont été maintenues. Le gouverneur nomme les maires, sur la présentation qui en est faite par des conseils de villages composés de notables.

§ 2. — Sénégal.

19. — Le Sénégal possède un conseil d'administration composé du gouverneur, de l'ordonnateur, du commandant des troupes, du chef de service judiciaire et d'un habitant notable à la nomination du gouverneur. (Art. 97, ord. du 7 sept. 1840; décr. 1er sept. 1862, et 10 août 1872.)

20. — Chaque fois que le conseil est appelé à délibérer sur des questions relatives à l'établissement du budget local, à l'assiette de l'impôt, aux tarifs, aux règles de perception des taxes et contributions qui doivent lui être soumises, il doit lui être adjoint, indépendamment de l'habitant notable désigné par le gouverneur, quatre autres membres élus par les conseils municipaux de Saint-Louis et de Gorée, dont il sera question ci-après. (Décr. 10 août 1872, art. 2.)

Cette élection a lieu au scrutin secret et à la majorité absolue. Si après deux scrutins, aucun candidat n'a obtenu la majorité, il est procédé à un tour de ballottage entre les deux candidats qui ont obtenu le plus de suffrages. En cas d'égalité de voix, le plus âgé est nommé. Les habitants à élire peuvent d'ailleurs être pris dans le sein des deux conseils municipaux. (Même décret, art. 3.)

21. — Un autre décret du 10 août 1872 a institué, dans la colonie du Sénégal et dépendances, deux communes, Saint-Louis et Gorée, avec un conseil municipal pour chacune.

Aux termes de l'article 2 dudit décret, « Le corps municipal « de Saint-Louis se compose du maire, de deux adjoints et de « quinze conseillers municipaux. — Le corps municipal de « Gorée se compose du maire, de deux adjoints et de onze « conseillers municipaux. — Lorsque la mer ou quelque autre

« obstacle rend difficiles, dangereuses ou momentanément
« impossibles les communications entre le chef-lieu et une
« fraction de commune, un adjoint spécial, pris parmi les
« habitants de cette fraction est nommé par le gouverneur, en
« sus du nombre ordinaire. Cet adjoint spécial remplit les fonc-
« tions d'officier d'état civil et peut être chargé de l'exécution
« des lois et règlements de police dans cette partie de la
« commune.

« Art. 3. Les fonctions de maire, d'adjoints et de conseillers
« municipaux sont essentiellement gratuites.

« Art. 4. Ne peuvent être élus membres des conseils munici-
« paux ; — 1° Le gouverneur, les membres du conseil d'admi-
« nistration ; — 2° Les commissaires et agents de police ; —
« 3° Les militaires ou employés des armées de terre et de mer
« en activité de service ; — 4° Les ministres des divers cultes
« en exercice dans la commune ; — 5° Les juges de paix titu-
« laires dans les cantons où ils exercent leurs fonctions ; —
« 6° Les membres du tribunal de première instance dans les
« communes de leur arrondissement ; — 7° Les comptables des
« deniers communaux et les agents salariés de la commune ;
« — 8° Les entrepreneurs de services communaux ; — 9° Les
« domestiques attachés à la personne ; — 10° Les individus
« dispensés de subvenir aux charges communales et ceux qui
« sont secourus par les bureaux de bienfaisance ; — 11° Ceux
« qui ne savent parler, lire ni écrire le français. — Nul ne peut
« être membre de plusieurs conseils municipaux.

« Art. 5. Les parents au degré de père, de fils, de frère et les
« alliés au même degré ne peuvent être, en même temps,
« membres du conseil municipal.

« Art. 6. Tout conseiller municipal qui, par une cause sur-
« venue postérieurement à sa nomination, se trouve dans un des
« cas prévus par les articles 4 et 5, est déclaré démissionnaire
« par le gouverneur, sauf recours au conseil d'administration.

« Art. 7. Les conseillers municipaux sont élus pour six ans et

« renouvelables par moitié tous les trois ans. — A la session
« qui suit la première élection, le conseil municipal se partage
« en deux séries composées chacune d'un nombre égal de mem-
« bres, et il procède ensuite à un tirage au sort pour régler
« l'ordre du renouvellement des séries. — Les conseillers sor-
« tants sont rééligibles.

   « Art. 8. Les conseillers municipaux sont élus par l'assemblée
« des électeurs inscrits sur la liste communale dressée en vertu
« de la loi du 15 mars 1849, pour la nomination des députés à
« l'Assemblée nationale. — Les élections auront lieu au scrutin
« de liste pour toute la commune. Néanmoins, la commune
« pourra être divisée en sections dont chacune élira un nombre
« de conseillers proportionné au chiffre de la population. En
« aucun cas, ce fractionnement ne pourra être fait de manière
« qu'une section ait à élire moins de deux conseillers. Le frac-
« tionnement sera fait par le conseil d'administration, assisté
« des maires et des adjoints, sur l'initiative soit du chef de
« service de l'intérieur, soit d'un membre du conseil municipal
« de la commune intéressée. — Chaque année le conseil d'ad-
« ministration, assisté du maire et des adjoints de Saint-Louis
« et de Gorée, procédera, par un travail d'ensemble compre-
« nant les communes de la colonie, à la révision des sections,
« et en dressera un tableau qui sera permanent pour les élec-
« tions municipales à faire dans l'année.

   « Art. 9. Sont électeurs tous ceux qui remplissent les condi-
« tions indiquées au paragraphe 1er de l'article précédent, et de
« plus, ayant depuis une année au moins leur domicile réel
« dans la commune. — Sont éligibles au conseil municipal
« d'une commune tous les électeurs âgés de vingt-cinq ans,
« réunissant les conditions prévues par le paragraphe pré-
« cédent, sauf les cas d'incapacité et d'incompatibilité prévus
« par les lois et règlements en vigueur et les articles 4 et 5 du
« présent décret. — Toutefois, il pourra être nommé au conseil
« municipal d'une commune, sans la condition de domicile,
« un quart des membres qui le composeront, à la condition

« pour les élus non domiciliés de payer dans ladite commune
« une contribution au profit du budget local.

« Art. 10. Sont rendues applicables les dispositions contenues
« dans la section 3 de la loi du 5 mai 1855, sur l'organisation
« municipale, sauf les modifications ci-après.

« Art. 11. Les colléges électoraux sont convoqués par arrêté
« du gouverneur, pris en conseil d'administration. — L'inter-
« valle entre la promulgation de l'arrêté et l'ouverture des col-
« léges est de quinze jours francs.

« Art. 12. Le scrutin ne durera qu'un seul jour. Il sera ouvert
« autant que possible un dimanche ou un jour férié, à huit
« heures du matin et clos à six heures du soir. Le dépouillement
« a lieu immédiatement.

« Art. 13. En tout ce qui n'est pas prévu par le présent décret,
« les attributions conférées dans la métropole aux préfets et
« aux conseils de préfecture sont exercées par le gouverneur
« et le conseil d'administration.

« Art. 14. En cas de vacances, dans l'intervalle des élections
« triennales, il est procédé au remplacement quand le conseil
« municipal se trouve réduit aux trois quarts de ses membres.
« Toutefois, dans les communes divisées en sections, il y aura
« toujours lieu de faire des élections partielles, toutes les
« fois que, par suite de décès ou perte des droits poli-
« tiques, la section n'aurait plus aucun représentant dans le
« conseil.

« Art. 15. La suspension et la dissolution des conseils muni-
« cipaux peuvent être prononcées par arrêté du gouverneur,
« en conseil d'administration. Le gouverneur en rend compte
« immédiatement au ministre de la marine et des colonies. —
« Dans l'un et l'autre cas, le gouverneur désigne, pour remplir
« les fonctions du conseil municipal, une commission dont le
« nombre des membres ne peut être inférieur à la moitié des
« conseillers municipaux. — La commission nommée en cas
« de dissolution peut être maintenue en fonctions pendant
« trois ans. »

Quant au maire et aux adjoints, leur nomination est ainsi réglée :

« Art. 29. La nomination du maire et des adjoints de Saint-
« Louis et de Gorée aura lieu provisoirement, par arrêtés du
« gouverneur. Ils seront pris dans le conseil municipal. — Les
« maires et les adjoints sont nommés ou élus pour trois ans ;
« ils peuvent être suspendus ou révoqués par arrêtés du gou-
« verneur, pris en conseil d'administration. Les maires et les
« adjoints destitués ne seront pas rééligibles pendant une année.

« Art. 30. En cas d'absence ou d'empêchement, le maire est
« remplacé par un conseiller municipal désigné par le gouver-
« neur, ou, à défaut de cette désignation, par le conseiller
« municipal le premier dans l'ordre du tableau. Ce tableau est
« dressé d'après le nombre des suffrages obtenus, en suivant
« l'ordre des scrutins.

« Art. 31. Ne peuvent être ni maires ni adjoints : 1° les
« membres des cours, des tribunaux de première instance et des
« justices de paix ; 2° les ministres des cultes ; 3° les militaires
« et employés des armées de terre et de mer en disponibilité ;
« 4° les fonctionnaires et agents payés sur le budget local. —
« Les agents salariés du maire ne peuvent être ses adjoints. Il
« y a incompatibilité entre les fonctions de maire et d'adjoint et
« le service de la garde nationale ou des milices. — Nul ne
« peut être maire ou adjoint dans une commune et conseiller
« municipal dans une autre. »

§ 3. — Saint-Pierre et Miquelon.

22. — Le gouvernement de Saint-Pierre et Miquelon est
régi par une ordonnance du 11 octobre 1844. Jusqu'en 1872,
cette colonie ne possédait aucun corps électif. Mais un décret
du 13 mai 1872 a institué des conseils municipaux à Saint-
Pierre ainsi qu'à Miquelon.

La composition en a été réglée ainsi qu'il suit, par ledit décret:

« Art. 1er. La colonie de Saint-Pierre et Miquelon est divisée
« en deux communes qui auront pour chefs-lieux, l'une Saint-

« Pierre et l'autre Miquelon, et pour circonscriptions, la pre-
« mière Saint-Pierre et les îles autres que Miquelon et Lan-
« glade; et la seconde, Miquelon et Langlade.

« Art. 2. Le corps municipal de Saint-Pierre se compose du
« maire, de deux adjoints et de seize conseillers municipaux.

« Le corps municipal de Miquelon se compose du maire, de
« deux adjoints et de douze conseillers municipaux.

« Lorsque la mer ou quelque autre obstacle rend difficiles,
« dangereuses ou momentanément impossibles les communica
« tions entre le chef-lieu et une fraction de commune, un ad-
« joint spécial pris parmi les habitants de cette fraction est
« nommé par le commandant en sus du nombre ordinaire. Cet
« adjoint spécial remplit les fonctions d'officier de l'état civil
« et peut être chargé de l'exécution des lois et règlements de
« police dans cette partie de la commune.

« Art. 3. Les fonctions de maire, d'adjoints et de conseillers
« municipaux sont essentiellement gratuites.

« Art. 4. Ne peuvent être élus membres des conseils muni-
« cipaux :

« 1° Le commandant, l'ordonnateur, les membres du conseil
« d'administration ;

« 2° Les commissaires et agents de police ;

« 3° Les militaires ou employés des armées de terre et de
« mer en activité de service ;

« 4° Les ministres des divers cultes en exercice dans la com-
« mune ;

« 5° Les juges de paix titulaires dans les cantons où ils exer-
« cent leurs fonctions ;

« 6° Les membres du tribunal de première instance ;

« 7° Les comptables des deniers communaux et les agents
« salariés de la commune ;

« 8° Les entrepreneurs de services communaux ;

« 9° Les domestiques attachés à la personne ;

« 10° Les individus dispensés de subvenir aux charges com-

« munales et ceux qui sont secourus par les bureaux de bien-
« faisance.

« Nul ne peut être membre de plusieurs conseils munici-
« paux.

« Art. 5. Les parents au degré de père, de fils, de frère et
« les alliés au même degré ne peuvent être, en même temps,
« membres du conseil municipal.

« Art. 6. Tout conseiller municipal qui, par une cause sur-
« venue postérieurement à sa nomination, se trouve dans un des
« cas prévus par les articles 4 et 5 est déclaré démissionnaire
« par le commandant, sauf recours au conseil d'administration.

« Art. 7. Les conseillers municipaux sont élus pour six ans et
« renouvelables par moitié tous les trois ans.

« A la session qui suit la première élection, le conseil muni-
« cipal se partage en deux séries composées chacune d'un
« nombre égal de membres, et il procède ensuite à un tirage au
« sort pour régler l'ordre du renouvellement des séries.

« Les conseillers sortant sont rééligibles.

« Art. 8. Les conseillers municipaux sont élus par l'assemblée
« des électeurs communaux.

« Les élections auront lieu au scrutin de liste pour toute la
« commune. Néanmoins, la commune pourra être divisée en
« sections dont chacune élira un nombre de conseillers propor-
« tionné au chiffre de la population. En aucun cas, ce fraction-
« nement ne pourra être fait de manière qu'une section ait à
« élire moins de deux conseillers. Le fractionnement sera fait
« par le conseil d'administration assisté du maire et des adjoints
« sur l'initiative soit de l'ordonnateur, soit d'un membre du
« conseil municipal de la commune intéressée.

« Chaque année, le conseil d'administration, assisté du maire
« et des adjoints de Saint-Pierre, procédera, par un travail d'en-
« semble comprenant les communes de la colonie, à la révi-
« sion des sections, et en dressera un tableau qui sera perma-
« nent pour les élections municipales à faire dans l'année.

« Pour la première élection des conseils municipaux, la divi-

« sion en sections sera faite par arrêté du commandant, en
« conseil d'administration.

Art. 9. Sont électeurs tous les citoyens français, âgés de
« vingt et un ans accomplis, jouissant de leurs droits civils et
« politiques, n'étant dans aucun cas d'incapacité prévu par la
« loi, et, de plus, ayant depuis une année, au moins, leur do-
« micile réel dans la commune.

« Sont éligibles au conseil municipal d'une commune, tous
« les électeurs âgés de vingt-cinq ans, réunissant les conditions
« prévues par le paragraphe précédent, sauf les cas d'incapa-
« cité et d'incompatibilité prévus par les lois et règlements en
« vigueur et les articles 4 et 5 du présent décret.

« Toutefois, il pourra être nommé au conseil municipal d'une
« commune, sans la condition de domicile, un quart des mem-
« bres qui le composeront, à la condition par les élus non do-
« miciliés de payer dans ladite commune une contribution au
« profit du budget local.

« Art. 10. Sont rendues applicables les dispositions conte-
« nues dans la section III de la loi du 5 mai 1855 sur l'organi-
« sation municipale, sauf les modifications ci-après :

« Art. 11. Les colléges électoraux sont convoqués par arrê-
« tés du commandant, pris en conseil d'administration.

« L'intervalle entre la promulgation de l'arrêté et l'ouverture
« des colléges est de quinze jours francs.

« Art. 12. Le scrutin ne durera qu'un seul jour. Il sera ou-
« vert autant que possible un dimanche ou un jour férié, à huit
« heures du matin et clos à six heures du soir. Le dépouillement
« a lieu immédiatement.

« Art. 13. En tout ce qui n'est pas prévu par le présent dé-
« cret, les attributions conférées dans la métropole aux préfets
« et aux conseils de préfecture sont exercées par le comman-
« dant et le conseil d'administration.

« Art. 14. En cas de vacances, dans l'intervalle des élections
« triennales, il est procédé au remplacement quand le conseil
« municipal se trouve réduit aux trois quarts de ses membres.

« Toutefois, dans les communes divisées en sections, il y aura
« toujours lieu de faire des élections partielles toutes les fois
« que, par suite des décès ou perte des droits politiques, la sec-
« tion n'aurait plus aucun représentant dans le conseil.

« Art. 15. La suspension et la dissolution des conseils mu-
« nicipaux peuvent être prononcées par arrêté du commandant,
« en conseil d'administration. Le commandant en rend compte
« immédiatement au ministre de la marine et des colonies.

« Dans l'un et l'autre cas, le commandant désigne, pour rem-
« plir les fonctions du conseil municipal, une commission dont
« le nombre des membres ne peut être inférieur à la moitié
« des conseillers municipaux.

« La commission nommée en cas de dissolution peut être
« maintenue en fonctions pendant trois ans. »

23. — Aux termes d'un autre décret du 15 juin de la même
année, quand le conseil d'administration est appelé à délibérer
sur des questions relatives à l'établissement du budget local, à
l'assiette de l'impôt, etc., il doit lui être adjoint, indépendamment de l'habitant notable qui en fait normalement partie, deux
autres habitants élus par les conseillers municipaux de Saint-
Pierre et Miquelon.

Cette élection a lieu au scrutin de liste, et d'après les règles
tracées pour l'élection du maire et des adjoints.

Les habitants à élire peuvent être pris dans le sein des deux
conseils municipaux.

§ 4. — Autres colonies.

24. — Les autres colonies françaises sont administrées par
des gouverneurs, qui sont assistés de conseils, pour la nomination desquels le principe électif ne joue aucun rôle.

COMITÉS ÉLECTORAUX.

Voir v° RÉUNIONS, art. 4.

COMMISSION MUNICIPALE.

1. — Lors de la révision annuelle des listes électorales, et après leur publication (*voir* v° Liste, art. 2), des demandes en inscription ou en radiation peuvent être formées, soit par les électeurs, soit par les préfets et les sous-préfets. Ces réclamations sont soumises en première instance à une commission municipale.

Art. 1er. — *Composition de la commission.*

2. — Suivant l'article 20 du décret organique de 1852, la commission était composée, à Paris, du maire et de deux adjoints; partout ailleurs, du maire et de deux membres du conseil municipal.

Cette composition a été modifiée par la loi du 7 juillet 1874, relative à l'électorat municipal. La commission dont il s'agit comprend d'abord les membres de la commission chargée de dresser la liste des électeurs, laquelle se compose du maire, d'un délégué du conseil municipal et d'un délégué de l'administration choisi par le préfet. A Paris et à Lyon, il en est institué une dans chaque quartier ou section: elle est formée des mêmes éléments, c'est-à-dire du maire de l'arrondissement ou d'un adjoint délégué, du conseiller élu dans la section et d'un électeur désigné par le préfet. (Art. 1er de la loi; *voir* v° Liste, art. 2, § 1.)

Pour constituer le tribunal de premier degré, deux autres délégués du conseil sont adjoints à cette commission (art 2). A Paris et à Lyon, deux électeurs domiciliés dans le quartier ou la section, et nommés, avant tout travail de révision, par la commission instituée par l'article 1er, doivent être adjoints à cette commission. (Même article.)

Dans les communes comprises dans le dernier tableau de sectionnement arrêté par le conseil général, les conseils municipaux ont à désigner, indépendamment du délégué qui doit faire partie de la commission instituée pour la révision des listes, deux autres délégués par section. (*Voir* v° Liste, n° 23 ; circ. du min. de l'int., des 12 juill. 1874 et 31 déc. 1875.)

3. — Ces dispositions ont été appliquées aux élections politiques par l'article 1er de la loi du 30 novembre 1875.

4. — La loi n'indique aucune condition particulière pour le choix du délégué de l'administration. Il en résulte que ce dernier peut être choisi indifféremment parmi les habitants de la commune ou en dehors. Rien ne s'oppose non plus à ce que le même délégué représente l'administration dans plusieurs communes. (Circulaires ministérielles précitées.)

5. — L'article 20 du décret de 1852 exigeait que les deux délégués du conseil fussent pris parmi les membres de ce conseil. Cette prescription n'ayant pas été reproduite dans la loi du 7 juillet 1874, il en résulte que le choix du conseil n'est pas limité. Il semble nécessaire seulement que les deux délégués soient électeurs. (Mêmes circ.)

6. — Aucune sanction n'est attachée par la loi aux dispositions qui régissent la composition de la commission municipale. Lorsqu'une irrégularité a été commise, la décision n'en a pas moins le caractère d'un jugement, qui ne peut être réformé que par la voie de l'appel. Le juge de paix à qui elle est déférée doit en prononcer la nullité, et statuer sur le fond du litige. Il ne pourrait se borner à mettre les parties dans l'état où elles étaient avant cette décision. (*Voir* v° Juge de paix, § 5.)

7. — L'inobservation des dispositions de la loi, touchant la composition de la commission, est d'ailleurs de nature, dans certains cas, à porter atteinte à la sincérité des élections, et peut entraîner en conséquence la nullité des opérations. (C. d'Ét., 17 juill. 1873, él. mun. de Ciamanacce.)

Art. 2. — *Réclamations.*

§ 1. — Par qui elles peuvent être formées.

8. — L'article 19 du décret organique du 2 février 1852, porte : « Lors de la révision annuelle.... *tout citoyen omis* sur « la liste pourra présenter sa réclamation à la mairie. »

Quant aux tiers, le même article ajoute : « *Tout électeur* « *inscrit* sur l'une des listes de la *circonscription* pourra récla- « mer la radiation ou l'inscription d'un individu omis ou indû- « ment inscrit. » Le même droit est conféré par l'article 5, pa- ragraphe 4 de la loi du 7 juillet 1874 sur l'électorat municipal, à tout *électeur inscrit sur la liste municipale* : toutefois, l'ar- ticle 5, paragraphe 4, subordonne l'inscription d'une certaine catégorie d'électeurs à une demande personnelle de leur part. (Voir v° Liste, n° 4.)

9 — Il résulte de ces dispositions qu'un tiers ne peut récla- mer une inscription ou une radiation sur la liste municipale qu'à la condition de figurer lui-même sur cette liste.

En cas de division de la commune en sections, le droit de réclamation ne nous paraît pas limité à la section à laquelle l'électeur appartient; il existe pour toute la commune. L'ar- ticle 5 parle de la liste électorale, ce qui semble devoir s'en- tendre de la liste générale des électeurs de la commune. Une solution analogue est admise pour les listes politiques.

En effet, quand la demande a pour objectif la liste politique, il suffit que l'électeur soit porté sur une des listes de la cir- conscription : son inscription sur celles de la commune que sa demande concerne n'est pas nécessaire. (C. C., ch. req., 13 mars 1865, cassation (Charles-Jean), *Dalloz*, 1865, I, 239; ch. civ., 22 mars 1876, cassation (Maigne), *Dalloz*, 1876, I, 204.)

10. — L'article 19 du décret attribue aussi le droit de récla- mation aux préfets et aux sous-préfets; mais cette disposition est limitative et ne saurait être étendue à d'autres fonctionnaires.

11. — En l'absence de demandes régulières, la commission municipale ne peut ordonner des inscriptions ou des radiations, soit d'office, soit sur la réclamation d'un de ses membres. (C. C., ch. req., 13 avril 1870, cassation (Tascher de la Pagerie), *Dalloz*, 1870, I, 175.)

§ 2. — Forme de la demande.

12. — La demande n'est soumise à aucune formalité; elle peut être faite même par une déclaration verbale. La loi prescrit seulement d'en faire mention sur un registre spécial. L'article 19 porte, à ce sujet: « Il sera ouvert, dans chaque mairie, « un registre sur lequel les réclamations seront inscrites par « ordre de date. Le maire doit donner récépissé de chaque récla- « mation. » Dans les villes comprenant plusieurs cantons ou sections, il doit y avoir autant de registres qu'il y a de cantons ou sections. (Circ. min. du 12 juill. 1874.)

Mais, l'inscription sur le registre ne constitue qu'une formalité d'ordre imposée seulement à l'autorité municipale, et dont l'inaccomplissement serait sans influence sur la réclamation.

13. — D'après l'article 23 de la loi du 19 avril 1831, le réclamant pouvait former sa demande par lui-même ou par mandataire spécial. Cette disposition, bien que non reproduite dans les lois ultérieures, n'ayant pas été abrogée, nous paraît devoir être admise aujourd'hui. (Dalloz, *Rép. gén.*, v° DROIT POLITIQUE, n° 453.) C'est du reste ce qui est décidé par la jurisprudence à l'égard des demandes et déclarations dont sont tenus les individus désignés aux paragraphes 2 et 4 de l'article 5 de la loi de 1874 (Voir v° LISTE, n° 4.)

14. — Le tiers électeur doit indiquer individuellement ceux dont il réclame l'inscription ou la radiation; sa demande ne pourrait s'appliquer à un ensemble de citoyens pris collectivement (C. C., ch. req., 16 et 23 mars 1863, rejet (Portalès et Dréo), *Dalloz*, 1863, I, 140 ; 18 mars 1863, rejet (Durand), *Dalloz*, 1863, I, 141.) La circulaire ministérielle du 31 décembre 1875 recommande d'indiquer exactement, avec le lieu et le domicile du réclamant, les motifs sur lesquels la demande est fondée.

15. — Il importe de retirer le récépissé de la réclamation, à l'effet de constater l'existence de la demande.

Cependant, à défaut de ce document, la date de celle-ci peut être établie par la mention qui en serait faite sur le registre de la mairie. (C. C., ch. req., 6 mars 1865, cassation (David), *Sirey*, 1865, I, 384.)

§ 3. — Délai dans lequel la demande doit être faite.

16. — L'article 2 de la loi du 7 juillet 1874 dispose que les de- « mandes en inscription ou en radiation doivent être formées dans « le délai de vingt jours, à partir de la publication des listes. »

17. — Ce délai se compte par jours et non par heures; le *dies a quo* en est exclu, mais le *dies ad quem* s'y trouve compris. (C. C., ch. req., 11 mai 1858, cassation (Simoni), *Dalloz*, 1858, I, 205; 31 mai 1865, (Cance), *Dalloz*, 1865 I, 240.)

Toute réclamation intervenue après ce délai serait non rece- vable. (*Voir* v° LISTE, n° 39.)

ART. 3. — *Mode de procéder devant la commission.*

18. — La loi ne trace aucune forme spéciale de procédure. Il est seulement prescrit par l'article 4 de la loi du 7 juillet 1874 que « l'électeur qui aura été l'objet d'une radiation d'office de « la part des commissions ou dont l'inscription aura été con- « testée devant lesdites commissions, sera averti sans frais par « le maire, et pourra présenter ses observations. »

Cet avertissement devra contenir l'indication des motifs de la demande en radiation. (Cir. min. du 12 juill. 1874 et 31 déc. 1875.)

19. — La formalité de l'avertissement n'est exigée qu'à l'égard de l'électeur inscrit, dont la radiation a été demandée ou opérée.

En appel, le juge de paix, aux termes de l'article 22, est tenu de lui donner un semblable avertissement. (*Voir* v° JUGE DE PAIX, n° 13.) Quant à celui dont l'inscription est requise par un tiers, il peut être utile de l'appeler dans l'instance, mais la loi n'impose pas l'obligation de le faire.

20. — L'article 8 de la loi de 1849 avait fixé un délai de cinq jours dans lequel la commission devait rendre sa décision. Cette disposition n'est plus applicable, le décret organique ne l'ayant pas reproduite. A supposer qu'elle soit restée en vigueur, il faut reconnaître qu'elle n'est pas prescrite, à peine de nullité. (C. C., ch. req., 16 avril 1872, rejet (Dexant), *Dalloz*, 1872, I, 400.)

Mais il est recommandé aux commissions de s'occuper des réclamations aussitôt qu'elles en sont saisies, et de statuer le plus promptement possible. (Circ. min. du 12 juill. 1874.)

21. La commission en première instance, et le juge de paix en appel, sont juges de la force probante des pièces et documents produits devant eux à l'appui des demandes en inscription ou en radiation.

On verra v° ÉLECTEUR, article 1ᵉʳ, paragraphes 1, 2 et 3, quelles sont les preuves admises d'après la jurisprudence, pour établir les droits des parties; *Voir* aussi v° LISTE, art. 1ᵉʳ, paragraphe 3.

22. — Les décisions sont prises à la majorité des suffrages, et doivent être consignées par ordre de date, sur un registre tenu à cet effet. (Circ. min. des 13 juill. 1874 et 31 déc. 1875.)

ART. 4. — *Notification de la décision.*

23. — L'article 4 de la loi du 7 juillet 1874 porte : « Notifi- « cation de la décision des commissions sera, dans les trois « jours, faite aux parties intéressées, par écrit et à domicile, « par les soins de l'administration municipale. »

Cet acte est le point de départ du délai déterminé pour l'appel.

24. — La loi de 1874 n'exige pas, comme celle de 1852, l'intervention d'un agent assermenté; mais comme il est utile que la date de la notification soit fixée d'une manière certaine, il est recommandé au maire d'employer, autant que possible, un agent assermenté, ou d'exiger un reçu des notifications. (Circ. min. des 13 juill. 1874 et 31 déc. 1875.)

Les agents dont il s'agit sont les maires ou adjoints, les commissaires de police, les gardes champêtres, les gendarmes.

25. — On entend ici par parties intéressées celles qui ont le droit d'interjeter appel, c'est-à-dire le demandeur en inscription ou en radiation, les individus qui ont défendu aux demandes, enfin ceux dont l'inscription ou la radiation a été prononcée.

Relativement aux questions concernant la notification, *voir* v°, JUGE DE PAIX, paragraphe 2.

ART. 5. — *Décisions ayant acquis l'autorité de la chose jugée.*

26. — Le principe de l'autorité de la chose jugée s'applique aux décisions de la commission, lorsque les conditions d'identité de demande, de cause et de parties se trouvent réunies.

Ainsi, le failli dont l'inscription a été ordonnée par décision de la commission, et qui plus tard vient à être rayé, est fondé à invoquer l'exception tirée de l'autorité de la chose jugée, pour être inscrit sur la liste. (C. C., ch. req., 25 avril, 1870, cassation (Legaye), *Dalloz*, 1871, I, 63.)

De même, lorsqu'une décision a déclaré qu'un électeur condamné par un conseil de guerre, devait être maintenu sur la liste électorale, comme ayant participé aux bénéfices d'une amnistie, une décision ultérieure, basée sur la même condamnation, ne peut ordonner sa radiation. (C. C., ch. req., 14 avril 1875, cassation (Bourachot), *Dalloz*, 1876, I. 35.)

Jugé encore, à l'occasion d'une contestation relative à une question *d'éligibilité*, que l'on avait pu opposer une décision portant qu'un individu avait été relevé par la loi du 13 juillet 1863, d'une incapacité résultant d'une condamnation judiciaire, et *ordonnant en conséquence son inscription sur la liste électorale*. La même condamnation ayant entraîné la double incapacité de voter et d'être élu, il s'ensuit que la décision qui proclame que l'effet de la condamnation a cessé, le proclame, non-seulement au point de vue du droit d'être électeur, mais aussi au point de vue du droit d'être élu. (C. de Nîmes, 27 mars 1876 (Fulachier), *Dalloz*, 1877, II, 6.)

27. — Il n'est pas nécessaire, d'ailleurs, qu'il y ait identité de parties dans les deux instances. La raison en est que le tiers qui demande une inscription ou une radiation, n'agit pas en vertu d'un droit privé: il exerce une action publique dans un intérêt public, et par suite, la question jugée avec ce contradic-

teur légal se trouve jugée vis-à-vis de tous. (Arrêt Bourachot,
n° 26.)

28. — Les décisions ayant acquis l'autorité de la chose jugée,
ont-elles effet non-seulement pendant l'année qui suit la clôture, mais encore pour les années ultérieures?

Dans l'espèce rappelée plus haut, n° 26, du 14 avril 1875, il
a été admis qu'un jugement du 20 avril 1874 avait violé l'autorité de la chose jugée, en refusant l'inscription d'un individu,
sans avoir égard à une décision de 1870. L'arrêt du 25 avril
1870 (cité même numéro) a décidé de même, qu'un failli a pu
invoquer en 1870 le bénéfice d'une décision de 1865. Mais,
le 30 avril 1875, la Cour suprême, après avoir consacré de nouveau le principe que l'autorité de la chose jugée était applicable
aux décisions rendues par les commissions, et qui ne sont pas
attaquées dans le délai de la loi, ajoute que ces mêmes décisions,
« assurent, sauf les exceptions prévues par la loi, à l'électeur
« au profit duquel l'inscription a été ordonnée et a été faite, le
« droit de prendre part, en qualité de votant, aux opérations élec-
« torales pendant toute l'année qui suit la clôture de la liste. »

On pourrait induire de là que l'effet du jugement est restreint à l'année qui suit la clôture de la liste. Mais, il y a lieu de
croire que tel n'est pas le sens de la décision. Elle a pu con-
sacrer le droit qui appartenait dans l'espèce à l'électeur
de prendre part aux opérations, pendant l'année qui sui-
vait la clôture de la liste, sans pour cela limiter à ce temps
seulement l'effet de la chose jugée. La saine logique indique
assez que tant que la situation légale résultant d'un fait n'a pas
changé, la chose jugée doit pouvoir être invoquée. (C. C., ch.
crim., 30 avril 1875, cassation (Fulachier), *Dalloz*, 1876,
1, 411 et la note [1].)

---

[1] Mais M. Hérold fait observer très-justement qu'il est des cas où les
décisions perdent toute valeur d'une année à l'autre. Il en est ainsi, dit-il,
notamment pour la décision relative à une question de résidence; de
même pour celle qui aurait refusé une inscription, par le motif que l'électeur figurait alors sur une autre liste. (Dr. él. dev. la C. de Cass., n° 172.)

COMPÉTENCE.

Voir v° RÉCLAMATIONS.

CONSEIL D'ÉTAT.

SECTION Iʳᵉ.

Attributions du Conseil d'État en matière électorale.

1. — Le Conseil d'État possède diverses attributions en matière électorale.

Aux termes de la loi du 31 juillet 1875, il est juge en premier et dernier ressort des réclamations contre l'élection des membres des conseils généraux.

Ces réclamations sont examinées suivant les formes adoptées pour le jugement des affaires contentieuses (art. 16 de ladite loi). A cet égard, les observations faites v° CONSEIL DE PRÉFECTURE, article 1er, trouvent leur place ici.

2. — Il connaît en appel des protestations contre les opérations touchant l'élection des membres des conseils d'arrondissement (art. 53, L. 22 juin 1833), des membres des conseils municipaux (art. 46, L. 5 mai 1855) et des délégués sénatoriaux. (Art. 8, L. 2 août 1875 ; v° SÉNAT, n° 29.)

3. — Le Conseil d'État est appelé à statuer sur la validité des délibérations des conseils généraux, relatives à la division des communes en sections (voir v° SECTION, n° 25), ainsi que sur les recours contre certains arrêtés pris par le ministre de l'intérieur, les préfets et les maires. (Voir v^is MINISTRE, PRÉFET, et MAIRE.)

Le Conseil d'État est encore chargé de faire l'application des dispositions de la loi du 7 juin 1873, qui déclare démissionnaires les membres des conseils généraux, des conseils d'arrondissement et des conseils municipaux, qui se refusent à remplir une des fonctions à eux dévolues par la loi. (Voir v° DÉMISSION, art. 4.)

4. — Appartient-il au Conseil d'État de donner l'interprétation des décisions rendues par lui au contentieux? L'affirmative résulte des trois décisions suivantes : (C. d'Ét., 9 août 1851, Benassy ; 24 mars 1853, Her. Tulier ; 8 nov. 1872, él. dép. de Corbeil). C'est là une application du droit commun d'après lequel tout tribunal qui a rendu un jugement a qualité pour l'interpréter.

Le Conseil d'État s'est-il mis en contradiction avec cette jurisprudence par plusieurs arrêts qui reconnaissent au conseil de préfecture un pouvoir d'interprétation (C. d'Ét., 28 janv. 1848, Monnard ; 15 mars 1855, Boulland ; 31 janv. 1867, Benoist [1]) ? Si délicate que soit l'appréciation de ces décisions, nous croyons qu'on peut les concilier jusqu'à un certain point

[1] Dans l'affaire Benassy, le Conseil d'État a annulé pour excès de pouvoirs un arrêté du conseil de préfecture, rendu à l'occasion d'une demande en restitution de frais, que le réclamant prétendait avoir indûment payés au percepteur, et qui avait nécessité l'interprétation d'une décision du Conseil d'État, intervenue sur un recours contre un autre arrêté du même conseil.

La décision du 24 mars 1853 porte qu'il n'appartient qu'au Conseil d'État d'apprécier un arrêt rendu par lui, relativement au caractère et à la portée de décisions prises dans l'intérêt de l'État, par le gouverneur général de l'Algérie, ainsi que par le ministre de la guerre.

L'arrêt du 8 novembre 1872 est intervenu dans les circonstances suivantes : le ministre de l'intérieur s'est pourvu devant le Conseil d'État, pour faire déterminer le sens et la portée d'un décret du 7 août 1872, rendu sur le rapport de la section du contentieux. Ce décret déclarait sans objet une requête présentée par un électeur, et tendant à l'annulation des opérations faites au deuxième tour, annulation que, suivant le requérant, le conseil de préfecture aurait omis de prononcer, bien qu'elle fût la conséquence de la proclamation faite par lui d'une autre élection accomplie au premier tour. Le Conseil d'État a donné au ministre l'interprétation qu'il demandait.

Le Conseil d'État s'est reconnu incompétent dans les espèces ci-après :

Ordonnance du 28 janvier 1848. — Le Conseil d'État réformant un arrêté du conseil de préfecture qui lui avait été déféré avait condamné, le 29 juillet 1846, une société à payer à un usinier une certaine somme, à titre d'indemnité, pour chômage de son industrie. Des difficultés se sont élevées sur la question de savoir si certains frais devaient entrer dans les dépens, ainsi que sur le point de départ des intérêts. Les parties se sont pourvues au Conseil d'État en interprétation de l'ordonnance de 1846 ; mais le conseil a décidé qu'il appartenait au conseil de préfecture, compétent pour régler la question d'indemnité, de faire, en cas de contestation, application des dispositions de l'ordonnance de 1846 aux questions d'intérêt et de dépens à liquider.

Le décret du 9 mars 1855 a admis également que c'était devant le conseil de préfecture que devaient être portées les difficultés relatives à l'exécution d'un arrêté confirmé par le Conseil d'État.

Enfin, il résulte du décret du 31 janvier 1867, que le conseil de préfecture a qualité pour décider si des intérêts alloués par une décision du Conseil d'État, rendue en 1853 sur un recours contre un arrêté du conseil de préfecture, doivent être considérés comme les intérêts de sommes dont la liquidation a été faite par le décret, ou si ce sont les intérêts d'autres sommes dont la liquidation n'a eu lieu que par une décision ministérielle postérieure.

avec les premières. Lorsque l'on agit directement par voie d'interprétation, c'est la maxime rappelée plus haut qui doit recevoir son effet. Mais, dans différents cas, le juge du premier degré pourra rechercher le sens et appliquer les décisions du Conseil d'État. Ainsi, quand le conseil de préfecture est saisi de certaines questions, il peut incidemment, pour leur solution, tirer toutes les conséquences d'une décision rendue par le Conseil d'État. Il peut de même, si un arrêt est invoqué devant lui comme ayant l'autorité de la chose jugée, en déterminer la portée en vertu de la règle que *le juge de l'action est le juge de l'exception*.

SECTION II.
Des formes suivies devant le Conseil d'État statuant au contentieux.

ART. 1ᵉʳ. — *Décisions du conseil de préfecture qui peuvent être déférées au Conseil d'État.*

5. — Les décisions interlocutoires, de même que les décisions définitives, peuvent être l'objet d'un recours devant le Conseil d'État. (C. d'Ét., 27 févr. 1866, él. mun. de Bayeux.)

Mais les arrêtés préparatoires qui ne préjugent aucunement le fond, ne peuvent lui être déférés. (C. d'Ét., 27 août 1857, Révollier ; 7 avril 1864, ville de Niort.)

6. — Le dispositif d'un arrêté peut seul être attaqué .Les visas ne sauraient donner lieu à un pourvoi (C. d'Ét., 19 févr. 1855, Cordier), non plus que les motifs sur lesquels repose la décision. (C. d'Ét., 19 décembre 1868, él. dép. de Vescovato.)

ART. 2. — *Qualité pour se pourvoir.*

§ 1. — Électeur et autres intéressés.

7. — En matière d'élections départementales, l'article 15 de la loi du 10 août 1871, modifié par celle du 31 juillet 1875, a accordé le droit d'attaquer les élections directement devant le Conseil d'État, *à tout électeur du canton, aux candidats et aux membres du conseil général.*

8. — En ce qui concerne les élections au conseil d'arrondissement et les élections municipales, le droit de recours est déterminé, savoir : pour les premières, par l'article 53 de la loi du 22 juin 1833, et pour les secondes, par les articles 45 et 46 de la loi du 5 mai 1855. L'article 53 de la loi de 1833 porte simplement que « le recours au Conseil d'État sera exercé par la « voie contentieuse. » L'article 45 de la loi de 1855 attribue aux *réclamants* devant le conseil de préfecture le droit de se pourvoir au Conseil d'État ; l'article 46 ajoute que le recours contre la décision des premiers juges appartient aux *parties intéressées*.

Mais que faut-il entendre par parties intéressées ?

S'il s'agit d'un recours contre un arrêté confirmant les élections, le droit de se pourvoir n'appartient qu'à ceux qui ont réclamé devant les premiers juges, par la raison qu'on ne peut attaquer en appel une décision à laquelle on n'a pas été partie. (C. d'Ét., 30 août 1847, él. dép. de Bois d'Arcy; 18 août 1849, él. mun. de Vireux-Molhain ; 23 nov. 1849, él. dép. de Pignan ; 16 mars 1850, él. dép. de Bourbachen ; 9 févr. 1861, él. mun. de Sainte-Colombe, 17 avril 1861, él. mun. de Crouttes ; 25 avril 1861, él. mun. de Paulhiac ; 2 juill. 1861, él. mun. de Montbrun ; 24 juill. 1861, él. mun. de Saint-Maurice-en-Trièves ; 28 mars 1862, él. dép. de Paulhaguet ; 26 févr. 1863, él. dép. de Tonnay-Boutonne ; 8 mai 1866, él. mun. de Chaulhac ; 25 avril 1866, él. mun. de Saint-Plancard ; 14 juin 1866, él. mun. de la Rochenard ; 3 juill. 1866, él. mun. de Lailly ; 17 juill. 1866, él. mun. de Sancerre; 19 mai 1868, él. dép. d'Evisa ; 11 juin 1868, él. dép. d'Ajaccio ; 19 mai 1869, él. mun. de Roquecourbe ; 29 déc. 1871, él. mun. de Caranac ; 14 févr. 1872, él. mun. d'Etray; 10 mars 1876, él. mun. de Luro [1].)

[1] Dans cette dernière espèce, onze conseillers sur douze qui étaient à nommer avaient été proclamés par le bureau. Il n'existait donc qu'un seul conseiller à élire au deuxième tour. Néanmoins les électeurs furent appelés à en nommer quatre. Les opérations du deuxième tour ayant été attaquées devant le conseil de préfecture, celui-ci annula les élections des trois con-

Que si, au contraire, les élections sont annulées, le droit d'appel est ouvert à tous les électeurs sans exception, attendu que ce droit prend naissance dans l'arrêté même d'annulation, et que ce serait y porter atteinte que de ne pas les admettre à recourir contre cette décision. (C. d'Ét. 25 juill. 1834, él. dép. de Besse ; 5 janv. 1850, él. dép. de Thorame ; 25 févr. 1876, él. mun. de Lanneraye ; 19 mars 1876, él. mun. de Luro.)

9. — Le fait d'avoir présidé un bureau électoral, ne saurait faire considérer un maire comme partie intéressée dans le sens de l'article 46 de la loi de 1855 précité. En conséquence, il ne serait pas fondé, à raison de cette circonstance, à se pourvoir devant le Conseil d'État. (C. d'Ét., 4 mars 1868, él. mun. de Valmy ; voir *infrà*, n° 18.)

10. — Le candidat au conseil municipal ou au conseil d'arrondissement, dont l'élection est annulée, a au contraire qualité pour se pourvoir (C. d'Ét., 23 juill. 1875 , él. mun. d'Aramon); et ce droit lui appartient, lors même qu'il aurait pris part à des élections nouvelles sans faire aucune réserve. (C. d'Ét., 19 mai 1866, él. mun. de Châteauvilain.)

Conformément à la doctrine admise par ce dernier arrêt, nous pensons que le recours formé par des électeurs serait également recevable, bien que ceux-ci aient participé sans protestation ni réserve à des élections nouvelles, intervenues à la suite d'une décision d'annulation [1].

---

seillers en trop à ce deuxième tour. Un électeur qui n'avait pas été partie à l'instance, déféra l'arrêté du conseil de préfecture au Conseil d'État, en se fondant sur ce, que, lors des opérations du premier tour, un certain nombre de bulletins avait été attribué à tort à trois des candidats proclamés, et qu'au deuxième tour il y avait bien réellement à élire quatre conseillers. Le Conseil d'État déclara ce recours non-recevable, en ce qui concernait les opérations du premier tour; et, touchant le deuxième, il décida que les opérations du premier tour n'ayant fait l'objet d'aucune protestation, il n'y avait à nommer au deuxième tour qu'un seul conseiller, ainsi que le conseil de préfecture l'avait reconnu.

[1] La solution contraire était admise anciennement, aussi bien à l'égard des candidats (C. d'Ét., 19 août 1832 (Freissinet et Villevarlange) que des électeurs. (C. d'Ét., 16 déc. 1835, él. mun. de Tiffanges ; 14 juin 1838, él. mun. de Clermont-Ferrand ; 14 juillet 1838, él. mun. de Compeyre.

Toutefois, l'individu dont l'élection a été annulée, à raison de l'incapacité résultant d'une condamnation prononcée contre lui, et qui par suite n'est ni électeur ni éligible, ne serait pas recevable à se pourvoir contre la décision par laquelle le conseil de préfecture, après avoir annulé son élection, aurait proclamé à sa place un autre candidat. (C. d'Ét., 9 déc. 1871, él. mun. d'Azay-le-Rideau.)

§ 2. — Ministre de l'intérieur.

11 — L'article 15 de la loi du 31 juillet 1875 a conféré au préfet le droit d'attaquer devant le Conseil d'État les opérations pour l'élection des conseillers généraux, lorsqu'il estime que les conditions de la loi n'ont pas été remplies (voir *infrà*, nᵒˢ 16 et 29). Le même droit appartient-il au ministre? Ce point nous paraît très-douteux. Sans doute, il résulte implicitement des articles 16 et 17 du décret du 22 juillet 1806, que le ministre a toujours qualité pour représenter l'administration publique devant le Conseil d'État. Mais ce texte suppose d'abord une première décision rendue par une autorité administrative ; il est à remarquer, en second lieu, qu'il n'existe dans ce cas aucune autre autorité qui puisse représenter l'État [1] ; enfin l'article 11 dudit décret impartit un délai de trois mois pour se pourvoir. Or, ces règles sont inconciliables avec la loi du 31 juillet 1875. Celle-ci attribue le droit de réclamation au préfet, mieux placé que le ministre pour apprécier les conditions dans lesquelles l'élection a eu lieu, et, après avoir fixé pour cette réclamation un court délai de vingt jours, elle impose au Conseil d'État l'obligation de statuer dans les trois mois. Il semble donc que le droit d'attaquer les opérations se trouve limité au préfet, et qu'il ne saurait être exercé par le ministre. On n'aperçoit pas, du reste, l'intérêt qu'aurait l'administration, puisqu'elle a le préfet pour représentant légal.

12. — En matière d'élections d'arrondissement et municipales,

---

[1] Il y a exception pour les élections municipales. (Voir *infrà*, nᵒ 15.)

le ministre de l'intérieur peut déférer au Conseil d'État les arrêtés rendus par les conseils de préfecture (C. d'Ét., 24 juill. 1847, él. mun. de Neuvilette ; 9 déc. 1871, él. mun. d'Artigueloutan ; 9 juill. 1875, él. mun. de Fontenet ; 7 avril 1876, él. mun. de Polveroso). Relativement au délai imparti pour exercer ce recours, voir *infrà*, n° 30.)

Si le conseil de préfecture n'avait été saisi d'aucune réclamation, le ministre ne saurait attaquer les opérations devant le Conseil d'État, attendu qu'il ne lui est pas plus permis qu'aux particuliers de franchir un degré de juridiction. Par la même raison, il ne pourrait présenter en appel un grief qui n'aurait pas été soumis aux premiers juges (C. d'Ét., 8 juin 1877, él. du maire de Courcerac). Il n'y aurait exception que pour les moyens d'ordre public, par exemple, pour celui tiré de ce que le conseil de préfecture aurait statué après le délai de la loi. (C. d'Ét., 28 déc. 1849, él. mun. de Soligny-la-Trappe ; voir *infrà* n° 45 et suiv.)

13. — Le ministre de l'intérieur est fondé, en outre, une fois les délais d'appel expirés et la décision devenue définitive, à en poursuivre la réformation dans *l'intérêt de la loi*. Mais il y a lieu d'observer que cette sorte de recours n'a aucun effet vis-à-vis des parties. (Aucoc, *Conf. sur l'adm.*, t, I, n°s 64 et 354.)

§ 3. — Préfet.

14. — Sous l'empire de l'ancienne législation, la faculté de se pourvoir était attribuée uniquement au ministre, et les préfets étaient sans qualité pour le faire. (C. d'Ét., 27 mai 1847, él. mun. de Bantouzel ; 24 juill. 1847, él. mun. de Neuvillette ; 24 août 1849, él. mun. de Bièvre.)

Cet état de choses n'a pas été modifié, touchant les élections d'arrondissement.

15. — Mais, en ce qui concerne les élections municipales, l'article 46 de la loi du 5 mai 1855 dispose que « le « recours au Conseil d'État contre la décision du conseil de

« préfecture est ouvert soit au préfet, soit aux parties intéres-
» sées. » Donc le préfet a le droit de déférer au Conseil d'État
les décisions du conseil de préfecture en matière municipale.

Ce droit ne lui appartient toutefois, suivant la règle indiquée
n° 8, que dans le cas où il a déféré d'office les opérations électorales au conseil de préfecture, et où, par conséquent, il a été
partie devant ledit conseil. Ce point a été résolu de la façon la
plus expresse par une décision du Conseil d'État, du 9 décembre
1871. (Él. mun. d'Artigueloutan.)

16. — Quant aux élections au conseil général, la loi du
31 juillet 1875 donne au préfet qualité pour réclamer contre
les opérations électorales. Mais ce droit est limité au cas seulement d'inobservation des conditions et formalités prescrites
par la loi. (Voir *infrà*, n° 35, *in fine*.)

17. — Rappelons qu'il appartient encore au préfet, suivant
certains auteurs, de former un recours au Conseil d'État contre
la décision par laquelle le conseil de préfecture a statué sur les
opérations de révision de la liste électorale, par application de
l'article 4 du décret du 2 février 1852. (*Voir* v° Réclamations,
n° 4.)

§ 4. — Autres fonctionnaires.

18. — En dehors du ministre de l'intérieur et du préfet,
aucun fonctionnaire n'a qualité pour déférer au Conseil d'État
des opérations électorales.

Le maire d'une commune, notamment, ne pourrait former, à
ce titre, un pourvoi contre un arrêté, par lequel le conseil de
préfecture aurait rejeté une protestation. (C. d'Ét., 25 août 1849,
él. dép. de Massegros.)

Art. 3. — *Délai du recours.*

19. — Aux termes de l'article 11 du décret de 1806, « le
« recours au Conseil d'État contre la décision d'une autorité
« qui y ressortit, ne sera pas recevable trois mois après le

« jour où cette décision aura été notifiée. » Les lois électorales n'ont pas dispensé de l'observation de ce délai ; les
articles 45 et 46 de la loi de 1855 l'ont même formellement
prescrit. L'article 46, paragraphe 2, porte : « Le recours au
« Conseil d'État contre la décision du conseil de préfecture est
« ouvert.... dans les délais et formes réglés par l'article précé-
« dent. » Or, aux termes de l'article 45, paragraphe 5, le délai
est de trois mois. Il demeure donc applicable aux élections d'arrondissement et aux élections municipales.

Tout recours formé après l'expiration de ce délai serait non
recevable. (C. d'Ét., 12 sept. 1853, él. mun. de Cabrières;
10 avril 1856, él. mun. de Baubigny ; 11 févr. 1857, él. mun.
de Fontenet ; 14 juin 1861, él. mun. de Sauve; 2 juill. 1861,
él. mun. d'Artigues ; 30 août 1861, él. mun. de Montélimart;
28 mai 1862, él. dép. d'Orgelet; 19 juill. 1866, él. mun. de
Labastide-Rouairoux ; 23 janv. 1872, él. mun. de Nozai ; 15 mars
1872, él. mun. de Marault ; 14 févr. 1873, él. mun. de Venzolasca ; 9 juin 1876, él. mun. de Tarascon.)

Dans le cas où le conseil de préfecture n'aurait pas statué
dans le délai qui lui est imparti par la loi (art. 45, § 4, L. 5 mai
1855; *voir* v° CONSEIL DE PRÉFECTURE, n°s 49 et suivants) la réclamation serait considérée comme rejetée, et le recours au
Conseil d'État serait alors ouvert ainsi qu'il est dit *infrà*, n° 26.

20. — En ce qui concerne la Corse et l'Algérie, aux termes
de l'article 1er de la loi des 11-21 juin 1859, les délais sont les
mêmes que pour les habitants de la France continentale.
(C. d'Ét., 9 juill. 1866, él. mun. de Loreti-di-Tollano.)

21. — Souvent des difficultés peuvent surgir à l'occasion
de la supputation du délai. Il est de principe que les mois tels
qu'ils figurent au calendrier grégorien, courent de quantième
à quantième. « Le calendrier grégorien ayant force de loi en
« France (porte un arrêt de la Cour de Cassation du 12 mars
« 1816), aux termes du sénatus-consulte du 22 fructidor an XIII
« qui en ordonne l'exécution, les mois doivent être pris tels
« qu'ils sont réglés par ce calendrier, pour la supputation des

« délais que la loi fixe par mois, à moins que la loi même n'en
« dispose autrement [1]. »

22. — De plus, on ne doit comprendre ni le jour de la
notification de la décision, ni le jour du terme. (C. d'Ét.,
15 juill. 1832, de Reculot; 14 déc. 1843, Colonna; 7 déc. 1847,
él. de Fontainebleau; 23 nov. 1850, Mourier et Pavy; 20 janv.
1859, compagnie du chemin de fer du Midi; 23 janv. 1863,
Milon; 17 août 1866, él. dép. de Sari Dorcino; *voir* aussi
Serrigny *Comp.*, t. I, n° 295; Aucoc, *Conf. sur le droit administratif*, t. I, n° 295.)

23. — En quelle forme la notification doit-elle être rédigée
et par qui est-elle faite?

L'acte doit reproduire en entier la décision, c'est-à-dire les
motifs et le dispositif.

Dans la pratique, c'est l'administration qui se charge de porter la décision à la connaissance des intéressés, par l'intermédiaire des agents administratifs tels que les maires, commissaires de police, gardes champêtres ou autres. Celui qui a
provoqué la décision a également qualité pour faire cette notification; mais nous pensons que, comme en matière ordinaire,
le ministère d'un huissier est alors nécessaire.

Le conseil semble, d'ailleurs, admettre qu'en matière électorale, la preuve de la connaissance acquise par des circonstances étrangères à la notification, suffit pour la remplacer.
(C. d'Ét. 16 août 1832, Ducasting; 20 juill. 1836, él. dép. de
Pinols; 23 déc. 1844, él. mun. d'Auriébat; 16 août 1866, él.
mun. de Sains [2].)

---

[1] Sect. civ., rejet (Daudigué), *Sirey*, 1816, I. 331.

[2] Dans cette dernière affaire, il a été jugé qu'en admettant qu'un arrêté
du conseil de préfecture n'ait pas été notifié régulièrement, le délai de
trois mois pour se pourvoir, commence à courir du jour de l'opposition
formée contre ledit arrêté.

Dans d'autres matières, le Conseil d'État a admis qu'un particulier n'é-
tait plus fondé à se pourvoir lorsqu'il avait laissé écouler plus de trois
mois, à dater du jour où il avait reçu la signification des conclusions dans
lesquelles l'arrêté attaqué était inséré (C. d'Ét., 23 déc. 1858, Hallegueu).
Il a été jugé également qu'un particulier n'était pas recevable à se pour-

24. — En principe, la notification de l'arrêté doit être faite à tous les intéressés ; mais lorsqu'il s'agit d'élections, les réclamants étant parfois très-nombreux, ce mode de procéder amènerait de grandes difficultés. Aussi le Conseil d'État a-t-il jugé que la notification à un seul suffit pour faire courir le délai contre tous les autres. Les réclamants sont censés, dans ce cas, avoir mandat les uns des autres, et devoir se prévenir mutuellement. (C. d'Ét., 15 mars 1833, él. mun. d'Encausse ; 9 juill. 1861, él. mun. de l'Herm ; 10 janv. 1862, él. mun. de Rieux-en-Val ; 10 déc. 1875, él. dép. d'Avignon ; 7 avril 1876, él. mun. de Saint-Loubés.)

25. — Quand le pourvoi a été fait en temps utile, les réclamants ne sont pas fondés à se plaindre de ce que l'acte de notification ne contiendrait pas la date à laquelle cette formalité a été remplie. (C. d'Ét., 3 déc. 1875, él. mun. de Grandvilliers.)

26. — Si le conseil de préfecture n'a pas statué dans le déla d'un mois, à partir du jour du dépôt de la réclamation, les intéressés peuvent déférer les opérations électorales au Conseil d'État. Mais lorsqu'ils ne se sont pas pourvus dans les trois mois qui ont suivi l'expiration de ce délai, ils sont déchus de ce droit. (C. d'Ét., 26 févr. 1872, él. mun. de la Table ; *voir* v° CONSEIL DE PRÉPECTURE n° 53.)

27. — En ce qui concerne les élections au conseil général, le délai du recours direct est réglé ainsi qu'il suit, par l'article 15 de la loi du 10 août 1871, modifié par la loi du 31 juillet 1875 : « Si la réclamation n'a pas été consignée au « procès-verbal, elle doit être déposée dans les *dix jours qui*

---

voir, s'il s'était écoulé un délai de plus de trois mois, à dater du jour où il avait lui-même retiré une copie de la décision. (C. d'Ét., 23 déc. 1854, Jollivet.)

Mais d'un autre côté le Conseil d'État a décidé que la délivrance faite à un individu sur sa demande, dans les bureaux de la préfecture, d'une expédition de l'arrêt attaqué, n'avait pu faire courir le délai contre lui. (C. d'Ét., 22 août 1868, de Grammont.)

« *suivent l'élection*, soit au secrétariat de la section du conten-
« tieux du Conseil d'État, soit au secrétariat général de la pré-
« fecture du département où l'élection a lieu. »

Les principes rappelés v° CONSEIL DE PRÉFECTURE, n°s 27,
28, 30 et 31 doivent recevoir ici leur application.

28. — On a vu *suprà*, paragraphe 3, que le préfet a également qualité pour déférer au Conseil d'État les décisions du
conseil de préfecture en matière d'élections municipales. Aux
termes des articles 45 et 46 de la loi du 5 mai 1855, son
recours doit s'exercer dans le délai de trois mois.

29. Touchant les élections au conseil général, l'article 15 de
la loi du 31 juillet 1875 porte que « le préfet aura pour ré-
« clamer contre les élections, un délai de vingt jours à partir
« du jour où il aura reçu les procès-verbaux des opérations
« électorales. »

Les principes énoncés v° CONSEIL DE PRÉFECTURE, n° 33, nous
paraissent applicables à sa réclamation.

30. — Mais dans quel délai le ministre de l'intérieur est-il
tenu d'exercer son recours contre les arrêtés statuant sur des
protestations dirigées contre des élections au conseil d'arrondissement ou au conseil municipal [1] ? Dans une espèce où le
pourvoi du préfet avait été jugé non recevable, par la raison que
celui-ci n'avait pas été partie devant le conseil de préfecture, le
ministre, reprenant en son nom le recours du préfet, déféra
d'office au Conseil d'État l'arrêté du conseil de préfecture, et en
demanda l'annulation. Le Conseil d'État déclara le pourvoi du
ministre non recevable, comme « ayant été enregistré au secré-
« tariat du Conseil d'État plus de trois mois non-seulement
« après le jour où le préfet avait eu connaissance de l'arrêté
« du conseil de préfecture, mais aussi après le jour où le dit
« arrêté avait été produit par le préfet devant le Conseil d'État. »
(9 déc. 1871, él. mun. d'Artigueloutan.)

Dans une autre affaire, la section du contentieux ayant

---

[1] En ce qui regarde les élections au conseil général, voir *suprà*, n° 11.

transmis au ministre, pour avoir son avis, un pourvoi dont elle était saisie, le Conseil d'État a admis un recours ministériel contre le même arrêté, intervenu dans le délai de trois mois, à dater de cette transmission (7 avril 1876, él. mun. de Polveroso). Il résulte de là implicitement que le délai ne court pour le ministre, de même que pour les autres intéressés, qu'à partir du jour où il a eu connaissance de la décision. Cette solution paraît aussi ressortir d'une ordonnance du 10 septembre 1835. (Él. mun. de Bures.)

Art. 4. — *Effet du recours.*

31. — En thèse générale, le recours au Conseil d'État contre une décision qui y ressortit n'a pas d'effet suspensif. Cette règle est observée également en matière électorale. (C. d'Ét., 11 juill. 1844, él. mun. de Dommartin.) Toutefois, le Conseil pourrait accorder un sursis, sur le rapport qui lui serait fait par la section du contentieux. (Art. 3, décr. de 1806.)

32. — L'article 54 de la loi du 22 juin 1833, contient, toutefois, une dérogation à ce principe, en ce qui concerne les élections d'arrondissement. Il porte : « Le recours devant le Conseil « d'État sera suspensif, lorsqu'il sera exercé par le conseiller « élu. »

Il n'aurait pas cet effet, s'il était exercé par d'autres que le conseiller élu. Et même le recours de ce dernier au Conseil d'État n'est suspensif que dans le cas d'annulation de l'élection. Si donc le pourvoi était dirigé contre un arrêté ordonnant une enquête, le conseil de préfecture pourrait prononcer définitivement sur l'élection, sans attendre la décision du Conseil d'État. (C. d'Ét., 7 juill. 1853, él. dép. de Clermont.)

33. — Enfin, comme il s'agit d'une exception, elle doit s'appliquer exclusivement à la matière pour laquelle elle a été établie, c'est-à-dire aux élections d'arrondissement, et ne saurait être étendue aux élections municipales. Le préfet peut donc, nonobstant un pourvoi, faire procéder à de nouvelles opérations. (C. d'Ét., 11 avril 1866, él. mun. de Campagne ; 19 mai

1866, él. mun. de Leyme ; 1ᵉʳ juin 1866, él. mun. de Mouzon ; 19 juill. 1866, él. mun. de Chaillé-sous-les-Ormeaux
18 août 1866, él. mun. de Beaumes-de-Transit.)

34. — Quant aux élections départementales, l'élu conserve
le bénéfice de sa nomination tant que celle-ci n'est pas annulée
par le Conseil d'État.

Art. 5. — *Procédure suivie devant le Conseil d'État.*

§ 1. — Forme du pourvoi.

35. — Les réclamations des particuliers, s'il s'agit d'élections
au conseil général, doivent, aux termes de l'article 15 de la loi
du 31 juillet 1875, être consignées au procès-verbal ou déposées, soit au secrétariat de la section du contentieux, soit au
secrétariat général de la préfecture où l'élection a eu lieu, et
dans le délai imparti par la loi (voir *suprà*, n° 27). L'article 15
précité exige qu'il soit donné récépissé desdites réclamations.

Les principes exposés vᵒ CONSEIL DE PRÉFECTURE, nᵒˢ 37, 38
et 39, doivent, suivant nous, recevoir ici leur application.

L'article 16 de la même loi porte en outre que « le débat ne
« peut porter que sur les griefs relevés dans les réclamations,
« à l'exception des moyens d'ordre public qui peuvent être
« produits en tout état de cause. » Cette disposition n'est que
la consécration du principe rappelé vᵒ CONSEIL DE PRÉFEC-
TURE, n° 8.

Quand la réclamation émane du préfet, elle ne peut être
fondée que « sur *l'inobservation des conditions et formalités*
« *prescrites par la loi.* » (Art. 15).

36. — En matière d'élections d'arrondissement et municipales, les requêtes des particuliers sont déposées au secrétariat
de la section du contentieux, ou adressées par la poste au
président du Conseil d'État.

Une lettre adressée au ministre ne saurait constituer un
recours. (C. d'Ét., 1ᵉʳ juin 1853, él. mun. de Mesnil-Aubry.)

Divers textes de lois disposent que le recours contre les
arrêtés des conseils de préfecture peuvent être transmis par

l'intermédiaire du préfet. Nous citerons notamment la loi du 21 mai 1832, article 30, relative à la perception des contributions directes, et celle du 31 mai 1851, article 25, sur la police du roulage et des messageries publiques. La faculté attribuée par ces deux lois n'ayant pas été mentionnée dans celles relatives à la matière qui nous occupe, cette dernière demeure régie par les principes généraux, d'après lesquels le pourvoi n'est régulièrement formé qu'après avoir été enregistré au secrétariat de la section du contentieux du Conseil d'État, et cela, lors même que la requête aurait été déposée à la préfecture dans le délai légal. (C. d'Ét., 20 juill. 1853, él. dép. de Buis; 22 août 1853, él. dép. d'Eguzon.)

37. — Quant au ministre de l'intérieur et aux préfets, ils introduisent leurs recours au moyen d'une simple lettre adressée au président du Conseil d'État.

38. — Il est admis devant le Conseil d'État que l'instance peut être valablement introduite par une requête sommaire indiquant les noms et demeures des parties, la décision attaquée et les conclusions. Les faits et moyens sont présentés ultérieurement dans un mémoire ampliatif qui doit être déposé dans le délai imparti par la section du contentieux, sans que d'ailleurs ce délai soit de rigueur.

La requête sommaire doit être accompagnée d'une expédition authentique de l'arrêté attaqué.

39. — Les formalités qui précèdent ne sont pas toutes exigées, à peine de non-recevabilité du recours. Le conseil a toute latitude, pour apprécier celles qui sont ou non substantielles.

C'est ainsi qu'il a été décidé que l'omission de l'indication de la demeure du réclamant n'entraînait pas la nullité du recours. (C. d'Ét., 10 sept. 1823, Pauwels.)

Au contraire, le défaut de production de l'arrêté attaqué aurait pour effet de rendre la requête non recevable. (C. d'Ét., 24 mai 1851, Dadant; 16 janv. 1861, él. mun. d'Allaire; 9 févr. 1861, él. mun. des Clouzeaux.)

Il en serait de même, si elle ne contenait pas l'indication des griefs sur lesquels elle est fondée, et qu'il n'eût pas été suppléé à son insuffisance par une production ultérieure. (C. d'Ét., 3 mai 1866, él. mun. de Bourdic ; 21 avril 1868, él. dép. de Chaussin ; 26 janv. 1877, él. mun. de Paris.)

40. — Il est prudent, en outre, pour éviter toute fin de non-recevoir, de formuler dans le délai de trois mois, à dater de la notification de la décision attaquée, les moyens qui n'auraient pas été indiqués dans la requête sommaire. C'est ce qui paraît résulter d'une décision du Conseil d'État, portant qu'il ne peut être tenu compte d'un grief présenté, pour la première fois devant le Conseil d'État, dans un mémoire en réplique enregistré au secrétariat du contentieux du Conseil, plus de trois mois après la notification de l'arrêté attaqué. (C. d'Ét., 3 mars 1876, él. mun. de Vacqueyras.)

41. — En matière électorale, le ministère d'un avocat au Conseil d'État n'est pas obligatoire. Cette dispense est la conséquence du principe écrit dans les articles 53 de la loi du 22 juin 1833, concernant les conseils d'arrondissement, et 15, paragraphe final de celle du 5 mai 1855, relatif aux élections municipales, et d'après lequel le recours doit avoir lieu sans frais.

Par suite aussi, il ne peut être perçu aucun droit de timbre ou d'enregistrement, et la partie qui succombe ne saurait être condamnée aux dépens. (C. d'Ét., 2 août 1866, él. mun. de Saint-Jullien de Crempse ; 7 avril 1875, él. mun. de Saint-Pierre-d'Albigny.)

42. — La règle qui précède a été nettement formulée dans l'article 16 de la loi du 10 août 1871, modifiée par celle du 31 juillet 1875, relative à la vérification des pouvoirs des conseils généraux : « Les réclamations, porte cet article, seront « jugées, sans frais, dispensées du timbre et du ministère des « avocats au Conseil d'État. »

43. — Mais la dispense des frais s'applique uniquement au recours contre les opérations électorales proprement dites. Si donc, parmi les griefs relevés à l'appui d'une réclamation figurait un chef de conclusions qui fut étranger aux élections, il ne

serait recevable en la forme que s'il était présenté sur papier timbré, par requête spéciale. (C. d'Ét., 19 juill. 1866, él. mun. de Chaillé-sous-les-Ormeaux[1].)

44. — D'ailleurs, le droit de se pourvoir devant le Conseil d'État sans le ministère d'un avocat au conseil est essentiellement personnel, et ne peut être exercé par aucun intermédiaire. On dispense du ministère d'avocat la partie qui soutient elle-même sa cause ; mais si l'intéressé voulait recourir à un mandataire, il ne pourrait employer qu'un avocat au Conseil d'État. (C. d'Ét., 27 déc. 1847, Ferrandi.)

Jugé en conséquence que si une requête était présentée signée par un mandataire, une autre requête signée de la partie intéressée ou d'un avocat au conseil, mais remise après le délai de trois mois, n'aurait pas pour effet de remédier à l'irrégularité de la première. (C. d'Ét., 27 déc. 1844, él. d'arr. de Villefranche.)

§ 2. — Règle des deux degrés de juridiction [2].

45. — La requête, avons-nous dit dans le paragraphe précédent, doit renfermer l'exposé des moyens, sur lesquels repose la demande d'annulation de l'arrêté attaqué.

Mais quels sont ces moyens ? Et d'abord, on ne peut saisir le Conseil d'État que des réclamations qui ont été soumises au conseil de préfecture, en vertu du principe qui ne permet pas de franchir un degré de juridiction (C. d'Ét., 10 juill. 1866, él. mun. de Combloux). De plus, le Conseil d'État ne peut statuer que sur les difficultés dont le conseil de préfecture pouvait connaître. Ainsi un moyen produit après le délai de cinq jours ne peut pas plus être soumis au Conseil d'État qu'au conseil de préfecture. (C. d'Ét., 22 août 1868, él. mun. de Toulon ; *voir* v° CONSEIL DE PRÉFECTURE, art. 3.)

---

[1] Dans cette espèce, on demandait l'annulation pour excès de pouvoirs d'un arrêté préfectoral qui avait nommé un individu adjoint d'une commune, bien qu'il fut fermier d'un revenu communal.

[2] Cette règle concerne seulement les élections au conseil d'arrondissement et au conseil municipal.

46. — La règle du double degré s'applique à toute espèce de griefs nouveaux.

Comme ils constituent, à proprement parler, des demandes nouvelles, on conçoit qu'ils ne puissent être déférés au Conseil d'État, qu'après avoir été relevés devant les juges du premier degré. (C. d'Ét., 20 juill. 1853, él. dép. de Mazamet et de Bisping ; 22 août 1853, él. mun. de Bayonne ; 12 sept. 1853, él. mun. de Coupiac; 31 janv. 1856, él. mun. de Mouilleron; 16 avril 1856, él. mun. de Saint-Vit ; 9 juill. 1856, él. mun. de Forcalqueiret ; 10 juill. 1856, él. mun. de Cheylard, 10 janv. 1862, él. mun. de Saint-Hilaire ; 16 août 1862, él. dép. de Piedicorte ; 20 juin 1865, él. dép. de Fresnes-Saint-Mamès ; 3 août 1865, él. dép. de Carquefou ; 9 juin 1866, él. mun. de Tonneins ; 27 juin 1866, él. mun. de Mondilhan ; 3 juill. 1866, él. mun. de Terra-Vecchia ; 9 juill. 1866, él. mun. de Rayssinet et de Roumengoux ; 12 août 1866, él. dép. de Piana ; 16 août 1866, él. mun. d'Oradour-sur-Glane ; 11 févr. 1870, él. mun. de Vascœuil; 21 nov. 1871, él. mun. de Vimenet; 12 déc. 1871, él. mun. d'Arblade-le-Haut et de Gouron ; 26 févr. 1872, él. mun. de Langrune-sur-Mer ; 18 juin 1872, él. mun. de Moïta ; 24 juill. 1872, él. mun. de Riventozo; 14 févr. 1873, él. mun. de Loiré ; 27 juin 1873, él. mun. de Goulier et Olbier ; le 23 avril 1875, él. mun. de Saint-André-du-Double; 18 juin 1875, él. dép. de Moissac ; 6 août 1875, él. mun. de Quesques; 4 févr. 1876, él. mun. de Roubaix ; 18 févr. 1876, él. mun. d'Auray.)

Par la même raison, un grief dont on s'est désisté devant le conseil de préfecture, ne saurait être reproduit devant le Conseil d'État. (C. d'Ét., 16 juin 1866, él. mun. de Ségur.)

Si des griefs avaient été invoqués devant le conseil de préfecture, mais seulement contre l'élection d'un des conseillers municipaux, on ne pourrait davantage les produire pour la première fois devant le Conseil d'État, à l'appui d'une demande en annulation de l'élection d'autres conseillers. (C. d'Ét., 1er juin 1853, él. mun. de Courberie.)

Ces règles sont applicables même au recours formé par le ministre. (Voir *suprà*, n° 12.)

47. — Toutefois, l'incompétence du conseil de préfecture, pour prononcer sur une matière du ressort des tribunaux civils pourrait être invoquée pour la première fois devant le Conseil d'État. La raison en est que les règles de la compétence à raison de la matière sont d'ordre public, et que le silence ou le consentement des parties ne peut avoir pour effet d'intervertir l'ordre légal des juridictions. (C. d'Ét., 6 sept. 1843, él. dép. de Coniza.)

Le Conseil d'État devrait même, en pareil cas, opposer d'office l'exception.

48. — Les griefs ne peuvent être produits devant le Conseil d'État que par ceux qui les ont soumis au conseil de préfecture : les auteurs d'un pourvoi ne sauraient se prévaloir de moyens soulevés devant les premiers juges par d'autres réclamants qui ne seraient pas parties dans l'instance d'appel. (C. d'Ét., 4 juin 1875, él. au C. gén. de Saint-Denis, de la Réunion.)

49. — Mais s'il n'est pas possible de présenter des griefs nouveaux, les réclamants sont fondés à présenter directement devant le Conseil d'État tous les arguments, explications et développements quelconques, destinés à justifier les conclusions prises par eux précédemment. (C. d'Ét., 28 mars 1862, él. dép. de Rugles ; 19 juin 1863, él. dép. du Châtelet-en-Berry ; 4 févr. 1869, él. dép. de Tarbes.)

§ 3. — Instruction de l'affaire.

50. — Une fois la requête déposée, le président de la section du contentieux nomme un rapporteur. La section est ensuite chargée de diriger l'instruction, tant pour les affaires qu'elle juge seule (*voir* n° 72), que pour celles qui doivent être examinées par l'assemblée générale du Conseil d'État statuant au contentieux. « La section du contentieux, porte l'article 15 de « la loi du 24 mai 1872, est chargée de diriger l'instruction « écrite et de préparer le rapport des affaires contentieuses, qui

« doivent être jugées par le Conseil d'État. Elle ne peut délibérer
« que si trois au moins de ses membres ayant voix délibérative
« sont présents. En cas de partage, on appellera le plus ancien
« des maîtres des requêtes présents à la séance. — Tous les
« rapports sont faits par écrit. »

51. — Aux termes de l'article 20 du décret du 21 août 1872,
« la communication des recours aux parties intéressées et aux
« ministres, s'il y a lieu, les demandes de pièces, les mises en
« cause et tous les autres actes d'instruction sont délibérés par
« la section du contentieux, sur l'exposé du rapporteur. — Les
« décisions relatives aux actes d'instruction sont signées par le
« président de la section. »

52. — Les affaires sont distribuées par le président entre les
trois maîtres des requêtes, qui remplissent les fonctions u
ministère public. (Art. 21 du même décret.)

53. — En matière d'élections d'arrondissement et municipales, le dossier est adressé au ministre de l'intérieur, qui
le fait parvenir au préfet, chargé d'en donner connaissance
administrativement aux intéressés, auxquels un délai de quinze
jours est accordé pour présenter leurs observations en défense.
Le préfet transmet le tout au ministre, qui examine l'affaire à
son tour et renvoie le dossier au Conseil d'État, en y joignant
son avis. Il est accordé d'ordinaire au ministre un délai de
quarante jours pour répondre ; mais ce délai n'a rien d'absolu
et les parties, en outre, peuvent transmettre leurs observations jusqu'au jour de la décision.

54. — S'il s'agit d'élections au conseil général, l'article 16
de la loi de 1875 porte : « Elles (les réclamations) seront jugées
« dans le délai de trois mois à partir de l'arrivée des pièces au
« secrétariat du Conseil d'État. » Par suite, l'instruction de
l'affaire doit être conduite avec une plus grande célérité.

L'article 15 prescrit au préfet de transmettre, dans les dix
jours de leur réception, les réclamations consignées au procès-
verbal ou déposées au secrétariat général de la préfecture. Le
même article exige que la réclamation soit notifiée aux inté-

ressés dans le délai d'un mois à partir du jour de l'élection.

Pour se conformer au vœu de la loi, la section du contentieux ordonne la communication de la réclamation au ministre, avec prière de la soumettre par l'intermédiaire du préfet aux parties intéressées, auxquelles un délai de quinze jours est accordé d'ordinaire pour répondre. Le ministre est invité à renvoyer le dossier au Conseil d'État, dans le plus bref délai possible, en y joignant ses observations.

La règle concernant le jugement dans les trois mois est appliquée rigoureusement par le Conseil d'État. Mais aux termes de l'article 16, ce délai ne court, dans le cas de renvoi devant les tribunaux, « que du jour où la décision judiciaire est deve- « nue définitive. » (Voir *infrà*, n° 67, et v° RÉCLAMATIONS, n° 9, et v° TRIBUNAL CIVIL.)

55. — Le Conseil d'État peut, au cours de l'instance, ordonner toutes les mesures qui lui paraissent nécessaires.

« Si, après l'examen d'une affaire, porte l'article 14 du « décret du 22 juillet 1806, il y a lieu d'ordonner que des « faits ou des écritures soient vérifiés, ou qu'une partie soit « interrogée, le grand juge désignera un maître des requêtes ou « commettra sur les lieux : il règlera la forme dans laquelle il « sera procédé à ces actes d'instruction. » D'un autre côté, le décret du 30 janvier 1852, article 3, a formellement reconnu à la section du contentieux le pouvoir de prescrire d'office, ou sur la demande des parties, toutes les mesures qui peuvent être utiles pour compléter l'instruction.

Les délais dans lesquels ces actes doivent être faits sont indiqués par la section.

56. — L'offre de prouver des manœuvres ne doit être accueillie que dans le cas où les griefs sont articulés avec précision, s'ils sont pertinents et reposent sur quelque commencement de preuve, quand les allégations ne sont pas contredites par d'autres documents, notamment par les énonciations du procès-verbal, et enfin lorsqu'elles sont de nature à exercer une influence sur le résultat. (C. d'Ét., 10 févr. 1856, él. dép. de Mon-

tauban ; 9 mars 1859, él. dép. de Mercœur ; 13 juin 1862, él. dép.
de Valenciennes ; 2 juin 1864, él. dép. d'Esternay ; 30 mars 1865,
él. dép. de Sornac ; 22 avril 1865, él. dép. de la Petite-Pierre ;
25 avril 1866, él. mun. de Peyriac-Minervois ; 10 juill. 1866,
él. mun. d'Arcachon ; 7 janv. 1869, él. dép. d'Istres ; 4 juin 1875,
él. mun. de Buzet ; 7 août 1875, él. mun. d'Avensan , 21 nov.
1875, él. mun. de Maillé ; 19 févr. 1876, él. mun. d'Auray ;
17 mars 1876, él. dép. de Saint-Laurent.)

57. — L'enquête n'est également ordonnée que si l'état de
l'instruction ne permet pas de statuer immédiatement. (C. d'Ét.,
7 août 1875, él. mun. de Magnils-Reigners, et dép. du Chatelet ;
19 nov. 1875, él. dép. de Cavaillon ; 11 févr. 1876, él. mun. de
Soligny-la-Trappe.)

58. — Il n'y aurait pas lieu non plus d'ordonner la production de certains documents demandés, lorsque l'affaire est suffisamment instruite. (C. d'Ét., 7 août 1875, él. mun. d'Avignon.)

59. — Ajoutons qu'en aucun cas, on ne saurait admettre
des déclarations ou recourir à des mesures ayant pour but de
démontrer que des électeurs auraient voté pour tels ou tels
candidats : une semblable affirmation porterait atteinte en effet
au principe du secret du vote. (*Voir* v° PROCÈS-VERBAL, n° 20.)

60. — Lorsqu'une enquête n'a pu avoir lieu par suite de la
maladie du commissaire enquêteur, et qu'il ne peut plus y être
procédé, à raison de l'époque éloignée où les faits se sont
passés ; si ces faits présentent une certaine gravité, si les uns ne
sont pas contestés, et s'il existe pour les autres un commencement
de preuve, les opérations doivent être annulées. (C. d'Ét.,
12 mai 1869, él. mun. de Limoux.)

§ 4. — Du recours incident et de l'intervention.

61. — Lorsqu'une décision est attaquée devant le Conseil
d'État, le défendeur est fondé à former un pourvoi incident.
« Les demandes incidentes, porte l'article 18 du décret de 1806,

« seront formées par une requête sommaire déposée au secré-
« tariat du conseil; le grand juge en ordonnera, s'il y a lieu, la
« communication à la partie intéressée, pour y répondre dans
« les trois jours de la signification ou autre bref délai qui sera
« déterminé. »

L'article 19 ajoute. « Les demandes incidentes seront jointes
« au principal, pour y être statué par la même décision. S'il y
« avait lieu néanmoins à quelque disposition provisoire et ur-
« gente, le rapport en sera fait par l'auditeur, à la prochaine
« séance de la commission, pour y être pourvu par ce conseil,
« ainsi qu'il appartiendra. »

Le délai ordinaire pour interjeter appel, ne saurait s'appliquer à cette sorte de recours, lequel est subordonné à l'existence du pourvoi principal.

Mais de ce qu'il en est dépendant, il s'ensuit qu'il devient sans
valeur, dans le cas où celui-ci vient à être reconnu non recevable. (C. d'Ét., 10 juill. 1862, ville d'Auxonne; 6 avril 1863,
Guibert.)

Toutefois, l'auteur du pourvoi principal n'est pas libre de
faire tomber le pourvoi incident, au moyen d'un désistement.
Cet acte ne pourrait produire un tel résultat que s'il était
accepté par l'auteur du pourvoi incident. (C. d'Ét., 12 août 1863,
él. dép. de Piana ; Aucoc, conf., t. I, n° 364.)

62. — En dehors des demandeurs et défendeurs à l'instance
dont il est question, *suprà*, article 2 et article 5, paragraphe 3,
d'autres personnes peuvent intervenir devant le Conseil d'État.
Ce sont, d'une manière générale, tous ceux qui y sont intéressés.

Le conseil est juge du point de savoir si l'intervenant a un
intérêt ou non dans l'affaire.

Il a admis que des individus désignés dans une protestation
comme s'étant livrés à des manœuvres coupables, étaient fondés
à intervenir devant le conseil, à fins de suppression du passage
contenant un blâme à leur égard. (C. d'Ét., 29 nov. 1872, él.
dép. de Nort.)

De même, le candidat proclamé membre du conseil général et dont l'élection n'avait fait l'objet d'aucune protestation, pourrait intervenir dans l'instance tendant au maintien de l'élection d'un autre candidat que le bureau de recensement aurait ensuite déclaré élu à sa place, et dont le conseil de préfecture aurait annulé la nomination. (C. d'Ét., 8 déc. 1859, él. dép. de Vezzani.)

De même encore des candidats proclamés, soit lors d'une première opération que le conseil de préfecture a annulée, soit à la suite de nouvelles élections qui ont eu lieu en exécution de l'arrêté d'annulation, ont intérêt et qualité pour intervenir au pourvoi formé contre ledit arrêté. (C. d'Ét., 23 juill. 1875, él. mun, d'Aramon.)

Aux termes de l'article 21 du décret de 1806, l'intervention a lieu de la manière suivante: « L'intervention sera formée par « requête. Le grand juge ordonnera, s'il y a lieu, que cette « requête soit communiquée aux parties pour y répondre dans « le délai qui sera fixé par l'ordonnance: néanmoins la décision « de l'affaire principale qui serait instruite, ne pourra être « retardée par une intervention. »

Il convient d'observer que le ministre de l'intérieur a qualité pour intervenir dans toutes les instances. (*Voir* toutefois ce qui est dit n° 11.)

§ 5. — Du désistement.

63. — Le désistement peut être admis aussi bien devant le Conseil d'État que devant les tribunaux ordinaires. Mais il doit être pur et simple. (C. d'Ét., 16 févr. 1835, Cⁱᵉ d'assurances contre l'incendie; 8 janv. 1836, Duval.)

64. — Le demandeur qui entend se désister doit déposer au secrétariat de la section du contentieux une déclaration formelle à cet égard.

Lorsqu'il y a eu constitution d'avocat, c'est ce dernier qui signe la déclaration. Il doit être muni à cet effet d'un pouvoir spécial.

§ 6. — Non-lieu à statuer.

65. — Il n'y a pas lieu à statuer lorsque le pourvoi est devenu sans objet; par exemple si le conseiller élu a donné sa démission (C. d'Ét., 20 juill. 1853, él. dép. d'Omessa; 24 nov. 1859, él. dép. de Conty; 17 févr. 1862, él. mun. de Trélon; 21 mars 1868, él. dép. de Coutras);

Ou si le candidat dont l'élection est contestée a été nommé de nouveau par les électeurs convoqués à l'effet de pourvoir à son remplacement (C. d'Ét., 3 mai 1861, él. mun. de Grézillac);

Ou bien, en cas de décès, soit du réclamant, soit du candidat élu (C. d'Ét., 7 déc. 1847, Franchini; 16 mai 1866, él. mun. d'Ouillon; 20 juin 1867, él. dép. de Valence-d'Albigeois; 11 juin 1868, él. dép. d'Ajaccio);

Ou bien, si les pouvoirs du conseiller élu ont pris fin par suite de l'expiration du mandat, ou dans le cas de dissolution, ou encore dans celui de renouvellement intégral de l'assemblée et qu'il ait été procédé à de nouvelles opérations. (C. d'Ét., 22 août 1853, él. mun. de Toulon; 2 juill. 1870, él. dép. de Broons; 12 août 1871, él. dép. de Pleumartin; 25 août 1871, él. mun. de Saint-Sauveur-sur-Douve; 30 août 1871, Ollitrault-Dureste; 12 févr. 1875, él dép. de Lorgues; 2 juill 1875, él. mun. de Tarascon.)

Il n'y aurait pas lieu davantage à statuer sur un pourvoi, lorsque, à bref délai, des élections doivent être faites, par application de l'article 8 de la loi du 18 juillet 1837, portant que dans tous les cas de réunion ou de fractionnement de commune, les conseils municipaux seront dissous, et qu'il sera procédé à de nouvelles élections. (C. d'Ét., 18 déc. 1856, él. mun. de Ribérac.)

Quand l'autorité judiciaire vient à interdire toute fonction publique au candidat élu, il est également inutile de statuer. (C. d'Ét., 28 mai 1862, él. dép. de Coulonges-sur-l'Autize.)

Enfin, si les auteurs d'une protestation, n'ayant pas eu connaissance d'un arrêté du conseil de préfecture qui annulait les opérations, avaient saisi le Conseil d'État de leur réclamation, celle-ci serait encore sans objet. (C. d'Ét., 3 mai 1866, él. mun. de Gavaudan.)

§ 7. — De la reprise d'instance.

66. — En matière électorale, le droit de reprendre l'instance pendante devant le Conseil d'État n'existe, dans le cas de décès de l'une des parties, ni au profit de ses héritiers, ni au profit des électeurs. Si donc, durant le cours de l'instruction d'un pourvoi contre une décision ayant rejeté la protestation d'un électeur, celui-ci vient à décéder, d'autres électeurs, non signataires de la réclamation ne sauraient reprendre l'instance en leur nom. (C. d'Ét., 11 juin 1868, él. dép. d'Ajaccio ; voir *suprà*, n° 65.)

§ 8. — Des questions d'état.

67. — Lorsque, à l'occasion d'une réclamation, il s'élève une question d'état, le conseil doit renvoyer les parties devant l'autorité judiciaire, pour la faire trancher, en impartissant à l'auteur du pourvoi un délai dans lequel il sera tenu de saisir le tribunal. (*Voir* v° RÉCLAMATIONS, sect. II, art. 2, § 2, et art. 3, § 2.)

ART. 6. — *Formes des décisions du Conseil d'État.*

§ 1. — Composition du Conseil.

68. — L'assemblée du Conseil d'État délibérant au contentieux se compose : 1° de la section du contentieux ; 2° de six membres adjoints pris dans les autres sections. Trois maîtres des requêtes qui assistent aux délibérations de la section du contentieux sont désignés pour remplir les fonctions de commissaires du gouvernement. Les conseillers adjoints à la section du contentieux ne peuvent y être remplacés que par une désignation faite dans la forme suivie pour leur nomination. (Art. 16 et 17, L. 24 mai 1872.)

69. — Les maîtres des requêtes ainsi que les auditeurs attachés à la section du contentieux, assistent en outre à la séance : ce sont eux qui sont chargés généralement de la présentation des rapports. Les maîtres des requêtes rapporteurs ont voix délibérative à la section ainsi qu'à l'assemblée générale du contentieux ; les auditeurs rapporteurs n'ont voix délibérative qu'à la section.

70. — L'assemblée est ordinairement présidée par le vice-président du Conseil d'État ; à son défaut, elle est présidée par le président de la section ; et en cas d'empêchement de tous deux, par le premier conseiller d'État inscrit sur le tableau. (Décr. 21 août, 1872, art. 24.)

§ 2. — De la récusation.

71. — Peut-on récuser les conseillers d'État? La question doit-être résolue affirmativement.

Les causes de récusation sont les mêmes que celles spécifiées dans l'article 378 du Code de procédure civile. Le conseil est libre de les accueillir ou de les rejeter. (Serrigny, *Comp.* t. I, n° 345.)

§ 3. — Publicité des séances et prononcé des décisions.

72. — Toutes les affaires ne sont pas discutées publiquement. D'après l'article 19 de la loi du 24 mai 1872, « les affaires pour « lesquelles il n'y a pas eu de constitution d'avocat, ne sont « portées en séance publique que si ce renvoi est demandé par « l'un des conseillers d'État de la section ou par le commissaire « du gouvernement, à qui elles sont préalablement communi- « quées. »

Hors ces cas, aux termes du même article, elles sont jugées par la section : « Si le renvoi n'a pas été demandé, ajoute en « effet l'article 19, ces affaires sont jugées par la section du « contentieux, sur le rapport de celui de ses membres que le « président en a chargé, et après conclusion du commissaire « du gouvernement. (*Voir* ce qui est dit *infrà*, n° 80.) »

73. — Le rôle des affaires discutées en séance publique est préparé par le commissaire du gouvernement chargé de porter la parole dans la séance ; il est arrêté par le président. Ce rôle

est remis, quatre jours avant la séance, aux membres de l'assemblée du conseil délibérant au contentieux, ainsi qu'aux avocats. (Art. 23, décr. 21 août 1872.)

74. — Anciennement, les séances n'étaient pas publiques, et il n'y avait pas d'avocat. Mais la loi du 2 février 1831, prescrivit la présentation d'un rapport en séance publique, pour chaque affaire (art. 2); elle autorisa les avocats à présenter des observations orales (art. 3); elle exigea enfin que la décision fût prononcée à une autre assemblée générale et en séance publique. (Art. 4.)

Depuis cette époque, le mode de procéder n'a pas varié, et les lois du 18 septembre 1839, du 30 janvier 1852 et du 24 mai 1872, n'ont fait que confirmer les dispositions qui précèdent.

75. — On a vu *suprà*, n° 50, qu'avant de paraître à l'audience, les affaires sont instruites par la section du contentieux. Celle-ci arrête ensuite un projet de décision qui est rédigé par le rapporteur.

76. — Les questions posées par les rapports doivent être communiquées, sans déplacement, aux avocats, quatre jours au moins avant la séance. (Art. 18, L. 24 mai 1872.)

77. — A la séance publique, le rapporteur lit son rapport qui présente l'exposé succint des motifs invoqués de part et d'autre, sans faire connaître l'opinion personnelle du rapporteur. L'avocat présente des observations orales, et le commissaire du gouvernement donne ses conclusions. — L'assemblée délibère à huis-clos. Elle doit être en nombre impair, et elle ne décide valablement que si neuf membres au moins sont présents.—Pour compléter l'assemblée, les conseillers d'État absents ou empêchés peuvent être remplacés par d'autres conseillers en service ordinaire, suivant l'ordre du tableau. (Art. 21, L. 24 mai 1872.)

78. — Lorsque deux pourvois tendent à obtenir l'annulation des mêmes opérations, le Conseil d'État peut les joindre pour statuer par une même décision. (C. d'Ét., 22 mai 1865, él. dép. de Sari-d'Orcino; 23 mars 1870, él. dép. de Saint-Pierre-Église; 9 juin 1876, él. mun. des Taillades.)

79. — « Les décisions du Conseil d'État doivent contenir les « noms et qualités des parties, leurs conclusions et le vu des « pièces principales. » (Art. 27, du décr. du 22 juill. 1806.)

Les décisions sont accompagnées de considérants qui les justifient.

Ces diverses prescriptions s'appliquent à toutes les décisions ayant le caractère de jugement.

80. — Aux termes de l'article 22 de la loi du 24 mai 1872, « toutes les décisions prises par l'assemblée du conseil délibé- « rant au contentieux et par la section du contentieux sont lues « en séance publique, transcrites sur le procès-verbal des dé- « libérations et signées par le vice-président, le rapporteur et « le secrétaire du contentieux. Il y est fait mention des membres « ayant délibéré. Les expéditions, qui sont délivrées par le « secrétaire, portent la formule exécutoire [1]. »

81. — Le procès-verbal des séances doit relater l'accomplis- sement des formalités rappelées plus haut, et prescrites par les articles 15, 17, 18, 19, 21 et 22 de la loi du 24 mai 1872. (Art. 23 de ladite loi ; Voir *infrà*, n° 91.)

82. — Le ministre de l'intérieur transmet au préfet, chargé de la faire tenir aux intéressés, une ampliation de la décision.

§ 4. — Suppression des écrits injurieux et diffamatoires.

83. — L'article 1036 du Code de procédure civile ainsi que la loi du 17 mai 1819 (art. 23), autorisent les juges saisis d'une affaire, en statuant sur le fond, à prononcer la suppression des écrits injurieux et diffamatoires. Ces dispositions sont applica-

---

[1] Les décisions doivent porter en tête la formule suivante :

« Au nom du peuple français,

« Le Conseil d'État statuant au contentieux, ou la section du conten- « tieux au Conseil d'État. »

Les expéditions doivent se terminer par cette formule :

« La République mande et ordonne aux ministres de (indiquer le départe- « ment ministériel désigné), en ce qui les concerne, et à tous huissiers à ce « requis, en ce qui concerne les voies de droit commun contre les parties « privées, de pourvoir à l'exécution de la présente décision. »

bles au Conseil d'État, qui demeure d'ailleurs juge de la question de savoir s'il y a lieu ou non à suppression. (C. d'Ét., 6 août 1861, él. mun. de Béze; 27 juill. 1866, él. mun. de Sénozan; 2 août 1866, él. mun. de Dormans; 29 nov. 1872, él. dép. de Nort; 5 déc. 1873, él. mun. de Paris; 25 mai 1877, él. mun. de Tréburden.)

84. — Il n'y aurait pas lieu de donner acte à des parties de leurs réserves, à l'effet de poursuivre les auteurs d'une protestation devant le tribunal correctionnel, par la raison que ces réserves n'ajouteraient rien aux droits des intéressés. (C. d'Ét., 6 juin 1866, él. mun. d'Oisy-le-Verger.)

Et lorsqu'un écrit considéré comme injurieux par une partie, n'a pas été produit régulièrement devant le Conseil d'État qui, à ce titre, l'a écarté de l'instruction, il n'est point statué sur la suppression de cette pièce. (C. d'Ét., 3 août 1865, él. dép. de Carquefou.)

Art. 7. — *Voies de recours contre les décisions du Conseil d'État.*

85. — Les voies de recours contre les décisions du Conseil d'État varient suivant qu'il s'agit de décisions par défaut ou de décisions contradictoires.

§ 1. — Décisions par défaut.

86. — Les articles 29, 30 et 31 du décret du 22 juillet 1806, règlent ce qui se réfère à l'opposition.

L'article 29, porte: « Les décisions du Conseil d'État rendues « par défaut sont susceptibles d'opposition. Cette opposition ne « sera pas suspensive, à moins qu'il n'en soit autrement « ordonné. »

« Elle devra être formée, dans le délai de trois mois, à comp- « ter du jour où la décision par défaut aura été notifiée. Après « ce délai l'opposition ne sera plus recevable. »

« Art. 30. Si la commission (aujourd'hui la section du con- « tentieux), est d'avis que l'opposition doive être reçue, elle

« fera son rapport au conseil, qui remettra, s'il y a lieu, les
« parties dans le même état ou elles étaient auparavant. La dé-
« cision qui aura admis l'opposition sera signifiée dans la hui-
« taine, à compter du jour de cette décision, à l'avocat de l'au-
« tre partie. »

« Art. 31. L'opposition d'une partie défaillante à une déci-
« sion rendue contradictoirement avec une autre partie ayant
« le même intérêt ne sera pas recevable. »

L'article 29 a été modifié ainsi qu'il suit par l'article 4 du décret du 2 novembre 1864 : « Doit être formée dans le délai de
« deux mois l'opposition aux décisions rendues par défaut,
« autorisée par l'article 29 du décret du 22 juillet 1806. »

87. — Les décisions sont réputées par défaut, quand le
défendeur n'a fourni aucune défense à la communication du
pourvoi qui lui a été faite. (C. d'Ét., 23 mars 1877, él. mun.
d'Autignac.)

88. — Devant les tribunaux civils, il existe deux sortes de défauts, l'un contre partie, l'autre contre avoué (Art. 157 et 158 du
Code de proc. civ.). Rien de semblable ici : « tous les défauts
« sont contre partie, faute de répondre et de fournir les défenses
« mentionnées dans l'article 4 du décret du 22 juillet 1806. »
(Serrigny, *Comp.*, t. I, n° 349.)

Il n'y a pas lieu d'appliquer ici les dispositions de l'article 154 du Code de procédure. Toute requête non motivée doit
être rejetée comme non recevable et sans qu'il y ait lieu de se
préoccuper du fond. Mais il reste au demandeur la faculté de
former un nouveau pourvoi, dans le cas où le délai légal ne
serait pas encore expiré [1].

89. — Les règles concernant la supputation du délai, pour la

---

[1] Lorsque le conseil de préfecture a annulé les opérations d'une commune et que son arrêté a été déféré au Conseil d'État, un des candidats
proclamés qui ne s'était pas pourvu ne saurait former opposition à la
décision du Conseil d'État, validant lesdites élections, sauf la sienne.
(C. d'Ét., 20 déc. 1866, él. mun. de Lagraulet.)

formation du recours, sont également applicables à l'opposition. Il en est de même de celles relatives à la constitution d'avocat, et à la dispense des frais de la requête.

90. — La requête d'opposition peut être rejetée, après un rapport au Conseil d'État, sans même qu'il soit besoin de la communiquer à la partie adverse. Cela résulte implicitement de l'article 30 du décret réglementaire de 1806. Mais en fait, cette communication a toujours lieu : « Il n'y a, dit M. de Cormenin, né- « cessité d'appliquer la disposition du règlement, telle qu'elle « est écrite, que lorsque l'opposant fait valoir pour unique « moyen, dans la forme, qu'il n'a pas été entendu lors de la « décision par défaut. Encore le comité peut-il, dans ce cas, « prescrire à l'opposant de produire ses moyens, au fond, dans « une requête ampliative et dans un délai fixé. » (*Droit adm.* t. I. ch. v, sect. IV, p. 74.)

§ 2. — Décisions contradictoires.

91. — En principe, les décisions contradictoires peuvent être attaquées par la voie de la requête civile ou par celle de la tierce opposition.

La *requête civile* est admise : 1° quand un arrêt est rendu sur pièce fausse ; 2° quand une partie a retenu une pièce décisive. Ces deux causes sont empruntées, par l'article 32 du décret du 22 juillet 1806, à l'article 480 du Code de procédure civile. L'article 32 porte : « Défenses sont faites, sous peine « d'amende, et même, en cas de récidive, sous peine de sus- « pension ou de destitution, aux avocats en notre Conseil d'É- « tat de présenter requête en recours contre une décision ad- « ministrative, si ce n'est en deux cas : s'il a été rendu sur « pièce fausse ; si la partie a été condamnée faute de repré- « senter une pièce décisive qui était retenue par son adver- « saire. »

L'inobservation des formes en ce qui touche la publicité constitue un troisième moyen de recours. L'art. 20 du décret du 30 janvier 1852, portant règlement intérieur pour le Conseil d'État, dis-

pose en effet ce qui suit : « Le procès-verbal des séances men-
« tionne l'accomplissement des dispositions des articles 17,
« 18, 19, 20, 21, 22, 23 et 24, du décret organique du
« 26 janvier. Dans le cas où ces dispositions n'ont point
« été observées, le décret qui intervient peut être l'ob-
« jet d'un recours en révision, lequel est introduit dans
« les formes de l'article 33 du règlement du 22 jan-
« vier 1806 [1]. » (Voir *infrà*, n° 96.) Cette disposition a été reproduite par l'article 23, paragraphe 2, de la loi du 24 mai 1872.

92. — Tandis que l'article 480 du Code de procédure civile
admet la requête civile contre les décisions par défaut ou contradictoires, le décret de 1806 ne l'autorise que contre ces dernières.

A l'égard des décisions par défaut, le législateur a pensé avec
raison que la voie de l'opposition devait suffire, puisqu'elle
permet de faire valoir tous les motifs quelconques de réformation.

93. — Pour qu'une demande fondée sur la fausseté d'une
pièce soit recevable, il faut que cette pièce ait servi de base à
la décision ; il est également nécessaire que le faux ait porté
sur une partie essentielle. (C. d'Ét., 2 mai 1834, Castellane.)

94. — La révision pour défaut de représentation de pièces
décisives est subordonnée à une double condition : 1° que la pièce
ait été décisive ; 2° qu'elle ait été retenue par l'adversaire. Elle
ne serait donc pas admissible pour une pièce non décisive, et
qui était connue de l'adversaire, avant la décision contradictoire
attaquée (C. d'Ét., 4 mai 1835, Gilbert) ; ou si la pièce sur laquelle on s'est fondé n'avait pas été retenue par la partie adverse. (C. d'Ét., 10 juill. 1835, Genty.)

On ne devrait pas considérer comme retenues par la partie
adverse les pièces déposées dans les archives d'un ministère ou d'une administration, dont la partie condamnée pou-

---

[1] Cette règle avait déjà été écrite dans l'article 40 de la loi organique
du Conseil d'État, du 15 janvier 1849.

vait se faire délivrer copie. (C. d'Ét., 4 juin 1816, Lefèvre; 22 août 1853, Schweighauser.)

95. — Il appartient au demandeur de présenter comme il l'entend, et à ses risques, les justifications prescrites par l'article 32 du décret de 1806. (Arrêt du 22 août 1853.)

96. — L'article 33 du même décret porte que « le recours « devra être formé dans le même délai et admis de la même « manière que l'opposition à une décision par défaut. » Sous l'empire de cette loi, le délai était donc de trois mois. Il a été réduit à deux mois par le décret du 2 novembre 1864, article 4.

Ce délai court à partir de la notification de la décision, si la révision est fondée sur la violation des formes, et de la découverte des pièces décisives ou du faux, si le recours est fondé sur un de ces moyens. Il est prescrit d'ailleurs à peine de déchéance. (C. d'Ét., 28 janvier 1858, Pramotton et Arnould.)

Aux termes de l'article 34, « lorsque le recours contre une « décision contradictoire aura été admis dans le cours de l'année « où elle avait été rendue, la communication sera faite, soit au « défendeur, soit au domicile de l'avocat qui a occupé pour lui, « et qui sera tenu d'occuper sur ce recours, sans qu'il soit « besoin d'un nouveau pourvoi. »

« Art. 35. Si le recours n'a été admis qu'après l'année depuis « la décision, la communication sera faite aux parties, à per- « sonne ou à domicile, pour y fournir réponse dans le délai du « règlement.

« Art. 36. Lorsqu'il aura été statué sur un premier recours « contre une décision contradictoire, un second recours contre « la même décision ne sera pas recevable. L'avocat qui aurait « présenté la requête sera puni de l'une des peines énoncées « en l'article 32. »

Ce dernier article n'est que l'application de la règle, *requête civile sur requête civile ne vaut* .

Anciennement, le Conseil d'État avait décidé que, même en

matière électorale, l'intermédiaire d'un avocat au Conseil d'État était indispensable, pour former un recours par voie de requête civile (C. d'Ét., 14 janvier 1839, él. mun. de Servières). Mais, cette jurisprudence paraît avoir été abandonnée ; le *Recueil* de Lebon mentionne, en effet, à la date du 20 mai 1867, un arrêt qui a admis en la forme un recours en requête civile formé sans l'assistance d'un avocat (él. mun. d'Ainay-le-Château). On doit en conclure que le principe du jugement sans frais des réclamations en matière électorale est étendu à cette sorte de recours. (Voir *supra*, nos 41 et 43.)

97. — D'après le droit commun, la *tierce opposition* est admise en faveur d'une partie qui n'a pas figuré dans l'instance et à laquelle préjudicie la décision attaquée [1]. Les décisions du Conseil d'État, en matière électorale, peuvent-elles être réformées par cette voie? Oui, lorsque la tierce opposition est introduite par un candidat élu contre la décision annulant son élection, et alors que d'ailleurs cette décision n'a reçu aucune exécution (C. d'Ét., 3 mai 1833, Bouzinac). Mais, de simples électeurs ne sont pas recevables à attaquer les décisions rendues sur la réclamation, soit des candidats, soit d'autres électeurs. (C. d'Ét., 3 mai 1833, Bouzinac ; 7 février 1848, él. mun. de Saint-Thiébault.)

CONSEIL DE PRÉFECTURE.

SECT. I. — Attributions du conseil en matière électorale (n. 1 à 5).
SECT. II. — Des formes suivies devant le conseil de préfecture statuant au contentieux.

Art. 1er. — LIMITES DE LA COMPÉTENCE TOUCHANT LE RECOURS CONTRE L'ÉLECTION DES MEMBRES DES CONSEILS D'ARRONDISSEMENT ET CONSEILS MUNICIPAUX (n. 6 à 15).

---

[1] Aux termes de l'article 37 du décret du 22 juillet 1806, la tierce-opposition est introduite et jugée suivant les formes prescrites par les dispositions dudit décret, rappelées *supra*, section II, articles 5 et 6. L'article 39 déclare également applicables ici les articles 34 et 35 précités, no 96. Enfin, l'article 38 prononce une amende de 150 francs contre la partie qui succombe dans sa tierce opposition.

SECTION I.

Attributions du conseil en matière électorale.

1. — Il est dit v° Réclamations, nos 8 et 15, que toutes les réclamations contre les opérations électorales relatives à la nomination des membres des conseils d'arrondissement et des conseils municipaux, doivent être portées devant le conseil de préfecture.

2. — Celles formées contre la nomination des délégués chargés d'élire les sénateurs, lui sont également soumises (art. 8 de la loi du 2 août 1875 ; *voir* v° Sénat, n° 29.)

3. — Il peut-être appelé à connaître de certaines difficultés relatives à la confection des listes. (*Voir* v° Réclamations, nos 3 et 4.)

4. — Il est aussi des mesures que le préfet doit prendre en conseil de préfecture. (*Voir* v° Préfet, n° 5.)

5. — Enfin, certains arrêtés préfectoraux peuvent être attaqués devant ce conseil. (*Voir* v° Préfet, nos 6 et 7.)

SECTION II.

Des formes suivies devant le conseil de préfecture statuant au contentieux.

Art. 1er.—*Limites de la compétence touchant le recours contre l'élection des membres des conseils d'arrondissement et municipaux.*

6. — Disons tout d'abord que le conseil de préfecture n'est compétent que pour statuer sur les questions de validité des opérations électorales proprement dites. Il ne le serait pas pour connaître de celles qui sont relatives à la capacité légale des candidats élus. L'examen de ces dernières questions doit être renvoyé aux tribunaux. (Art. 52 de la loi de 1833, et 47 de la loi de 1855 ; *voir* v° Réclamations, n°s 9 et 16.)

Mais il est compétent pour statuer sur les questions d'incompatibilité (*voir* v° Réclamations, n°s 13 et 21) ; de même que sur le point de savoir si un individu est ou non imposé au rôle des contributions directes. (*Voir* v° Réclamations, n° 11.)

Dans tous les cas, c'est lui qui doit d'abord être saisi. (*Voir* v° Réclamations, n°s 14 et 20.)

7. — Il n'a pas qualité pour apprécier des inscriptions faites en vertu de décisions du juge de paix, et priver de leur effet les individus qui les ont obtenues. (C. d'Ét., 14 juin 1861, él. mun. de Chauvigny ; 4 avril 1872, él. mun. de Frauseilles ; 27 avril 1872, él. mun. de Vescovato ; 18 juin 1872, él. mun. de Moïta ; 4 juin 1875, él. mun. de Paray-Douaville ; 4 août 1876, él. mun. de Tiaret.)

8. — Le conseil de préfecture ne saurait statuer d'office sur la validité d'élections dont il n'aurait pas été saisi ou annuler un nombre d'élections supérieur à celui des nominations contestées [1]. (C. d'Ét., 11 août 1841, él. mun. de la Trinité ; 14 mai 1856, él. mun. de Cornille ; 14 juin 1866, él. mun. de Mouzillon), 7 août 1875, él. mun. de Fyé.)

---

[1] Relativement aux conséquences des annulations prononcées, par rapport à d'autres élections. (*Voir* v° Annulation.)

Il en est de même pour les griefs qui n'ont pas été relevés dans la protestation, ou qui ne lui sont pas soumis directement par le préfet. (C. d'Ét., 25 mai 1841, él. mun. de Pontarlier ; 29 juin 1847, él. mun. de Vastres ; 25 août 1849, él. mun. de Calenzanna ; 17 juillet 1865, él. dép. de Servian ; 18 juillet 1866, él. mun. de Saint-Pé d'Ardet ; 26 juin 1869, él. dép. de Saint-Laurent de Chamousset.

9. — Mais il lui appartient, en cas de réclamation, de rectifier les erreurs que le bureau a pu commettre, ainsi que de déterminer le nombre de suffrages obtenus par les divers candidats, (C. d'Ét., 25 avril 1865, él. dép. de Strasbourg.) et, par suite, de proclamer un candidat autre que celui qui a été proclamé par le bureau chargé du recensement général des votes. (C. d'Ét., 16 août 1862, él. dép. de Piédicorte.)

Toutefois, pour que cette proclamation puisse avoir lieu, il ne suffit pas de démontrer qu'une erreur a été commise par le bureau ; il faut que la rectification de cette erreur puisse avoir lieu d'une façon précise et au moyen des documents de l'élection. Ainsi dans le cas où il serait justifié que le bureau a omis à tort de compter à un candidat non élu un certain nombre de bulletins qui auraient pu lui assurer la majorité sur un candidat élu, si le chiffre exact de ces bulletins n'était pas constaté légalement, le juge devrait se borner à annuler la nomination du candidat proclamé (C. d'Ét., 19 avril 1866, él. mun. de Crésantignes.)

Même solution, dans le cas où le conseil de préfecture, reconnaissant que certains bulletins auraient dû être comptés à des candidats, ce qui aurait pu assurer leur élection au premier tour, annule les opérations faites au deuxième tour : il ne saurait en outre proclamer ces candidats, si le procès-verbal ne mentionne pas l'existence des bulletins nuls ou contestés, si ces bulletins ne sont pas annexés au procès-verbal, et s'il n'y a pas accord sur le nombre exact des bulletins annulés par le bureau. (C. d'Ét., 16 mai 1866, él. mun. de Villemorien.)

10. — Le bureau doit se borner à proclamer les résultats,

sans avoir jamais à se faire juge des questions d'éligibilité (*voir* vº Bureau, nº 49). Dans le cas où, contrairement à cette règle, il aurait proclamé un candidat autre que celui qui aurait obtenu le plus de voix, le conseil de préfecture devrait non-seulement annuler cette nomination, mais encore déclarer élu le candidat que le bureau aurait dû proclamer, s'il n'était saisi d'ailleurs d'aucune protestation contre son élection. (C. d'Ét., 2 nov. 1871, él. mun. de Tillay-le-Peneux.)

11. — Si au contraire l'éligibilité dudit candidat est contestée, le conseil de préfecture ne doit pas seulement connaître de l'excès de pouvoirs commis par un bureau ; il est appelé, en outre, à prononcer sur la question d'éligibilité qui lui est soumise. (C. d'Ét., 8 mai 1866, él. mun. de Lolif ; 7 mai 1875, él. mun. de Longrisse.)

12. — Mais le conseil ne saurait jamais pourvoir à une vacance : celle-ci ne peut-être comblée que par une nouvelle élection.

Il dépasserait la limite de ses pouvoirs en nommant à la place d'un candidat renonçant au bénéfice de son élection contestée, celui des candidats qui a eu le plus de voix après les candidats élus (C. d'Ét., 16 août 1866, él. mun. de Tain) ;

Ou bien s'il proclamait un autre candidat, après avoir annulé une élection pour cause — soit de parenté ou d'alliance (C. d'Ét., 1er juin 1866, él. mun. de Grosseto-Prugna ; 6 juin 1866, él. mun. de Tursac ; 7 juin 1866, él. mun. de Mazangé ; 29 juin 1866, él. mun. de Cuq-Toulza ; 23 juillet 1875, él. mun. de Langon ; 7 août 1875, él. mun. d'Escot), — soit d'indignité (C. d'Ét., 18 juin 1866, él. mun. d'Anglure) ; — ou par application de l'article 9 de la loi du 5 mai 1855 (C. d'Ét., 16 avril 1875, él. mun. de Castelsarrazin) ;

Ou encore, si après avoir, par un arrêté passé en force de chose jugée, annulé une élection faite au premier tour de scrutin, et prescrit un second tour, il déclarait, à l'occasion de réclamations dirigées contre les opérations de ce second tour, que ces opérations avaient été ordonnées à tort, et s'il proclamait celui des candidats non élus au premier tour qui aurait obtenu, avec la majorité absolue, le plus grand nombre de suffrages après le dernier proclamé lors du premier tour. (C. d'Ét., 29 juin 1866, él. mun. de Mérens.)

13. — En ce qui concerne le cas où le conseil de préfecture est appelé à statuer sur une réclamation contre les opérations d'un second tour de scrutin, alors que celles du premier tour ont fait elles-mêmes l'objet d'une instance actuellement pendante, *voir infrà*, art. 4.

14. — Quand le conseil de préfecture statue sur les opérations, il peut être appelé à connaître de certains actes, qui ne sont pas de sa compétence, mais uniquement au point de vue de l'influence que ces actes ont pu avoir sur les opérations.

Ainsi, à l'occasion d'élections contestées, il peut apprécier la validité d'un arrêté préfectoral prescrivant la formation d'une nouvelle liste électorale, dans une commune où la liste qui avait été dressée conformément aux prescriptions de la loi avait disparu. (C. d'Ét., 7 février 1873, él. mun. de Coursan ;

Il peut de même, lorsque les listes n'ont pas été régulièrement révisées, annuler les élections, si les irrégularités commises ont constitué une manœuvre de nature à porter atteinte à la sincérité de l'élection. (*Voir* Liste, n° 37.)

Il serait également compétent, pour statuer sur le point de savoir si un arrêté portant convocation des électeurs a été régulièrement rendu (*voir* v° Convocation, n° 16), ou si le sectionnement autorisé par l'article 3 de la loi du 10 août 1871, a été régulièrement opéré (*Voir* v° Section, n° 26), ou si les circulaires, manifestes, etc., ont été déposés au parquet. (*Voir* v° Circulaire, n° 10.)

La question de savoir si le nombre des conseillers municipaux à élire a été fixé suivant les prescriptions de la loi, rentre encore dans celles dont il appartient au conseil de préfecture de connaître, comme juge de la validité des opérations électorales. (C. d'Ét., 9 janvier 1874, él. mun. de Gonesse.)

Ajoutons que l'existence d'une décision prise incompétemment par une autre autorité, ne saurait mettre obstacle à ce qu'il statue sur la réclamation présentée contre cette élection. (*Voir* v° MAIRE, n° 24.)

15. — Mais le conseil de préfecture n'aurait aucunement qualité pour connaître d'un acte qui aurait été la conséquence des opérations électorales ; particulièrement de l'acte par lequel le maire d'une commune aurait refusé de procéder à l'installation d'un conseiller élu, et aurait installé un autre candidat en son lieu et place. (C. d'Ét., 14 janvier 1867, él. mun. de la Chapelle-Gonaguet.)

Lorsqu'à la suite des opérations qui ont eu lieu dans une commune, le bureau n'a pas déclaré élu un des candidats, sous le prétexte de sa parenté avec un autre, et a proclamé à sa place le candidat qui venait immédiatement après dans l'ordre des suffrages, si cette décision n'a pas été attaquée dans le délai de la loi, elle devient définitive. Si, néanmoins, le candidat ainsi écarté a été compris parmi les conseillers municipaux dans la séance d'installation des membres du conseil municipal, c'est devant le préfet, et non devant le conseil de préfecture que l'on doit poursuivre l'annulation du procès-verbal de la séance dont il s'agit. (C. d'Ét., 29 déc. 1871, él. mun. de Saint-Augustin.)

ART. 2. — *Qualité pour réclamer.*

§ 1. — Préfet.

16. — L'article 50 de la loi du 22 juin 1833, relative aux élections d'arrondissement porte : « Si le préfet estime que les « conditions et formalités légalement prescrites n'ont pas été « remplies, il doit, dans le délai de quinze jours, à dater de la « réception du procès-verbal, déférer le jugement de la nullité « au conseil de préfecture. »

Cette disposition a été reproduite par l'article 46 de la loi du 5 mai 1855 sur les élections municipales.

17. — Il importe de remarquer qu'elle ne donne pas au préfet un droit de juridiction ; elle l'autorise seulement à provoquer l'annulation des élections.

D'un autre côté, la loi ne disant pas que le préfet a qualité pour défendre les opérations qu'il jugera régulières, contre les réclamations de certains électeurs, il ne lui appartient pas de demander le maintien des élections attaquées.

18. — Le droit de déférer les opérations au conseil de préfecture n'a été attribué par la loi à aucun autre fonctionnaire, en dehors du préfet. Le maire, notamment, serait sans qualité pour réclamer devant le conseil, même s'il avait présidé le bureau électoral. (C. d'Ét., 4 mars 1868, él. mun. de Valmy.) Relativement au délai accordé au préfet, voir *infrà*, n° 33.

§ 2. — Électeur. — Candidat non élu.

19. — « Tout membre de l'assemblée électorale a le droit « d'arguer les opérations de nullité. » Telle est la disposition de l'article 51 de la loi du 22 juin 1833, dont celle du 5 mai 1855, article 45, paragraphe 1ᵉʳ, reproduit également les termes.

Il faut donc faire partie de l'assemblée en qualité d'électeur, pour pouvoir attaquer les opérations de cette assemblée. (C. d'Ét., 23 juillet 1841, él. mun. de Duttlenheim ; 14 avril 1849, él. mun. de Dunkerque; 7 décembre 1860, Roux ; 30 août 1861, él. mun. de Gisy-les-Nobles.

20. — Il n'existe d'exception qu'en faveur des candidats non élus. (C. d'Ét., 13 juin 1862, él. d'arrond. de Fay-le-Froid ; 9 juin 1876, él. mun. de Taillades.)

21. — En matière d'élections municipales, les réclamations ne peuvent être dirigées que contre les opérations de la section à laquelle les électeurs appartiennent (C. d'Ét., 31 décembre 1838, él. mun. de Saint-Jean-Bonnefond ; 30 décembre 1842, él. mun. de Roubaix ; 14 juin 1847, él. mun. de Plélan ; 17 juillet 1866, él. mun. de Boussagues);

A moins que la division d'une commune en section n'ait eu lieu seulement pour faciliter le vote, et que toutes les sections n'aient eu à élire les mêmes conseillers municipaux. Dans ce cas, en effet, les sections ne forment que des fractions d'une même assemblée électorale. (C. d'Ét., 23 mai 1861, él. mun. de Metz.)

22. — Lorsqu'il s'agit d'élections d'arrondissement, tout membre de l'assemblée électorale convoquée pour l'élection d'un membre du conseil d'arrondissement pouvant, aux termes de l'article 51 précité de la loi de 1833, réclamer contre les opérations électorales, et tous les électeurs du canton faisant partie de cette assemblée, il en résulte qu'un électeur inscrit sur une des listes électorales du canton peut protester contre les opérations de toutes les communes de ce canton. (C. d'Ét., 5 juin 1862, él. dép. de Florensac.)

23. — Le droit de réclamer appartient à l'électeur, quand même il n'aurait pas pris part au vote (C. d'Ét., 28 février 1845, él. mun. de Maisnières); mais il ne saurait être attribué à l'individu non inscrit, bien qu'il eût réclamé son inscription. (C. d'Ét., 5 juin 1862, él. dép. de Florensac.)

24. — On s'est demandé si l'électeur qui avait signé le procès-verbal en qualité de scrutateur, sans faire aucune protestation ni réserve, n'était pas censé par cela même avoir adhéré aux opérations, et avoir renoncé au droit de les attaquer dans le délai de la loi. La question a été résolue négativement. (C. d'Ét. 27 avril 1831, él. mun. de Dammartin.)

25. — Le droit de réclamation peut-il s'exercer par l'intermédiaire d'un mandataire? Il a été admis qu'un électeur *illettré* pouvait valablement charger un autre électeur de former en son nom une protestation contre les opérations électorales. (C. d'Ét., 10 déc. 1875, él. mun. de Trégarvan [1]). Mais cette décision d'espèce semble impliquer qu'en principe, la requête doit être formée par l'électeur lui-même. (*Voir* v° CONSEIL D'ÉTAT, n° 44.)

---

[1] Voici les termes de cette décision : « Sur la recevabilité de la pro- « testation : — Considérant, que le sieur Merou déclare devant le Conseil

Art. 3. — *Délai de la réclamation.*

26. — Le délai pour attaquer les opérations électorales est fixé ainsi qu'il suit, par la loi du 22 juin 1833, art. 51, en ce qui concerne les conseils d'arrondissement : « Si la réclamation « n'a pas été consignée au procès-verbal, elle est déposée dans « le délai de cinq jours, à partir du jour de l'élection, au secré- « tariat de la sous-préfecture. »

Pour les élections municipales la règle est la même : « Les « réclamations doivent être consignées au procès-verbal ; sinon, « elles doivent être, à peine de nullité, déposées au secrétariat « de la mairie, dans le délai de cinq jours, à dater du jour de « l'élection. Elles sont immédiatement adressées au préfet, « par l'intermédiaire du sous-préfet ; elles peuvent aussi être « directement déposées à la préfecture ou à la sous-préfecture, « dans le même délai de cinq jours. » (Art. 45 de la loi du 5 mai 1855.)

27. — Ce délai doit être calculé à partir du jour de l'élec- tion, ce jour non compris. (C. d'Ét., 23 juillet 1838, él. mun. de Corbigny ; 27 mai 1857, él. mun. de Saint-Laurent d'Olt ; 14 juin 1862, él. dép. de Haël-Carhaix ; 16 mai 1866, él. mun. de Mandray.

28. — De plus, les opérations ne sont terminées que par la proclamation des candidats élus, faite après le recensement des votes. C'est, en conséquence, seulement du jour de cette pro- clamation que commence à courir le délai de cinq jours imparti par la loi, pour le dépôt des réclamations, quand bien même il se serait écoulé plusieurs jours entre ce recensement et la proclamation du résultat. (C. d'Ét., 26 nov. 1863, él. dép.

« d'État qu'étant illettré, il avait chargé le sieur Stum de former en son « nom une protestation contre les opérations électorales auxquelles il « avait été procédé le 31 janvier 1875 dans la commune de Trégarvan, « *que, dans ces circonstances, la protestation doit être déclarée rece-* « *vable.* »

du Croisic ; 9 août 1865, él. dép. de Marommes ; 10 avril 1866, él. mun. de Vallabrègues ; 25 avril 1866, él. mun. de Nancy ; 19 mai 1868, él. dép. de Ferrette.)

29. — A partir de quel moment doit-être compté le délai, lorsqu'il a été procédé à deux tours de scrutin séparés par un intervalle d'un ou plusieurs jours ? La protestation doit-elle être déposée dans les cinq jours qui suivent le premier tour de scrutin, ou suffit-il qu'elle soit déposée dans les cinq jours qui suivent le second. Il y a lieu de faire une distinction.

Si les griefs intéressent l'ensemble des opérations électorales et que les protestations soient communes au premier comme au deuxième tour de scrutin, le délai de cinq jours ne compte qu'à dater du second tour. (C. d'Ét., 14 mai 1856, él. mun. de Cornille ; 20 novembre 1856, él. mun. de Lafitte ; 16 juillet 1861, él. mun. d'Oraison et de Saint-Pierre-de-Mons ; 29 nov. 1872, él. mun. de Marseille.)

Le Conseil d'Etat a décidé également qu'une réclamation émanant d'un candidat était formée dans le délai imparti par l'article 45 de la loi du 5 mai 1855, dans une espèce où le candidat avait dû se croire élu six jours auparavant, et n'avait appris que le septième jour seulement, en entendant prononcer le résultat d'un second tour de scrutin, que le bureau considérait son élection comme nulle. (C. d'Ét., 2 juin 1866, él. mun. de Nerville.)

Si la protestation avait uniquement pour objet l'annulation d'un premier tour de scrutin, elle devrait être présentée dans les cinq jours à partir de ce premier tour, et non dans les cinq jours à partir du deuxième. (C. d'Ét., 20 juin 1861, él. mun. de Béziers ; 7 avril 1866, él. mun. d'Espirat-Regnat ; 7 juin 1866, él. mun. de Mayenne ; 6 août 1866, él. mun. de Rezay ; 16 août 1866, él. mun. de Lésignan ; 29 déc. 1871, él. mun. d'Haimps.)

Il en serait de même si elle était dirigée contre les opérations du premier tour, et ne tendait à l'annulation des opérations du second tour que par voie de conséquence. (C. d'Ét., 18 juin 1872, él. mun. d'Erches.)

30. — Toute réclamation remise après le délai prescrit est non recevable ; la jurisprudence à cet égard n'a jamais varié. La déchéance est même d'ordre public, et doit par suite être prononcée d'office. (C. d'Ét., 27 mai 1853, él. mun. des Pujols ; 16 avril 1856, él. mun. de Burnhaupt-le-Haut; 28 mai 1856, él. mun. de Cognans; 8 févr. 1860, él. mun. de Castillon ; 25 avril 1861, él. mun. de Saint-Vaast-la-Hougue ; 18 mai 1861, él. mun. de Montrevel ; 29 mai 1861, él. mun. de Rougnac ; 12 août 1861, él. mun. de Husson ; 10 avril 1866, él. mun. de Grimaucourt ; 10 avril 1866, él. mun. de Feldbach ; 19 avril 1866, él. mun. de Faverois; 19 avril 1866, él. mun. de Crulnay ; 16 mai 1866, él. mun. d'Epenoy; 6 juin 1866, él. mun. de Génis ; 27 juill. 1866, él. mun. de Jouy-en-Josas; 20 septembre 1871, él. mun. de Dollon; 13 déc. 1871, él. mun. de Sospel; 14 févr. 1872, él. mun. d'Etray; 11 avril 1872, él. mun. d'Epénède ; 16 avril 1875, él. mun. de Saint-Jouvent; 30 avril 1875 ; él. mun. de Faulx; 11 févr. 1876, él. mun. de Soligny-la-Trappe ; 12 mai 1876, él. mun. de Carvin ; 22 déc. 1876, él. mun. de Deshaies.)

Le fait d'avoir signé le procès-verbal en se réservant le droit de protester, et d'avoir présenté dans les délais une réclamation au maire pour faire légaliser les signatures des auteurs d'une protestation, ne saurait suffire lorsque celle-ci n'a pas été déposée dans le délai de la loi. (C. d'Ét., 29 déc. 1871, él. mun. de Mornac.)

Il en est de même pour tout nouveau chef de demande, ou tout nouveau grief présenté après l'expiration du délai. (C. d'Ét., 3 juill. 1861, él. mun. de Saint-Pol-Trois-Châteaux ; 30 juill. 1862, él. dép. de Thénon ; 29 janv. 1863, él. dép. de Lauzès ; 3 juin 1865, él. dép. de Saint-Etienne-les-Orgues ; 7 avril 1866, él. mun. de Maxéville; 10 avril 1866; él. mun. de Redessan ; 16 mai 1866, él. mun. de Thouars; 22 mai 1866,

él. mun. de Bruire-le-Sec ; 16 juin 1866, él. mun. de Castelnau ; 3 juill. 1866, él. mun. de Terranova ; 9 juill. 1866, él.
mun. de Broons ; 13 juill. 1866, él. mun. de Lagraulet ; 17 juill.
1866, él. mun. de Cesny-Bois-Halbout ; 19 juill. 1866, él. mun.
d'Ainay-le-Château ; 2 août 1866, él. mun. de Saint-Marcelin
et de Labastide-Rouairoux ; 17 juin 1868, él. dép. de Salars ;
18 juin 1868, él. dép. de Vierzon ; 25 juin 1868, él. dép. de
Salice ; 29 déc. 1871, él. mun. de Montesquieu ; 9 févr. 1872,
él. dép. de Saffré ; 4 avril 1872, él. mun. de Frauseilles ;
2 juill. 1875, él. mun. de Hamelin ; 23 juill. 1875, él. mun.
de Champhaut ; 6 août 1875, él. mun. de Saint-Pierre-le-
Vieux.)

Et il importe peu que la demande en nullité soit fondée sur
une question d'incapacité légale : le législateur n'a fait aucune
distinction. Il est du reste à remarquer que la question de capacité n'est qu'un incident de la demande en nullité. (C. d'Ét.,
5 décembre 1873, él. mun. de Paris-les-Ternes ; voir v° RÉCLA-
MATIONS, n°s 14 et 21.)

Si, contrairement à ce principe, il arrivait au conseil de préfecture de prononcer au fond, et que par suite de son arrêté
annulant les opérations attaquées il eût été procédé à de nouvelles élections, cet arrêté, de même que les secondes opérations devraient être annulés par le Conseil d'État. (C. d'Ét.,
18 mai 1861, él. mun. de Montrevel.)

31. — Mais s'il n'est pas permis de présenter un moyen
nouveau après l'expiration du délai, on peut expliquer, préciser le sens d'une protestation, et présenter des développements
ou compléments des griefs déjà produits. (C. d'Ét., 13 févr.
1856, él. dép. de Montauban ; 31 mars 1859, él. dép.
de Calvi ; 28 mars 1862, él. dép. de Rugles ; 19 juin 1863, él.
dép. de Chatelet-en-Berry ; 27 juill. 1866, él. mun. de Pierrefort ; 5 août 1868, él. dép. de Courtenay.)

32. — Les réclamants ne sont pas responsables du défaut
d'envoi de leur protestation par l'autorité chargée de la transmettre à la préfecture. Jugé en conséquence qu'une réclama-

tion serait recevable, bien que parvenue trois mois après l'élection, s'il était établi qu'elle avait été déposée à la mairie de la commune dans le délai de cinq jours, et que le retard ne provenait pas du fait de son auteur. (C. d'Ét., 26 févr. 1872, él. mun. de Bégole.)

On devrait également considérer comme recevable une protestation adressée au préfet, par lettre chargée, et parvenue à la préfecture dans le délai légal, bien qu'elle n'eût été remise au préfet et enregistrée qu'après l'expiration du délai. (C. d'Ét., 9 mai 1873, él. mun. du Mas-d'Azil.)

33. — On a vu *suprà*, n° 16, que le préfet pouvait déférer les opérations électorales au conseil de préfecture. Aux termes des articles 50 de la loi de 1833 et 46 de celle de 1855, sa réclamation doit être formulée *dans le délai de quinze jours, à dater de la réception du procès-verbal.*

Après le délai de quinze jours, le préfet serait sans qualité pour attaquer une élection.

Mais si le conseil de préfecture avait déclaré élu un candidat non proclamé par le bureau, son arrêté équivaudrait à l'égard de ce candidat à un procès-verbal d'élection ; et en conséquence, le préfet serait recevable à saisir le conseil de préfecture de l'examen des questions que pourrait soulever cette nomination, dans le délai de quinze jours, à dater de la réception de l'arrêté du conseil [1]. (C. d'Ét., 9 déc. 1871, él. mun. d'Artigueloutan.)

ART. 4. — *Effet de la réclamation.*

34. — Il est de principe que les instances engagées contre les opérations électorales n'ont pas pour résultat de priver l'élu du bénéfice de sa nomination. Il n'y aurait qu'un arrêté du conseil de préfecture, ou une décision du Conseil d'État qui pourrait avoir un tel effet; jusque-là, la nomination doit être tenue pour valable [2]. (*Voir* v° CONSEIL D'ÉTAT art. 4.)

---

[1] Le même droit nous paraît pouvoir être exercé par les particuliers dans le délai de cinq jours à dater de l'arrêté.

[2] *Voir* l'exception à cette règle, mentionnée n° 32, v° CONSEIL D'ÉTAT.

Par suite, le conseil de préfecture n'a pas à se préoccuper, avant de statuer sur les opérations faites à un second tour de scrutin, de ce qu'une réclamation a été dirigée contre celles du premier tour; il doit se borner à examiner la valeur des moyens relevés contre les opérations du second tour [1].

ART. 5. — *Procédure devant le conseil.*

§ 1. — Forme de la requête.

35. — En matière d'élections municipales, « les réclamations, « porte l'article 45 de la loi du 5 mai 1855, doivent être con-« signées au procès-verbal, sinon elles doivent être, à peine de « nullité, déposées au secrétariat de la mairie. Elles sont im-« médiatement adressées au préfet par l'intermédiaire du « sous-préfet; elles peuvent aussi être directement déposées « à la préfecture ou à la sous-préfecture dans le délai de cinq « jours. »

Ainsi, les réclamations doivent être remises au greffe, soit directement par les réclamants, soit par l'entremise du préfet si elles ont été déposées au secrétariat de la mairie ou à celui de la sous-préfecture. Elles sont inscrites sur un registre à ce destiné. Le jour où ce dépôt est effectué sert de point de départ du délai dont il sera parlé paragraphe 4, et dans lequel le conseil de préfecture doit statuer.

36. — L'article 51 de la loi du 22 juin 1833 règle comme suit la question du dépôt des réclamations pour les élections au conseil d'arrondissement : « Si la réclamation n'a pas été

---

[1] Cette règle a été consacrée implicitement par le Conseil d'État, dans une espèce où le conseil de préfecture, saisi d'une protestation contre l'élection d'un individu nommé au second tour, avait annulé l'ensemble des opérations de ce tour, en se fondant sur ce que celles du premier avaient fait elles-mêmes l'objet d'une réclamation, sur laquelle il n'avait pas encore été statué, et que la décision à intervenir pouvait avoir pour résultat, de modifier le nombre des conseillers à élire au deuxième tour. Le Conseil d'État a décidé qu'il ne pouvait appartenir au conseil de préfecture de déclarer nulles dans leur ensemble les opérations faites au second tour, alors que la protestation n'était dirigée que contre l'élection d'un seul des candidats élus. (C. d'Ét., 7 août 1875, él. mun. de Fyé.)

« consignée au procès-verbal, elle est déposée au secrétariat
« de la sous-préfecture. »

Cette disposition prescrivant le dépôt, seulement au secrétariat de la sous-préfecture, des réclamations en matière d'élections d'arrondissement, on s'est demandé si elle n'avait pas pour effet de priver les électeurs du droit de déposer leur protestation à la préfecture. Le Conseil d'État a décidé que le dépôt à la sous-préfecture constituait une facilité donnée aux électeurs ; mais que ceux-ci restaient libres d'effectuer directement le dépôt à la préfecture. (C. d'Ét., 5 août 1868, él. dép. de Sainte-Mère-Eglise.)

37. — Il n'est pas nécessaire de signifier un exploit d'assignation, rédigé suivant les formes prescrites par l'article 61 du Code de procédure civile. Une simple lettre, une pétition, une demande quelconque suffisent pour saisir le conseil de préfecture. (C. d'Ét., 19 mai 1866, él. mun. de Pars.)

38. — Aucun texte n'indique les énonciations que la requête doit contenir. Elle doit néanmoins renfermer les indications essentielles, c'est-à-dire l'objet de la demande, les moyens sur lesquels elle repose. Il faut aussi qu'elle soit signée du réclamant [1]. (C. d'Ét., 3 déc. 1875, él. mun. de Crécy.)

39. — Si la protestation n'était pas motivée, ou si les griefs qui l'ont provoquée étaient présentés après le délai légal, bien que la réclamation eût été formée dans ce délai, elle ne serait pas recevable. (C. d'Ét., 25 févr. 1876, él. mun. de Toulouse.)

Mais la requête introductive d'instance peut n'énoncer que sommairement les moyens et conclusions, sauf aux parties à les développer ultérieurement. (Voir *suprà*, n° 31.)

40. — L'article 1er du décret du 12 juillet 1865, qui a réglementé le mode de procéder devant les conseils de préfecture, exige l'apposition sur toutes les requêtes, mémoires et pièces contentieuses déposés aux conseils de préfecture, d'un timbre indiquant la date de leur arrivée. Une circulaire minis-

[1] Touchant la question de savoir si une requête peut être signée par un mandataire, voir *suprà* n° 25.

térielle du 10 juillet 1875 a rappelé les préfets à l'observation de cette prescription, en en faisant ressortir l'importance, quand il s'agit, comme en matière électorale, de pièces pour lesquelles un délai légal est déterminé : « Lorsqu'il s'élève une contesta-
« tion à cet égard, porte a circulaire, le timbre du greffe est
« la seule preuve dont l'authenticité ne puisse être révoquée
« en doute, et cette mention n'est pas suffisamment remplacée
« par une indication manuscrite. »

41. — Aux termes de l'article 24 du décret organique du 2 février 1852, « tous les actes judiciaires sont, en matière
« électorale, dispensés du timbre et enregistrés gratis. »

Le Conseil d'État en a conclu que les réclamations doivent être jugées sans frais d'aucune sorte.

Il a été décidé, en conséquence, qu'elles sont affranchies du droit de timbre (C. d'Ét., 10 janv. 1861, él. dép. de Lambeye ; 25 avril 1861, él. mun. de Garindein ; 18 mai 1861, él. mun. de Bizanos ; voir *infrà*, n° 44.)

§ 2. — Instruction de l'affaire.

42. — Le décret du 12 juillet 1865 porte : « Art. 2. Im-
« médiatement après l'enregistrement des requêtes et mémoires
« introductifs d'instance, le préfet ou le conseiller qui le rem-
« place désigne un rapporteur auquel le dossier de l'affaire est
« transmis dans les vingt-quatre heures.

« Art. 3. Le rapporteur est chargé, sous l'autorité du con-
« seil de préfecture, de diriger l'instruction de l'affaire ; il
« propose les mesures et les actes d'instruction. Avant tout il
« doit vérifier si les pièces dont la production est nécessaire
« pour le jugement de l'affaire sont jointes au dossier. »

43. — Aucune forme spéciale d'instruction n'est prescrite pour l'instruction des affaires devant le conseil de préfecture : il a recours à toutes les mesures qu'il juge utiles pour l'éclairer.

Il peut ordonner un interrogatoire ou une vérification d'écriture. Il peut de même faire procéder à une enquête, ou charger un de ses membres de recueillir des renseignements sur les faits allégués. (C. d'Ét., 24 avril 1856, él. dép. de Château-Chinon.)

Il reste seul juge de la question de savoir si l'enquête doit être ordonnée, et il importe peu que celle-ci ait été demandée ou non (C. d'Ét. 28 mai 1867, él. dép. de Brecey). Cette mesure n'est ordonnée que si les griefs ont un caractère véritablement sérieux, s'ils sont précis et pertinents et reposent sur quelque commencement de preuve, enfin lorsqu'ils ont pu avoir pour résultat de modifier l'élection. (C. d'Ét., 13 févr. 1856, él. dép. de Montauban ; 13 juin 1862, él. dép. de Valenciennes.) Il convient d'observer toutefois qu'en aucun cas, le conseil ne peut prescrire des mesures de nature à porter atteinte au secret du vote. (*Voir* v° PROCÈS-VERBAL, n° 20, et v° CONSEIL D'ÉTAT, n° 59).

Les commissaires enquêteurs sont désignés par un arrêté spécial du conseil.

Cet arrêté doit être publié d'avance, et assez à temps pour que les intéressés en soient prévenus, et puissent se présenter pour déposer ; autrement, il n'atteindrait pas son but.

Aussi le Conseil d'État a-t-il annulé une élection dans laquelle une enquête n'avait pu rien révéler, parce que l'avis par lequel le maire avait annoncé aux habitants l'ouverture de l'enquête, pour le 23 août, à dix heures du matin, avait été affiché seulement le 22, à six heures et demie du soir ; de sorte que la plupart des électeurs n'en avaient pas eu connaissance. (C. d'Ét., 22 juill. 1856, él. mun. de Herrére.)

Les commissaires enquêteurs ne sont aucunement tenus de suivre les formes tracées par le Code de procédure civile.

Ajoutons que l'arrêté par lequel le conseil de préfecture a autorisé la preuve testimoniale sur un fait quelconque ne met aucunement obstacle à ce que le conseil puisse ultérieurement, sans faire procéder à l'enquête, repousser ce grief par une fin de non-recevoir tirée de ce qu'il aurait été présenté tardivement. On ne saurait voir là une violation de la chose jugée. (C. d'Ét., 2 août 1866, él. dép. d'Antrain.)

44. — Les réclamations devant être jugées sans frais, il en résulte que la partie qui succombe ne saurait être condamnée aux frais d'une enquête (C. d'Ét., 26 févr. 1872, él. mun. de Saint-Sylvestre; 27 avril 1877, él. mun. de la Table);

Que l'on ne saurait non plus mettre à la charge du réclamant les frais d'une vérification à laquelle il a fallu procéder, pour s'assurer de la date du dépôt à la mairie de sa protestation. (C. d'Ét., 19 juill. 1867, él. mun. de Lannemazan.)

§ 3. — Communication à faire à la partie adverse et droit de présente des observations orales.

45. — Le décret du 12 juillet 1865 dispose en ces termes : « Art. 4. Sur la proposition du rapporteur, le conseil de pré-« fecture règle les communications à faire aux parties intéres-« sées, soit des requêtes et mémoires introductifs, soit des « réponses à ces requêtes et mémoires. Il fixe, eu égard aux « circonstances de l'affaire, le délai qui est accordé aux par-« ties pour prendre communication des pièces et fournir leurs « défenses ou réponses.

« Art. 5. Les décisions prises par le conseil pour l'instruc-« tion des affaires, dans les cas prévus par l'article précédent, « sont notifiées aux parties dans la forme administrative. Il est « donné récépissé de cette notification. A défaut de récépissé, « il est dressé procès-verbal de la notification par l'agent qui « l'a faite. Le récépissé ou le procès-verbal est transmis im-« médiatement au greffe du conseil de préfecture. »

« Art. 6. Lorsque les parties sont appelées à fournir les dé-« fenses sur requêtes ou mémoires introductifs d'instance, « ou à fournir des observations en vertu de l'article 29 de la « loi du 21 avril 1832, elles doivent être invitées en même « temps à faire connaître si elles entendent user du droit de « présenter des observations orales à la séance publique où « l'affaire sera portée pour être jugée. »

Il doit toujours être donné connaissance au candidat élu de 'instance dont son élection est l'objet, afin qu'il puisse présenter ses moyens de défense. La communication de la demande à l'adversaire constitue une formalité substantielle, et il y aurait lieu à annulation de l'arrêté invalidant la nomination d'un individu qui aurait ignoré le dépôt d'une protestation contre son élection. (C. d'Ét., 16 juin 1866, él. mun. de Saint-Denis-des-Puits, 27 juin 1866, él. mun. de Troncens, 19 juill. 1866, él. mun. de Rivières ; 31 août 1871, él. mun. de Saint-Pierre-le-Moutier ; 21 nov. 1871, él. mun. de Greffeil; 15 déc. 1876, él. mun. de Senaillac.)

D'un autre côté, si, aux termes de l'article 4 du décret de 1865, le conseil de préfecture règle les communications à faire aux intéressés, soit des requêtes introductives d'instance, soit des réponses à ces requêtes, et fixe les délais dans lesquels elles doivent être faites, il ne s'ensuit pas que la communication puisse être réglée de manière à soustraire à la connaissance des parties intéressées des pièces essentielles de l'instruction sur laquelle doit être rendue la décision à intervenir. La communication doit être telle que toutes les pièces essentielles puissent être portées à la connaissance des intéressés (C. d'Ét., 6 juin 1866, él. mun. de Saint-Junien; 17 mars 1876, él. mun. de Castelsarrazin.)

46. — D'après l'article 7 du décret de 1865, « la communica-« tion aux parties se fait au greffe, sans déplacement de « pièces. »

Il a été jugé que le conseil de préfecture n'était pas tenu d'indiquer à l'auteur d'une protestation, un jour particulier pour prendre communication des moyens de défense présentés par les candidats dont l'élection était attaquée. (C. d'Ét., 12 déc. 1871, él. mun. de Fournels.)

47. — L'article 12 dispose que « toute partie qui a fait con-« naître l'intention de présenter des observations orales doit « être avertie, par lettre non affranchie, à son domicile ou à « celui de son mandataire ou défendeur, lorsqu'elle en a dé-« signé un, du jour où l'affaire sera appelée en séance publique.

« Cet avertissement sera donné quatre jours au moins avant
« l'audience. »

Cette obligation est prescrite à peine de nullité de la
décision à intervenir. (C. d'Ét., 1ᵉʳ juin 1866, él. mun. de
de Saint-Clément; 13 juill. 1866; él. mun. de Lauraët; 13 avril
1877, él. mun. de Saint-Pardoux-l'Ortignier.)

Mais si la lettre d'avertissement avait été envoyée, et si
par suite de retards de force majeure, survenus dans le transport des dépêches, elle n'était pas parvenue à son adresse en
temps utile, cette circonstance ne saurait devenir une cause
d'annulation. (C. d'Ét. 4 août 1876, él. mun. de Tiaret.)

48. — Les parties intéressées doivent faire connaître leur
intention de présenter des observations orales, dans la protestation, ou avant la mise à l'ordre du jour ; si elles ne l'ont pas
fait, elles ne sont pas fondées à demander la nullité de l'arrêté,
en se basant sur ce qu'elles n'ont pas été prévenues du jour
de l'audience. (C. d'Ét., 20 mars 1866, él. mun. de Vielle-
Adour; 10 avril 1866, él. mun. d'Estrée Deniécourt; 3 mai
1866, él, mun. de Choiseul ; 16 juin 1866, él. mun, de Sainte-
Catherine-du-Fraisse, de Saint-Thégonec et de Vachères;
2 août 1866, él. mun. de Saint-Julien-de-Crempse; 16 août 1866,
él. mun. d'Ansouis; 29 déc. 1871, él. mun. de Mornac.)

Il en serait de même, si elles n'avaient manifesté leur intention de présenter des observations orales, qu'*au cas où le
conseil le jugerait nécessaire*. (C. d'Ét., 25 juin 1875, él. mun.
de Ronchin.)

Encore moins pourraient-elles se prévaloir du défaut d'avertissement, si en fait elles s'étaient présentées devant le conseil et
avaient fourni des observations orales. (C. d'Ét., 1ᵉʳ juin 1866,
él. mun. de Nieul-le-Dolent ; 7 mai 1875, él. mun. de Signé-
ville.)

§ 4. — Délai dans lequel il doit être statué.

49. — L'article 51 de la loi du 22 juin 1833 applicable aux
élections au conseil d'arrondissement porte : « La réclamation

« est jugée, sauf recours, par le conseil de préfecture, dans le
« délai d'un mois, à compter de sa réception à la préfecture. »

En matière municipale, il est dit, article 45 de la loi du 5 mai
1855 : « Si le conseil de préfecture n'a pas prononcé dans le
« délai d'un mois, à compter de la réception des pièces à la
« préfecture, la réclamation est considérée comme rejetée. Les
« réclamants peuvent se pourvoir devant le Conseil d'État dans
« le délai de trois mois. »

Cette disposition doit être appliquée, par analogie, aux élections au conseil d'arrondissement.

Les courts délais fixés par le législateur pour les réclamations et pour le jugement, ont pour but tout à la fois, — d'assurer la constitution prompte et définitive des assemblées, —
de faciliter la recherche des faits contestés, — enfin, de mettre
un terme aux luttes et passions locales que soulèvent les élections.

50. — Le délai d'un mois, fixé par le législateur, est inva-
riable et absolu : sous aucun prétexte il n'est permis de le
dépasser. En statuant après son expiration, le conseil de préfecture commet un excès de pouvoirs (C. d'Ét., 18 août 1849,
él. mun. des Andelys ; 28 oct. 1849, él. mun, de Soligny-la-
Trappe ; 14 mai 1856, él. mun. de Pourrières ; 20 nov. 1856,
él. mun. de Châtillon-la-Palud, 16 mars 1859 ; él. mun. de
Castello-di-Rostino ; 16 juill. 1861, él. mun. d'Aunay-sur-Odon ;
30 août 1861, él. mun. de Peyrissas ; 7 avril 1866, él. mun. de
Moutier-Rozeille ; 1er juin 1866, él. mun. d'Albitreccia ; 16 août
1866, él. mun. de Moulis ; 10 janv. 1867, él. mun. d'Aubagne ;
21 déc. 1871, él. mun. de Fresné-la-Mère ; 23 juill. 1875, él.
mun. de Mirebel) ; même si le désistement des réclamants était
annoncé. (C. d'Ét., 13 avril 1842, él. dép. de Saint-Pierre-de-
Bœuf.)

Si le conseil, statuant ainsi indûment, avait annulé les opérations, les nouvelles élections auxquelles il aurait été procédé à la
suite de cet arrêté seraient nulles. (C. d'Ét., 20 nov. 1856, él.
mun. de Châtillon-la-Palud.)

51. — Lorsque le conseil de préfecture a accordé à une partie un délai pour fournir ses moyens de défense, il ne peut évidemment statuer avant l'expiration du délai; mais si au moment de leur production, le mois était écoulé, ce serait au Conseil d'État, qu'il appartiendrait de prononcer au fond. (C. d'Ét., 15 nov. 1872, él. mun. de Paris.)

Il en serait encore ainsi, dans le cas où le conseil de préfecture aurait rendu dans ce délai un arrêté ordonnant une enquête. (C. d'Ét., 18 févr. 1836, él. mun. d'Uglas ; 22 juin, 1836 él. mun. de Labécède ; 20 mars 1838 ; él. mun. de Saint-Sulpice ; 13 août 1849, él. mun. des Andelys ; 2 févr. 1850, él. mun. de Trélans ; 13 juill. 1850, él. mun. de Spicker) ;

Ou si l'examen d'une question préjudicielle avait été renvoyé aux tribunaux, et que le délai d'un mois fût expiré, lors du jugement rendu sur cette difficulté. (C. d'Ét., 27 févr. 1866, él. dép. de Toulon ; 19 juill. 1866, él. mun. de Bayeux ; 28 juill. 1869 él. d'arrondissement de Roubaix ; 23 mars 1870, c él. dép. de Vivône.)

52. — En matière d'élection municipale, l'article 45 de la loi du 5 mai 1855 déclare expressément que le délai court du jour de la réception des pièces à la préfecture. Il en est de même pour les élections d'arrondissement, aux termes de l'article 51 de la loi du 22 juin 1833 (C. d'Ét., 6 juin 1834, él. dép. de Saint-Amand). Ce n'est donc pas au jour du dépôt de la réclamation à la sous-préfecture que l'on doit avoir égard (C. d'Ét., 27 juill. 1866, él. mun. de Pierrefort), pas plus qu'à celui de la remise des pièces au conseil de préfecture. (C. d'Ét., 28 déc. 1849, él. mun. de Soligny-la-Trappe.)

53. — Qu'arriverait-il si, faute de notification d'une décision du conseil de préfecture à des réclamants, ceux-ci, supposant que le conseil n'a pas prononcé dans le délai de la loi, avaient saisi le Conseil d'État de leur réclamation? Le pourvoi devrait, en pareil cas, être considéré comme s'appliquant à la décision rendue par les premiers juges, et il y aurait lieu, en conséquence, pour le

Conseil d'État de statuer sur le fond du litige. (C. d'Ét., 28 mai 1872, él. mun. de Sarron-Saint-Agnet.)

54. — Ce qui est admis pour les électeurs et les candidats est également applicable au préfet. Lorsqu'il a déféré les opérations électorales au conseil de préfecture, et que ce conseil n'a pas statué dans le délai d'un mois, le préfet peut se pourvoir devant le Conseil d'État. (C. d'Ét., 13 décembre 1871, él. mun. de Montagagne.)

§ 5. — Désistement.

55. — Le demandeur qui entend se désister doit déposer au secrétariat du conseil de préfecture une déclaration formelle à cet égard.

Le désistement doit être pur et simple.

§ 6. — Non-lieu à statuer.

56. — Il n'y a pas lieu à statuer par le conseil de préfecture, quand la réclamation est devenue sans objet. C'est ce qui arriverait si le candidat élu avait donné sa démission (C. d'Ét., 23 juillet 1875, él. mun. de Saint-Georges), ainsi que dans les autres cas rappelés v° CONSEIL D'ÉTAT, art. 5, § 6.

ART. 6. — *Des arrêtés du conseil.*

§ 1. — Composition du conseil.

57. — La loi du 21 juin 1865, article 1er, porte que : « Le conseil « de préfecture est composé de huit membres, y compris le « président, dans le département de la Seine, de quatre dans « les départements suivants: Aisne, Bouches-du-Rhône, Calva- « dos, Charente-inférieure, Côtes-du-Nord, Dordogne, Eure, « Finistère, Gard, Haute-Garonne, Gironde, Hérault, Ille-et-Vi- « laine, Isère, Loire, Loire-inférieure, Maine-et-Loire, Manche, « Meurthe, Morbihan, Moselle, Nord, Orne, Pas-de-Calais, Puy-

« de-Dôme, Bas-Rhin, Rhône, Saône-et-Loire, Seine-Inférieure,
« Seine-et-Oise, Somme, et de trois dans les autres départe-
« ments. »

L'article 5 ajoute : « Il y a dans chaque préfecture un secré-
« taire général titulaire. Il remplit les fonctions de commissaire
« du gouvernement. Il donne ses conclusions dans les affaires
« contentieuses. Les auditeurs au Conseil d'État attachés à une
« préfecture peuvent y être chargés des fonctions du ministère
« public. »

58. — L'article 1er de l'arrêté du 19 fructidor an ix, relatif
aux délibérations des conseils de préfecture, exige la présence de trois membres pour délibérer. En conséquence,
une délibération à laquelle moins de trois membres auraient
pris part serait nulle. (C. d'Ét., 6 sept. 1825, aff. Chauvin ;
31 janvier 1855, aff. Bompart ; 9 mars 1859, aff. Bouveret.)

59. — L'arrêté du 19 fructidor an ix, porte, d'autre part :
« Art. 2. En cas de partage ou d'insuffisance du nombre des
« membres du conseil, il seront remplacés de la manière sui-
« vante ; — Art. 3. Les membres restant au conseil de pré-
« fecture désigneront, à la pluralité des voix, un membre du
« conseil général du département, qui siégera avec ceux du
« conseil de préfecture, soit qu'il faille compléter le nombre
« nécessaire pour délibérer, ou vider un partage. »

Par application de cette disposition, il a été décidé qu'en
l'absence du préfet empêché, un membre du conseil général
pouvait valablement être appelé à compléter le conseil. (C. d'Ét.,
11 avril 1866, él. mun. de Campagne.)

Mais aux termes du même article, le choix du conseiller
général ne peut jamais tomber sur les membres des tribunaux,
qui font partie du conseil général du département. (C. d'Ét.,
28 mai 1872, él. mun. de Chaniat.)

60. — Il n'est pas indispensable que l'arrêté fasse mention
de l'empêchement du préfet : il suffit qu'il résulte de l'instruction que celui-ci n'a pu assister à la délibération. (C. d'Ét.,
16 juin 1866, él. mun. de Gaveil.)

§ 2. — Récusation.

61. — La récusation pourrait être invoquée, dans le cas où les membres du conseil se trouveraient dans une situation qui pourrait exercer une influence sur leur décision. (Aucoc. *Conf. sur l'adm.* t. I, n° 311.)

62. — Le préfet a-t-il le droit de siéger comme juge, lorsqu'il a été partie dans l'instruction? Cette question a été résolue affirmativement (C. d'Ét., 30 mai 1834, Labatut). Il a été également décidé que le préfet pouvait présider le conseil appelé à statuer sur l'élection du candidat en faveur duquel il s'était prononcé avant les opérations électorales. (C. d'Ét., 4 juin 1862, él. dép. de Saint-Omer ; 22 mai 1865, él. d'arr. d'Argelès.)

§ 3. — Publicité des séances et forme des arrêtés.

63. — Aux termes du décret de 1865, article 9, « lorsque « l'affaire est en état de recevoir une décision, le rapporteur « prépare le rapport et le projet de décision.

« Le dossier avec le rapport et le projet de décision est « remis au secrétaire-greffier, qui le transmet immédiatement « au commissaire du gouvernement. » (Art. 10.)

64. — L'article 1ᵉʳ du décret du 30 décembre 1862 prescrit la publicité des audiences des conseils de préfecture statuant en matière contentieuse. Cette disposition a été reproduite dans l'article 8 de la loi du 21 juin 1865. S'il y était contrevenu, l'arrêté serait nul.

« Le rôle de chaque séance publique est arrêté par le préfet « ou par le conseiller qui le remplace, sur la proposition du « commissaire du gouvernement. » (Art. 11 du décr. de 1865.)

65. Le jour de l'audience, le rapporteur lit publiquement son rapport; les parties peuvent présenter des observations ne personne ou par mandataire (art. 9, loi du 21 juin 1865); enfin le commissaire du gouvernement donne ses conclusions.

66. — Le paragraphe 2 de l'article 2 du décret de 1862, ainsi que l'article 9 de la loi de 1865, exigent que la décision soit motivée, et prononcée en audience, après délibéré hors la présence des parties.

D'un autre côté, l'article 13 du décret du 12 juillet 1865 porte : « Les arrêtés pris par les conseils de préfecture dans « les affaires contentieuses mentionnent qu'il a été statué en « séance publique. Ils contiennent les noms et conclusions des « parties, le vu des pièces principales et des dispositions légis- « latives dont ils font l'application. Mention y est faite que « le commissaire du gouvernement a été entendu. Il sont motivés. « Les noms des membres qui ont concouru à la décision y sont « mentionnés. La minute est signée par le président, le rappor- « teur et le secrétaire-greffier. »

Le défaut de mention de la publicité entraînerait la nullité de l'arrêté. (C. d'Ét., 7 juin 1866, él. mun. de Dieppe ; 31 août 1871, él. mun. de Saint-Pierre-le-Moutier.)

La mention que le commissaire du gouvernement a été entendu est également prescrite, à peine de nullité. (C. d'Ét., 10 juin 1866, él. mun. de Vachères.)

Il en est de même de la règle concernant les motifs [1]. Ceux-ci doivent d'ailleurs être suffisamment explicites, pour justifier la décision. Jugé qu'il en serait ainsi de l'arrêté énonçant simplement et d'une manière générale que l'instruction et les explications fournies à l'audience ont révélé l'existence de manœuvres de nature à modifier le résultat du scrutin. (C. d'Ét., 11 avril 1866, él. mun. de Campagne.)

La minute de l'arrêté doit être signée par le président, le rapporteur et le secrétaire-greffier. Cependant, le Conseil d'État a maintenu un arrêté signé par les conseillers présents à la

---

[1] De tout temps le Conseil d'État avait admis la nécessité de motiver les arrêtés. *Voir* notamment les arrêts du 12 décembre 1818, Fouquet ; 21 décembre 1837, Conlon ; 18 novembre 1840, él. mun., de Brou ; 31 mars 1848, Friot ; 17 mai 1851, Picque ; 6 juillet 1858, Lavagne.

séance, bien que le secrétaire-greffier eut omis d'y apposer sa signature, sa présence n'ayant pas été contestée. (C. d'Ét., 1er juin 1866, él. mun. de Nieul-le-Dolent.)

Il a même été jugé que la signature du président suffisait, au point de vue de la validité de la décision., C. d'Ét., 16 févr. 1825 her. Vidaud d'Envaud.)

Ajoutons que ces formes sont applicables, aussi bien dans le cas où la réclamation émane du préfet, que quand elle émane des électeurs. (C. d'Ét., 30 août 1865, él. dép. de Pouzanges.)

67. — « La minute des décisions des conseils de préfecture est « conservée au greffe, pour chaque affaire, avec la correspon- « dance et les pièces relatives à l'instruction. Les pièces qui ap- « partiennent aux parties leur sont remises sur récépissés, à « moins que le conseil de préfecture n'ait ordonné que quel- « ques-unes de ces pièces resteraient annexées à sa décision. » (Art. 14, décr. du 12 juillet 1865.)

« L'expédition des décisions aux parties intéressées est déli- « vrée par le secrétaire général. Le préfet fait transmettre aux « administrations publiques expédition des décisions dont « l'exécution rentre dans leurs attributions. » (Art. 15.)

« Les décisions des conseils de préfecture doivent être trans- « crites, par ordre de date, sur un registre dont la tenue et la « garde sont confiées au secrétaire-greffier. Tous les trois mois, « le président s'assure que ce registre est à jour. » (Art. 16.)

Art. 7. — *Voies de recours contre les arrêtés.*

68. — Le recours est ouvert contre les décisions contradic- toires devant le Conseil d'État.

Il peut être formé aussi bien contre les arrêtés interlocu- toires que contre les arrêtés définitifs. (*Voir* v° Conseil d'État, nos 5 et 6.)

69. — Au cas de jugement par défaut, le défendeur condamné peut demander l'annulation de l'arrêté, par voie d'opposition.

Mais comme en matière électorale, le conseil de préfecture doit statuer dans le délai d'un mois, à partir du jour où la réclamation a été déposée à la préfecture, l'opposition reste soumise à ce bref délai; dans le cas où il est expiré, la juridiction du conseil de préfecture étant épuisée, il ne reste plus que le recours au Conseil d'État. (C. d'Ét., 7 janv. 1857, él. mun. de Cierp; 24 juill. 1861, él. mun. d'Aiguefonde ; 11 juill. 1866, él. mun. de Régneville ; 19 juill. 1866, él. mun. de Rivières; 2 août 1866, él. mun. de Ville-d'Avray ; 16 août 1866, él. mun. de Sains.)

70. — Il n'est pas fait de distinction entre les arrêtés pris contre les défendeurs, à défaut de comparution, et ceux pris à défaut de conclusions. (Serrigny, *Comp.*, t. III, n° 1248.)

On ne connait pas non plus devant le conseil de préfecture le *défaut-congé* établi par l'article 154 du Code de procédure. Une opposition ne saurait donc être admise de la part du demandeur. (C. d'Ét., 27 avril 1841, él. d'arr. de Falaise ; 4 juin 1862, él. dép. de la Côte-Saint-André. ; Serrigny, t. III, n° 1251.)

71. — L'urgence est présumée en matière administrative ; il en résulte qu'en général, le recours ne produit pas d'effet suspensif. Cette règle est applicable en cas d'opposition aux arrêtés rendus par défaut.

72. — Les décisions des conseils de préfecture en matière électorale ne sauraient, d'ailleurs, être attaquées par la voie de la tierce opposition. (C. d'Ét., 29 juin 1832, él. mun. de Bernières; 2 nov. 1832 ; él. mun. de Jaulnais; 17 nov. 1833 ; él. mun. de Marseille; 6 mai 1836, él. mun. d'Aix ; 18 juill. 1838, él. mun. de Lezignan.)

CONVOCATION DES ÉLECTEURS.

Art. 1er. — *Élections à la Chambre des députés.*

§ 1. — Par qui est faite la convocation.

1. — Suivant l'article 4 du décret organique de 1852, « les colléges électoraux sont convoqués par un décret du pouvoir exécutif. »

2. — La convocation a lieu, soit à raison du renouvellement de l'Assemblée, soit à raison des vacances qui peuvent s'y produire par option, décès, démissions, déchéances ou autrement (*Voir* vᵢˢ Déchéance, Démission et Incompatibilité), soit enfin, par suite de dissolution. (*Voir* v° Dissolution.)

§ 2. — Délai dans lequel doit être faite la convocation.

3. — Lorsque des vacances se produisent dans l'Assemblée législative, le délai de la convocation est déterminé par l'article 16 de la loi du 30 novembre 1875, lequel porte : « En cas de « vacance par décès, démission ou autrement, l'élection devra « être faite dans le délai de trois mois, à partir du jour où la « vacance se sera produite. En cas d'option, il est pourvu à la « vacance dans le délai d'un mois. »

Dans le cas de renouvellement intégral, aucun délai n'est prescrit par la loi : à défaut de disposition expresse, celui de trois mois, fixé par l'article 16 précité de la loi de 1875, paraît devoir être observé. (*Voir* v° Renouvellement, § 1.)

En cas de dissolution, les colléges électoraux doivent être

convoqués également dans le délai de trois mois. (*Voir* v° Dissolution, § 1.)

4. — Si la convocation a eu lieu après le délai légal, l'élection
n'est pas nulle de plein droit; elle ne doit être annulée que
si le retard a pu avoir une influence sur le résultat. (Corps
légis., 25 févr. 1861, él. de M. Dubeau. *Mon.* du 26, p. 251.)

§ 3. — Intervalle de vingt jours entre la convocation et le vote.

5. — Il importe qu'un certain laps de temps soit laissé
aux électeurs, à partir de la convocation, pour délibérer sur le
choix qu'ils ont à faire. Ce délai est fixé à vingt jours au moins,
et il a pour point de départ la promulgation du décret. (Art. 4
du décr. org. de 1852.)

Suivant une ordonnance du 27 novembre 1816, la promulgation résulte de l'insertion des lois ou décrets au *Bulletin des lois;*
mais elle n'est réputée connue, dans le département de la Seine,
qu'un jour après cette insertion, et dans les autres départements, qu'à l'expiration de ce délai, augmenté d'autant de jours
qu'il y a de fois dix myriamètres entre la ville où elle a été faite
et le chef-lieu de chaque département (art. 1er du Code civil).
Une autre ordonnance du 18 janvier 1817, permet, en cas d'urgence, d'abréger ce délai : les préfets sont alors tenus, dès la
réception des lois ou décrets, d'en ordonner l'impression et
l'affichage, et le jour même de cette publication, ils deviennent
exécutoires.

§ 4. — Jour et lieu de la convocation.

6. — Aux termes de l'article 9 du décret réglementaire
de 1852, « les collèges électoraux doivent être réunis, autant
« que possible, un dimanche ou un jour férié. » Ces jours ont
été choisis, afin que les électeurs ne soient pas arrêtés par
leurs occupations.

7. — Lorsqu'au premier tour de scrutin, aucun des candidats
n'a obtenu la majorité absolue, il doit être procédé à un second

tour, lequel a lieu à la majorité relative. Ce deuxième tour est renvoyé au deuxième dimanche qui suit la proclamation du premier scrutin. (Art. 4 de la loi du 30 nov. 1875.)

8. — Suivant l'article 3 du décret organique de 1852, les électeurs étaient appelés à voter au chef-lieu de la commune, et ce même article autorisait le préfet à diviser la commune en autant de sections que le rendait nécessaire le nombre des votants. Ces dispositions furent modifiées par le décret du 29 janvier 1871, qui prescrivit le vote au chef-lieu de canton. Mais la loi du 10 avril de la même année les a rétablies, et elles ont été confirmées par l'article 4 de la loi du 30 novembre 1875.

En ce qui touche les heures d'ouverture et de fermeture du scrutin, *voir* v° SCRUTIN, art. 2, et, quant au local où les opérations s'effectuent, *voir* v° VOTE, art. 1.

ART. 2. — *Élections départementales et d'arrondissement.*

§ 1. — Par qui est faite la convocation.

9. — Sous l'empire de la loi du 22 juin 1833, la convocation des électeurs était faite par arrêté du préfet. La loi du 10 août 1871 sur les conseils généraux a introduit à cet égard une nouvelle disposition, d'après laquelle les colléges électoraux sont convoqués par un décret du pouvoir exécutif (art. 12). Aux termes de l'article 3 de la loi du 30 juillet 1874, cette règle est également applicable aux élections du conseil d'arrondissement.

Les causes de convocation sont les mêmes que pour les élections à la Chambre des députés. Mais le renouvellement des conseils s'opère par moitié tous les trois ans. (*Voir* v° RENOUVELLEMENT, § 2.)

§ 2. — Délai dans lequel doit être faite la convocation.

10. — Dans le cas du renouvellement triennal, le jour de la convocation est déterminé par un décret.

En cas de dissolution d'un conseil, la nouvelle électio doit avoir lieu, savoir : pour les conseils généraux, suivant la distinction établie par les articles 35 et 36 de la loi du 10 août 1871 (*voir* v° DISSOLUTION, § 2) ; pour les conseils d'arrondissement, dans les trois mois de la dissolution. (*Voir* v° DISSOLUTION, § 3.)

En cas de vacance, par suite d'option, décès, démission, perte de droits civils et politiques, ou autre cause, la loi du 22 juin 1833 (art. 11) imposait l'obligation de réunir les électeurs dans le délai de deux mois. La loi du 10 août 1871 a substitué à ce délai celui de trois mois (art. 22) : « Toutefois, « porte cet article, si le renouvellement légal de la série à « laquelle appartient le siége vacant doit avoir lieu avant la « prochaine session ordinaire, l'élection partielle se fera à la « même époque. »

Mais le délai de l'article 11 de la loi de 1833 reste applicable aux vacances qui se produisent dans les conseils d'arrondissement.

11. — Le retard dans la convocation n'est pas en lui-même une cause de nullité des opérations. En effet, il faut bien, après les délais expirés, pouvoir procéder à des élections régulières. En conséquence, le Conseil d'État a maintenu des élections faites après le délai fixé pour le renouvellement (C. d'Ét. 23 juil. 1840, Combes). Il a été décidé également, en cas de vacance, que des élections accomplies après le délai légal étaient valables, quand la sincérité du vote n'avait pas été altérée (C. d'Ét. 13 août 1840, Jalabert ; 10 juillet 1866, él. d'Excideuil ; 5 sept. 1866, él. de Saint-Mamet ; 15 mars 1869, él. de Toulouse). Au contraire, la nullité d'une élection a été prononcée, alors que la convocation tardive avait été accompagnée de circonstances propres à faire croire qu'un grand nombre d'électeurs avaient été empêchés d'exercer leurs droits. (C. d'Ét. 22 août 1868, él. de Luri.)

§ 3. — Intervalle entre la convocation et l'élection.

12. — Des doutes s'étaient élevés, dans le silence de la loi, sur le point de savoir si un intervalle de temps devait exister entre a convocation et le vote [1]. Cette difficulté a été tranchée par l'article 12 de la loi du 10 août 1871, lequel porte : « Il doit « y avoir un intervalle de quinze jours francs, au moins, entre « la date du décret de convocation et le jour de l'élection. »

Cette disposition est applicable aux élections des conseils d'arrondissement. (L. 30 juillet 1874, art. 3.)

§ 4. — Jour et lieu de la convocation.

13. — Le jour de l'élection doit toujours être un dimanche ; le scrutin est ouvert à sept heures du matin et clos à six heures du soir (art. 12 de la loi du 10 août 187♣, et art. 3 de celle du 30 juillet 1874). Si un second tour de scrutin est nécessaire, il y est procédé le dimanche suivant. (Mêmes articles.)

14. — Aux termes de l'article 5 de la loi de 1871, l'élection a lieu par commune ; cette disposition est la reproduction de l'article 3 de la loi du 7 juillet 1852. Les communes peuvent d'ailleurs être divisées en sections.

Même observation que celle faite *suprà*, numéro 8, dernier alinéa.

ART. 3. — *Élections municipales.*

§ 1. — Par qui est faite la convocation.

15. — L'article 27 de la loi du 5 mai 1855 porte que « l'assemblée des électeurs est convoquée par le préfet. »

Ce droit, attribué aux préfets, ne peut être délégué à d'autres fonctionnaires. Cependant, il a été admis qu'un préfet, dans la prévision que les électeurs ne pourraient se réunir au jour déterminé par son arrêté, avait pu autoriser le sous-préfet à fixer un autre jour pour la convocation, sous la condition que ce dernier indiquerait dans un arrêté spécial la cause de cette modification. (C. d'Ét. 29 juin 1847, él. du Plan.)

---

[1] *Voir* arrêts du Conseil d'État, du 9 février 1861, él. d'arr. de Valenciennes ; 2 mai 1861, él. dép. de Branne ; 31 août 1863, él. dép. de Castelnau-Magnoac ; 14 août 1865, él. dép., de Nort.

Mais il n'appartient pas au maire de changer le jour de la convocation, lors même que des circonstances l'obligeraient à suspendre les opérations. S'il était contrevenu à cette prohibition, les opérations devraient être annulées. (C. d'Ét. 2 juillet 1861, él. deRapaggio ; 27 juillet 1866, El. de Fà ; 21 novembre 1871, él. de Greffeil.

16. — Le conseil de préfecture, appelé à statuer sur la validité des opérations électorales, a par cela même à examiner la légalité et la régularité de l'arrêté de convocation pris par le préfet (C. d'Ét. 10 juillet 1874, él. d'Ajaccio ; 7 avril 1876, él. de Polveroso ; 23 févr. 1877, él. de Ribécourt et de Saint-Jean-Froidmentel.

§ 2. — Délai dans lequel doit être faite la convocation.

17. — En ce qui regarde les élections municipales, la loi n'a point fixé de délai pour la convocation dans le cas de renouvellement ; l'époque en est déterminée par l'administration supérieure. L'article 22 de la loi du 24 juillet 1867 prescrit seulemnt, pour le cas de dissolution, de ne pas maintenir en fonctions la commission municipale, pendant plus de trois ans.

Ce délai est, bien entendu, un délai maximum dont l'administration peut restreindre la durée. (*Voir* v° Dissolution, n° 6.)

18. — Relativement aux vacances qui peuvent se produire dans un conseil, l'article 8 de la loi du 14 avril 1871 dispose qu'il doit être procédé à de nouvelles élections, si le nombre de ses membres se trouve réduit de plus d'un quart. La convocation est prescrite également, lorsqu'une section de commune se trouve, par suite de vacances, privée de tous ses représentants.

Le préfet n'est pas tenu d'attendre, pour pourvoir à des vacances, que le conseil se trouve réduit aux trois quarts de ses membres (C. d'Ét. 3 août 1866, él. de Gironde ; 10 avril 1869, él. de Tréves ; 23 févr. 1877. él. de Ribécourt) ; mais, en cas de convocation, il doit être pourvu à toutes les vacances existantes. S'il en était autrement, les élections evraient être annulées. (C. d'Ét., 16 déc. 1864, él. mun. de Garindein).

19. — Il est néanmoins un cas où la loi détermine le délai dans lequel la convocation doit avoir lieu ; c'est celui d'annulation d'une ou de plusieurs élections. « Dans le cas où l'annulation de tout ou partie des élections est devenue définitive, « porte l'article 48 de la loi du 5 mai 1855, l'assemblée des « électeurs est convoquée dans un délai qui ne peut pas excéder « trois mois. »

Suivant cette disposition il faut attendre, pour faire la convocation, que l'annulation soit définitive. Mais comme le pourvoi au Conseil d'État n'est pas suspensif, il s'ensuit que la convocation peut avoir lieu dès que l'annulation a été prononcée par le conseil de préfecture. (*Voir* v° CONSEIL D'ÉTAT, art. 4.)

20. — Quant à la convocation tardive, les règles admises pour les autres élections sont également applicables.

§ 3. — Intervalle entre la convocation et l'élection.

21. — Les lois qui régissent l'électorat municipal n'ont prescrit aucun délai entre l'arrêté de convocation et le jour du vote : la jurisprudence reconnaît seulement qu'il doit exister un intervalle suffisant, pour assurer l'exercice des droits électoraux. La question de savoir si ce délai a été ou non suffisant est résolue en fait, d'après les circonstances. (C. d'Ét., 18 mars 1857, él. de la Côte-Saint-André ; 23 mai 1861, él. de Metz ; 6 juin 1861, él. de Charly ; 16 juillet 1861, él. d'Oraison ; 17 juillet 1861, él. de Cateau ; 6 août 1861, él. de Bèze et de Gray ; 30 août 1861, él. de Vigneux ; 8 sept. 1861, él. de Blagnac ; 11 janv. 1862, él. de Mossac ; 26 avril 1862, él. de Marseille ; 26 juin 1862, él. de Saint-Nexant ; 2 août 1866, él. de Gironde ; 16 août 1866, él. de Chantenay et de la Roche-Guyon ; 27 juin 1867, él. de Châteauneuf-sur-Sarthe ; 19 mai 1869, él. de Roquecourbe ; 14 mars 1873, él. de Tarascon ; 23 févr. 1877, él. de Ribécourt.)

Toutefois, la loi du 24 juillet 1867 exige un intervalle de dix jours entre l'arrêté de convocation et la réunion des électeurs, dans les communes divisées en sections électorales. (*Voir* v° SECTION, n° 23.)

§ 4. — Jour et lieu de la convocation.

22. — Le jour de la réunion des colléges est indiqué par le préfet, dans son arrêté de convocation. Aux termes de l'article 7 de la loi du 14 avril 1871, « dans toutes « les communes, quelle que soit leur population, le scrutin ne « dure qu'un jour. Il est ouvert et clos le dimanche. »

Le dimanche est donc le seul jour auquel les électeurs doivent être convoqués. Cette prescription est faite à peine de nullité. (C. d'Ét., 27 avril 1877, él. de la Table.)

Décidé toutefois que le préfet avait pu convoquer les électeurs un jour férié autre que le dimanche, dans une espèce où les opérations, après avoir été fixées au dimanche et commencées le même jour, avaient été suspendues à la suite du désordre provoqué par des électeurs (C. d'Ét., 16 mai 1872, él. de Sussey.)

Touchant le temps durant lequel le scrutin doit rester ouvert, *voir* v° SCRUTIN, article 2, paragraphe 3, et relativement au lieu du vote, v° VOTE, article 1er.

23. — L'élection est faite par commune ; mais la commune peut être divisée en sections. (*Voir* v° SECTION, art. 3.)

24. — L'arrêté de convocation doit être rendu public. Aucun mode spécial de publicité n'est imposé : le plus usité est l'affichage. Mais il suffit que les électeurs soient informés par un avis verbal, donné publiquement par le maire (C. d'Ét., 20 juillet 1861, él. de Pouzol). Ils peuvent l'être également par un avis donné à domicile par le garde champètre. (C. d'Ét. 19 juin 1866, él. de Leyme.)

25. — Seulement le genre d'avertissement doit être le même pour tous les électeurs. S'il avait existé des modes différents, et que cette circonstance eût pu exercer une influence sur le résultat, il y aurait lieu à annulation des opérations. (C. d'Ét., 16 juill. 1840, él. de Chanteloup ; 16 janv. 1846, él. de Tuenne; 31 mars 1847, él. de Folleville.)

DÉCHÉANCE.

§ 1. — Membres de la Chambre des députés (n. 1 à 4).
§ 2. — Conseillers généraux et d'arrondissement (n. 5 et 6).
§ 3. — Conseillers municipaux (n. 7).

ART. 1er. — *Membres de la Chambre des députés.*

1. — L'article 28 du décret organique de 1852 détermine pour les députés les causes de déchéance : « Sera déchu, dit-il, « de la qualité de membre du Corps législatif tout député qui, « pendant la durée de son mandat, aura été frappé d'une con- « damnation emportant, aux termes de l'article précédent, la « privation du droit d'être élu [1]. »

Cette déchéance s'applique à tous ceux qui sont frappés de condamnations pénales entraînant l'incapacité électorale. (*Voir* Vo INCAPACITÉ.)

Elle atteint de même ceux qui se trouvent en état de faillite ou d'interdiction. L'article 28 précité parle, il est vrai, d'une condamnation ; mais il n'est pas douteux qu'il embrasse toutes les causes d'incapacité prévues dans les articles 15 et 16, auxquels il se réfère.

2. — Lorsqu'une condamnation entraînant la perte de l'éligibilité a été encourue par un député, c'est la Chambre qui doit déclarer sa déchéance, aux termes de l'article 28, paragraphe 2 : « Cette déchéance, y est-il dit, sera prononcée par le Corps « législatif, sur le vu des pièces justificatives. »

---

[1]. L'article 27 déclare indignes d'être élus, les individus désignés aux articles 15 et 16 du même décret.

3. — Mais il y a lieu d'observer que durant la session, aucun membre du Sénat ou de la Chambre des députés, ne peut être poursuivi ou arrêté en matière criminelle ou correctionnelle qu'avec l'autorisation de la Chambre dont il fait partie, sauf le cas de flagrant délit. La détention ou la poursuite est même suspendue pendant la session, et pour toute sa durée, si la Chambre le requiert. (Art. 14 de la loi du 16 juillet 1875.)

L'autorisation dont il s'agit peut être demandée valablement, soit par le ministère public, soit par un particulier se portant partie civile [1].

4. — L'autorisation de la Chambre, exigée pour la poursuite d'un député, doit-elle être obtenue de même pour l'exécution de la condamnation? Assurément non. On peut opposer l'article 10 du décret organique de 1852, qui interdit d'exercer la contrainte par corps, durant la session et pendant les six semaines qui la précèdent ou la suivent ; mais cette disposition ne concerne que l'exécution des jugements civils et commerciaux. Elle est, du reste, devenue sans objet depuis l'abolition de la contrainte par corps.

ART. 2. — *Conseillers généraux et d'arrondissement.*

5. — Les causes de déchéance sont les mêmes que celles fixées pour les membres de la Chambre des députés. Les articles 7 et 34 de la loi du 10 août 1871 ont édicté en outre deux causes d'exclusion spéciales pour les conseillers généraux ; dation d'un conseil judiciaire, participation à une réunion illégale du conseil général (art. 34). (*Voir* v° ÉLIGIBILITÉ n° 23).

6. — Aux termes de l'article 18 de la loi du 10 août 1871, l'exclusion est prononcée par le conseil général, pour les membres de ce conseil qui ont encouru la déchéance [2].

---

[1] Notons aussi qu'aucun membre de l'une ou l'autre Chambre ne peut être recherché à l'occasion des votes ou des opinions émis par lui dans l'exercice de ses fonctions. (Art. 13, loi du 16 juill. 1875.)

[2] Toutefois dans le cas prévu par l'article 34 de la loi du 10 août 1871, l'exclusion est prononcée par le jugement de condamnation.

Quant aux membres des conseils d'arrondissement, elle n'a pas besoin d'être déclarée par ces assemblées : le préfet fait simplement connaître la cause de la vacance dans l'arrêté de convocation qu'il prend, à l'effet de pourvoir au remplacement.

Art. 3. — *Conseillers municipaux.*

7. — Les conseillers municipaux sont soumis également aux causes de déchéance résultant de la perte des droits électoraux. La loi générale est applicable, l'indignité étant la même.

C'est le préfet qui prononce l'exclusion, sauf recours au conseil de préfecture. (Art. 12, L. 5 mai 1855.)

DÉLÉGUÉ.

Voir v° SÉNAT, art. 3.

DÉMISSION.

Art. 1. — MEMBRES DE LA CHAMBRE DES DÉPUTÉS.
  § 1. — Démission volontaire (n. 1 et 2).
  § 2. — Acceptation de fonctions publiques salariées (n. 3 et 4).
Art. 2. — CONSEILLERS GÉNÉRAUX ET D'ARRONDISSEMENT.
  § 1. — Démission volontaire (n. 5 et 6).
  § 2. — Acceptation de fonctions incompatibles (n. 7 à 9).
  § 3. — Absence à une ou deux sessions (n. 10 et 11).
Art. 3. — CONSEILLERS MUNICIPAUX.
  § 1. — Démission volontaire (n. 12 et 13).
  § 2. — Incompatibilités et incapacités postérieures à l'élection (n. 14).
  § 3. — Absence à trois convocations successives (n. 15 à 17).
Art. 4. — DISPOSITION COMMUNE AUX MEMBRES DES CONSEILS GÉNÉRAUX, DES CONSEILS D'ARRONDISSEMENT ET DES CONSEILS MUNICIPAUX QUI SE REFUSENT A REMPLIR CERTAINS ACTES RELATIFS A LEURS FONCTIONS (n. 18 et 19).

Art. 1er. — *Membres de la Chambre des députés.*

§ 1. — Démission volontaire.

1. — La démission volontaire d'un député doit être adressée au président de la Chambre ; ce dernier la communique aussitôt

à l'Assemblée, qui la transmet au ministre de l'intérieur.

2. — La démission d'un député peut-elle être acceptée avant qu'il ait été procédé à la validation de ses pouvoirs ? Il ne saurait appartenir à un député d'empêcher par sa démission l'examen de ses pouvoirs. Mais il est des cas dans lesquels il n'y a aucun intérêt à procéder à cette vérification. C'est ainsi que la Chambre décide que si la démission résulte d'un scrupule de l'élu, ou si elle repose sur des considérations toutes personnelles, il n'y a pas lieu de connaître de l'élection. Que si au contraire la démission n'est pas fondée sur des raisons de cette nature, et s'il peut exister des doutes sur la validité ou la moralité des opérations, l'Assemblée doit être appelée à statuer. Le droit de la Chambre à cet égard est formellement consacré dans l'article 147, paragraphe 2, de son règlement.

Il a été admis qu'un rapport devait être présenté, dans une espèce où la Chambre avait ordonné le renvoi au bureau de certaines pièces qui faisaient l'objet de contestation, et étaient destinées à établir la preuve du payement d'un cens d'éligibilité. (Ch. des dép., 30 janv. 1823; él. de M. Marchangy, *Mon.* du 31, p. 118.)

Même solution, au cas où l'élu a donné sa démission, après la présentation et la discussion d'un rapport présenté par une commission d'enquête, nommée par la Chambre, et tendant à l'invalidation. (Ch. des dép., 8 mai 1843, él. de M. Pauwels, *Mon.* du 9, p. 1041.)

La Chambre s'est également refusée à accepter une démission, donnée après un rapport énonçant que les électeurs s'étaient trompés sur la véritable situation de l'élu, et proposant en conséquence l'annulation des opérations électorales. (Corps légis., 22 déc. 1869, él. de M. Marion, *J. off.* du 23, p. 1694.)

Il est encore arrivé à l'Assemblée de voter sur les conclusions du bureau, bien que l'élection ne fût pas contestée, dans une espèce où l'élu avait donné sa démission avec trois autres députés, à titre de protestation contre le traité de paix signé en

1871. (3 mars 1871, *Mon. univ.* du 5, suppl., p. 48, éd. de Bordeaux.)

Au contraire, il n'y a pas eu de rapport, dans une affaire où la démission était motivée sur le fait que l'élu était chargé d'une mission de l'État qui nécessitait son absence. (Ass. nat. 14 févr. 1871, él. de M. Et. Arago, *Mon. univ.* du 16, suppl., p. 6, édit. de Bordeaux.)

La Chambre a également accepté une démission fondée sur ce que l'élu estimait qu'en présence de troubles graves qui s'étaient produits, lors des opérations électorales, son élection n'était pas régulière. (Ass. nat., 4 mars 1871, él. de M. Cl. Laurier, *Mon. univ.* du 6, suppl., p. 51, édit. de Bordeaux.)

§ 2. — Acceptation de fonctions publiques salariées.

3. — L'article 11 de la loi du 30 novembre 1875 est ainsi conçu : « Tout député nommé ou promu à une fonction pu- « blique salariée cesse d'appartenir à la Chambre, par le fait « même de son acceptation ; mais il peut être réélu si la fonc- « tion qu'il occupe est compatible avec le mandat de député. « Les députés nommés ministres ou sous-secrétaires d'État ne « sont pas soumis à la réélection. »

Il résulte de là que l'acceptation faite par un député de fonctions publiques salariées met fin à son mandat ; la loi ne distingue pas si les fonctions sont ou non incompatibles avec ce mandat. Mais la réélection dans le second cas est permise. (*Voir* v° INCOMPTABILITÉ, art. 1er.)

4. — Il faut reconnaître, en présence des termes formels de la disposition dont il s'agit, qu'à partir du jour même où les fonctions publiques ont été acceptées, le député ne doit plus prendre part aux délibérations de la Chambre.

Ajoutons que si la nomination à des fonctions salariées avait eu lieu entre l'époque de l'élection et la vérification des pouvoirs, la Chambre n'en devrait pas moins statuer sur la validité de l'élection. (C. légis., 9 nov. 1863, él. de M. Vernier, *Mon.* du 10, p. 1328.)

Art. 2. — *Conseillers généraux et d'arrondissement.*

§ 1. — Démission volontaire.

5. — L'article 20 de la loi du 10 août 1871, relative aux conseils généraux, détermine à ce sujet les formalités à remplir : « Lorsqu'un conseiller général, dit-il, donne sa démission, il l'adresse au président du conseil général ou au président de la commission départementale, qui en donne immédiatement avis au préfet. »

6. — Il convient de suivre un mode analogue, pour le conseil d'arrondissement : la démission doit être adressée au président du conseil, qui la transmet au préfet du département.

§ 2. — Acceptation de fonctions incompatibles.

7. — L'acceptation, faite par un conseiller, de fonctions incompatibles avec son mandat, équivaut de même à une démission. (*Voir* v° Incomptabilité, art. 3.)

8. En ce qui regarde les membres du conseil général, c'est le conseil même qui déclare la démission aux termes de l'article 18 de la loi du 10 août 1871, lequel porte : « Tout conseiller général qui, par une cause survenue postérieurement à son élection se trouve dans un des cas prévus par les articles 8, 9 et 10, est déclaré démissionnaire par le conseil général, soit d'office, soit sur la réclamation de tout électeur. »

9. — Quant aux membres du conseil d'arrondissement, la loi du 22 juin 1833, qui leur est applicable, ne prescrit aucune déclaration. Le préfet se borne à faire connaître la cause de la vacance dans l'arrêté de convocation à l'effet de pourvoir au remplacement.

§ 3. — Absence à une ou deux sessions.

10. Suivant l'article 19 de la loi de 1871, « Lorsqu'un conseiller général aura manqué à une *session ordinaire*, sans

« excuse légitime *admise par le conseil*, il sera déclaré démis-
« sionnaire par le conseil général, dans la dernière séance de la
« session. »

Il n'est fait mention que d'une session *ordinaire*; l'absence
à une session extraordinaire ne peut donc entraîner l'exclusion.

11. — En ce qui touche les conseils d'arrondissement, aux
termes de l'article 7 de la loi du 22 juin 1833, le membre du
conseil qui a manqué « à *deux sessions consécutives* sans ex-
« cuses légitimes ou empêchements *admis par le conseil* sera
« considéré comme démissionnaire, et il sera procédé à une
« nouvelle élection, conformément à l'article 11. » Il n'y a
pas de déclaration : le préfet explique simplement dans l'arrêté
de convocation qu'un membre du conseil est démissionnaire
pour avoir manqué à deux sessions, aucune excuse légitime
n'ayant d'ailleurs étant présentée par lui et admise par le
Conseil.

Art. 3. — *Conseillers municipaux.*

§ 1. — Démission volontaire.

12. — « Les conseillers municipaux forment une assemblée
« délibérante, tenant son mandat des électeurs, et, en qualité
« de mandataires des électeurs, ils ont qualité pour recevoir
« la démission d'un de leurs collègues [1]. » L'intervention du
préfet à cet égard n'est aucunement nécessaire.

13. — Il y aurait exception toutefois, s'il s'agissait d'une
démission collective, par la raison que le conseil ne peut donner sa démission et l'accepter. Dans ce cas, celle-ci doit être
adressée au préfet; elle n'est en outre considérée comme
valable, et n'a pour effet de dégager les membres du conseil de
leurs fonctions, qu'autant qu'elle a été acceptée par ce magistrat. (C. d'Ét., 10 mars 1864, Darnaud.)

---

[1] Conclusions de M. Aucoc, commissaire du gouvernement dans l'affaire
des élections de Garindein. (Lebon, 1864, p. 1013, note 1.)

14. — L'article 12 de la loi du 5 mai 1855 est ainsi conçu :
« Tout conseiller municipal qui, par une cause survenue posté-
« rieurement à sa nomination, se trouve dans un des cas prévus
« par les articles 9, 10 et 11, est déclaré démissionnaire par le
« préfet, sauf recours au conseil de préfecture. »

Les dispositions auxquelles cet article se réfère concernent
non-seulement les incompatibilités, mais encore les empêchements résultant de la parenté, de la domesticité, de la dispense de subvenir aux charges communes et de l'obtention des
secours des bureaux de bienfaisance. (*Voir* v° INCOMPATI-
BILITÉ, art. 3.)

Dans ces divers cas, l'exclusion doit être prononcée par le
préfet. (*Voir* v° PRÉFET, n°⁵ 6 et 7.)

15. — L'article 20 de la même loi porte : « Tout membre
« du conseil municipal qui, sans motifs légitimes, a manqué
« à trois *convocations successives* peut être déclaré démission-
« naire par le préfet, sauf recours, dans les dix jours, de la
« notification devant le conseil de préfecture. »

Le mot convocation doit être interprété ici dans le sens non
de séance, mais de session.

16. — La démission n'a pas lieu de plein droit : elle doit
être prononcée par le préfet. (Conclusions du commissaire
du gouvernement dans l'affaire rappelée ci-dessus, n° 12;
C. d'Ét., 23 févr. 1877, él. de Saint-Jean-Froidmentel.)

17. — Le préfet doit, d'ailleurs, mettre le conseiller en demeure de faire valoir les motifs qui auraient pu l'empêcher de
se rendre aux réunions pour lesquelles il avait été convoqué.
(C. d'Ét., 19 mars 1863, Camus.)

ART. 4. — *Disposition commune aux membres des conseils généraux, des conseils d'arrondissement et des conseils municipaux, qui se refusent à remplir certains actes relatifs à leurs fonctions.*

18. — Aux termes de l'article 1ᵉʳ de la loi du 7 juin 1873, « Tout membre d'un conseil général de département, d'un con- « seil d'arrondissement ou d'un conseil municipal qui, *sans* « *excuse valable*, aura refusé de remplir une des fonctions qui « lui sont dévolues par les lois, sera déclaré démissionnaire. »

« Le refus résultera, porte l'article 2, soit d'une déclaration « expresse adressée à qui de droit ou rendue publique par son « auteur, soit de l'abstention persistante, après avertissement « de l'autorité chargée de la convocation. »

« Le membre ainsi démissionnaire ne pourra être réélu avant « le délai d'un an. » (Article 3.)

19. — La même loi a confié au Conseil d'État le soin d'ap- précier les raisons du refus. « Les dispositions qui précèdent, « porte l'article 4, seront appliquées par le Conseil d'État. »

La forme et le délai sont réglés ainsi qu'il suit, par le para- graphe 2 de l'article 3 : « Sur avis transmis au préfet par l'autorité « qui aura donné l'avertissement suivi du refus, le ministre « de l'intérieur saisira le Conseil d'État, dans le délai de trois « mois, à peine de déchéance. »

Le paragraphe 3 ajoute : « La contestation sera instruite et « jugée sans frais dans le délai de trois mois. »

Comme on le voit, le Conseil d'État est appelé à statuer dans la forme contentieuse. L'expression de *contestation* employée, article 4, ainsi que la disposition du même article, concernant l'*instruction* et le *jugement sans frais*, ne laissent aucun doute sur ce point.

DÉPOUILLEMENT DU SCRUTIN.

ART. 1er. — *Application des mêmes règles à toutes les élections.*

1. — Après la clôture du scrutin, il est procédé au dépouillement des votes. Cette opération est réglée, en ce qui regarde
les élections législatives, par les articles 27 et suivants du décret réglementaire du 2 février 1852, et en ce qui concerne les
élections municipales, par les articles 40 et suivants de la loi du
5 mai 1855.

Les principales dispositions du décret sont rappelées dans la
loi de 1855 sur l'organisation municipale. Celles qui n'ont pas

été reproduites doivent également être observées ; car le décret constitue la loi générale en cette matière.

Les mêmes règles sont applicables aux élections des conseils généraux et d'arrondissement.

ART. 2. — *Par qui doit être fait le dépouillement et à quel moment il est effectué.*

2. — Aux termes des articles 27 et 28 du décret réglementaire de 1852, le bureau peut procéder lui-même au dépouillement, lorsque le nombre des votants d'un collège ou d'une section est inférieur à trois cents. Si ce chiffre est atteint ou dépassé, le bureau désigne parmi les électeurs présents un certain nombre de scrutateurs pour faire cette opération, dont il conserve la surveillance. L'article 40 de la loi de 1855 renferme à ce sujet les mêmes prescriptions.

Rappelons que durant le dépouillement les prescriptions de la loi relatives à la présence au bureau de trois membres au moins doit être rigoureusement observée (*Voir* v° BUREAU, nos 18 et 35). Jugé qu'il y avait lieu à nullité des opérations dans une espèce où le dépouillement avait été effectué par le maire aidé d'un seul scrutateur. (C. d'Ét., 23 janv. 1872, él. de Prunelli-Fiumorbo.)

3. — Sous l'empire de la loi du 15 mars 1849, qui contenait des dispositions analogues à celles du décret de 1852, des doutes s'étaient élevés sur le point de savoir si le bureau était tenu, ou s'il avait seulement la faculté de recourir à des scrutateurs. Il a été reconnu que cette prescription de la loi constituait une obligation.

Toutefois, la Chambre a décidé que l'irrégularité résultant de l'inobservation de cette règle ne suffisait pas pour invalider une élection, si elle n'avait pas eu pour effet d'exercer une influence sur le résultat. (Ass. légis., 1er juin 1849, él. de la Charente,

Mon. du 2, p. 1962; 7 mai 1850, él. de Paris, *Mon.* du 8, p. 1557; Corps légis., 16 nov. 1863, él. de M. Leroux, *Mon.* du 17, p. 1377.)

La même jurisprudence a été adoptée par le Conseil d'État (22 sept. 1859, él. dép. de Lambesc; 22 mai 1861, él. mun. de Ruffey; 5 août 1861, él. mun. de Saint-Pé; 10 août 1862, él. dép. de Montréal; 25 avril 1866, él. mun. de Chalus; 1er juin 1866, él. mun. de Bastelica; 11 juill. 1866, el. mun. de Molières; 27 juill. 1866, él. mun. de Saint-Gervais; 2 août 1866, él. mun. de Rully; 29 nov. 1866, él. mun. de Thézan; 26 nov. 1875, él. mun. de Maillé.)

4. — Les scrutateurs doivent être pris parmi les électeurs de la commune. La désignation d'individus qui n'ont pas cette qualité ou qui sont étrangers à la commune, entraîne la nullité des opérations, lorsqu'elle a eu le caractère d'une manœuvre (C. d'Ét., 6 août 1864, él. mun. d'Ajaccio). On n'en tiendrait pas compte, au contraire, si elle avait eu lieu de bonne foi et qu'elle fût restée sans effet sur l'issue des opérations. (C. d'Ét., 3 avril 1861, él. mun. de Bray-sur-Seine; 19 mai 1866, él. mun. de Landrecies; 29 déc. 1871, él. mun. d'Ajaccio; 18 juin 1875, él. mun. de Péré.)

5. — Le nombre des scrutateurs, est fixé par le bureau, suivant le nombre des bulletins à dépouiller. (C. d'Ét., 25 avril 1866, él. mun. de Chalus; 18 mars 1876, él. mun. de Jonquières et Saint-Vincent.)

6. — Les scrutateurs doivent être capables de remplir la mission qui leur est confiée.

C'est pourquoi l'article 27 du décret de 1852 exige qu'ils sachent lire et écrire. Cette condition essentielle doit être remplie pour toutes les élections; mais il importe peu que la désignation des scrutateurs ait été faite à l'avance.

Si l'on avait choisi des électeurs qui, à raison de leur âge et de la faiblesse de leur vue, ne pouvaient lire les noms portés sur les bulletins, il y aurait lieu à annulation des opérations. (C. d'Ét., 10 juill. 1866, él. mun. d'Aix-en-Othe; *voir* v° PROCÈS-VERBAL, n° 1.)

7. — Sous la précédente législation, il avait été admis qu'il n'était pas indispensable que le dépouillement suivit le vote ; il pouvait être remis au lendemain ou même différé de plusieurs jours, à la condition que les électeurs fussent prévenus du jour et de l'heure où il aurait lieu, et que des précautions fussent prises pour assurer l'inviolabilité du scrutin. (C. d'Ét., 27 juill. 1853, él. mun. de Daillancourt; 27 juill. 1853, él. mun. de Pila-Canale; 7 avril 1866, él. mun. de Saint-Jean-la-Poterie ; 19 mai 1866, él. mun. de Mont; 6 juin 1866, él. mun. de Lay-Saint-Christophe.)

Mais si le maire n'avait pas mentionné dans le procès-verbal le jour et l'heure de la reprise du dépouillement, et s'il n'avait pas averti les électeurs, de façon à ce qu'ils pussent être présents à cette opération pour en contrôler le résultat, l'élection devait être annulée. (C. d'Ét., 7 avril 1866, él. mun. de Villate.)

8. — Aujourd'hui l'opération du dépouillement doit être effectuée séance tenante : « le dépouillement aura lieu *immédia-* « *tement* » portent en effet l'article 7 de la loi du 14 avril 1871 sur les élections municipales, ainsi que l'article 12 de celle du 10 août 1871 relative aux conseils généraux, dont les dispositions sur ce point ont été déclarées applicables aux conseils d'arrondissement, par l'article 3 de la loi du du 30 juillet 1874.

On doit décider de même pour les élections législatives.

ART. 3. — *Vérification préalable du nombre des bulletins.* — *Différence entre le nombre des bulletins et celui des émargements.*

9. — On procède d'abord à la vérification du nombre des bulletins déposés dans l'urne, lequel doit être égal à celui des votants, constaté par la liste d'émargement : s'il existe une différence, il en est fait mention au procès-verbal. C'est ce que prescrivent l'article 27 du décret de 1852 et l'article 40 de la loi de 1855.

En cas de doute sur le nombre réel des bulletins, ceux-ci doivent être comptés à nouveau.

Jugé que si le président avait trouvé un chiffre de bulletins moindre que celui constaté par les scrutateurs, ce serait à ce dernier que l'on devrait avoir égard, alors que d'ailleurs il n'a fait l'objet d'aucune réclamation. (C. d'Ét., 1er août 1865, él. mun. d'Ajaccio.)

10. — La différence en moins entre le nombre des bulletins et celui des émargements est fort rare. Pour qu'elle se produise il faut supposer par exemple, ou qu'un membre du bureau ait émargé des noms d'individus qui n'avaient pas voté, ou que le président ait omis de déposer des bulletins dans l'urne.

Quoi qu'il en soit, il n'y aurait pas lieu de s'arrêter à ce fait, lorsque le nombre des suffrages en moins, étant attribué au concurrent du candidat élu, ce dernier conserve encore la majorité. (C. d'Ét., 12 mai 1868, él. dép. de Beuzeville.)

Pour le calcul de la majorité absolue, on devrait d'ailleurs tenir compte du nombre des bulletins, et non pas du nombre des votants constaté sur la feuille d'appel. (C. d'Ét., 26 mars 1856, él mun. de Houdain; 10 avril 1866, él. mun. de Somme-Yèvre; 1er juin 1866, él. mun. de Fallencourt.)

11. — La différence en plus peut s'expliquer par l'oubli d'un membre du bureau d'émarger les noms de certains votants, ou à raison de l'existence de bulletins doubles.

Dans ce cas, la majorité doit être fixée, non pas d'après le nombre des bulletins, mais d'après celui des suffrages constatés par les listes d'émargement. De plus, il y a lieu de retrancher aux candidats proclamés les voix formant la différence entre le chiffre des bulletins et celui des émargements: ce retranchement opéré, s'ils conservent encore la majorité absolue, leur élection doit être validée; sinon elle est annulée.

Cette doctrine a été constamment consacrée par la Chambre. (Corps légis., 7 févr. 1861, él. de M. Millon, *Mon.* du 8, p. 174; 9 nov. 1863, él. de MM. Berryer et Andrieu, *Mon.* du 10, p. 1237 et 1330; 11 nov. 1863, él. de MM. Malezieu et Bournat, *Mon.*

du 12, p. 1340; 24 nov. 1863, él. de M. Balay, *Mon.* du 25, p. 1423; 4 déc. 1869, él. de M. du Miral, *J. off.* du 5, p.1557; 10 déc. 1869, él. de M. Kerisouët, *J. off.* du 11, p. 1598; 21 déc. 1869, él. de M. Chagot, *J. off.* du 22, p. 1683; Ch. des dép. 18 mars 1876, él. de M. Dussausoy, *J. off.* du 19, p. 1924; 29 mars 1876, él. de M. Poujade, *J. off.* du 30 p. 2264; 4 avril 1876, él. de M. Fauré, *J. off.* du 5, p. 2437; 5 avril 1876, él. de M. Bourgoing, *J. off.* du 6, p. 2464; 8 avril 1876, él. de M. Lachambre, *J. off.* du 9, p. 2568.)

L'application des mêmes règles est faite par le Conseil d'État, ainsi que l'établissent de nombreux arrêts (C. d'Ét., 1er juin 1853, él. dép. de Rogliano; 16 juin 1853, él. dép. de Clamecy; 15 juill. 1853, él. dép. de Guines; 12 sept. 1853, él. mun. de Prato; 25 juin 1857, él. dép. de Beauvoir; 16 mars 1859, él. dép. de Porto-Vecchio; 7 avril 1859, él. d'arr. de Valderies; 18 juin 1859, él. dép. de Puzin; 6 août 1861, él. mun. de Lagraulet; 7 sept. 1861, él. mun. de Franois; 24 mars 1866, él. mun. de Marby et de Laviolle; 3 mai 1866, él. mun. de Pruno; 29 mai 1866, él. mun. de Fresnay-le-Vieux; 2 juin 1866, él. mun. d'Esbly; 3 juill. 1866, él. mun. de Terra-Vecchia; 27 juill. 1866, él. mun. de Degagnac; 2 août 1866, él mun. de Chelles; 16 août 1866, él. mun. de Livron; 12 mai 1868, él. dép. de Beuzeville; 15 nov. 1871, él. mun. de Landreville; 29 déc. 1871, él. mun. de Guillaumes; 26 févr. 1872, él. mun. de Langrune-sur-Mer; 4 avril 1872, él. mun. de Gien-sur-Cure; 4 juin 1875, él. d'arr. de Lezoux; 4 juin 1875, él. au C. gén. de Saint-Denis de la Réunion; 11 juin 1875, él. mun. de Jonquières et Saint-Vincent; 19 nov. 1875, él. dép. de Nyons; 17 nov. 1875, él. mun. de Lunel; 17 déc. 1876, él. mun. de Senaillac.)

12. — Lorsqu'il s'agit d'une élection faite au deuxième tour, les bulletins trouvés en sus du nombre des votants doivent être également déduits des suffrages obtenus par les candidats élus, et l'élection de ceux qui, après ce retranchement, ne conservent pas la majorité doit être annulée. (C. d'Ét., 20 juill. 1853, él. mun. de Bisping; 17 juill. 1861, él. mun. de Nancras; 28 mai

1862, él. mun. de Grenade ; 29 mai 1866, él. mun. de Fresnay-le-Vieux ; 2 juin 1866, él. mun. d'Esbly ; 18 juin 1866, él. mun. de Menditte ; 10 août 1866, él. mun. de Lesches ; 10 déc. 1875, él. mun. de Juvaucourt.)

13. — Mais au premier comme au second tour, le retranchement ne doit pas être opéré sur les voix obtenues par le candidat non élu ; autrement, son concurrent conserverait toujours la même majorité par rapport à lui. D'un autre côté, le candidat non élu ne saurait se prévaloir du retranchement opéré à son adversaire, pour se prétendre élu à sa place : il y a lieu, en pareil cas, de procéder à une nouvelle élection. (C. d'Ét. 18 juill. 1866, él. mun. de Menditte ; 19 nov. 1875, él. dép. de Nyons ; *voir* v° VOTE, n° 9.)

L'Assemblée nationale avait consacré le même principe le 28 février 1875, lors de l'élection d'un questeur. L'année suivante, la Chambre des députés a admis que la déduction devait être faite à chaque candidat ; mais il n'est pas supposable que cette doctrine soit maintenue, car, nous le répétons, sauf le cas où le retranchement des voix peut faire perdre la majorité absolue, ce fait resterait sans influence sur le résultat de l'élection. (Ch. des dép., 18 mars 1876, él. de M. Bouteille, *J. off.* du 19, p. 1927.)

14. — Si les énonciations contradictoires du procès-verbal ne permettent pas de déterminer exactement le chiffre des bulletins trouvés en excédant, comme il serait impossible d'apprécier l'influence que ce fait a exercé sur les opérations, celles-ci devraient être annulées. (C. d'Ét., 16 août 1866, él. mun. de Livron.)

ART. 4. — *Lecture des bulletins, mode de constatation de leur contenu et surveillance du dépouillement.*

15. — L'article 27 du décret de 1852 détermine les règles à suivre pour la constatation du vote : « Les scrutateurs se « divisent par tables de quatre au moins. Le président répartit

« entre les diverses tables les bulletins à vérifier. A chaque
« table, l'un des scrutateurs lit chaque bulletin à haute voix et
« le passe à un autre scrutateur ; les noms portés sur les bulletins
« sont relevés sur des listes préparées à cet effet. »

Ainsi, chaque bulletin doit être examiné par deux scrutateurs,
l'un qui en fait la lecture ; l'autre qui le reçoit, pour contrôler
l'opération. Le même mode est suivi, quand le bureau procède
au dépouillement : chaque bulletin est lu par un de ses membres,
et vérifié par un autre.

Deux autres scrutateurs doivent faire le relevé, et s'avertir
lorsqu'ils ont noté dix voix données à un même candidat. Quand
le dépouillement d'un groupe de bulletins est terminé, un des
scrutateurs consigne sur la feuille de dépouillement le nombre de
suffrages obtenus par chaque candidat. Ces relevés sont remis
au bureau, avec les bulletins qui ont donné lieu à contestation.
Si les scrutateurs supplémentaires ne sont pas d'accord sur l'attribution à faire d'un suffrage, ils doivent s'abstenir d'en tenir
compte. L'un d'eux écrit en regard du nom douteux, *à vérifier*,
et met un paraphe, ainsi que ses collègues. L'attribution de ce
suffrage n'est faite que par le bureau qui statue, les scrutateurs supplémentaires ayant seulement voix consultative. (Instr.
min. du 30 mai 1857.)

16. — La lecture doit être faite, avons-nous dit, par un
membre du bureau ou par un scrutateur.

Cependant, la lecture des bulletins par un électeur étranger
au bureau ne constituerait pas une cause de nullité, s'il résultait
de l'instruction que cette lecture avait été faite sur l'invitation
et sous le contrôle constant du président du bureau, et sous la
surveillance des électeurs. (C. d'Ét., 22 mai 1866, él. mun. de
Montastruc ; 26 févr. 1872, él. mun. de Cursan.)

17. — Mais il est nécessaire que les noms soient lus à haute
voix. Il a été jugé que l'élection était nulle, lorsque le président
qui avait lu d'abord tous les noms inscrits sur quelques bulletins, s'était borné ensuite à proclamer le premier nom, et que les
scrutateurs avaient relevé sur leurs listes les noms subséquents

sans qu'ils eussent été lus. (C. d'Ét., 17 juill. 1861, él. mun. de Plaigne.)

Toutefois, le défaut de lecture à haute voix ne saurait entraîner l'annulation, s'il était constant que cette irrégularité fût restée sans influence sur le résultat. (C. d'Ét., 17 déc. 1875, él. mun. du Maz-d'Azil; Ch. des dép., 24 mars 1876, él. de M. Combes, *J. off.* du 25, p. 2090.)

18. — L'article 29 du décret porte que « les tables sur les- « quelles s'opère le dépouillement du scrutin sont disposées « de telle sorte que les électeurs puissent circuler à l'entour. »

Cette disposition a pour but de permettre aux électeurs d'exercer leur surveillance durant le dépouillement.

Les électeurs ont donc le droit de surveiller le dépouillement, comme ils ont le droit de surveiller les opérations du scrutin. (*Voir* v° SCRUTIN, art. 3.)

Mais ce droit appartient uniquement à ceux de la section même où il a lieu. Quant au public, il ne doit pas y assister. (*Voir* v° SCRUTIN, nos 18 à 20.)

19. — Tous les électeurs ont-ils la faculté de surveiller les opérations du dépouillement? Oui, si le local est assez grand pour les contenir. Sinon, il suffit d'en admettre un certain nombre pour qu'il y ait un contrôle sérieux. (Ass. légis., 31 mai 1849, él. de la Seine-Inférieure, *Mon.* du 1er juin p. 1954; C. d'Ét., 10 mars 1876, él. mun. de Jonquières et Saint-Vincent.)

20. — Il importe peu qu'une table ait été placée dans une salle autre que celle où siégeaient les membres du bureau, si les électeurs ont pu la surveiller. (C. d'Ét., 12 août 1861, él. mun. de Salles; 19 mai 1866, él. mun. de Lamastre.)

21. — L'empêchement qu'ont éprouvé les électeurs de cir- culer autour des tables n'entraîne pas non plus la nullité du scrutin, lorsque ce fait est dû à la disposition des lieux, et que le président a pris toutes les mesures nécessaires pour assurer la surveillance. (C. d'Ét., 26 juin 1866, él. mun. des Avenières; 31 mars 1876, él. mun. de Saint-Martin d'Entrannes.)

22. — Des électeurs peuvent stationner derrière les scruta-

teurs ; autrement leur droit de contrôle serait illusoire. Mais ils ne doivent pas y séjourner, de façon à empêcher les autres de s'approcher à leur tour.(Ch. des dép., 28 juill. 1842, él. de M. Vatout, *Mon.* du 29, p. 1696). Ils ne peuvent exiger non plus la communication des bulletins. (C. d'Ét., 20 juill. 1853, él. mun. de Bizous.)

23. — Mais il n'y aurait pas lieu de tenir compte des résultats obtenus dans les communes où les électeurs, par suite d'une manœuvre, auraient été empêchés de surveiller l'opéra- du dépouillement.

Art. 5. — *Bulletins qui doivent être comptés.*

24. — Les bulletins peuvent être indifféremment imprimés, autographiés ou manuscrits.

Si donc à une liste de noms imprimés, celui d'un autre candidat avait été ajouté à la main, et inscrit en tête de la liste, il devrait être compté le premier. (C. d'Ét., 17 avril 1861, él. mun. de Caudrot.)

Les bulletins peuvent même être écrits au crayon. (C. d'Ét., 16 mai 1866, él. mun. de Montauban ; Ch. des dép., 10 mars 1876, él. de M. Granier de Cassagnac, *J. off.* du 11, p. 1702.)

Des ratures n'invalideraient pas le vote, si elles étaient bien visibles et qu'on pût lire aisément les noms substitués. (C. d'Ét., 16 mai 1866, él. mun. de Montauban.)

25. — Mais on ne doit compter au candidat que les bulletins sur la validité desquels aucun doute ne saurait s'élever.

De plus, il est des bulletins qui ne peuvent pas même entrer en compte, pour la fixation du chiffre de la majorité absolue. Tels sont les bulletins blancs, ceux illisibles, ceux contenant une désignation insuffisante ou inconstitutionnelle, ceux enfin où les votants se sont fait connaître. (Voir *infrà*, nos 26 à 33.)

Cela résulte des dispositions des articles 30 du décret réglementaire du 2 février 1852 et 42 de la loi du 5 mai 1855, ainsi conçus :

« Article 30. Les bulletins blancs, ceux ne contenant pas

« une désignation suffisante, ou dans lesquels les votants se
« font connaître, n'entrent point en compte dans le résultat du
« dépouillement, mais ils sont annexés au procès-verbal. »

« Art. 42. Les bulletins blancs ou illisibles, ceux qui ne con-
« tiennent pas une désignation suffisante, ou qui contiennent
« une désignation ou qualification inconstitutionnelle, ou dans
« lesquelles les votants se font connaître, n'entrent pas en
« compte dans le résultat du dépouillement, mais ils sont
« annexés au procès-verbal. »

Il est fait mention v° VOTE, numéros 7, 9 et 15, de bulletins
qui ne peuvent non plus être comptés pour le calcul de la majorité.

Au contraire, on devrait avoir égard, pour établir la majorité,
aux bulletins de couleur ainsi qu'à ceux contenant des signes
extérieurs. (Voir *infrà* n°ˢ 34 et 36.)

Jugé aussi que les bulletins mentionnés au procès-verbal,
sous la rubrique *voix perdues* et qui n'ont pas été annexés,
doivent être comptés pour la fixation de la majorité absolue.
(C. d'Ét., 4 juin 1875, él. dép. de Lezoux.)

De même pour ceux déposés au nom d'un individu qui serait
inéligible. (C. d'Ét., 10 novembre 1876, él. dép. d'Asfeld.)

De même encore, dans le cas indiqué v° VOTE, n° 28.

§ 1. — Bulletins blancs et illisibles ; papiers autres que les bulletins.

26. — Sous l'ancienne législation, la question de savoir si
les bulletins qui ne contiennent aucun nom devaient être comptés
pour déterminer la majorité, était restée douteuse : on était
porté à considérer la remise de ces bulletins comme un vote ;
mais l'article 30 du décret de 1852 leur refuse toute valeur, et
l'article 42 de la loi de 1855 reproduit cette disposition, en l'éten-
dant aux bulletins illisibles, lesquels en effet équivalent aux
premiers.

On ne devrait non plus tenir aucun compte des papiers autres
que les bulletins que l'on pourrait trouver dans l'urne. Il en
serait ainsi, particulièrement, pour les cartes d'électeurs (C. d'Ét.,

30 avril 1875, él. mun. de Conan); ou pour des bulletins ne contenant aucune indication de candidats, et se rapportant à des objets tout à fait étrangers à l'élection. (C. d'Ét., 10 avril 1866, él. mun. de Bauguay.)

27. — Mais si les bulletins dans les conditions qui précédent n'avaient pas été annexés au procès-verbal, en cas de réclamation à cet égard, ils devraient être comptés par le conseil de préfecture, pour le calcul de la majorité absolue (voir *infrà*, n° 43). *A fortiori* devrait-il en être ainsi pour les bulletins que le bureau aurait déclarés *blancs ou nuls*. (C. d'Ét., 28 mars 1862, él. dép. de Rugles.)

§ 2. — Bulletins sans désignation suffisante.

28. — Sont nuls, aux termes des mêmes articles, les bulletins dans lesquels les candidats ne sont pas désignés d'une façon suffisante.

Il convient d'assimiler aux votes contenant une désignation insuffisante, ceux qui portent un nom évidemment dérisoire (Circ. du min. de l'int., du 3 février 1876.)

29. — Mais le bulletin qui porte un nom de terre, un titre, un surnom ou un sobriquet ne doit pas être rejeté comme nul, s'il concerne une personne notoirement connue par l'une de ces désignations. (Ch. des dép., 17 mars 1828, él. de M. Janko-witz, *Mon.* du 18, p. 325; 6 juin 1839, él. de M. Dury de Peyramont, *Mon.* du 7, p. 898 ; Ass. const., 5 mai 1848, él. de M. Guignes de Champvans, *Mon.* du 6, p. 958; C. d'Ét., 12 décembre 1871, él. mun. de Pont-de-Larn.)

On doit compter également les bulletins dans lesquels figure le nom du candidat, avec un prénom différent du sien, s'il est le seul candidat de ce nom (Ass. légis., 7 juin 1849, él. de M. Fortoul, *Mon.* du 8, p. 2019 ; Ass. nat., 15 juill. 1871, él. de la Seine, *Mon.* du 16, p. 2011 ; C. d'Ét., 4 août 1868; él. mun. de Fontenay; 21 nov. 1871, él. de Fresney-le-Vieux).

De même il faut tenir pour valables ceux où le nom du candidat est mal orthographié, si l'on ne peut douter de l'intention

des votants. (C. d'Ét., 24 juin 1846, Patissier ; Ass. légis.,
29 mai 1849, él. de M. Ledru-Rollin, *Mon.* du 30, p. 1931 ; 7 juin
1849, él. de M. Fortoul, décision précitée.)

Il importe peu également qu'une qualité (par exemple, celle
de maire) ait été faussement donnée dans les bulletins à un
candidat. (C. d'Ét., 13 mars 1872; él. mun. de Vignonnet.)

30. — Lorsqu'il existe dans une commune deux candidats
du même nom, les bulletins ne contenant aucune désignation
spéciale qui permette de les distinguer, ne peuvent être attribués à l'un ou à l'autre. (C. d'Ét., 27 juin 1866, él. mun. de
Gaprée ; 9 juill. 1866. él. mun. de Francheville.)

S'il y a plusieurs individus du même nom, mais qu'un seul
soit candidat, tous les bulletins portant ce nom doivent lui être
comptés. (C. d'Ét., 28 juill. 1853, él. mun. de Limonest;
14 déc. 1853, él. mun. d'Arnel; 31 janv. 1856, él. mun.
de Mouilleron; 26 mars 1856, él. mun. de Monchaux-Soreng;
16 avril 1856, él. mun. de Gurmençon ; 20 mars 1861, él. mun.
de Maule; 17 avril 1861, él. mun. de Bouzillé, 22 mai 1861;
él. mun. de Villefranche ; 29 mai 1861, él. mun. de Mainxe,
14 juin 1861, él. mun. de Billanges; 3 juill. 1861, él. mun. de
Sémelay; 17 juill. 1861, él. mun. d'Assais, 24 juill. 1861,
él. mun. de Tarasteix, Barizey-au-Plain et de Jametz; 6 août
1861, él. mun. d'Erches; 30 août 1861, él. mun. de Torcy;
7 sept. 1861, él. mun de Montgaillard ; 19 avril 1866, él. mun.
de Gattieres; 25 avril 1866, él. mun. de Cheyssieu; 8 mai 1866,
él. mun. d'Averne-sous-Exmes; 19 mai 1866, él. mun. de Vierzon
et de Fuligny; 30 mai 1866, él. mun. de Sigy ; 7 juin 1866, él.
mun. de Maretz; 16 juin 1866; él. mun. de Saint-Denis-des-
Puits; 26 juin 1866, él. mun. des Avenières; 9 juill. 1866,
él. mun. d'Igornay-Sainte-Eulalie ; 10 juill. 1866, él. mun. de
Claix; 17 juill. 1866, él. mun. de Tuzaguet et Krautersgerheim;
13 déc. 1871, él. mun. de Lamotte-Ternaut; 14 févr. 1872,
Morlieux; 4 juill. 1872, él. mun. de la Cabanasse; 30 avril
1875, él. mun. de Lautrec; 18 juin 1875, él. mun. de Péré;
25 juin 1875, él. mun. de Ronchin ; 25 juin 1875, él. mun. de

Carcenac-Peyrales; 2 juill. 1875, él. mun. de Négrepelisse;
23 juill. 1875, él. mun. de Crain; 6 août 1875, él. mun. de
Bachas; 7 avril 1876, él. mun. de Montigny-sur-Aube.)

Dans le même ordre d'idées, il a été décidé qu'un candidat,
conseiller sortant, dont le père avait cessé de faire partie
du conseil municipal depuis plusieurs années, devait compter
au nombre des suffrages par lui obtenus, non seulement
tous les bulletins portant son nom, avec la mention de
fils, mais encore tous ceux portant son nom purement et simplement. (C. d'Ét., 6 mars 1872, él. mun. de Fargues de
Langon.)

31. — Le point de savoir si la désignation a été ou non suffisante, est laissé à l'appréciation des juges appelés à statuer
sur la validité de l'élection. Dans le cas où l'un des candidats
n'a pu obtenir la majorité qu'au moyen de bulletins dont l'attribution est reconnue douteuse, l'élection est nulle (C. d'Ét.,
28 juillet 1853; él. dép. de Quarré-les-Tombes). Il en est de
même, lorsque des bulletins annulés comme douteux par le
bureau n'ont pas été annexés au procès-verbal, et qu'il est impossible d'en fixer le nombre (voir *infrà*, n° 43). Au contraire,
l'élection devra être maintenue si, déduction faite des bulletins qui ont pu être attribués à tort à un candidat, la majorité lui reste acquise. (C. d'Ét., 7 avril 1866, él. mun. d'Ar-
nières.)

§ 3. — Bulletins contenant une désignation inconstitutionnelle, ou inju-
rieuse, ou dans lesquels les votants se sont fait connaître.

32. — L'article 42 de la loi de 1855, interdit de compter
dans le résultat du dépouillement les bulletins qui ren-
ferment une désignation ou qualification inconstitutionnelle.
Bien que le décret réglementaire garde le silence sur ce point,
cette disposition doit être appliquée aux élections à la
Chambre des députés.

Les bulletins injurieux ne sont frappés par aucune loi de
la même exclusion. Il a été jugé en conséquence qu'ils doi-

vent être comptés comme suffrages exprimés, pour déterminer le chiffre de la majorité absolue (C. d'Ét., 22 avril 1865, él. dép. d'Avignon ; 29 déc. 1871, él. mun. de Pontaillier) ; mais ils ne sauraient être attribués au candidat dont ils portent le nom.

Il est recommandé d'ailleurs aux scrutateurs ainsi qu'aux membres du bureau de s'abstenir de donner lecture des injures ou observations figurant sur les bulletins.

33. — Les articles 30 du décret réglementaire de 1852 et 42 de la loi de 1855 interdisent également de tenir compte des bulletins dans lesquels les votants se sont fait connaître. Une telle révélation porte en effet atteinte au principe du secret du vote.

Peu importe le moyen employé. Ainsi le bulletin signé par un votant doit être annulé (Ass. légis., 7 juin 1849 ; él. des Basses-Alpes, *Mon.* du 8, p. 2019). De même celui rédigé en vers et dont l'auteur peut être reconnu (Ass. légis., 2 juin 1849, él. de l'Aude, *Mon.* du 3, p. 1969). De même encore, les bulletins dans lesquels les votants se sont fait connaître, au moyen d'un système particulier de pointage ou de numérotage à l'intérieur. (C. d'Ét., 16 avril 1856, él. mun. de Veys ; 30 juill. 1875, él. mun. de Traves ; Ch. des dép., 15 mars 1876, él. de M. Fidèle Simon, *J. Off.* du 16, p. 1840 ; 26 janv. 1877, él. dép. d'Olmi Capella.)

Mais on ne devrait pas annuler des bulletins portant, avec d'autres noms, celui d'une femme, sous le prétexte que l'inscription de ce nom a pu permettre de reconnaître les votants, alors que l'instruction ne démontre pas qu'elle ait eu ce résultat. Il y aurait lieu, en conséquence, de considérer comme valables les autres noms portés sur les bulletins. (C. d'Ét., 11 déc. 1856, él. mun. de Genevrières.)

Un bulletin renfermé dans une note relative à un candidat, serait également valable, s'il n'était pas établi que ce fait eût servi à faire connaître l'électeur. (C. d'Ét., 25 juin 1875, él. mun. de Granville.)

§ 4. — Bulletins de couleur.

34. — Aux termes de l'article 21 du décret réglementaire de 1852 et 38 de la loi de 1855, le papier des bulletins doit être blanc. (*Voir* v° VOTE, n° 13.)

Les bulletins de couleur ne sauraient donc être attribués aux candidats dont ils porteraient les noms; mais ils doivent entrer en compte pour fixer le chiffre des suffrages exprimés. (Corps légis., 11 nov. 1863, él. de M. Lepelletier d'Aunay, *Mon.* du 12, p. 134; C. d'Ét., 7 juill, 1853, él. dép. de Clermont; 10 janv. 1862, él. mun. de Varetz; 29 juin 1866, él. mun. de Charchilla; 29 août 1871, él. mun. de Castellane; 7 mai 1875, él. mun. de Juniville; 7 mai 1875, él. mun. de Neuvie; 2 juill. 1875, el. mun. de Calonges.)

Ce qui est dit pour les bulletins de couleur serait également applicable au cas où il aurait été fait usage d'un bulletin sur papier blanc, mais d'une nature particulière et qu'il était impossible de se procurer dans la commune. (C. d'Ét., 7 mai 1856, él. mun. de Boeil.)

§ 5. — Bulletins contenant des signes extérieurs.

35. — L'existence des signes extérieurs est interdite par l'article 21 du décret de 1852 et par l'article 38 de la loi de 1855.

Les bulletins portant ces signes ne sauraient être comptés aux candidats qui y seraient dénommés, et s'ils l'avaient été, il y aurait lieu de les leur retrancher. (C. d'Ét., 26 juill. 1866, él, mun. de Bazordan; 16 août 1866, él. mun. d'Aix-en-Othe; 26 févr. 1872, él. mun. de Mauléon-Barousse; 7 mai 1875, él. mun. de Juniville.)

Mais, de même que les bulletins de couleur, ils devraient entrer en compte pour la fixation de la majorité. (C. d'Ét., 7 mai 1875, él. mun. de Juniville.)

36. — Il n'y aurait pas lieu de s'arrêter à l'existence des signes, lorsque les bulletins étant pliés, ces signes ne seraient pas

visibles (Corps légis., 3 déc. 1869, él. de M. le baron
Reilles, *J. Off.* du 4, p. 1551). C'est ce qui a été décidé dans le cas
où des bulletins avaient été collés ou rattachés, par une épingle,
aux cartes électorales, alors qu'après avoir été pliés, ils ne
laissaient plus apparaître les traces du collage ou de l'épingle
(Corps légis., 23 nov. 1863, él. de M. Eug. Pereire, *Mon.* du
21, p. 1399; 28 nov. 1863, él. de M. Royer, *Mon.* du 29,
p. 1443; 7 déc. 1869, él. de M. Justin-Durand; *J. Off.*
du 8, p. 1574; 20 déc. 1869, él. de M. Deltheil, *J. Off.* du
21, p. 1673.)

Au contraire l'annulation a été prononcée dans l'espèce suivante : les bulletins de vote avaient été collés par un coin
aux cartes d'électeurs et n'en avaient été séparés par un certain
nombre d'entre eux que dans la salle même du vote ; ou bien
la séparation de la carte et du bulletin, opérée en dehors de la
salle du vote, avait laissé sur les bulletins des déchirures
qui permettaient de les reconnaître. (C. d'Ét., 19 avril 1866,
él. mun. de Lesneven.)

Jugé que les bulletins sur papier blanc *rayé* ne constituent
pas des bulletins avec signes extérieurs dans le sens de la loi;
ils sont donc valables. (C. d'Ét., 8 mai 1866, él. mun. de Rans-
pach-le-Bas ; 2 novembre 1871, él. mun. de Prisches ; 7 mai
1875, él. mun. de Blancafort.

Touchant les bulletins contenant des signes à l'intérieur,
voir, *suprà*, n° 33.

§ 6. — Bulletins doubles.

37. — Quand deux bulletins pliés ensemble sont trouvés dans
l'urne, doivent-ils être tous les deux écartés, ou l'un d'eux
peut-il être admis comme valable? A cet égard, il faut faire
une distinction.

Si les bulletins contiennent deux noms différents, il est impossible de reconnaître à qui le suffrage de l'électeur a été donné;
l'un et l'autre doivent alors être rejetés. (C. d'Ét., 7 avril 1866,
él. mun. de Longpré-les-Corps-Saints.)

Si plusieurs bulletins réunis dans le même pli portent le même nom, l'attribution du vote n'est plus douteuse, mais on ne peut tenir compte que d'une seule voix. (C. d'Ét., 16 mai 1866, él. mun. de Varetz.)

38. — On devrait toutefois avoir égard à tous les bulletins, dans le cas où il serait établi que c'est en tombant dans l'urne qu'ils ont été introduits l'un dans l'autre. (C. d'Ét. 7 août 1875, él. mun. de Chisseaux.)

§ 7. — Bulletins qui contiennent un trop grand nombre de noms, ou contenant plusieurs fois le nom d'un candidat.

39. — En ce qui regarde le scrutin de liste, les bulletins peuvent contenir plus ou moins de noms qu'il n'y a de personnes à élire. Dans les deux cas, suivant l'article 42 de la loi de 1855, ils sont valables : seulement, d'après le même article, les derniers noms inscrits au delà de ce nombre ne sont pas comptés.

Ces dispositions doivent recevoir leur application au deuxième tour de scrutin, alors même que les premiers noms seraient ceux de candidats élus au premier tour. (C. d'Ét., 25 juin 1875, él. mun. de Moutiers-sur-Saulx.)

Si le nom d'un candidat était porté plusieurs fois sur un même bulletin, ce nom ne devrait être compté qu'une seule fois.

Art. 6. — *Vérification nouvelle en cas de doute.*

40. — Le dépouillement terminé, si les scrutateurs sont d'accord sur les résultats, et qu'aucune contestation ne s'élève relativement à l'attribution des bulletins, il n'est pas nécessaire de procéder à une vérification nouvelle, quand bien même des électeurs en feraient la demande. (C. d'Ét., 7 août 1875, él. mun. de Chisseaux.)

41. — Cette vérification devrait au contraire avoir lieu, s'il existait quelque incertitude à ce sujet. (C. d'Ét., 22 mai 1861, él. mun. de Razimet ; 24 juill. 1861, él. mun. de Cassagnabère.)

Il devrait en être ainsi, notamment, dans le cas où les différents candidats auraient obtenu un chiffre de voix supérieur au nombre des électeurs, multiplié par celui des conseillers à élire, c'est à dire au chiffre maximum de suffrages qui aurait pu légalement être exprimé, à supposer que les électeurs eussent tous voté pour le nombre total des candidats à élire.

Ce fait pourrait se produire, par exemple, si, contrairement aux dispositions de la loi, il avait été porté sur des bulletins plus de noms que de conseillers à élire, et qu'on eût compté tous les noms ; ou bien, si l'on avait attribué à un candidat plus d'un suffrage par bulletin ; ou encore s'il y avait eu des bulletins doubles indûment comptés.

Les élections qui auraient eu lieu dans de telles conditions seraient évidemment suspectes, et devraient être annulées, si l'on ne pouvait apprécier exactement l'importance des erreurs commises lors de la supputation des votes, ou si, à raison du nombre de suffrages séparant les candidats élus de ceux qui les suivent, cette erreur paraissait avoir exercé une influence sur le résultat. (C. d'Ét., 2 juill. 1875, él. mun. de Vacqueyras ; 7 août 1875, él. mun. de Varetz ; 24 déc. 1875, él. mun. de Capestang.)

42. — Mais une fois le scrutin clos, le bureau ne pourrait revenir sur le résultat qui aurait été reconnu et proclamé. (*Voir* v° BUREAU, n° 52.)

ART. 7. — *Annexion au procès-verbal.*

43. — La loi prescrit l'annexion au procès-verbal des bulletins qui ne doivent pas entrer en compte dans le résultat du dépouillement, ainsi que de ceux qui ont fait l'objet de difficultés à un titre quelconque. (Décr. régl. 2 févr. 1852, art. 16 et 30 ; loi du 5 mai 1855, art. 34 et 42.)

Cette disposition a pour but de donner au juge de l'élection le moyen d'apprécier la valeur des bulletins dont il s'agit.

En cas d'inobservation de cette formalité, quand le résultat a pu être modifié par les bulletins ainsi écartés sans être joints au procès-verbal, l'annulation du scrutin doit être prononcée. (C. d'Ét., 11 avril 1861, él. mun. de la Vèze ; 25 mai 1861, él. mun. de Nersac ; 20 févr. 1862, él. mun. de Mansles ; 11 juill. 1864, él. mun. de Mazué ; 7 avril 1866, él. mun. de Boncourt ; 19 mai 1866, él. mun. de Lussat ; 16 juin 1866, él. mun. de Sainte-Mère ; 10 juill. 1866, él. mun. de Montbel ; 18 juill. 1866, él. mun. d'Aix ; 2 août 1866, él. mun. de Chelles ; Ass. nat., 24 févr. 1872, él. du Nord, J. off. du 25, p. 1351 ; C. d'Ét., 25 juin 1875, él. mun. de Sadroc ; 7 août 1875, él. mun. de la Table [1].)

Toutefois, l'irrégularité résultant du défaut d'annexion ne vicie les opérations qu'à l'égard des candidats, pour lesquels elle a pu exercer une influence au point de vue de l'élection ou du rang. (C. d'Ét. 10 janv. 1862, él. mun. de Varetz ; 7 avril 1866, él. mun. de Boncourt ; 24 févr. 1872, él. mun. de Méréville.)

44. — Les articles 16 du décret réglementaire et 34 de la loi du 5 mai 1855, exigent en outre que les bulletins dont il s'agit soient paraphés par le bureau.

L'absence du paraphe sur les bulletins contestés qui sont annexés au procès-verbal, n'est pas considérée comme une cause de nullité, si l'identité de ces bulletins n'est pas contestée ou si les bulletins contestés n'avaient pu changer le résultat. (C. d'Ét., 28 juill. 1865, él. dép. de Noroy-le-Bourg ; 10 juill. 1866, él. mun. de Claix ; 11 août 1866, él. mun. de Nersac ; 13 déc. 1871, él. mun. d'Aubusson.)

Mais lorsqu'il y a contestation sur l'identité des bulletins représentés et que la majorité a pu se trouver déplacée, les opérations électorales doivent être annulées. (C. d'Ét., 10 août 1866, él. mun. de Prunelli-di-Fiumorbo.)

---

[1] Quand la négligence n'a exercé aucune influence sur le résultat, il n'y a pas lieu de s'y arrêter. (C. d'Ét., 20 juill. 1853, él. mun. de Bisping ; 5 août 1861, él. mun. de Saint-Pé ; 17 déc. 1862, él. mun. de Castera Verduzan ; 2 août 1866, él. mun. de Dormans ; 7 août 1875, él. mun. de Chor.

Art. 8. — *Proclamation du résultat et incinération des bulletins valables.*

45. — L'article 31 du décret réglementaire dispose en ces termes : « Immédiatement après le dépouillement, le résultat « du scrutin est rendu public, et les bulletins autres que ceux « qui, conformément aux articles 16 et 30, doivent être annexés « au procès-verbal, sont brûlés en présence des électeurs. » L'article 43 de la loi du 5 mai 1855 contient la même disposition.

Si le résultat n'avait pas été proclamé immédiatement après le dépouillement, il pourrait en résulter une cause de nullité. Le Conseil d'État a annulé des opérations dans une espèce où la proclamation n'avait été connue qu'à la suite d'une délibération prise par le bureau, plusieurs jours après le dépouillement, du scrutin et l'incinération des bulletins. (C. d'Ét., 17 avril 1861, él. mun. de Saint-Nexant.)

46. — L'incinération des bulletins valables et non contestés est prescrite par la loi, afin de garantir le secret du vote.

Cette opération doit avoir lieu immédiatement après le dépouillement. Toutefois, l'incinération tardive n'est pas une cause de nullité, si le secret du vote n'a pas été violé (C. d'Ét., 27 août 1840, él. d'arr. d'Aillant-sur-Tholon). Il en est de même de celle qui serait faite avant la fin du dépouillement, alors que les scrutateurs étaient d'accord sur le résultat, et qu'aucun bulletin n'avait donné lieu à contestation. (C. d'Ét., 18 juin 1866, él. mun. d'Eyragues.)

D'ailleurs, les bulletins doivent être brûlés en présence des électeurs. Mais l'incinération accomplie hors leur présence, ne vicie non plus l'élection, si nulle fraude n'a été commise. (C. d'Ét. 15 mai 1837, él. mun. de Clairvaux ; 28 mai 1862, él. mun. de Grenade ; 27 juill. 1866, él. mun. de Montels.)

Jugé aussi qu'il n'y avait pas lieu de s'arrêter à un grief tiré de l'incinération des bulletins hors de la salle, si celle-ci n'avait ni poêle ni cheminée, et alors que les bulletins avaient été brûlés immédiatement après le vote, en présence de témoins. (C. d'Ét., 1er juin 1866, él. mun. de Fallencourt.)

L'omission même de l'incinération n'entraîne pas la nullité du scrutin, lorsqu'il n'a pas été porté atteinte au secret du vote. (C. d'Ét., 7 novembre 1872, él. mun. de Margouët-Meymes.)

47. — Après l'incinération, si aucune contestation ne s'est élevée au sujet de l'attribution des bulletins, il n'est plus possible de réclamer utilement à cet égard, puisqu'il n'a plus de moyen de contrôle. (C. d'Ét., 17 avril 1861, él. mun. d'Eysus ; 3 mai 1866, él. mun. de la Caule-Sainte-Beuve; 3 juill. 1866, él. mun. de Terranova ; 9 mai 1875, él. mun. de Neuvic ; 6 août 1875, él. mun. de Bachas ; 26 nov. 1875, él. mun. de Maillé ; 3 déc. 1875, él. mun. de Grandviliers ; 18 févr. 1876, él. mun. d'Auray ; 27 avril 1877, él. de l'adj. de Citey.)

DISSOLUTION.

§ 1. — Chambre des députés (n. 1 et 2).
§ 2. — Conseils généraux (n. 3).
§ 3. — Conseils d'arrondissement (n. 4).
§ 4. — Conseils municipaux (n. 5 et 6).

§ 1. — Chambre des députés.

1. — La dissolution de la Chambre des députés peut être prononcée par le président de la République, avec l'assentiment du Sénat. C'est ce que porte l'article 5 de la loi du 25 février 1875, relative à l'organisation des pouvoirs publics : « Le Président « de la République peut, sur l'avis conforme du Sénat, dissoudre « la Chambre des députés avant l'expiration légale de son « mandat. » Le même article ajoute : « En ce cas, les colléges « électoraux sont *convoqués* pour de nouvelles élections, dans « le délai de trois mois. » Le mot *convoqués* nous paraît devoir être pris ici dans le sens de *réunis*; l'intervalle de vingt jours prescrit entre la promulgation du décret de dissolution et l'ouverture des colléges se trouve compris dans le délai de trois mois. (*Voir* v° CONVOCATION, n° 5.)

2. — Le Président de la République possède en outre le droit d'ajourner les chambres, dans le cours d'une session. Cette attribution lui est conférée par l'article 2 de la loi du 16 juillet 1875, concernant les rapports des pouvoirs publics. Le paragraphe 2 de cet article est ainsi conçu : « le Président peut « ajourner les chambres. Toutefois, l'ajournement ne peut excé- « der le terme d'un mois, ni avoir lieu plus de deux fois dans « la même session. »

§ 2. — Conseils généraux.

3. — Le Président de la République est investi également du droit de dissoudre, pour des causes spéciales, un conseil général. Mais des règles différentes sont tracées, quant à l'exercice de ce pouvoir, suivant que la dissolution est prononcée pendant la réunion des chambres ou dans l'intervalle de leurs sessions. Dans le premier cas, il doit en être référé aux Chambres dans le plus bref délai; la date de la nouvelle élection est fixée par une loi, laquelle décide en même temps si la commission départementale sera conservée, ou si le gouvernement sera autorisé à en nommer provisoirement une autre. Dans le second, le décret même de dissolution doit convoquer les électeurs pour le quatrième dimanche qui suit sa date. Le nouveau conseil se réunit de plein droit le deuxième lundi après l'élection et désigne les membres de sa commission départementale. (Art. 35 et 36 de la loi du 10 août 1871.)

§ 3. — Conseils d'arrondissement.

4. — Aux termes de l'article 6 de la loi du 7 juillet 1852, « la dissolution des conseils d'arrondissement peut-être pro- « noncée par le Président de la République. En ce cas, il est « procédé à une nouvelle élection, avant la session annuelle et « au plus tard dans le délai de trois mois, à compter du jour « de la dissolution. »

§ 4. — Conseils municipaux.

5. — Le droit de dissolution et le droit de suspension, relativement aux conseils municipaux, sont attribués à des autorités différentes. Aux termes de l'article 13 de la loi du 5 mai 1855, ces conseils peuvent être suspendus par le préfet ; mais la dissolution n'en peut être prononcée que par le chef du pouvoir exécutif. La durée de la suspension que le préfet a la faculté d'ordonner est limitée à deux mois ; le ministre de l'intérieur peut la prolonger pendant une année.

6. — Dans le cas de suspension, comme dans celui de dissolution, le conseil municipal est remplacé par une commission qui en exerce les fonctions. Les membres en sont, dans le premier cas, désignés par le préfet. Dans le cas de dissolution, la commission est nommée par le Président de la République, s'il s'agit d'un chef-lieu de département, d'arrondissement ou de canton, ou bien d'une commune ayant au moins trois mille habitants ; pour les autres communes, la nomination est faite par le préfet. Le nombre des membres de la commission ne peut être inférieur à la moitié des membres du conseil municipal. (Même art. 13.)

D'ailleurs l'article 22 de la loi du 24 juillet 1867, dispose « que la commission nommée en cas de dissolution d'un conseil « municipal, conformément à l'article 13 de la loi du 5 mai 1855, « peut être maintenue en fonctions pendant trois ans. »

Notons que ce délai de trois ans est un délai maximum, que l'administration peut toujours restreindre lorsqu'elle le juge à propos. (C. d'Ét., 10 juill. 1874, él. mun. d'Ajaccio.)

DISTRIBUTION DE BULLETINS ET CIRCULAIRES.

Voir v^{is} Circulaires, et Vote, art. 3.

DOMESTIQUES (Empêchements concernant les)

Voir v° Incompatibilité, n°s 26 à 28.

DOMICILE.

Voir v^{is} Liste électorale, art. 1er, et Éligibilité, art. 1er, § 1 ; art. 2, § 1, et art. 3, § 1.

DROITS POLITIQUES.

Voir v° INCAPACITÉ.

ÉLECTEUR.

ART. 1er. — CONDITIONS REQUISES POUR LA QUALITÉ D'ÉLECTEUR (n. 1.)
    § 1. — Qualité de Français (n. 2 à 6).
    § 2. — Âge de vingt et un ans (n. 7 et 8).
    § 3. — Jouissance des droits civils et politiques (n. 9).
ART. 2. — EXERCICE DU DROIT ÉLECTORAL (n. 10 et 11).

ART. 1er. — *Conditions requises pour la qualité d'électeur.*

1. — Les conditions exigées pour la qualité d'électeur sont déterminées par l'article 12 du décret organique de 1852, qui est ainsi conçu : « Sont électeurs, sans condition de cens, tous « les Français âgés de vingt et un ans accomplis, jouissant de « leurs droits civils et politiques. » Ainsi, les conditions requises sont : 1° la qualité de Français ; 2° l'âge de vingt et un ans ; 3° la jouissance des droits civils et politiques.

Cette disposition, confirmée par l'article 5 de la loi du 7 juillet 1874, s'applique à toutes les sortes d'élections. (Art. 3 de la loi du 7 juill. 1852 et art. 7 de la loi du 5 mai 1855.)

§ 1. — Qualité de Français.

2. — La qualité de Français résulte, suivant les règles du droit civil, soit de la naissance, soit de la naturalisation.

3. — Sont Français par droit de naissance, l'enfant légitime né d'un père français, même en pays étranger, et l'enfant naturel né d'une mère française ou d'un père français qui l'a reconnu légalement. (Art. 10, Code civil.)

Cette qualité est attribuée de même à l'individu né en France d'un étranger, qui, dans l'année de sa majorité, a réclamé cette qualité et établi son domicile en France (art. 9, Code civil); de même encore, à l'enfant né en pays étranger d'un Français qui a perdu cette qualité, si les mêmes conditions ont été remplies. (Art. 10, Code civil.)

Une loi du 22 mars 1849 a étendu le bénéfice de la nationalité à l'individu né en France d'un étranger, et qui fait la déclaration prescrite par l'article 9 du Code civil, même après l'année qui suit l'époque de sa majorité, lorsqu'il se trouve dans un de ces deux cas : « 1° S'il sert ou s'il a servi dans les « armées françaises de terre ou de mer ; 2° s'il a satisfait à la « loi du recrutement, sans exciper de son extranéité [1]. »

Une autre loi du 7 février 1851 est allée plus loin dans cette voie : elle fait résulter la qualité de Français, pour l'individu né en France d'un étranger, qui lui-même y était né, du défaut de réclamation, dans un certain délai, de la qualité d'étranger. L'article 1er de cette loi porte : « Est Français tout individu né « en France d'un étranger qui lui-même y est né, à moins que « dans l'année qui suivra l'époque de sa majorité, telle qu'elle « est fixée par la loi française, il ne réclame la qualité d'étran- « ger par une déclaration faite, soit devant l'autorité munici- « pale du lieu de sa résidence, soit devant les agents diploma- « tiques ou consulaires accrédités en France par le gouverne- « ment étranger. » L'article 2 de la même loi autorise les enfants d'un étranger naturalisé, à réclamer la qualité de Français, quel que soit le lieu de leur naissance. A ce sujet, il établit une distinction : si les enfants étaient mineurs, lors de leur naturalisation, ils doivent se conformer à l'article 9 du Code civil ; s'ils étaient majeurs, leur réclamation doit avoir lieu dans l'année qui suit celle de la naturalisation de leur père.

4. — Quant à la naturalisation, elle peut être acquise par l'étranger qui a obtenu du gouvernement l'autorisation d'établir

---

[1] Mais on ne devrait pas considérer comme Français l'individu né en France d'un étranger, s'il n'a pas fait la déclaration prescrite par l'article 9 du Code civil, bien qu'il justifie avoir servi dans les armées françaises, et que par conséquent, en vertu de la loi du 22 mars 1849, il ait pu, même après l'année qui a suivi l'époque de sa majorité, faire cette déclaration. (C. C., ch. req., 12 avril 1875, rejet (Lowinsky), *Sirey*, 1875, I. 375.)

en France son domicile, conformément à l'article 13 du Code civil, et qui continue à y résider pendant un certain temps. Fixé à dix années par la loi du 3 décembre 1849, le délai de résidence a été réduit à trois ans par celle du 29 juin 1867. Il peut même être limité à un an, à raison de services exceptionnels.

5. — La qualité de Français peut d'ailleurs se perdre dans les cas prévus par les articles 17 et 21 du Code civil [1].

6. — Quelles sont les preuves admises pour établir la nationalité? La jurisprudence tire du fait de la naissance en France, lorsqu'il est justifié, une présomption suffisante de la possession de la qualité de Français, présomption qui n'est détruite que par la preuve contraire. En conséquence, la nationalité peut être prouvée par tout acte mentionnant la naissance en France, particulièrement par la production d'un extrait du registre des actes de naissance (C. C., ch. req., 11 mars 1863, cassation (Lecomte), *Dalloz*, 1863, I, 137); — d'un livret d'ouvrier (16 mars 1863, cassation (Aybram); 18 mars 1863, cassation (Lenormand) ; 30 mars 1863, cassation (David et Goumy), *Dalloz*, 1863, I, 136 et 137; 13 juin 1864, cassation (Labre), *Dalloz*, 1864, I, 239); — d'un acte de mariage (30 mars 1863, cassation (Vibert);— d'un contrat de mariage (23 mars 1863, cassation (Vieillard), *Dalloz*, 1863, I, 137); d'un certificat de libération du service militaire (24 mars 1863, cassation (Blanchet), *Dalloz*, 1863, I, 137.)

Il a été jugé que dans le cas où la naissance en France n'est pas contestée, il n'est pas nécessaire de désigner la commune où elle a eu lieu. (C. C. ch. req., 16 mars 1863, cassation (Fetizon), *Dalloz*, 1863, I, 138.)

---

[1] En 1844, la Chambre a décidé que la disposition de l'article 21, privant de la qualité de Français tout citoyen qui, sans l'autorisation du gouvernement, prend du service militaire à l'étranger, s'applique seulement aux engagements pris dans des conditions telles que le Français pourrait se trouver astreint à faire un service contraire à ses devoirs envers la France (Ch. des dép., 12 janv. 1844, cl. de M. Seyès, *Mon.* du 13, p. 60). Mais en 1876, à l'occasion de l'élection du prince de Lucinge, cette restriction n'a pas été admise. 29 mai 1876, *J. off.* du 30, p. 3687.)

§ 2. — Age de vingt et un ans.

7. — Aux termes de l'article 13 du décret organique, l'âge de vingt et un ans doit être atteint avant la clôture définitive de la liste électorale, qui a lieu le 31 mars de chaque année. Cette disposition est reproduite par l'article 5 de la loi du 7 juillet 1874.

8. — La preuve de l'âge est fournie, ordinairement, au moyen de l'acte de naissance. Pour faciliter cette justification, l'article 24 du même décret dispose, en ces termes : « Les extraits des « actes de naissance nécessaires pour établir l'âge des électeurs « sont délivrés gratuitement, sur papier libre, à tout réclamant. « Ils portent en tête de leur texte l'énonciation de leur desti-« nation spéciale et ne peuvent servir à aucune autre. »

Cependant, l'acte de naissance peut être suppléé par d'autres pièces probantes, telles que l'acte de mariage (C., C. ch. req., 30 mars 1863, cassation (Vibert), *Dalloz*, 1863, I, 137) ; le contrat de mariage (23 mars 1863, cassation (Vieillard), *Dalloz*, 1863, I, 137); ou un livret d'ouvrier (18 mars 1863, cassation (David), *Dalloz*, 1863, I, 137 ; 30 mars 1863, cassation (Goumy), *Dalloz*, 1863, I, 137.)

Mais le serment ne serait pas admis comme moyen de justification. (C. C., ch. req., 23 novembre 1874, cassation (Pantalucci), *Dalloz*, 1875, I, 75.)

La force probante attachée aux pièces et certificats produits, est laissée à l'appréciation du juge. (*Voir* v$_0$ CASSATION, n° 23.)

§ 3. — Jouissance des droits civils et politiques.

9. — La jouissance des droits civils et politiques appartient à tous ceux qui ne se trouvent dans aucun des cas d'incapacité prévus par la loi. Ainsi la capacité est la règle, et l'incapacité l'exception. (*Voir* v° INCAPACITÉ.)

ART. 2. — *Exercice du droit électoral.*

10. — Pour exercer le droit de suffrage, il ne suffit pas de réunir les conditions exigées pour la qualité d'électeur; il faut

encore être inscrit sur la liste électorale de la commune où l'on entend voter. Bien plus, l'inscription dont il s'agit est la seule condition imposée à cet effet. (*Voir* v° Vote, art. 2.)

On verra v° Liste, n°ˢ 19 à 22, les conditions particulières imposées pour l'exercice du droit de vote, concernant les militaires.

En ce qui touche les contestations auxquelles peut donner lieu l'inscription, *Voir* v° Réclamations, n°ˢ 2 à 5.

11. — L'exercice du droit électoral confère-t-il à l'électeur un caractère public? Les électeurs, en exerçant leur droit, font sans nul doute acte de la vie publique; mais ils ne cessent pas pour cela d'agir à titre particulier.

C'est une question controversée que celle de savoir quelles sont les personnes qui sont réputées avoir un caractère public. Un arrêt de la Cour de Paris du 31 mars 1843 porte que « ceux-là seuls peuvent être considérés comme dépositaires ou « agents de l'autorité publique, ou comme investis d'un carac- « tère public, qui, par délégation médiate ou immédiate du « gouvernement, exercent dans un intérêt public une por- « tion de son autorité, ou font exécuter ses ordres » (Dalloz, *Rép. gén.*, v° Presse, n° 907, note 2). La cour de Montpellier, par un arrêt plus récent, a admis également que « le caractère pu- « blic n'est autre que l'exercice à un titre quelconque de l'auto- « rité publique; ceux-là seuls peuvent en être considérés comme « les dépositaires ou les agents qui, par délégation médiate ou « immédiate du gouvernement, exercent dans un intérêt public « une portion de son autorité, ou font exécuter ses ordres. » (C. Montpellier, 14 juill. 1873 (Colomès), *Dalloz*, 1874, II, 31. *Voir* v° Infraction, n° 19.)

Quoi qu'il en soit, la Cour de Cassation a décidé que le carac- tère public n'existe pas pour les électeurs. Elle s'est fondée sur ce qu' « ils prennent part à l'élection en vertu d'un droit qui « leur est propre, qui dérive de leur seule qualité de Français, « habilité de certaines conditions d'âge et d'identité, et qu'il

« est vrai de dire que, pour agir en qualité de citoyens, ils n'en
« agissent pas moins comme simples particuliers. » (C. C., ch.
crim., 28 juill. 1876, rejet (Génébrier), *Dalloz*, 1877, I, 41 ;
Voir aussi *Dalloz, Rép. gén.*, v° PRESSE, n° 1528.)

Mais il en est différemment pour les électeurs sénatoriaux.
Ceux-ci doivent être considérés comme étant temporairement
revêtus d'une fonction publique. (*Voir* v° SÉNAT, n° 42).

ÉLIGIBILITÉ.

1. — L'éligibilité consiste dans la réunion des conditions
déterminées par la loi. Ces conditions sont fixées, en ce qui regarde les élections à la Chambre des députés, par le décret organique du 2 février 1852 et la loi du 30 novembre 1875 ; en ce
qui regarde les élections aux conseils généraux et d'arrondissement, par le décret du 3 juillet 1848 et la loi du 10 août 1871 ;
en ce qui touche les élections municipales, par la loi du 5 mai
1855 et celle du 14 avril 1871.

On verra v° RÉCLAMATIONS quelles sont les autorités compé-
tentes pour statuer en pareille matière.

Art. 1ᵉʳ. — *Élections à la Chambre des députés.*

§ 1. — Conditions d'éligibilité.

A. — Électorat-âge.

2. — L'article 6 de la loi du 30 novembre 1875 est ainsi conçu : « Tout électeur est éligible, sans condition de cens, à « l'âge de vingt-cinq ans accomplis.» L'article 26 du décret organique de 1852 contenait une disposition analogue.

3. — L'éligibilité est attribuée aux électeurs indépendamment de toute inscription ; d'où il suit que le temps de résidence nécessaire pour l'inscription ne leur est pas imposé. (24 déc. 1869, él. de M. Esquiros, *J. off.* du 25, p. 1713.)

Mais ils doivent satisfaire à toutes les conditions exigées pour l'électorat. (*Voir* vᵒ ÉLECTEUR, art. I.)

4 — La condition d'âge imposée par l'article 6 précité doit avoir été remplie au jour de l'élection, et non pas seulement au jour de la vérification des pouvoirs. (Corps légis., 3 déc. 1857, él. de M. de Cambacérès, *Mon.* du 5, p. 1332.)

L'étranger, pour devenir éligible, doit acquérir la qualité de Français par la naturalisation. (Loi du 24 juill. 1867.) Celle-ci produit son effet à partir du jour où le décret qui la confère est inséré au *Bulletin des lois.* (Corps légis., 19 nov. 1863, él. de M. Welles de Lavalette, *Mon.* du 20, p. 1391 et 1392.)

5. — La justification de l'âge doit être faite, autant que possible, au moyen de la production de l'acte de naissance ou d'un acte équivalent. A défaut de ces documents, on admet d'autres modes de preuves, qui présentent un certain caractère d'authenticité. (Corps légis., 2 avril, 1852, él. de M. Dauzat-Dembarère, *Mon.* du 6, p. 551.)

La même règle est suivie pour la preuve de la nationalité. Il a été reconnu qu'elle peut résulter du fait de l'exercice de fonctions publiques en France. (Corps légis., 11 nov. 1863, él. de M. Campaigno, *Mon.* du 12, p. 1340.)

B. — Militaires.

6. — L'inéligibilité des militaires et marins a été établie par l'article 7 de la loi de 1875, lequel dispose, en ces termes : « Aucun militaire ou marin faisant partie des armées actives de « terre ou de mer ne pourra, quels que soient son grade ou ses « fonctions, être élu membre de la Chambre des députés. » Quelques exceptions néanmoins ont été admises. Le même article ajoute en effet : « Cette disposition s'applique aux mili- « taires et marins en disponibilité ou en non-activité, mais elle « ne s'étend ni aux officiers placés dans la seconde section du « cadre de l'état-major général, ni à ceux qui, maintenus dans « la première section comme ayant commandé en chef devant « l'ennemi, ont cessé d'être employés activement, ni aux offi- « ciers qui ayant des droits acquis à la retraite, sont envoyés « ou maintenus dans leurs foyers en attendant la liquidation de « leur pension. La décision par laquelle l'officier aura été admis « à faire valoir ses droits à la retraite deviendra, dans ce cas, « irrévocable. »

Sont encore exceptés, suivant la disposition finale de cet article, ceux qui font partie de la réserve de l'armée active ou de l'armée territoriale.

C. — Fonctionnaires.

7. — Certains fonctionnaires ne peuvent être élus députés dans l'étendue de la circonscription où s'exercent leurs fonc- tions, et avant qu'il se soit écoulé un délai de six mois depuis qu'ils ont cessé de les remplir. Cette prohibition est fondée sur l'influence que leur donne leur position, et dont ils pourraient facilement abuser.

L'article 12 de la loi du 30 novembre 1875 porte à ce sujet : « 1° *Ne peuvent être élus* par l'arrondissement ou la colonie com- « pris en tout ou en partie dans leur ressort, pendant l'exercice « de leurs fonctions et pendant les six mois qui suivent la cessa- « tion de leurs fonctions, par démission, destitution, changement

« de résidence ou de toute autre manière, les premiers présidents,
« les présidents et les membres des parquets des cours d'ap-
« pel ; 2° les présidents, les vice-présidents, les juges titulaires,
« juges d'instruction et les membres des parquets des tribu-
« naux de première instance ; 3° le préfet de police, les préfets
« et les secrétaires généraux de préfectures, les gouverneurs,
« directeurs de l'intérieur et secrétaires généraux des colonies ;
« 4° les ingénieurs en chef et d'arrondissement ; les agents
« voyers en chef et d'arrondissement ; 5° les recteurs et inspec-
« teurs d'académie ; 6° les inspecteurs des écoles primaires ;
« 7° les archevêques, évêques et vicaires généraux ; 8° les tré-
« soriers-payeurs généraux et les receveurs particuliers des
« finances ; 9° les directeurs des contributions directes et indi-
« rectes, de l'enregistrement, des domaines et des postes ;
« 10° les conservateurs et inspecteurs des forêts. — Les sous-
« préfets ne peuvent être élus dans aucun des arrondissements
« du département où ils exercent leurs fonctions. »

8. — Les causes d'inéligibilité qui viennent d'être énumérées, sont établies d'une manière limitative. Par suite on ne
peut considérer comme inéligible le membre du conseil d'arrondissement qui, sur l'invitation du préfet, a administré pendant
quelques semaines une sous-préfecture, jusqu'au remplacement
du sous-préfet. (Ass. nat., 21 juill. 1871, él. de l'Hérault, *J.off.*
du 22, p. 2147.)

L'inégibilité résultant de l'article 12, paragraphes 5 et 6, ne
saurait non plus être étendue aux inspecteurs généraux de l'Uni-
versité. (Ch. des dép., 16 mars 1876, él. de M. Rendu, *J. off.*
du 16, p. 1838.)

Relativement aux fonctions incompatibles avec le mandat de
député, *voir* v° INCOMPATIBILITÉ.

§ 2. — Causes d'indignité.

9. — D'après l'article 27 du décret organique de 1852, sont
déclarés indignes d'être élus, les individus désignés aux articles 15 et 16 de la présente loi.

Ces articles énumèrent les différentes causes d'incapacité électorale, lesquelles proviennent, soit de certaines condamnations pénales, soit de l'état d'interdit ou de failli (*voir* v° INCAPACITÉ). On verra également sous ce mot, article 4, par quelles circonstances cette indignité peut prendre fin.

10. — L'exclusion étant limitée, il n'est pas permis de l'étendre à des cas non prévus par le décret. Ainsi le droit d'éligibilité ne peut être refusé à l'individu condamné à la peine de l'emprisonnement pour port illégal de la croix de la Légion d'honneur. (Corps légis., 28 févr. 1859, él. de M. Migeon, *Mon.* du 2 mars, p. 241.)

11. — Doit-on considérer comme inéligibles ceux pour qui le droit de vote est suspendu, par application de l'article 18 du décret réglementaire de 1852? Nous pensons qu'à défaut d'un texte exprès de la loi, l'indignité ne peut les atteindre.

ART. 2. — *Élections départementales et d'arrondissement.*

§ 1. — Conditions d'éligibilité.

A. — Électorat-âge.

12. — Les conditions d'éligibilité pour les conseils généraux sont déterminées par l'article 6 de la loi du 10 août 1871, qui est ainsi conçu : « Sont éligibles au conseil général tous les « citoyens inscrits sur une liste d'électeurs ou justifiant qu'ils « y devaient être inscrits avant le jour de l'élection, âgés de « vingt-cinq ans accomplis, qui sont domiciliés dans le dépar- « tement, et ceux qui, sans y être domiciliés, y sont inscrits au « rôle d'une des contributions directes au 1er janvier de l'année « dans laquelle se fait l'élection, ou justifient qu'ils y devaient « être inscrits à ce jour, ou ont hérité depuis la même époque « d'une propriété foncière dans le département. Toutefois, le « nombre des conseillers généraux non-domiciliés ne pourra

« dépasser le quart du nombre total dont le conseil doit être
« composé [1]. »

Pour l'élection des membres des conseils d'arrondissement,
des conditions analogues ont été fixées par l'article 14 du
décret du 3 juillet 1848 : « Sont éligibles aux conseils d'ar-
« rondissement, dit-il, les électeurs âgés de vingt-cinq ans au
« moins, domiciliés dans l'arrondissement, et les citoyens ayant
« atteint le même âge, qui, sans y être domiciliés, y payent une
« contribution directe. »

13. — L'électorat et l'âge de vingt-cinq ans sont prescrits
pour les membres des conseils généraux et d'arrondissement
comme pour ceux de la Chambre des députés. Cet âge doit de
même être atteint au jour de l'élection. (C. d'Ét., 31 janv. 1856,
él. d'Evisa.)

Si un candidat n'est devenu Français que par le bénéfice d'un
décret rendu postérieurement à son élection, celle-ci n'est pas
valable. (C. d'Ét., 28 juill. 1869, él. de Roubaix.)

B. — Candidats non domiciliés.

14. — Comme les conseils sont appelés à régler des intérêts
locaux, les dispositions précitées n° 12, des lois de 1871 et de
1848 exigent que le candidat, à défaut de domicile, paye une
contribution directe dans le département ou l'arrondissement.

Il y a lieu de remarquer que le nombre des membres non-
domiciliés du conseil d'arrondissement n'est pas limité comme
celui des membres non-domiciliés du conseil général.

Si à une époque où le conseil général comptait le quart de
ses membres non-domiciliés, une élection était faite d'un

---

[1] Lorsque le nombre des conseillers non-domiciliés dépasse le quart du
conseil, ce dernier détermine, en séance publique, et par la voie du sort,
celui ou ceux des membres dont l'élection doit être annulée (art. 17,
L. 31 juill. 1875, relative à la vérification des pouvoirs des conseils généraux). Si une question préjudicielle s'élève sur le domicile, le conseil général surseoit, et le tirage au sort est fait par la commission départementale, pendant l'intervalle des sessions.

autre membre se trouvant dans le même cas, celle-ci devrait être annulée. (C. d'Ét., 23 mars 1870, él. de Vivône ; 30 mars 1870, él. de Varilhes.)

15. — Celui qui a hérité d'une propriété foncière dans le département ou l'arrondissement, se trouve dans la même situation que celui qui est inscrit au rôle, attendu qu'il est redevable de l'impôt. Cette assimilation, établie par l'article 6 précité de la loi de 1871, était reconnue antérieurement par la jurisprudence. (C. d'Ét., 5 mai 1865, el. de Saint-Symphorien ; 4 févr. 1869, él. de Tarbes.)

Depuis lors, le Conseil d'État a également admis que le candidat qui avait la jouissance légale de propriétés foncières dont son fils mineur avait hérité antérieurement à l'époque de l'élection, se trouvait remplir la condition prévue par l'article 6 de la loi. (C. d'Ét., 10 nov. 1876, él. dép. de Saint-Félicien.)

16. — D'un autre côté, sous l'empire de la loi du 3 juillet 1848, applicable avant 1871 aux élections départementales comme à celles d'arrondissement, le Conseil d'État avait posé en principe que les citoyens inscrits au moment de l'élection sur les rôles *légalement établis*, devaient seuls être considérés comme payant une contribution directe (C. d'Ét., 28 mai 1862, él. dép. de Cuers) ; et qu'en conséquence, la condition de payement d'une contribution ne se trouvait pas remplie dans le cas où un candidat qui n'était pas porté au rôle aurait, dans l'année où les élections ont eu lieu, acquis une propriété et fait la déclaration de mutation, à la suite de laquelle il aurait été porté sur le rôle de l'année suivante. (C. d'Ét., 20 mai 1868, él. dép. de Metz.)

Il avait été jugé de même que l'on ne devait pas considérer comme éligible : 1° le citoyen non inscrit au rôle par voie de mutation de cote qui ne justifiait pas qu'avant le 1er janvier de l'année des élections, il fut porteur d'un acte d'acquisition ayant date certaine (C. d'Ét., 23 mars 1870, él. dép. de Saint-Pierre-Église) ; 2° le citoyen non inscrit au rôle, qui s'était rendu acquéreur d'une propriété deux mois avant l'élection, et s'était engagé par une stipulation du contrat à acquitter l'impôt (C. d'Ét., 9 mars 1870, él. dép. de Larches et de Cormeilles); 3° le citoyen qui avait acquis une propriété dans l'année précédant l'élection, s'il n'avait pas formé en temps utile, devant l'autorité compétente, une demande en mutation de cote. (C. d'Ét., 24 juin 1870, él. dép. de Plaisance.)

En un mot, d'après la jurisprudence, l'éligibilité n'était reconnue qu'à celui à qui incombait l'obligation de l'impôt, qui en était réellement tenu vis-à-vis du Trésor. Cette doctrine a été formellement consacrée par l'article 6 précité de la loi du 10 août 1871, relative aux élections départementales. (*Voir suprà*, n° 12.)

Depuis lors, il a été admis en matière d'élections au conseil d'arrondissement, et conformément à l'interprétation donnée précédemment au décret du 13 juillet 1848, qui reste applicable à ces sortes d'élections, que l'engagement pris par un individu qui ne payait aucune contribution dans l'arrondissement au commencement de l'année, d'acquitter l'impôt afférent à une propriété acquise par lui, ne saurait équivaloir à une inscription régulière au rôle des contributions directes. (C. d'Ét., 28 mai 1872, él. d'arr. de Fanjaux; *Voir infrà*, n° 26, v° LISTE, n° 3 et v° RÉCLAMATION, n° 11.)

C. — Fonctionnaires.

17. — Certaines fonctions sont une cause d'inéligibilité au conseil d'arrondissement dans toute la France (il en est parlé n°ˢ 17 à 19); d'autres fonctions mettent obstacle, dans la circonscription où elles s'exercent, à l'éligibilité au conseil général (*voir* n° 20) et au conseil d'arrondissement (n° 21).

Aux termes de l'article 14 de la loi du 3 juillet 1848, l'élection au conseil d'arrondissement demeure régie par l'article 5 de la loi du 22 juin 1833. Suivant ce texte, ne peuvent être nommés : « 1° les préfets, sous-préfets, secrétaires géné-« raux et conseillers de préfecture; 2° les agents et comptables « employés à la recette, à la perception ou au recouvrement

« des contributions, et au payement des dépenses publiques de
« toute nature. »

Il est hors de doute, d'après cette disposition, que tous préposés quelconques à la recette ne peuvent être membres du
conseil d'arrondissement. Il en est ainsi notamment pour
les receveurs de l'enregistrement (C. d'Ét., 6 juin 1834,
Chardoillet); pour les receveurs entreposeurs des tabacs (C.
d'Ét., 19 juillet 1843, él. d'arr. d'Embrun); pour les conservateurs des hypothèques (C. d'Ét., 7 août 1843, de Ribiers);
pour les receveurs buralistes. (C. d'Ét., 26 janv. 1865, él. de
Lembeye).

On ne saurait toutefois appliquer l'inéligibilité au fonctionnaire qui supplée temporairement les agents préposés à la
recette. (C. d'Ét., 13 août 1840, Soliniac.)

Mais que décider relativement aux agents préposés à l'assiette de l'impôt, tels que les contrôleurs, inspecteurs ou directeurs des contributions directes, et à ceux préposés à la vérification où à la surveillance des comptables, comme les vérificateurs, inspecteurs ou directeurs de l'enregistrement? Le Conseil
d'État avait admis d'abord que l'empêchement ne s'appliquait
pas à cette catégorie d'agents (C. d'Et., 13 août 1840, aff. Lasale, Behaghel, et Soliniac); mais il n'a pas tardé à reconnaître
que les raisons de haute convenance et de bonne administration qui ont fait établir le principe de l'inéligibilité en cette
matière, existent aussi bien pour ces fonctionnaires que pour
les comptables proprement dits. Aussi a-t-il jugé depuis que
l'inéligibilité s'applique aux fonctionnaires dont il s'agit, particulièrement au contrôleur des contributions directes (C. d'Ét.,
6 mars 1846, Behaghel); au directeur de l'enregistrement (C.
d'Ét., 5 juin 1846, Garnier); au directeur des postes. (C. d'Ét.,
15 août 1850, Calmès.)

On s'est demandé encore si l'exclusion écrite dans la loi
atteignait les directeurs généraux et chefs de service des administrations financières, dont l'action s'exerce sur toute l'étendue
du territoire français. Le Conseil d'État a décidé que la dispo-

sition de l'article 5 de la loi de 1833 ne concernait pas le directeur général des tabacs. Cette solution est fondée sur ce que ce fonctionnaire n'avait dans ses attributions ni la vente des tabacs dans les entrepôts et les bureaux de débit, ni la surveillance qu'elle exige, et ne gouvernait pas le personnel des entreposeurs et des débitants. (C. d'Ét., 13 janv. 1865, él. dép. de Faulquemont.) Il a jugé également que les fonctions de directeur général de l'enregistrement, des domaines et du timbre, ne rentraient pas dans la classe de celles visées par l'article 5 de la loi de 1833. (22 avril 1865, él. dép. de Romilly-sur-Seine.)

18. — Rappelons, d'ailleurs, que l'article 5 de la loi de 1833 ne se borne pas à énoncer le principe de l'incompatibilité entre le mandat de conseiller d'arrondissement et les fonctions qu'il détermine; il déclare que les fonctionnaires dont il s'agit ne *peuvent être nommés*. D'où il suit que le fait de leur démission après leur élection n'aurait pas pour effet d'effacer l'empêchement. (C. d'Ét., 29 janv. 1865, él. de Lembeye.)

19. — Mais l'inéligibilité résultant de cette disposition, s'applique-t-elle bien à toute la France? Le Conseil d'État a été appelé en 1843 à se prononcer sur cette question.

Il avait à examiner si les fonctions de receveur entreposeur des tabacs, exercées par un individu dans le département des Basses-Alpes, mettaient obstacle à son élection comme membre du conseil d'arrondissement dans celui des Hautes-Alpes. Le Conseil a statué affirmativement. (C. d'Ét., 19 juill. 1843, él. d'arr. d'Embrun [1].)

20. — La loi du 10 août 1871, dans son article 8, énumère une série de fonctionnaires qui, dans l'étendue de leur ressort, *ne peuvent être élus* membres du conseil général. Ainsi l'exclusion est pour eux limitée au territoire où s'exercent leurs fonctions. Le nombre de ces causes d'inéligibilité est plus grand que

---

[1] *Voir* dans le même sens le jugement du tribunal de Bourges, du 5 janvier 1834. (*Dalloz*, v° ORG. ADM., n° 174, note 2.)

celui qui était fixé par la loi de 1833, applicable antérieurement aux élections départementales.

L'article 8 déclare inéligibles : « 1° les préfets, sous-préfets, « secrétaires généraux et conseillers de préfecture dans le dé- « partement où ils exercent leurs fonctions ; 2° les procureurs « généraux, avocats généraux et substituts du procureur général « près les cours d'appel, dans l'étendue du ressort de la cour ; « 3° les présidents, vice-présidents, juges titulaires, juges « d'instruction et membres du parquet des tribunaux de pre- « mière instance, dans l'arrondissement du tribunal; 4° les juges « de paix dans leurs cantons; 5° les généraux commandant les « divisions ou les subdivisions territoriales, dans l'étendue de « leur commandement; 6° les préfets maritimes, majors géné- « raux de la marine et commissaires de l'inscription maritime, « dans les départements où ils résident ; 7° les commissaires « et agents de police dans les cantons de leur ressort; 8° les « ingénieurs en chef de département et les ingénieurs ordinaires « d'arrondissement, dans le département où ils exercent leurs « fonctions ; 9° les ingénieurs du service ordinaire des mines, « dans les cantons de leur ressort; 10° les recteurs d'acadé- « mie, dans le ressort de l'académie ; 11° les inspecteurs d'aca- « démie et les inspecteurs des écoles primaires, dans le dé- « partement où ils exercent leurs fonctions ; 12° les ministres « des différents cultes, dans les cantons de leur ressort; « 13° les agents et comptables de tout ordre, employés à l'as- « siette, à la perception et au recouvrement des contributions « directes ou indirectes, et au payement des dépenses publiques « de toute nature, dans le département où ils exercent leurs « fonctions; 14° les directeurs et inspecteurs des postes, des « télégraphes et des manufactures de tabac, dans le départe- « ment où ils exercent leurs fonctions; 15° les conservateurs, « inspecteurs et autres agents des eaux et forêts, dans les can- « tons de leur ressort; 16° les vérificateurs des poids et me- « sures, dans les cantons de leur ressort. »

Il est à remarquer que la disposition du paragraphe 13, relative aux agents et comptables, est plus étendue que celle qui figurait dans la loi antérieure. Elle comprend les agents et comptables de *tout ordre*, et notamment ceux employés à l'assiette de l'impôt; mais l'exclusion ne s'étend pas à toute la France, ainsi que cela a lieu pour les élections d'arrondissement.

21. — En ce qui regarde les conseils d'arrondissement, l'article 5 de la loi du 22 juin 1833, qui est resté en vigueur, n'admet qu'un nombre plus restreint d'empêchements de ce genre. Il déclare inéligibles : « 3° les ingénieurs des ponts et « chaussées et les architectes actuellement employés par « l'administration dans le département; 4° les agents forestiers « en fonction dans le département et les employés des bureaux « des préfectures et sous-préfectures. » Ces exclusions ne peuvent recevoir aucune extension par voie d'analogie.

Il s'agit ici, nous le répétons, non pas d'une inéligibilité absolue, mais simplement d'une inéligibilité relative; en sorte que les fonctionnaires dénommés aux numéros 3 et 4 de l'article 5, peuvent être nommés dans les départements autres que ceux où ils exercent leurs fonctions. Une application pure et simple de ce principe a été faite à un employé de préfecture, par ordonnance du 28 novembre 1834. (Aff. Fleury.)

Mais le fait d'une démission postérieure ne saurait avoir pour effet d'effacer l'empêchement.

Relativement aux incompatibilités, *voir* ce mot, article 2.

§ 2. — Causes d'indignité et d'incapacité.

22. — Les causes d'indignité concernant les députés sont également applicables aux conseillers généraux et d'arrondissement. (Art. 3, L. 7 juillet 1852.)

23. — Des lois nouvelles ont édicté en outre des incapacités spéciales.

La loi du 7 juin 1873 déclare *non rééligibles durant un an*, les membres des conseils généraux et d'arrondissement qui se trouvent dans le cas rappelé, v° DÉMISSION, n° 18.

Les articles 7 et 34 de la loi du 10 août 1871 contiennent deux causes d'exclusion particulière pour les conseillers généraux. Le premier article porte : « Ne peuvent être élus « au conseil général les citoyens qui sont pourvus d'un conseil « judiciaire. »

L'article 34 déclare exclus du conseil et inéligibles *durant trois années* les membres de ces assemblées condamnés par application de l'article 258 du Code pénal, pour avoir pris part à des délibérations illégales hors session.

ART. 3. — *Élections municipales.*

§ 1. — Conditions d'éligibilité.

A. — Électorat-âge.

24. — Aux termes de l'article 4, paragraphe 2, de la loi du 14 avril 1871, « Sont éligibles au conseil municipal d'une com- « mune, tous les électeurs âgés de vingt-cinq ans, réunissant « les conditions prévues par le paragraphe précédent, relatif à « l'électorat, sauf les cas d'incapacité et d'incompatibilité pré- « vus par les lois en vigueur et l'article 5 de la présente loi. » On ne saurait sous aucun prétexte exiger d'autres conditions.

25. — Il suffit que la condition d'âge soit remplie au jour de la nomination. (C. d'Ét., 10 juill. 1866, él. de Bourth.)

Les conditions relatives à l'électorat sont indiquées v° ÉLEC-TEUR.

26. — L'état d'imbécillité d'un candidat ne serait pas une cause d'inéligibilité ; l'interdiction seule aurait cet effet. (C. d'Ét., 9 déc. 1871, él. de Mazères.)

La loi n'établissant non plus aucune incapacité de siéger dans le conseil municipal, à l'égard des individus qui ne justi-fieraient pas d'un certain degré d'instruction, il s'ensuit que les électeurs ne sachant ni lire ni écrire sont éligibles. (C. d'Ét., 26 mars 1856, él. de Mont-Saint-Aignan ; 30 août 1861, él. de Clermont.)

B. — Candidats non-domiciliés.

27. — Le paragraphe 3 de l'article 4 de la loi de 1871 autorise la nomination du quart des membres du conseil municipal, sans la condition de domicile, pourvu que les élus non-domiciliés payent dans ladite commune une des quatre contributions directes. (C. d'Ét., 17 mars 1876, él. de Lebiez.)

L'héritier est assimilé au contribuable lui-même. Dès-lors, bien que la mutation de cote n'ait pas été faite à son nom, il doit être considéré comme payant une contribution dans le sens de la loi du 14 avril 1871. (C. d'Ét., 2 nov. 1871, él. de la Ferté-Imbault.)

La qualité de contribuable s'établit, sans aucun doute, par le fait de l'inscription à l'un des rôles, soit ordinaire, soit supplémentaire. (C. d'Ét., 6 août 1875, él. de Boulazac.)

Le Conseil d'État avait admis en outre que le payement de l'impôt suffisait, en dehors de toute inscription (C. d'Ét., 11 déc. 1871, él. de Verlhac-Tescon), et que l'inscription au rôle ne rendait pas éligible un candidat, si celui-ci avait cessé d'être propriétaire et n'était resté inscrit que faute par l'acquéreur d'avoir réclamé la mutation de cote. (C. d'Ét., 29 déc. 1871, él. de Sinard.)

Mais il n'a pas tardé à abandonner cette doctrine. Il a décidé au contraire que l'engagement pris par un acquéreur de payer l'impôt afférent à une propriété ne pouvait tenir lieu d'une inscription régulière; que cette convention ne suffisait pas pour que ledit acquéreur fut tenu à titre de contribuable de l'acquittement de la contribution vis-à-vis du Trésor public. (C. d'Ét., 18 juin 1872, él. de Doulon.)

L'inscription peut être réclamée dans les trois mois de la publication du rôle. Après ce délai la demande ne serait plus recevable. En conséquence, conformément à la nouvelle jurisprudence, on devrait considérer comme inéligible le citoyen non-domicilié qui, ayant acquis une propriété dans le courant de l'année précédente, n'aurait pas fait de déclaration à fins de mutation de cote avant la publication des rôles, et qui aurait omis également de demander son inscription au rôle dans les trois mois de la publication. (C. d'Ét., 23 juill. 1875, él. de Mirebel.)

Comme on le voit, la jurisprudence du Conseil d'État est conforme à celle admise en matière d'élection départementale et d'arrondissement. (*Voir suprà*, n°s 14 à 16.)

C. — Fonctionnaires.

28. — L'article 5 de la loi du 14 avril 1871 indique deux catégories de fonctionnaires inéligibles. Il porte : « Ne pour- « ront être élus membres des conseils municipaux : 1° les juges « de paix titulaires, dans les cantons où ils exercent leurs fonc- « tions ; 2° les membres amovibles des tribunaux de première « instance, dans les communes de leur arrondissement. »

Cette exclusion doit être strictement limitée aux cas prévus par la loi.

Touchant l'empêchement concernant les comptables, agents salariés, entrepreneurs, domestiques et indigents, *voir* v° In-compatibilité, n°s 13 à 20, et relativement à l'exclusion résultant de la parenté ou de l'alliance, *voir* même mot n°s 23 à 29.

Voir également n° 30 une disposition particulière au conseil municipal de Paris.

§ 2. — Causes d'indignité.

29. — Les articles 15 et 16 du décret organique de 1852 ont été également appliqués aux élections municipales par l'article 3 de la loi du 7 juillet 1852. (Voir *suprà*.)

On a reconnu indignes, conformément aux dispositions du décret de 1852 :

Les individus ayant subi une condamnation pour outrage public à la pudeur et attentat aux mœurs (C. d'Ét., 19 avril et 14 juin 1866, él. de Malzieu-Ville);

L'individu qui par une condamnation criminelle ou correctionnelle, a été privé de ses droits politiques pour un laps de temps non encore écoulé (C. d'Ét., 15 déc. 1871, él. de Gourdon) ;

Les individus condamnés à l'emprisonnement pour vol (C. d'Ét., 6 juin 1866, él. de Briançon) ;

L'officier ministériel destitué, en vertu d'une décision judiciaire (C. d'Ét., 18 juin 1866, él. d'Anglure ; 9 déc. 1871, él. d'Azay-le-Rideau) ;

Les individus condamnés à l'emprisonnement et à l'amende, pour vente de matières médicamenteuses falsifiées ou corrompues (C. d'Ét., 10 juill. 1866, él. de Bourth), ou pour falsification de substances alimentaires (C. d'Ét., 9 juill. 1875, él. de Fontenet) ;

Le failli non réhabilité (C. d'Ét., 25 mars 1866, él. de Viriville). A l'égard de ce dernier, il y a lieu d'observer qu'aucune loi n'a abrogé le décret de 1852, ni remis en vigueur les dispositions de la loi du 15 mars 1849, qui reconnaissait aux faillis non réhabilités, mais concordataires ou déclarés excusables, le droit d'être électeurs et éligibles (C. d'Ét., 28 nov. 1873, él. mun. de Maisons-Alfort); on verra en outre v° DÉMISSION, n° 18, une cause d'inéligibilité particulière résultant de l'article 3 de la loi du 7 juin 1873.

30. — Il importe peu d'ailleurs pour l'application des causes d'indignité, que le condamné figure sur une liste électorale. (C. d'Ét., 21 mars 1866, él. de Viriville ; 25 avril 1866, él. de Soorts.)

31. — L'incapacité doit être expressément limitée aux cas prévus par la loi. Ainsi elle ne peut résulter d'une condamnation correctionnelle, pour outrage envers les ministres ou les objets d'un culte (C. d'Ét., 16 août 1866, él. de Préchacq) ;

Ni de la condamnation à l'amende et à des restitutions ou dommages-intérêts, prononcée contre le garde d'une forêt communale qui a laissé couper des arbres sans dresser de procès-verbal (C. d'Ét., 2 juill. 1861, él. de la Bosse);

Ni de la condamnation à une simple amende encourue pour vol. (C. d'Ét., 12 déc. 1871, él. de Saint-Antonin de Lacalm.)

32. — Enfin, une élection ne peut être annulée, à raison d'une condamnation qui lui serait postérieure. (C. d'Ét., 1er juin 1866, él. de Leuy.)

ÉMARGEMENT.

Voir v° Vote, n°s 21 à 25.

ENQUÊTE.

Voir vis Chambre des députés, n°s 28 à 33 ; Conseil d'État, n°s 58 et 59 ; Conseil de préfecture, n°s 43 et 44.

ÉTAT (Questions d').

Voir v° Réclamations, article 2, § 2, et article 3, § 2.

FAILLITE.

Voir v° Incapacité, section II, article 2.

FONCTIONNAIRE.

Voir v° Liste, n°s 15 à 18.

ILLÉGALITÉ.

Voir v° Liberté du vote.

INCAPACITÉ.

1. — Nous avons dit, vᵒ ÉLECTEUR, qu'on doit considérer comme jouissant de leurs droits civils et politiques tous les Français âgés de vingt et un ans accomplis, lorsqu'ils n'ont encouru aucune incapacité.

Il existe deux sortes d'incapacités. L'une a un caractère pénal ; elle frappe le citoyen, soit à perpétuité, soit pour un temps limité. L'autre dépend d'un état particulier de l'individu, avec lequel elle naît, subsiste et disparaît. Nous qualifierons la dernière d'incapacité morale.

SECTION Iʳᵉ.

Incapacités pénales.

2. — Les incapacités basées sur des condamnations pénales, sont perpétuelles ou temporaires.

Art. Iᵉʳ. — *Incapacités perpétuelles.*

§ 1. — Crimes.

3. — En premier lieu, l'incapacité perpétuelle résulte de condamnations à des peines afflictives et infamantes, ou à des peines infamantes seulement. (Art. 15, § 1, du décr. org. du 2 févr. 1852.)

Les peines afflictives et infamantes, déterminées par l'article 7 du Code pénal, sont : les travaux forcés, la déportation, la détention et la réclusion. Celles simplement infamantes, sont, aux termes de l'article 8 du même Code, le bannissement et la dégradation civique.

A cette catégorie d'incapables, il faut joindre ceux mentionnés dans le paragraphe 12 de l'article 15, c'est-à-dire « les mili- « taires condamnés au boulet ou aux travaux publics. »

Le paragraphe 3 du même article y comprend aussi, « les « condamnés pour crime à l'emprisonnement, par application de « l'article 463 du Code pénal. » La nature de l'infraction n'est pas changée par l'admission des circonstances atténuantes.

4. — Mais l'incapacité n'atteint pas les individus condamnés, pour faits qualifiés crimes, à l'emprisonnement, dans le cas d'*excuse légale* (art. 326 du Code pénal). Alors, en effet, ce n'est plus le juge qui, tout en laissant subsister le caractère légal du crime, en modère seulement la peine, à raison des circonstances qui en atténuent la gravité : c'est le législateur lui-même qui modifie le caractère légal de l'infraction, et convertit la peine en celle de l'emprisonnement, qui peut elle-même être adoucie au moyen de l'application de l'article 463. (C. C., ch. req., 30 mars 1863, cassation (Subrini), *Dalloz*, 1863, I, 135.)

De même, on ne saurait considérer comme incapable celui qui a été condamné à l'emprisonnement pour homicide involontaire, fait constituant un simple délit, en se fondant sur ce qu'il serait de notoriété publique que la condamnation pronon-

cée correctionnellement a eu pour cause, en réalité, la perpétra-
tion d'un meurtre. (C. C., ch. req., 30 mars 1863, cassation (de
Benedetti), *Dalloz*, 1863, I, 135.)

§ 2. — Délits.

5. — Les délits entraînant l'incapacité perpétuelle peuvent
être classés dans l'ordre suivant : 1° ceux pour lesquels l'incapacité résulte du fait seul de la condamnation ; 2° ceux pour
lesquels a été infligée une condamnation à l'emprisonnement,
quelle qu'en soit la durée ; 3° ceux pour lesquels la durée de
l'emprisonnement est au moins de trois mois ; 4° ceux pour lesquels la durée de l'emprisonnement est de plus de trois mois.

Les délits de la première espèce sont mentionnés dans les
paragraphes 6, 8, 9, 11 et 15 de l'article 15, du décret du 2 février 1852.

6. — Le paragraphe 6 déclare incapables « les individus qui,
« par application de l'article 8 de la loi du 17 mai 1819 et de
« l'article 3 du décret du 11 août 1848, auront été condamnés
« pour outrage à la morale publique et religieuse ou aux
« bonnes mœurs, et pour attaque contre le principe de la pro-
« priété et les droits de la famille. »

Application de cette disposition a été faite à une condamnation qui avait été prononcée en 1841, pour attaque contre la
propriété, commise par la voie de la presse. (C. C., ch. req.,
30 avril 1866, rejet (Noiret.) Bien que la condamnation fut
basée sur l'article 8 de la loi du 9 septembre 1835, non visée
dans ce paragraphe, l'incapacité a été reconnue. L'arrêt de la
cour suprême en donne cette raison : « que l'article 15,§ 6,
« d'après son esprit, a fait dépendre uniquement l'exclusion
« de la liste électorale qu'il prononce contre certains individus,
« du fait de la condamnation antérieurement encourue, et de
« la nature du délit dont ils se sont rendus coupables. »

Mais l'incapacité n'est pas attachée au délit de violation de
domicile, prévu par l'article 184 du Code pénal. (C. C., ch. req.,
16 mars 1875, cassation (Billès), *Dalloz*, 1875, I, 301.)

7. — Le paragraphe 8 frappe d'incapacité « les notaires, « greffiers et officiers ministériels, destitués en vertu de juge- « ments ou de décisions judiciaires. »

La jurisprudence a attribué, sous ce rapport, le caractère de jugement à toute décision de l'autorité supérieure, intervenue après des poursuites criminelles, correctionnelles ou disciplinaires. Elle s'est fondée sur le motif que l'autorité, en prononçant la destitution, exerce une souveraine juridiction. (C. C., ch. req., 26 mars 1862, rejet (Thune), *Sirey*, 1862, I, 535 ; 26 juin 1871, rejet (Pavy), *Sirey* 1871, I, 243 ; 2 avril 1872, rejet (Baudmant), *Dalloz*, 1872, I, 365 ; 25 nov. 1874, cassation (Chuhaudo), *Dalloz*, 1875, I, 73.)

Cette doctrine présentait un inconvénient, en ce que les officiers ministériels ainsi destitués ne pouvaient obtenir leur réhabilitation, et se trouvaient dans une condition plus défavorable que les individus condamnés judiciairement pour des délits très-graves. La loi du 19 mars 1864 y a porté remède ; elle a appliqué aux officiers ministériels qui ont encouru une telle mesure, le bénéfice de la loi du 3 juillet 1852 sur la réhabilitation.

Le caractère de décision judiciaire doit être attribué au décret de destitution, rendu sur un rapport du ministre de la justice, s'il y a eu poursuite criminelle, correctionnelle ou disciplinaire, dont le décret puisse être considéré comme le complément ou le dernier acte. On ne saurait appliquer l'exclusion édictée par la loi électorale, au cas où la révocation est prononcée par l'autorité supérieure, en l'absence de toutes poursuites, et comme mesure purement administrative ; par exemple, en vertu simplement d'un décret émané du pouvoir que l'article 92 de la loi du 27 ventôse an VIII confère au chef de l'État à l'égard des greffiers. (C. C., ch. req., 25 nov. 1874, rejet (Chuhaudo), *Dalloz*, 1875, I, 73.)

8. — Suivant le paragraphe 9, sont également incapables « les condamnés pour vagabondage et mendicité » (art. 269 à

282 du Code pénal [1]). Ici, la loi tient plutôt compte de leur état d'indignité que de la gravité des délits par eux commis [2].

9. — Nous ferons la même observation relativement aux individus mentionnés dans le paragraphe 11, c'est-à-dire à ceux qui ont été déclarés coupables « des délits prévus par « les articles 410 et 411 du Code pénal. »

Le même paragraphe atteignait ceux condamnés pour contravention à la loi du 21 mai 1836, portant prohibition des loteries. Mais cette dernière disposition a été abrogée par l'article 22 de la loi du 30 novembre 1875, qui a rendu l'interdiction du droit de vote et d'élection simplement facultative [3].)

10. — Enfin, l'on doit ranger dans la même classe, aux termes du paragraphe 15, « les condamnés pour délit d'usure. (Loi du 19 décembre 1850.)

11. — Les incapacités de la seconde catégorie sont établies par les paragraphes 5, 13 et 14 de l'article 15 du décret. A cet égard, le législateur se préoccupe uniquement de la nature de la peine infligée.

Le paragraphe 5 désigne comme incapables « les condamnés « pour vol, escroquerie, abus de confiance, soustraction commise « par les dépositaires de deniers publics, ou attentats aux mœurs « prévus par les articles 330 et 334 du Code pénal, quelle que

---

[1] On a élevé la question de savoir si les dispositions de la loi du 15 mars 1849 ne devaient pas être appliquées aux incapacités électorales. Le doute est venu de ce qu'un décret de la délégation de Bordeaux, du 30 janvier 1871, avait abrogé le décret-loi du 2 février 1852, en ce qui concerne les incapacités électorales, et avait fait revivre la loi du 15 mars 1849. Mais le décret de 1871 a lui-même été abrogé par ceux de la Défense nationale, des 29 et 31 janvier 1871. D'un autre côté, en décembre 1871, une loi avait été présentée à l'Assemblée nationale, à l'effet de régler les incapacités électorales ; il a été reconnu qu'elle était sans utilité, et que le décret de 1852 était suffisant. Il est encore à remarquer que la loi du 7 juillet 1874, relative à l'électorat municipal, rappelle expressément le décret réglementaire de 1852. (C. d'Angers, ch. corr., 24 nov. 1874 (Rubin), *Dalloz*, 1875, II, 16.)

[2] Voir *infrà*, n° 28 *bis*.

[3] Voir *infrà*, n° 17

« soit la durée de l'emprisonnement auquel ils ont été con-
« damnés [1]. » (*Voir* les art. 379 à 401, 405, 406 à 409 et 169
à 172 du Code pénal.)

Relativement à cette disposition, nous ferons deux observations. D'abord l'incapacité ne peut être admise que pour les
délits qui y sont spécialement énoncés.

Ainsi le paragraphe 5 n'est pas applicable aux individus
condamnés pour détournement d'objets saisis (C. Bastia, ch.
corr., 24 décembre 1871 (Geronini), *Dalloz*, 1872, II, 134); ou
pour maraudage.(C. C., ch. req., 3 avril 1866, cassation (Persin),
Dalloz, 1866, V, 157.)

En second lieu, l'incapacité n'existe qu'à la condition que la
peine de l'emprisonnement aura été prononcée ; le droit de
vote n'est point perdu en cas de condamnation à une simple
amende. (C. C., ch. req., 18 mars 1863, rejet (Gibert), *Dalloz*,
1863, I, 135 ; 21 avril 1868, cassation (Willemère), *Dalloz*,
1868, I, 291 ; ch. civ., 8 mai 1876 (intérêt de la loi), *Dalloz*,
1876, I, 231.)

Mais l'incapacité dont sont frappés les individus condamnés
comme auteur du délit atteint également ceux condamnés pour
complicité. (C. C., ch. req., 5 avril 1869, rejet (Pelin), *Dalloz*,
1869, I, 328.)

12. — Aux termes du paragraphe 13, sont incapables, « les
« individus condamnés à l'emprisonnement par application des
« articles 38, 41, 43, et 45 de la loi du 21 mars 1832 sur le
« recrutement. »

Les dispositions précitées de la loi de 1832 sont remplacées
aujourd'hui par celles des articles 60, 63 et 66 de la loi du
25 juillet 1872.

13. — Le paragraphe 14 déclare de même incapables, « les
« individus condamnés à l'emprisonnement par application de

[1] Un arrêt de rejet de la chambre des requêtes, du 16 mars 1875, a fait
application de cette disposition, dans le cas de condamnation pour abus
de confiance. (Aff. Bourbon), *Dalloz*, I, 231.)

« l'article 1er de la loi du 27 mars 1851, destinée à réprimer la
« tromperie sur la vente des marchandises. »

Il est à remarquer que la loi du 5 mai 1855 ayant déclaré
applicables aux boissons les dispositions de la loi de 1851, il en
résulte que la condamnation pour la vente de substances alimentaires ou médicamenteuses falsifiées, entraîne la même
incapacité électorale, qu'il s'agisse de substances solides ou de
substances liquides. (C. C., ch. req., 16 nov. 1874, rejet (Guil-
louet), *Dalloz*, 1875, I, 78.)

14. — Vient ensuite la troisième catégorie. Les délits qu'elle
comprend étant regardés comme moins graves, la loi exige
pour l'incapacité une condamnation à trois mois de prison au
moins. Ces délits sont énoncés dans les paragraphes 4 et 10
du même article.

Le paragraphe 4 désigne les individus « qui ont été condamnés
« à trois mois de prison par application des articles 318 et 423 du
« Code pénal. » La première de ces dispositions concerne la
vente et le débit des boissons falsifiées, lorsqu'ils ont eu lieu
avec fraude. La seconde est relative à la tromperie sur les titres
des matières d'or ou d'argent, sur la qualité d'une pierre fausse
vendue pour fine, sur la nature de toutes les marchandises,
ainsi qu'à la tromperie sur la quantité des choses vendues, au
moyen de faux poids ou de fausses mesures.

Le paragraphe 10 mentionne « ceux qui auront été condamnés
« à trois mois de prison au moins, par application des articles 439,
« 443, 444, 445, 446, 447 et 452 du Code pénal. » Les délits
prévus par ces articles sont : la destruction des registres, actes
ou titres divers (art. 439) ; la détérioration de marchandises,
matières ou instruments servant à la fabrication (art. 443) ; la
dévastation de récoltes ou de plans (art. 444) ; la destruction
d'arbres ou de greffes (art. 445, 446, 447) ; l'empoisonnement
d'animaux (Art. 452.).

15. — Les infractions de la dernière catégorie, pour lesquelles
une condamnation plus forte est prescrite, sont d'une nature
encore moins grave. Elles sont énoncées dans le paragraphe 7,

qui atteint « les individus condamnés à plus de trois mois
« d'emprisonnement en vertu des articles 31, 33, 34, 35, 36,
« 38, 39, 40, 41, 42, 45, 46 de la présente loi. » Il s'agit ici
des délits tout à fait spéciaux commis à l'occasion des élections.
(*Voir* v° INFRACTIONS, art. 2 et 3.)

ART. 2. — *Incapacités temporaires.*

16. — Ces incapacités sont établies, les unes pour une durée
variable, les autres pour un temps déterminé.

§ 1er. — Durée variable.

17. — Les tribunaux sont autorisés, dans certains cas, à prononcer l'interdiction du droit de vote comme accessoire d'une
autre peine : ils en fixent la durée, en se renfermant dans les
limites tracées par la loi. (Art. 42 et 43 du Code pénal.)

L'incapacité qui en résulte est rappelée dans le paragraphe 2
de l'article 15, qui ne permet pas d'inscrire sur les listes électorales « ceux auxquels les tribunaux jugeant correctionnelle-
« ment, ont interdit le droit de vote et d'élection, par applica-
« tion des lois qui autorisent cette interdiction. »

Parmi les délits auxquels cette disposition se réfère, nous
citerons notamment les attentats et complots dirigés contre
l'État (art. 89 et 91 du Code pénal) ; les coalitions de fonctionnaires (art. 123); le faux témoignage en matière correctionnelle
ou en matière de police (art. 362); la tenue de maison de jeux
de hasard (art. 410) ; les délits commis par les cafetiers, caba-
retiers ou autres débitants, et prévus par l'article 6 de la loi
du 25 février 1873 ; les contraventions à la loi du 21 mai 1836
sur la loterie [1]. (L. 30 nov. 1875, art. 22.)

---

[1] Décidé que l'infraction prévue par le paragraphe 2 de l'article 4 de
cette loi est toute matérielle, en ce sens que le juge n'a pas à se préoccuper du but de l'annonce et de sa moralité, ni de l'intention du prévenu ;
il suffit, pour que le fait soit punissable, que, par un moyen quelconque de
publication, il ait fait connaître volontairement l'existence de la loterie.

18. — Dans les cas prévus par le paragraphe 2 de l'article 15, les tribunaux ont la faculté d'ajouter ou de ne pas ajouter à la peine principale celle de l'interdiction du droit de vote. Aussi doit-elle être expressément prononcée par le jugement de condamnation, pour qu'il y ait incapacité. (C. C., ch. req., 5 avril 1869, cassation (Christinacci), *Dalloz*, 1869, I, 299.)

19. — L'interdiction ne saurait d'ailleurs dériver d'une condamnation portant interdiction de droits autres que ceux électoraux. Ainsi, l'interdiction d'être nommé à des fonctions publiques n'entraîne pas privation du droit de vote. (C. C., ch. crim., 1ᵉʳ octobre 1874, cassation (Benoît-Petit) *Dalloz*, 1874, I, 492.)

§ 2. — Durée fixe.

20. — La privation des droits électoraux, pendant cinq années, est attachée par la loi elle-même à certaines condamnations. L'article 16 du décret porte : « Les condamnés à plus d'un « mois d'emprisonnement pour rébellion, outrages et violences « envers les dépositaires de l'autorité ou de la force publique; « pour outrages publics envers un juré, à raison de ses fonctions, « ou envers un témoin, à raison de sa déposition ; pour délits « prévus par la loi sur les attroupements et la loi sur les clubs, « et pour infraction à la loi sur le colportage, ne pourront pas « être inscrits sur la liste électorale pendant cinq ans à dater « de l'expiration de leur peine. » (Art. 211, 212, 214, 215, 219, 222, 223, 224, 228 et 230 du Code pénal ; art. 6 de la loi du 5 mars 1822 ; art. 4, 5 et 6 de la loi du 7 juin 1848 ; art. 13 de la loi du 28 juillet 1848 ; art. 6 de la loi du 27 juillet 1849.)

Aux termes de l'article 3 de la loi du 23 janvier 1873, l'exclusion pendant *deux années* est également prononcée contre toute personne qui aura été condamnée deux fois en police correctionnelle, pour délit d'ivresse manifeste, conformément à l'article 2 de la même loi.

21. — Il n'est pas nécessaire que l'interdiction soit énoncée dans le jugement qui a prononcé la condamnation; elle a lieu de plein droit. (C. C., ch. req., 15 avril 1868, rejet (Ancelet), *Sirey*, 1868, I, 184.)

22. — Il est à remarquer qu'un décret du 25 mars 1852 a abrogé la loi sur les clubs, du 28 juillet 1848, à l'exception de l'article 13 relatif au délit de sociétés secrètes. Cette dernière infraction peut donc seule donner lieu à l'interdiction dont il s'agit.

23. — En ce qui touche le délit d'outrage envers les magistrats de l'ordre administratif et judiciaire, l'article 222, modifié par la loi du 13 mai 1863, punit l'outrage par paroles, par écrit ou par dessin non rendus publics, et tendant à inculper leur honneur ou leur délicatesse. D'où la question de savoir, si l'incapacité résulte d'une condamnation prononcée en vertu de la nouvelle disposition. La Cour de Cassation a admis l'affirmative : elle s'est fondée sur le motif que l'article 16 du décret de 1852, mentionne le délit d'outrage, sans prescrire la condition de publicité ; que, par suite, il embrasserait tous les délits de cette nature atteints par la loi pénale. (C. C., ch. req., 15 avril 1868, rejet (Ancelet), *Sirey*, 1868, I, 184.)

24. — La même doctrine ne saurait être appliquée à l'outrage non public envers un juré, délit prévu par l'article 223 que la loi de 1863 a également modifié. Ici, le texte de l'article 16 est formel : l'outrage public étant spécialement indiqué, il ne peut être permis d'étendre l'incapacité à un cas différent.

§ 3. — Point de départ de l'incapacité.

25. — L'incapacité commence, aux termes de l'article 16, au jour de l'expiration de la peine infligée au condamné.

Si le condamné n'a pas subi sa peine, le point de départ doit être placé à l'époque où il en est affranchi, c'est-à-dire au jour de la prescription par lui acquise, ou à celui de l'obtention de sa grâce. (C. C., ch. req., 16 mai 1865, cassation (Colonna-d'Istria et Pellicini), *Dalloz*, 1865, I, 238.)

26. — Par exception à la règle écrite dans l'article 16, la loi

du 23 janvier 1873 dispose, article 3, que pour les auteurs du
délit prévu par ce dernier article, l'exclusion compte du jour
où la condamnation est devenue irrévocable.

Art. 3. — *De quelles décisions dérive l'incapacité.*

27. — L'incapacité ne peut résulter que d'une condamnation
devenue définitive, c'est-à-dire ayant acquis l'autorité de la
chose jugée (C. C., ch. req., 22 mars 1864, cassation (Bernard),
Dalloz, 1864, I, 240.); mais il importe peu qu'elle ait été prononcée contradictoirement ou par défaut.

Il a été également jugé que la circonstance que la décision
d'où dérive l'incapacité a été signée seulement par l'un des
juges et le greffier, ne saurait paralyser les conséquences légales de la condamnation régulièrement prononcée et devenue
irrévocable par son exécution. (C. C., ch. req., 1er décembre
1874, rejet (Viviani), *Dalloz*, 1875, I, 301.)

28. — Il est admis, d'autre part, que s'il y a concours de
deux lois, l'une ancienne, sous l'empire de laquelle une infraction pénale a été commise, l'autre nouvelle, promulguée depuis,
et avant qu'il soit intervenu un jugement définitif, on doit
appliquer la nouvelle loi, si elle édicte une peine moins sévère.

Mais comment faire profiter les accusés du bénéfice de la loi
nouvelle, lorsqu'il est déjà intervenu un jugement de condamnation frappé d'un pourvoi? La loi du 25 frimaire, an VIII, qui
attribue aux tribunaux correctionnels la connaissance de divers délits, prévoyant ce cas, dispose par son article 19 que, si
la cour rejette le pourvoi, elle doit renvoyer l'affaire devant le
tribunal de police correctionnelle du lieu où l'acte d'accusation
a été dressé, pour qu'il soit statué sur l'interdiction du droit de
vote. Bien que ce texte soit spécial, la cour suprême en a
étendu l'application. Elle a décidé que « cette disposition légis-
« lative était générale, comme le principe lui-même; qu'elle
« devait être appliquée dans tous les cas où une loi nouvelle
« prononçant des peines moins sévères que la loi antérieure,

« était promulguée, avant la décision sur le pourvoi, contre
« l'arrêt et le jugement de condamnation. »

Par suite, si des individus ont déféré à la Cour de cassation
un arrêt rendu contre eux, par application de la loi du 21 mai
1836, et sous l'empire du décret du 2 février 1852 qui atta-
chait de plein droit l'incapacité électorale à une condamnation
de la sorte, et que, avant le jugement de leur pourvoi, cette interdiction ait été rendue simplement facultative par la loi du
30 novembre 1875, la Cour suprême, tout en maintenant la
déclaration de culpabilité, doit renvoyer les parties devant la
Cour qui a statué, pour que celle-ci prononce relativement à
l'interdiction du droit de vote. (C. C., ch. crim., 14 janv. 1876
(Delbreil), *Dalloz*, 1876, I, 185.)

28 bis. — Mais le principe de la non-rétroactivité des lois
est inapplicable à celles qui déterminent et règlent la capacité
politique. Jugé en conséquence que le décret de 1852 qui
frappe d'incapacité perpétuelle les individus condamnés pour
mendicité (*suprà*, n° 8), atteint l'individu condamné pour un
fait de cette nature avant 1852. (C. C., ch. civ., 22 mars 1876,
cassation (Maigne), *Dalloz*, 1876, I, 204, *voir* aussi *suprà*,
n° 6.)

29. — Les condamnations prononcées par les tribunaux
étrangers ne peuvent avoir pour effet de priver un Français de
ses droits électoraux. La loi n'a eu en vue, à cet égard que les
décisions rendues par les tribunaux français. S'il en était
autrement, on pourrait craindre que la composition du corps
électoral ne subit l'influence d'une autorité étrangère. (C. C.,
ch. req., 14 avril 1868, cassation (Blanchard), *Sirey*, 1868,
I. 183.)

30. — L'étranger condamné par un tribunal français à une
peine entraînant incapacité, et qui serait ensuite naturalisé,
demeurerait soumis aux conséquences légales de cette condamnation. La naturalisation en effet n'efface que les incapacités
résultant de l'extranéité ; elle ne produit pas les effets de la
réhabilitation ; en sorte que celui qui l'obtient, après avoir été

condamné par la justice française, n'en demeure pas moins soumis aux conséquences légales de la peine dont il a été frappé. (C. C., ch. req., 1er déc. 1874, rejet (Viviani), *Dalloz*, 1875, I, 301.)

31. — Dans le cas d'annexion à la France d'un territoire étranger, on admet que les condamnations étrangères antérieures encourues par des habitants qui sont devenus Français, peuvent entraîner l'incapacité : mais il faut, bien entendu, qu'il y ait identité entre les infractions qui les ont motivées, et celles prévues par la loi française. (C. C., ch. req., 14 avril 1868, cassation (Montenayeur), *Sirey*, 1868, I, 184.)

ART. 4. — *Comment peuvent se recouvrer les droits électoraux,*

§ 1. — Amnistie et grâce.

32. — L'amnistie diffère de la grâce, en ce que la première efface à la fois la peine et la condamnation qui l'a prononcée, tandis que la seconde se borne à faire une remise totale ou partielle de la peine, en laissant subsister la condamnation.

Dès lors, la capacité électorale est recouvrée par l'effet de l'amnistie (C. C., ch. req., 8 avril 1867, rejet (Millot)[1]; 12 avril 1870, cassation (Noiret), *Dalloz*, 1870, 1, 171) ;

Tandis qu'elle ne l'est pas en cas de grâce. (C. C., ch. req., 21 août 1850, rejet (Blanconnier), *Dalloz*, 1850, V, 186 — 6 mars 1865, cassation (Roncassera), *Dalloz*, 1865, I, 238 — 6 nov. 1872, rejet (Souvielle), *Dalloz*, 1873, 1, 480.)

---

[1] « Attendu, porte cet arrêt, que l'amnistie du 16 août 1859 est pleine et « entière, sans restrictions ni catégories : que l'empereur a voulu, par cet acte « de clémence, effacer toute trace des condamnations prononcées pour des « faits politiques ; — Attendu que la destitution du sieur Poron de ses « fonctions de notaire, n'a pas été prononcée uniquement parce qu'il s'était « soustrait par la fuite au mandat d'arrêt contre lui décerné, en aban- « donnant ainsi son étude et ses minutes, mais en outre pour des faits poli- « tiques connexes à ceux-ci, et qui étaient liés entre eux comme la cause » à l'effet ; — Que l'amnistie couvrant les faits principaux s'appliquait « avec une égale autorité aux faits accessoires, et les innocentait au même « titre, — Rejette... »

Par la même raison, la commutation de peine ne relève pas le condamné de l'incapacité. (C.C., ch. req., 24 mars 1874, rejet (Sampité), *Dalloz*, 1874, I, 310.)

§ 2. — Prescription.

33. — La condamnation subsiste également lorsque celui qui l'a encourue a prescrit sa peine. Il s'ensuit qu'il ne peut non plus être affranchi de l'incapacité. (C. C., ch. req., 30 mars 1863, rejet (Bousseau), *Dalloz*, 1863, I, 135.)

§ 3. — Réhabilitation.

34. — La réhabilitation qui, aux termes de l'article 634 du Code d'instruction criminelle, fait cesser toutes les incapacités résultant d'une condamnation, remet le condamné en possession de ses droits électoraux.

Mais pour que cet individu puisse exercer les droits dont il s'agit, il faut que la réhabilitation soit intervenue en temps utile. Il ne peut prendre part au vote qu'à la condition d'être inscrit : or, cette inscription ne saurait avoir lieu que si l'incapacité avait cessé avant la clôture de la liste. D'un autre côté, pour être éligible, il devra justifier de sa réhabilitation au jour de l'élection. (C. d'Ét., 6 juin 1866, él. mun. de Briançon.)

SECTION II.

Incapacités morales.

35. — Les incapacités fondées sur un état particulier de la personne, concernent : 1° les interdits ; 2° les faillis.

ART. Ier. — *Interdits,*

36. — L'article 15, paragraphe 16, déclare incapables les « interdits. »

L'interdiction qui a pour cause l'insanité d'esprit de celui qui en est frappé, doit être prononcée par un jugement (art. 492 Code civil). En l'absence d'un jugement, il n'y a pas incapacité ; la notoriété ne suffirait pas pour la faire admettre. (C. C., ch.

req., 31 mars 1864, cassation (Versini), *Sirey*, 1864, I, 519 —
26 avril 1870, cassation (Ferrino), *Dalloz* 1872, I, 29.)

Une décision de justice est également nécessaire pour faire
cesser l'interdiction. (Art. 512, Code civil.)

Quant aux individus pourvus d'un conseil judiciaire, la loi
étant muette à leur égard, ils conservent la capacité électorale.

Art. 2. — *Faillis*

37. — Le paragraphe 17 de l'article 15 du décret de 1852
met au nombre des incapables « les faillis non réhabilités,
« dont la faillite a été déclarée, soit par les tribunaux français,
« soit par des jugements rendus à l'étranger, mais exécutoires
« en France. » (Art. 437 et suiv. du Code de commerce.)

Il n'y a d'exception, d'après le texte qui précède, que pour
les faillis réhabilités. Les faillis concordataires ou déclarés
excusables qui n'auraient pas obtenu leur réhabilitation, n'auraient pas la qualité d'électeur que leur attribuait la loi du 15
mars 1849.(C.C., ch. req., 10 mars 1873, rejet (Douville), *Dalloz*,
1873, I, 253 —17 mars 1873 rejet, (Deseulle), *Dalloz*, 1873, I,
440 — 16 nov. 1874 rejet (Monavon), *Dalloz* 1875, I, 79.)

38. — Lorsque la faillite a été déclarée par un jugement
étranger, la réhabilitation doit de même être prononcée par un
jugement étranger rendu également exécutoire en France.

39. — Le fait seul de la cessation de payement n'entraîne
pas l'incapacité.

Les droits électoraux ne sont pas non plus enlevés aux individus qui peuvent invoquer le bénéfice de l'article 1er du décret
du 22 août 1848, lequel est ainsi conçu : « les suspensions ou
« cessations de payements survenues depuis le 24 février jus-
« qu'à la promulgation du présent décret, bien que régies par
« les dispositions du livre III du Code de commerce, ne rece-
« vront pas la qualification de faillite et n'entraîneront l'incapa-
« cité attachée à la qualité de failli que dans le cas où le Tribu-
« nal de commerce refuserait d'homologuer le concordat, ou en
« l'homologuant ne déclarerait pas le débiteur affranchi de

« cette qualification. » (C. C., ch. req., 3 juill. 1866, Cassation (Malecaze), *Dalloz*, 1866, V, 156.)

40. — Il est de principe que la déclaration de faillite d'une société constitue en état de faillite chacun des associés solidaires ou en nom collectif (C. C., ch. req., 23 août 1853, rejet (Rolland, *Dalloz*, 1855, I, 59; 17 avr. 1861, rej. (Parel), *Dalloz*, 1861, I, 254.) En conséquence, chacun d'eux nous paraît devoir encourir la déchéance établie par le paragraphe 17 précité.

SECTION III.

41. — Nous avons jugé utile de présenter ici le tableau, par ordre alphabétique, des différentes causes d'incapacité.

Tableau des incapacités perpétuelles ou temporaires.

NOMENCLATURE, par ordre alphabétique, des crimes et délits ou autres causes d'incapacité.	NATURE ET DURÉE des peines emportant l'exclusion de la liste électorale.	DURÉE de l'exclusion.	ARTICLES du décret organique qui prononcent l'exclusion.
Abus de confiance. (C. p., art. 406 à 409.)	Emprisonnement quelle qu'en soit la durée.	Perpétuelle.	Art. 15, § 5.
Arbre abattu, sachant qu'il appartient à autrui. (C. p., art. 445.)	Emprisonnement de trois mois au moins.	*Idem.*	Art. 15, § 10.
Arbre mutilé, coupé ou écorcé de manière à le faire périr, sachant qu'il appartient à autrui. (C. p., art. 446.)	*Idem.*	*Idem.*	*Idem.*
Attaque publique contre la liberté des cultes, le principe de la propriété et les droits de la famille. (L. du 11 août 1848, art. 3.)	Quelle que soit la peine.	*Idem.*	Art. 15, § 6.
Attroupements (Délits prévus par la loi sur les). (L. des 10 avril 1831 et 7 juin 1848.)	Emprisonnement de plus d'un mois.	L'exclusion dure cinq ans à dater de l'expiration de la peine.	Art. 16.
Boissons falsifiées contenant des mixtions nuisibles à la santé (Vente et débit de). (C. p., art. 318.)	Emprisonnement de trois mois.	Perpétuelle.	Art. 15, § 4.
Clubs (Délits prévus par la loi sur les). (L. du 28 juill. 1848.)	Emprisonnement de plus d'un mois.	L'exclusion dure cinq ans à dater de l'expiration de la peine.	Art. 16.
Colportage d'écrits (Infractions à la loi sur le). (L. du 27 juill. 1849.)	*Idem.*	*Idem.*	*Idem.*

NOMENCLATURE, par ordre alphabétique, des crimes et délits ou autres causes d'incapacité.	NATURE ET DURÉE des peines emportant l'exclusion de la liste électorale.	DURÉE de l'exclusion.	ARTICLES du décret organique qui prononcent l'exclusion.
Crimes suivis d'une condamnation à des peines afflictives et infamantes (travaux forcés, déportation, détention et reclusion), ou à des peines infamantes seulement (bannissement, dégradation civique). (C. p., art. 7 et 8.)	Quelle que soit la durée de la peine.	Perpétuelle.	Art. 15, § 1.
Crimes suivis d'une condamnation à l'emprisonnement correctionnel, en vertu de l'article 463 du Code pénal.	Idem.	Idem.	Art. 15, § 3.
Deniers publics soustraits par les dépositaires auxquels ils étaient confiés. (C. p., art. 169 à 171.)	Emprisonnement quelle qu'en soit la durée.	Idem.	Art. 15, § 5.
Destruction de registres, minutes, actes originaux de l'autorité publique, titres, billets, lettres de change, effets de commerce ou de banque, contenant ou opérant obligation, disposition ou décharge. (C. p., art. 439.)	Emprisonnement de trois mois au moins.	Idem.	Art. 15, § 10.
Bulletin ajouté, soustrait ou altéré par les personnes chargées, dans un scrutin, de recevoir, compter ou dépouiller les bulletins contenant les suffrages des citoyens.	Emprisonnement de plus de trois mois.	Perpétuelle.	Art. 15, § 7. Art. 35.
Lecture de noms autres que ceux inscrits.	Idem.	Idem.	Idem.
Inscription sur le bulletin d'autrui de noms autres que ceux qu'on était chargé d'y inscrire.	Idem.	Idem.	Art. 15, § 7. Art. 36.
Collége électoral.—Irruption, dans un collége électoral, consommée ou tentée avec violence en vue d'empêcher un choix.	Idem.	Idem.	Art. 15 § 7. Art. 42.
Liste électorale. — Inscription obtenue sous de faux noms ou de fausses qualités, ou en dissimulant une incapacité prévue par la loi.	Idem.	Idem.	Art. 15, § 7. Art. 31.
Liste électorale.—Inscription réclamée et obtenue sur deux ou plusieurs listes.	Idem.	Idem.	Idem.
Opérations électorales retardées ou empêchées au moyen de voies de fait ou menaces par des électeurs.—Bureau outragé dans son ensemble, ou dans un de ses membres, par des électeurs, pendant la réunion. — Scrutin violé.	Idem.	Idem.	Art. 15, § 7. Art. 45.
Opérations électorales troublées par attroupements, clameurs ou démonstrations menaçantes.—Atteinte portée à l'exercice du droit électoral ou à la liberté du vote.	Idem.	Idem.	Art. 15, § 7. Art. 44.
Suffrages. — Deniers ou valeurs quelconques donnés, promis ou reçus, sous la condition soit de donner ou de procurer un suffrage, soit de s'abstenir de voter.	Idem.	Idem.	Art. 15, § 7. Art. 38.

NOMENCLATURE, par ordre alphabétique, des crimes et délits ou autres causes d'incapacité.	NATURE ET DURÉE des peines emportant l'exclusion de la liste électorale.	DURÉE de l'exclusion.	ARTICLES du décret organique qui prononcent l'exclusion.
Élections (suite). — Offre ou promesse faite ou acceptée, sous les mêmes conditions, d'emplois publics ou privés. **Suffrages nfluencés** soit par voies de fait, violences ou menaces contre un électeur, soit en lui faisant craindre de perdre son emploi ou d'exposer à un dommage, sa personne, sa famille ou sa fortune. — Abstention de voter déterminée par les mêmes moyens.	Emprisonnement de plus de trois mois.	Perpétuelle.	Art. 15, § 7. Art. 39.
Suffrages surpris ou détournés à l'aide de fausses nouvelles, bruits calomnieux ou autres manœuvres frauduleuses. — Abstention de voter déterminée par les mêmes moyens.	Idem.	Idem.	Art. 15, § 7. Art. 40.
Urne contenant les suffrages émis et non encore dépouillés (Enlèvement de l').	Idem.	Idem.	Art. 15, § 7. Art. 46.
Vote en vertu d'une inscription obtenue sous de faux noms ou de fausses qualités, ou en dissimulant une incapacité, ou en prenant faussement les noms et qualités d'un électeur inscrit.	Idem.	Idem.	Art. 15, § 7. Art. 33.
Vote multiple à l'aide d'une inscription multiple.	Idem.	Idem.	Art. 15, § 7. Art. 34.
Empoisonnement de chevaux ou autres bêtes de voiture, de monture ou de charge, de bestiaux à corne, de moutons, chèvres ou porcs ou de poissons dans les étangs viviers et réservoirs. (C. p., art. 452.)	Emprisonnement de trois mois au moins.	Idem.	Art. 15, § 10.
Escroquerie. (C. p., art. 405.)	Emprisonnement	Idem.	Art. 15, § 5.
Faillite déclarée soit par les tribunaux français, soit par jugement rendu à l'étranger, mais exécutoire en France. (C. com., art. 437 et suiv.)	....	L'exclusion cesse après la réhabilitation.	Art. 15. § 17.
Falsification de boissons et de substances ou denrées alimentaires ou médicamenteuses destinées à être vendues. — Vente ou mise en vente de ces denrées, sachant qu'elles sont falsifiées ou corrompues. (L. du 27 mars 1851, art. 1er, et L. du 5 mai 1855.)	Emprisonnement quelle qu'en soit la durée.	Perpétuelle.	Art. 15, § 14.
Greffe détruite. (C. p., art. 447.)	Emprisonnement de trois mois au moins.	Idem.	Art. 15, § 10.
Interdiction civile pour cause d'imbécilité, de démence ou de fureur. (C. civ., art. 480 et suiv.)	....	L'exclusion cesse à la levée judiciaire de l'interdiction (C. civ., art. 512.)	Art. 15, § 16.
Interdiction correctionnelle du droit de vote et d'élection. (C. p., art. 42, 86, 89, 91, 123; art. 6 de la loi du 23 janv. 1873 sur l'ivresse).	....	La durée de l'exclusion est fixée par le jugement,	Art. 15, § 2.

NOMENCLATURE, par ordre alphabétique, des crimes et délits ou autres causes d'incapacité.	NATURE ET DURÉE des peines emportant l'exclusion de la liste électorale.	DURÉE de l'exclusion.	ARTICLES du décret organique qui prononcent l'exclusion.
Ivresse. (Délit prévu par la loi du 23 janv. 1873.)	....	et court à dater de l'expiration de la peine. L'exclusion dure deux ans à compter du jour où la condamnation est devenue irrévocable.	
Jeux de hasard (Maisons de). (C. p., art. 410.)	Quelle que soit la peine.	Perpétuelle.	Art. 15, § 11.
Loteries non autorisées. (Art. 4, L. du 21 mai 1836 ; art. 15, § 11, Décr. du 2 févr. 1852; et art. 22, L. du 30 nov. 1875.)	Idem.	La durée de l'exclusion est fixée par le jugement, et court à dater de l'expiration de la peine.	
Marchandises ou matières servant à la fabrication, gâtées volontairement. (C. p., art. 443.)	Emprisonnement de trois mois au moins.	Perpétuelle.	Art. 15, § 10.
Mendicité. (C. p., art. 274 à 279.)...	Quelle que soit la peine.	Idem.	Art. 15, § 9.
Militaires condamnés au boulet ou aux travaux publics.	Quelle que soit la durée de la peine.	Idem.	Art. 15, § 12.
Mœurs (Attentats aux). (C. p., art. 330 et 334.)	Emprisonnement quelle qu'en soit la durée.	Idem.	Art. 15, § 5.
Officiers ministériels (avoués, huissiers, greffiers, notaires) destitués en vertu de jugements ou de décisions judiciaires.	Idem.	Idem.	Art. 15, § 8.
Outrage public à la morale publique et religieuse et aux bonnes mœurs. (L. du 17 mai 1819, art. 8.)	Quelle que soit la peine.	Idem.	Art. 15, § 6.
Outrage public envers un juré à raison de ses fonctions ou envers un témoin à raison de ses dépositions. (L. du 25 mars 1822, art. 6.)	Emprisonnement de plus d'un mois.	L'exclusion dure cinq ans à dater de l'expiration de la peine.	Art. 16.
Outrage et violences envers les dépositaires de l'autorité ou de la force publique. (C. p., art. 222 à 230.)	Idem.	Idem.	Idem.
Prêts sur gage ou nantissement (Maisons de) établies ou tenues sans autorisation légale. — Registre non tenu. (C. p., art 411.)	Quelle que soit la peine.	Perpétuelle.	Art. 15, § 11.
Rébellion envers les dépositaires de l'autorité ou de la force publique. (C. p., art. 209 à 221.	Emprisonnement de plus d'un mois.	L'exclusion dure cinq ans à dater de l'expiration de la peine.	Art. 16.
Récoltes (Dévastation de). (C. p., art. 444.)	Emprisonnement de trois mois au moins.	Perpétuelle.	Art. 15, § 10.
Recrutement. — Jeunes gens omis sur les tableaux de recensement, par suite	Emprisonnement quelle qu'en	Idem.	Art. 15, § 13.

NOMENCLATURE, par ordre alphabétique, des crimes et délits ou autres causes d'incapacité.	NATURE ET DURÉE des peines emportant l'exclusion de la liste électorale.	DURÉE de l'exclusion.	ARTICLES du décret organique qui prononcent l'exclusion.
de fraudes ou manœuvres. (L. du 21 mars 1832, art. 38; L. du 27 juill. 1872, art. 60.)	soit la durée.	Perpétuelle.	Art. 15, § 13
Jeunes gens appelés à faire partie du contingent de leur classe, qui se sont rendus impropres au service militaire, soit temporairement, soit d'une manière permanente, dans le but de se soustraire aux obligations imposées par la loi. — Complicité. (L. du 21 mars 1832, art. 41; L. du 27 juill. 1872, art. 63.)	Idem.	Idem.	Idem.
Substitution ou remplacement effectué, soit en contravention à la loi, soit au moyen de pièces fausses ou de manœuvres frauduleuses. — Complicité. (L. du 21 mars 1832, art. 43.)	Idem.	Idem.	Idem.
Médecins, chirurgiens ou officiers de santé qui, déjà désignés pour assister au conseil de révision ou dans la prévision de cette désignation, ont reçu des dons ou agréé des promesses pour être favorables aux jeunes gens qu'ils doivent examiner, ou qui ont reçu des dons pour une réforme justement prononcée. (L. du 21 mars 1832, art. 45; L. du 27 juill. 1872, art. 66.)	Idem.	Idem.	Idem.
Service militaire à l'étranger pris par un Français majeur, sans autorisation du gouvernement.	....	L'exclusion dure jusqu'à ce que la qualité de Français ait été recouvrée.	Art. 12.
Société secrète. (L. du 27 juill. 1848; Décr. du 25 mars 1852.)	Quelle que soit la peine.	L'exclusion dure cinq ans à dater de l'expiration de la peine.	Art. 16.
Tromperie sur le titre des matières d'or ou d'argent, sur la qualité d'une pierre fausse vendue pour fine, sur la nature de toutes marchandises. (C. p., art. 423.)	Emprisonnement de trois mois.	Perpétuelle.	Art. 15, § 4.
Tromperie par le vendeur ou l'acheteur sur la quantité des marchandises livrées. (L. du 27 mars 1851, art. 1er, n° 3.)	Emprisonnement quelle qu'en soit la durée.	Idem.	Art. 15, § 14.
Usure. (L. du 3 sept. 1807 et du 19 déc. 1850.)	Quelle que soit la peine.	Idem.	Art. 15, § 5.
Vagabondage. (C. p., art. 269 à 271.)	Idem.	Idem.	Art. 15, § 9
Vol. (C. p., art. 379, 388, 401.).....	Emprisonnement quelle qu'en soit la durée.	Idem.	Art. 15, § 5.

En ce qui touche la suspension du droit électoral, *voir* v° VOTE, numéro 8.

SECTION IV.

Casiers administratifs électoraux.

42. — Pour permettre à l'autorité administrative d'exercer un contrôle efficace sur la confection des listes électorales, et de provoquer la radiation des individus frappés d'incapacité, les parquets des tribunaux correctionnels et des cours d'assises sont chargés d'établir, dans la forme usitée pour la constitution des casiers judiciaires, un bulletin individuel de toutes les condamnations emportant déchéance du droit de vote et de les adresser à la sous-préfecture du lieu de naissance du condamné. (Circ. du garde des sceaux, du 18 déc. 1874, et du min. de l'int., des 30 déc. 1874 et 12 juill. 1875.)

Les greffiers des tribunaux de commerce sont tenus, de leur côté, de transmettre des bulletins spéciaux, constatant les jugements déclaratifs de faillite. (Circ. du garde des sceaux, du 27 août 1875, et du min. de l'int., du 23 sept. 1875.)

La même prescription a été faite aux commissaires du gouvernement près les conseils de guerre, à l'égard des condamnations prononcées par ces tribunaux. (Circ. du min. de la guerre, du 6 déc. 1875.)

En ce qui concerne le service de la marine, le soin d'établir les bulletins a été confié aux parquets des juridictions permanentes : cour d'assises, tribunaux criminels ou correctionnels des colonies, conseils de guerre permanents en France et dans nos possessions d'outre-mer, tribunaux maritimes permanents de la métropole ou des colonies. Relativement aux conseils de guerre à bord et aux conseils de justice, le relevé des condamnations est fait, sous la responsabilité des commissaires rapporteurs, par les greffiers des tribunaux maritimes de Brest et de Toulon, chargés, aux termes du décret du 21 juin 1858, du dépôt central des archives judiciaires. (Circ. du min. de la marine, du 2 mars 1876.)

Le sous-préfet est chargé d'aviser immédiatement le maire

des condamnations ou déclarations de faillite prononcées contre les individus nés dans sa commune.

43. — Les autorités administratives qui désirent connaître la situation judiciaire d'individus qu'elles supposent avoir perdu leurs droits politiques, n'ont qu'à s'adresser au sous-préfet du lieu de leur naissance : les maires des communes du même arrondissement envoient leur demande directement au sous-préfet; ceux des communes des autres arrondissements appartenant au même département, s'adressent au sous-préfet de leur arrondissement, qui la transmet à son collègue. Les demandes émanant d'autorités d'un autre département sont adressées directement par le préfet. Ce magistrat transmet en outre, à la fin de chaque trimestre, au ministre de l'intérieur, un compte rendu général sur l'état des casiers électoraux de son département. (Circ. précitées du min. de l'int.)

INCOMPATIBILITÉ.

Art. 1er. — Membres de la Chambre des députés.

§ 1. — Fonctions incompatibles.

1. — La loi interdit de remplir le mandat de député et

d'exercer en même temps des fonctions publiques rétribuées par l'État. Il faut faire un choix entre ces dernières et le mandat de député.

L'article 29 du décret de 1852 déclarait incompatible avec le mandat de député *toute fonction publique rétribuée.* L'article 8 de la loi du 30 novembre 1875 est ainsi conçu : « L'exer-« cice de fonctions publiques rétribuées *sur les fonds de l'État* « est incompatible avec le mandat de député. En consé-« quence, tout fonctionnaire élu député sera remplacé dans « ses fonctions, si, dans les huit jours qui suivent la vérifi-« cation des pouvoirs, il n'a pas fait connaître qu'il n'ac-« cepte pas le mandat de député. » Dans le cas d'acceptation de fonctions postérieurement à l'élection, *voir* v° DÉMISSION, n°ˢ 3 et 4.

2. — Mais certaines exceptions sont admises par la loi : « Sont « exceptées des dispositions qui précèdent, ajoute l'article 8 « précité, les fonctions de ministre, sous-secrétaire d'État, « ambassadeur, ministre plénipotentiaire, préfet de la Seine, « préfet de police, premier président de la Cour de Cassation, « premier président de la Cour des Comptes, premier président « de la Cour d'appel de Paris, procureur général près la Cour « de Cassation, procureur général près la Cour d'appel de Paris, « archevêque et évêque, pasteur président de consistoire dans « les circonscriptions territoriales dont le chef-lieu compte « deux pasteurs et au-dessus, grand rabbin du consistoire cen-« tral, grand rabbin du consistoire de Paris. »

Sont également exceptés, aux termes de l'article 9 : « 1° les « professeurs titulaires de chaires qui sont données au concours « ou sur la présentation des corps où la vacance s'est produite; « 2° les personnes qui ont été chargées d'une mission tempo-« raire. Toute mission qui a duré plus de six mois cesse d'être « temporaire et est régie par l'article 8. »

3. — Sous l'empire du décret de 1852, des doutes s'étaient élevés sur le point de savoir si le principe de l'incompatibilité était applicable aux fonctions de directeur de l'hôtel des mon-

naies. La négative a été adoptée, par le motif que ce directeur traitant à forfait avec l'Etat, tire sa rémunération des profits mêmes de son industrie (Corps légis., 10 nov. 1863, él. de M. de Bussière, *Mon.* du 11, p. 1334; 6 déc. 1869, *J. off.* du 7, p. 1568). Cette solution doit *a fortiori* être admise, en présence des termes formels de l'article 8 précité, qui ne prononce l'incompatibilité que pour les fonctions rétribuées sur les fonds de l'Etat.

Il en est de même pour les fonctions de directeur ou de sous-directeur du Crédit foncier, dont le traitement est payé sur les fonds de la société. (Corps légis., 21 nov. 1863, él. de MM. Frémy et Soubeyran, *Mon.* du 22, p. 1408 et 1409; 8 déc. 1869, él. de M. Soubeyran, *J. off.* du 9, p. 1583 et 1584 et 10 mars 1876, *J. off.* du 11, p. 1697.)

§ 2. — Élections dans plusieurs circonscriptions.

4. — Une incompatibilité résulte de l'élection d'un candidat dans plusieurs circonscriptions ; il est nécessaire qu'il opte pour l'une d'elles. L'article 7 du décret organique de 1852 dispose que « le député élu dans plusieurs circonscriptions doit « faire connaître son option au président du Corps législatif, « dans les dix jours qui suivront la déclaration de la validité « de ces élections. »

5. — Si l'option n'a pas lieu dans le délai prescrit, on décide par la voie du sort, en séance publique, laquelle des élections multiples sera maintenue. La Chambre a admis toutefois que l'option faite par une lettre remise au président après le délai, devait être reconnue valable, dans une espèce où la lettre portait une date antérieure à l'expiration du délai, et alors que le président avait été prévenu de ce choix en temps utile par un autre député. (Ass. légis., 15 juin 1849, él. de M. Pyat, *Mon.* du 16, p. 2084.)

Dans le cas où la Chambre est prorogée, ses travaux étant suspendus, le délai d'option ne saurait courir durant tout l'intervalle de la prorogation.

Art. 2. — *Conseillers généraux et d'arrondissement.*

§ 1er. — Fonctions incompatibles.

6. — L'article 9 de la loi du 10 août 1871 dispose que le mandat de conseiller général est incompatible, dans toute la France, avec les fonctions de préfets, sous-préfets, secrétaires généraux et conseillers de préfecture, ainsi que de commissaires et agents de police.

L'article 10 applique l'incompatibilité à une autre catégorie de personnes ; il porte : « Le mandat de conseiller général est « incompatible *dans le département*, avec les fonctions d'ar-« chitecte départemental, d'agent voyer, d'employé des bu-« reaux de la préfecture et généralement de tous les agents « salariés ou subventionnés sur les fonds départementaux. La « même incompatibilité existe à l'égard de tous les services dé-« partementaux. »

Les causes d'inéligibilité, absolue ou relative, aux conseils généraux et d'arrondissement indiquées v° Éligibilité, n°s 17 à 21, constituent-elles autant de causes d'incompatibilité absolue ou relative ? Nous sommes disposés à adopter la négative : tout ce qui touche à l'incapacité, à l'inéligibilité, à l'incompatibilité est de droit étroit, et en pareille matière on ne peut raisonner par analogie, en dehors d'un texte formel de loi.

7. — Ajoutons que l'acceptation du mandat implique renonciation à la fonction incompatible dont l'élu était antérieurement investi. Dans le cas d'acceptation de fonctions postérieurement à l'élection, l'élu est déclaré démissionnaire de son mandat, dans la forme indiquée v° Démission, n° 8.

§ 2. — Élection dans plusieurs cantons ou circonscriptions.

8. — L'article 11 de la loi du 10 août 1871, conforme à l'article 6 de loi du 22 juin 1833, dispose que : « nul ne peut être « membre de plusieurs conseils généraux. » D'un autre côté,

aux termes de l'article 24 de la loi de 1833, « nul ne peut être
« membre de plusieurs conseils d'arrondissement, ni du conseil
« d'arrondissement et du conseil général. »

9. — A défaut d'option dans un certain délai, c'est le sort
qui doit fixer celle des élections multiples qui subsistera. A
cet égard, l'article 17 de la loi du 10 août 1871, modifié par celle
du 31 juillet 1875, statue en ces termes : « Le conseiller général
« élu dans plusieurs cantons est tenu de déclarer son option au
« président du conseil général dans les trois jours qui suivent
« l'ouverture de la session, et en cas de contestation, à partir
« de la notification de la décision du Conseil d'État. A défaut
« d'option dans ce délai, le conseil général déterminera, en
« séance publique et par voie du sort, à quel canton le conseiller
« appartiendra. »

10. — En ce qui touche la nomination d'un conseiller d'arrondissement dans plusieurs cantons ou circonscriptions, l'option demeure régie par l'article 10 de la loi de 1833, aux termes
duquel elle doit être déclarée dans le mois qui suit les élections.

A défaut d'option dans ce délai, le préfet décide, par la voie
du sort, en conseil de préfecture et en séance publique, laquelle
des élections sera maintenue. Les mêmes dispositions sont applicables, dans le cas où un candidat a été élu à la fois membre
du conseil général et membre d'un conseil d'arrondissement.

Art. 3. — *Conseillers municipaux.*

§ 1. — Fonctions incompatibles.

11. — Aux termes de l'article 10 de la loi du 5 mai 1855,
« les fonctions de conseiller municipal sont incompatibles avec
« celles, 1° de préfets, sous-préfets, secrétaires généraux, conseil-
« lers de préfecture ; 2° de commissaires et d'agents de police ;
« 3° de militaires ou employés des armées de terre et de mer
« en activité de service ; 4° de ministre des divers cultes en
« exercice dans la commune. » Ces incompatibilités ont été
maintenues par l'article 4 de la loi du 14 avril 1871.

Les fonctions énumérées dans les trois premiers paragraphes de l'article 10 constituent des incompatibilités générales applicables à toute la France ; celles désignées dans le paragraphe 4 du même article ne sont que des causes d'incompatibilité relative.

L'observation faite *suprà* n° 7, trouve sa place ici : le fonctionnaire qui accepte le mandat de conseiller est réputé renoncer à la fonction incompatible ; le conseiller qui accepte des fonctions est déclaré démissionnaire du mandat. (*Voir* v° DÉMISSION, n° 14.)

12. — On doit comprendre, au nombre des employés de l'armée de mer, les employés comptables de la marine, distributeurs ou magasiniers dans les ports militaires, ainsi que les écrivains titulaires de comptabilité. (C. d'Ét., 17 avril 1861, él. d'Octeville ; 23 janv. 1872, él. d'Équerdreville).

Mais l'incompatibilité n'atteint pas le chef contre-maître de travaux hydrauliques d'un port militaire, parce qu'il est payé à la journée, et n'est soumis aux lois maritimes qu'en ce qui regarde la police et la discipline des établissements où il est employé. (C. d'Ét., 23 janv. 1872, él. d'Équerdreville).

On ne considère pas non plus comme faisant partie de l'armée l'officier de la garde nationale mobile, élu après que son corps a été licencié. (C. d'Ét., 21 novembre 1871, él. de Clermont.)

L'incompatibilité applicable aux ministres d'un culte atteint tous ceux qui sont *en exercice* dans la commune.

En conséquence, elle doit s'appliquer aux curés et desservants, exerçant leur ministère dans les diverses paroisses ou succursales (C. d'Ét., 14 juin 1847, él. Vallouise ; 16 mars 1850, él. de Gondrin). Elle est de même applicable au curé suspendu de ses fonctions, qui reste curé titulaire de la paroisse et reçoit tout ou partie de son traitement. (C. d'Ét., 29 mars 1861, el. de Corbie.)

Mais elle n'atteint pas les ministres d'un culte *non reconnu* (C. d'Ét., 27 nov. 1874, Rives), pas plus que le prêtre qui, pour l'exercice de son ministère et par la nature de son traitement, n'a aucun rapport avec la commune (Dufour, *Dr. adm.*, t. V, n° 546). Tel serait le cas du chanoine d'un diocèse ou de l'aumônier d'une école nationale. (C. d'Ét., 23 juin 1849, Mulard.)

§ 2. — Comptables, agents salariés et entrepreneurs.

13. — La loi interdit les fonctions de conseiller municipal à une classe d'individus auxquels leur situation ne permettrait pas de résoudre les questions communales avec toute l'impartialité désirable. « Ne peuvent faire partie du conseil municipal, sui- « vant l'article 9 de la loi de 1855 : 1° les comptables de deniers « communaux et les agents salariés de la commune ; 2° les « entrepreneurs de services communaux. »

Le percepteur non chargé du service des finances de la commune, qui est confié à un receveur municipal, n'est pas considéré comme comptable des deniers communaux (C. d'Ét., 21 novembre 1871, él. de Clermont). De même, les fonctions de receveur particulier d'un arrondissement ne peuvent avoir pour effet de constituer le titulaire comme comptable des deniers de la commune, dans le sens de l'article 9 précité. (C. d'Ét., 11 juillet 1866, él. de Sancerre.)

L'empêchement ne saurait non plus atteindre les membres d'un conseil de fabrique. (C. d'Ét., 19 avril 1838, él. d'Encausse ; 2 juillet 1861, él. de Barles ; 6 juin 1866, él. de Mont-Sur-Vent.)

14. — On range parmi les agents salariés de la commune l'instituteur primaire (C. d'Ét., 16 avril 1856, él. de Villard), mais non l'instituteur libre. (C. d'Ét., 30 août 1861, él. de Sous-Moulin.)

L'empêchement atteint aussi l'individu qui remplit, concurremment avec l'instituteur communal, les fonctions de secrétaire de la mairie, et perçoit la moitié du traitement qui lui est affecté (C. d'Ét., 6 juin 1866, él. de Barzun). Il existe également, pour les agents voyers (C. d'Ét., 3 septembre 1844, él.

de Négrepelisse). De même pour le pâtre communal (C. d'Ét., 2 juill. 1861 ; él. d'Obermuespach), ainsi que pour le sonneur de cloches et le monteur d'horloges, qui sont rétribués sur le budget municipal. (C. d'Ét., 6 juin 1866 , él. de Lasse ; 7 août 1872, él. de Créteville.)

On doit encore considérer comme agent salarié de la commune le médecin commissionné par le maire, à l'effet de donner des soins aux indigents, ou de constater les décès, et auquel est attribuée une allocation inscrite au budget municipal (C. d'Ét., 27 mars 1866; él. de Champagne; 25 juin 1875, él. de Buzançais ; 7 août 1875, él. de Billy-sur-Oise ; 25 février 1876, él. de Barnethun), alors même qu'il n'aurait pas encore profité de cette rétribution, du moment qu'il n'a pas déclaré y renoncer. (C. d'Ét., 28 mai 1866, él. de Champagne.)

Mais la qualité d'agent salarié de la commune n'est pas reconnue à l'adjoint qui reçoit d'elle une allocation pour la tenue des actes de la mairie, si cette allocation ne constitue pas un traitement, et ne sert qu'à l'indemniser de ses avances (C. d'Ét., 2 août 1866; él. de Montchanin); ni au secrétaire de mairie non salarié (C. d'Ét., 7 août 1875, él. mun. de Cabanasse);

Non plus qu'au médecin cantonal , nommé par le préfet, et dont la rétribution est payée annuellement par toutes les communes du canton (C. d'Ét., 23 juillet 1856, él. de Voulx); au médecin d'un bureau de bienfaisance, ou à celui d'un hospice, nommé par le ministre; à celui d'un hospice même communal, désigné par une commission, et rétribué par cet établissement ; ou encore au médecin des employés de l'octroi, s'il ne reçoit aucune rétribution, et si toutes les sommes constituant son traitement sont fournies par les employés, au moyen d'une retenue mensuelle sur leur traitement; au professeur d'astronomie à la Faculté des sciences, qui est en même temps directeur de l'observatoire de la ville; ou au professeur de l'école préparatoire de médecine, ce professeur étant un fonctionnaire nommé par le ministre de l'instruction publique (C. d'Ét., 25 août 1849 , él. de saint-Pol; 23 mai 1861, él. de Toulouse ;

28 mars 1866, él. de Lille ; 23 mars 1877, él. de Loventie);

Ni au médecin d'un bureau de bienfaisance de Paris, dont le traitement est porté au budget de l'assistance publique, par la raison que le budget de la ville et celui de l'assistance sont complétement distincts. (C. d'Ét., 16 juill. 1875, él. de Paris.)

Même solution relativement au pharmacien de l'hospice, nommé par la commission administrative, et payé par l'hospice (C. d'Ét., 2 août 1866 ; él. de Marseille); aux économes et secrétaires de l'hospice (C. d'Ét., 18 mai 1841, él. de la Ferté-Gaucher ; 10 août 1847, él. de Boulogne-sur-Mer); à l'avocat et à l'avoué d'une commune (C. d'Ét., 27 juillet 1866, él. de Cahors); au garde rivière rétribué par les propriétaires riverains réunis en association syndicale. (C. d'Ét., 16 mars 1875, él. de Fye.)

Ajoutons enfin que la loi électorale n'étend pas au mari d'une femme qui exerce un emploi rétribué sur des fonds communaux, l'empêchement édicté par l'article 9 précité. (C. d'Ét., 18 mai 1837, él. mun. de Dieppe.)

15. — L'empêchement qui concerne les agents salariés cesse en même temps que la cause qui la produit; dans le cas par exemple où le candidat s'est démis de ses fonctions avant l'élection (C. d'Ét., 16 mai 1866, él. de Cléponville ; 25 juin 1875, él. mun. de Royère), ou le jour de son élection (C. d'Ét., 8 juillet 1838, él. de Castet), ou avant l'installation du conseil municipal, ou encore avant la décision du conseil de préfecture (C. d'Ét., 11 avril 1834, Desbresst ; 19 avril 1838, él. d'Encausse ; 16 avril 1856, él. de Villard ; 16 juill. 1861, él. d'Aunay-sur-Odon ; 17 mars 1876, él. de Lebiez), ou avant que l'arrêté du conseil de préfecture, qui a annulé son élection, lui ait été notifié (C. d'Ét., 19 juill. 1866, él. de Rivières), ou même avant la décision du Conseil d'État. (C. d'Ét., 17 déc. 1875, él. d'Aubin-Saint-Vaast, voir v° DÉMISSION, n° 14.)

Il est admis, en outre, que le candidat élu doit être mis en demeure de faire son option, lorsqu'il est invité à présenter ses observations sur la demande en nullité de l'élection.

Pourrait également faire partie du conseil municipal un ancien maire déclaré comptable de deniers communaux, quand les faits à raison desquels cette déclaration était intervenue avaient été spécialement désignés et avaient pris fin avant l'élection. (C. d'Ét., 2 juill. 1875; él. mun. d'Ansost.)

Si donc le conseil de préfecture avait annulé l'élection d'un candidat, par le motif qu'il exerçait des fonctions incompatibles avec celles de conseiller municipal, sans qu'au préalable il ait été mis en demeure d'opter, et que, antérieurement à la décision du Conseil d'État, ce candidat se fût démis desdites fonctions, la solution résultant de la décision du 17 décembre 1875 (él. d'Aubin-Saint-Waast) devrait être admise *a fortiori*. (C. d'Ét., 15 déc. 1864, él. d'Aulnoye; 25 avril 1866, él. d'Evran.)

16. — L'exclusion concernant les entrepreneurs de services communaux doit être limitée aux individus qui sont chargés de l'entreprise. Elle ne saurait être étendue aux cautions ou garants desdits entrepreneurs (C. d'Ét., 10 juill. 1866, él. de Napoléon-Vendée); ni à des associés dont la qualité résulte seulement de conventions verbales. (C. d'Ét., 15 juin 1866, él. de Bagnères-de-Luchon.)

On ne devrait pas considérer comme entrepreneur de service communal, l'ouvrier employé sur les chemins de la commune, et qui est payé à la tâche et sans traitement fixe (C. d'Ét., 2 nov. 1871, él. de Bignicourt); ni l'adjudicataire de la coupe affouagère de la commune (C. d'Ét., 8 mai 1866, él. de Foulnay); ni l'individu ayant reçu à bail d'une commune, pour un certain temps, un terrain sur lequel il s'est obligé à construire un abattoir, dont la commune sera propriétaire à l'expiration du bail, bien qu'il soit autorisé à exploiter ledit abattoir, ainsi qu'à percevoir des taxes d'abatage suivant un tarif déterminé, lorsque cet industriel n'est soumis à la surveillance de l'autorité municipale que sous le rapport de la salubrité publique. (C. d'Ét., 17 juill. 1866, él. de Mourmelon-le-Grand.)

D'un autre côté, cette exclusion, suivant l'exposé des motifs de la loi de 1855, « ne concerne que les services qui créent « entre les communes et les entrepreneurs des rapports d'in- « térêts constants, et pour ainsi dire journaliers.... Un marché « contracté avec la commune, pour un travail déterminé, par « exemple pour la construction d'un chemin ou d'un édifice, « donnerait lieu seulement à l'application de l'article 21, de la « loi [1]. »

Il a été jugé, par suite, que l'empêchement n'est pas oppo- sable à l'entrepreneur chargé, par un marché passé devant le préfet, de l'entretien d'un chemin d'intérêt commun (C. d'Ét., 10 févr. 1872, él. d'Onlay ; 7 avril 1876, él. de Molinghen), ou de la construction d'un chemin vicinal (C. d'Ét., 7 août 1876, él. de Lembras), ni à l'adjudicataire d'un lot de travaux, ayant pour objet la dérivation de sources et faits pour le compte d'une ville (C. d'Ét., 6 juin 1872, él. de Paris) ; ni à l'entrepre- neur de la construction d'une église. (C. d'Ét., 1er juin 1866, él. de Morcenx.)

Au contraire, la qualité d'entrepreneur de services commu- naux a été reconnue à l'adjudicataire du service d'éclairage de la commune, qui s'est engagé pour plusieurs années (C. d'Ét., 29 mai 1861, él. d'Arpajon ; 6 mai 1863, él. d'Hautmont) ; au gérant ou directeur d'une société chargée de l'éclairage d'une ville et qui a les pouvoirs nécessaires pour faire tous les actes d'administration se rapportant à l'exploitation. (C. d'Ét., 7 juin 1866, él. de Dieppe ; 10 juill. 1866, él. de Valence ; 31 déc. 1875, él. de Bernay.)

L'empêchement atteint également l'entrepreneur de travaux à exécuter sur les chemins vicinaux d'une commune pendant plusieurs années (C. d'Ét., 12 août 1861, él. de Laperche ; 1er juin 1866, él. de Chars), même pendant une seule année (C. d'Ét., 11 juill. 1866, él. de Regneville) ; et il subsisterait, malgré la

_____

[1] D'après cet article, les membres du conseil ne peuvent prendre part aux délibérations relatives aux affaires dans lesquelles ils ont un intérêt.

cession à un tiers de l'exécution de son marché, si le conces-
sionnaire restait obligé, vis-à-vis de la commune. (C. d'Ét.,
29 mai 1861, él. d'Arpajon; 9 déc. 1871, Mangin.)

L'empêchement disparaît avec la cause qui l'a motivé.
Il n'existerait donc aucun obstacle à la nomination des
individus, qui, antérieurement aux élections auraient fait des
fournitures ou des travaux, pour le compte d'une commune
(C. d'Ét., 26 mars 1856, él. de Mont-Saint-Aignan; 7 avril 1876,
él. de Molinghen). Jugé aussi que si dans l'intervalle de la décision du conseil de préfecture à celle du Conseil d'État, l'entreprise a été abandonnée, l'élection est valable. (C. d'Ét., 19 nov.
1875, él. de Saint-Jean-de-Losne, *voir* v° Démission, n° 14.)

17. — Que décider touchant les fermiers des revenus communaux? L'article 5 de la loi du 5 mai 1855, dans son paragraphe 9, mentionne parmi les personnes qui ne peuvent être
ni maires ni adjoints, les comptables et fermiers de revenus
communaux ainsi que les agents salariés de la commune. Mais
l'article 9 de la même loi, en désignant les individus qui ne
peuvent être conseillers municipaux, n'a pas reproduit cette
disposition : à côté des comptables des deniers communaux et
des agents salariés de la commune, cet article mentionne
uniquement les entrepreneurs de services communaux.

Il suit de là évidemment que l'incompatibilité n'existe pas
pour les fermiers, par exemple pour le fermier d'une propriété
appartenant à la commune (C. d'Ét., 26 mars 1856, él. de Mont-
Saint-Aignan; 21 juin 1859, él. de Clécy; 5 nov. 1875, él.
de Sancerre);

Pour les fermiers des droits de plaçage dans les halles et
marchés (C. d'Ét., 16 avril 1856, él. de Lesparre); ou sur un
champ de foire (C. d'Ét., 21 juin 1859, él. de Clécy);

Pour l'adjudicataire des droits de parcours et de glandée dans
les bois. (C. d'Ét., 27 avril 1877, él. de Caldareille.)

Mais, le Conseil d'État a décidé que l'on devait considérer
le fermier des droits d'octroi comme entrepreneur d'un service
communal. (C. d'Ét., 13 juin 1862, él. de Saint-Florent.)

§ 3. — Domestiques et indigents.

18. — Suivant l'article 9 de la loi du 5 mai 1855 : « ne peu-
« vent être conseillers municipaux les domestiques *attachés à*
« *la personne*, les individus dispensés de subvenir aux charges
« communales et ceux qui sont secourus par les bureaux de
« bienfaisance. [1] »

19. — L'exclusion des domestiques est fondée sur l'état de
dépendance dans lequel ils se trouvent vis-à-vis de leurs
maîtres.

Sous la dénomination de domestiques, on comprend seulement
les individus qui, moyennant des gages déterminés, sont attachés au service d'une personne.

Ne sont pas considérés comme domestiques :

L'individu qui est chargé par un habitant de faire les travaux
de son jardin et d'avoir soin de sa basse-cour, s'il n'est ni logé
ni nourri dans sa maison (C. d'Ét., 31 janv. 1856, él. de
Wambez) ;

Celui qui travaille chez un parent, en qualité d'associé à
l'exploitation d'une ferme (C. d'Ét., 17 déc. 1875, él. d'Argol);

Le jardinier concierge d'un château, lorsqu'il est inscrit
dans la commune sur les rôles de la contribution personnelle
et mobilière (C. d'Ét., 10 avril 1866, él. d'Estrées-Deniecourt);

L'individu logé gratuitement dans une propriété dont il est
gardien, et chargé de travaux pour lesquels il est payé à la
tâche ou à la journée (C. d'Ét., 2 nov. 1871, él. de Bignicourt);

Le régisseur de propriétés (C. d'Ét., 26 mars 1856, él. de
Fleuré ; 31 juill. 1856, él. de Plaignes ; 10 sept. 1856, él. de
Cogny; 20 juill. 1859, él. de Saint-Martin de Cenilly ; 25 avril
1866, él. de Brouzet-Liouc; 26 mai 1866, él. de Cours ;
19 juill. 1866, él. de Rivières) ;

---

[1] Dans le cas où l'empêchement survient après l'élection, le conseiller
est déclaré démissionnaire par le préfet (*Voir*, v° DÉMISSION, n° 14.)

Le garde particulier qui demeure dans un local distinct de l'habitation de celui dont il surveille les propriétés (C. d'Ét., 6 févr. 1874, él. de Maulicent);

Le contrôleur d'un établissement thermal appartenant à un particulier et qui est inscrit au rôle de la contribution personnelle et à celui des patentes. (C. d'Ét., 4 avril 1872, él. de Villecelle.)

Même solution à l'égard de l'individu à la fois régisseur et garde particulier d'une personne. (C. d'Ét., 7 janv. 1876, él. de Calonges);

Et touchant celui qui soigne et conduit accidentellement les chevaux d'un propriétaire de la commune, durant le séjour que celui-ci y vient faire. (C. d'Ét., 29 déc. 1871, él. de Caranac.)

20. — Quant aux indigents qui reçoivent des secours des bureaux de bienfaisance ou qui sont dispensés de participer aux charges communales, leur exclusion a également pour cause leur défaut d'indépendance; mais il faut se renfermer à cet égard, dans les limites que la loi a tracées. L'incapacité du candidat ne peut être admise, malgré l'allégation de son état d'indigence, s'il ne se trouve dans l'un des deux cas déterminés par l'article 9.

De plus, l'inéligibilité ne résulterait pas de secours momentanés obtenus à la suite, par exemple, de circonstances résultant de la guerre. (C. d'Ét., 15 février 1872, él. de Bleneau.)

Mais l'individu qui figure sur la liste des indigents de la commune et qui, au commencement de l'année où ont eu lieu les élections, a pris part à une distribution de secours faite aux plus pauvres habitants de la commune, ne peut faire partie du conseil. (C. d'Ét., 14 juin 1861, él. de Silley.)

L'empêchement dont sont frappés les individus dispensés de subvenir aux charges communales, n'existe pas lorsqu'il y a simplement absence d'inscription au rôle; il est nécessaire qu'il soit intervenu une décision du conseil municipal qui ait dispensé de supporter lesdites charges. L'empêchement né saurait

donc atteindre celui que son âge seul affranchit de la prestation en nature (C. d'Ét., 26 mars 1856, él. de Bourg-Charente);
ni celui qui ne figure pas au rôle des contributions par suite
d'une omission (C. d'Ét., 3 avril 1856, él. de Saint-Hilaire); ni
celui rayé, sur sa demande, pour l'année suivante seulement,
comme n'habitant plus la commune (C. d'Ét., 16 avril 1856,
él. de Mireval) ; ni, d'une manière générale, l'individu qui ne
paye aucune contribution et ne subvient pas aux charges communales, s'il n'a pas été exempté comme indigent. (C. d'Ét.,
3 mai 1861, él. de Devèze ; 9 déc. 1871, él. de Mazères ;
29 déc. 1871, él. de Quasquara.)

Toutefois, il a été décidé qu'il y avait lieu de faire application
de l'article 9 de la loi de 1855 à l'individu qui n'était inscrit au
rôle d'aucune des quatre contributions, qui n'avait acquitté la
taxe des prestations en nature à l'époque où il n'en était pas
dispensé par son âge, qu'au nom de sa femme, laquelle la devait
en sa qualité de chef d'établissement et de propriétaire, conformément à l'article 5 de la loi du 21 mai 1836, et qui enfin ne
justifiait pas avoir acquitté en son propre nom la taxe des
chiens (C. d'Ét., 6 oct. 1871, él. d'Avesnes). Mais nous ne
pensons pas que le Conseil d'État ait entendu revenir sur sa
jurisprudence antérieure : la contradiction apparente entre
cette décision et celles qui la précèdent ou la suivent tient
sans doute à quelque erreur ou omission dans l'exposé des
faits.

§ 4. — Élections dans plusieurs collèges.

21. — Suivant l'article 10 de la loi de 1855, « nul ne peut
être membre de plusieurs conseils municipaux. » Il s'ensuit que
le candidat nommé en même temps dans plusieurs communes
est tenu de faire une option.

Une circulaire ministérielle du 30 novembre 1831 établit de
quelle manière celle-ci doit avoir lieu. Le préfet adresse, à ce
sujet, une mise en demeure au candidat. A défaut d'option dans
le délai d'un mois, le préfet détermine, en conseil de préfecture,

par la voie du sort, la commune que ce candidat doit représenter. Les mêmes règles sont observées, lorsque celui-ci est
élu dans plusieurs sections électorales.

Dans le cas où un conseiller municipal d'une commune vient
à être nommé dans une autre, la dernière élection est nulle.
Toutefois, elle est maintenue si le candidat élu s'est démis
des fonctions qu'il exerçait dans le premier conseil avant l'installation de l'autre conseil.(C. d'Ét., 4 févr. 1836, él. de Niveau.)

22. — Sous l'empire de la loi de 1866, on s'était demandé
si un maire ou un adjoint choisi en dehors du conseil municipal pouvait être membre d'une assemblée municipale d'une
autre commune. La question, après avoir été d'abord résolue
affirmativement (C. d'Ét., 26 mars 1856, él. de Dompierre), fut
tranchée en sens contraire (C. d'Ét., 23 mai 1861, él. de Neu-
vicq). L'article 21 de la loi du 24 juillet 1867 a édicté que « nul
« ne peut être maire ou adjoint dans une commune et con-
« seiller municipal dans une autre commune. » Mais cette disposition n'existerait-elle pas que la question serait encore sans
intérêt, aujourd'hui que les maires doivent être pris parmi les
membres du conseil municipal (*Voir* v° MAIRE, n° 1), nul ne
pouvant être conseiller municipal dans deux communes différentes. (*Suprà*, n° 21.)

§ 5. — Empêchement résultant de la parenté ou de l'alliance.

23. — En matière d'élection municipale, la parenté ou l'alliance est une cause spéciale d'empêchement. L'article 11 de la
loi du 5 mai 1855 dispose en ces termes : « Dans les com-
« munes de cinq cents âmes et au-dessus, les parents au degré
« de père, de fils, de frère et les alliés, ne peuvent être en
« même temps membres du conseil municipal. »

Il eût été fort difficile de composer le conseil, si cette disposition avait été appliquée aux communes d'une faible population ; c'est pourquoi l'empêchement est limité à celles qui ont
au moins cinq cents habitants.

24. — Pour déterminer la population d'une commune, on ne recherche pas quel en est le chiffre réel, mais on adopte le relevé du dernier recensement officiel. (C. d'Ét., 31 janv. 1856, él. de Louroux.)

25. — L'empêchement ne saurait être étendu aux oncles et neveux (C. d'Ét., 26 juin 1866, él. de Mont-sur-Vent), mais il s'applique aux parents au degré d'aïeul et de petit-fils. (C. d'Ét., 11 août 1849, Lefrançois; 11 mai 1877, él. de Rivière-Saint-Sauveur.)

26. — Quel est le sens légal du mot allié? L'allié est celui qui par le fait du mariage se trouve uni aux parents de son conjoint. Mais l'alliance qui se forme avec les parents ne s'étend pas à leurs alliés. Ainsi elle n'existe pas entre les maris de deux sœurs. (C. d'Ét., 16 janv. 1861, él. de Chepoix; 20 mai 1866, él. de Maisonnisses.)

Il y a alliance, au contraire, entre le mari d'une fille adoptive et le père adoptif. (C. C., ch., civ., 6 déc. 1844, cassation (él. d'Issoire), *Dalloz*, 1845, I, 11.)

L'alliance et l'empêchement qui en résulte ne cessent pas, d'ailleurs, par le décès sans enfants de la personne qui l'avait fait naître. (C. C., ch. req., 4 nov. 1868 rejet (Hamel), *Sirey*, 1869, I, 18 [1].)

Toutefois, le tribunal de Bayeux a admis que l'alliance au

---

[1] Ce principe a été consacré dans d'autres matières que celles qui nous occupent par un grand nombre de décisions. Il est admis notamment, lorsqu'il s'agit d'apprécier la capacité d'un notaire ou d'un témoin testamentaire (C. C., ch. civ., 16 juin 1834, rejet (Mailly et Vigne) *Sirey*, 1834, I, 729; C. Bordeaux, 14 mars 1843 (Descombes), *Sirey*, 1843, II, 311); — ou d'un témoin en matière criminelle (C. C., ch. crim., 10 oct. 1839, rejet, Peytel, *Sirey*, 1839, I, 955; 10 mai 1843, cass. (Roques), *Sirey*, 1843, I, 434); — ou encore d'apprécier soit l'alliance entre deux magistrats (C. C., ch. crim., 7 nov. 1840, cass. (Grillou), *Sirey*, 1841, I, 88), soit l'empêchement à un mariage entre un veuf et la petite-fille issue d'un premier mariage de la défunte épouse (Trib. de Vienne, 28 déc. 1865 (Cony), *Sirey*, 1866, II, 201). *Voir* aussi dans ce sens : Demolombe, *Mariage*, t. I, n° 117; Massé et Vergé sur Zacharie, t. I, § 426, p. 203, note 11; Aubry et Rau, d'après Zacharie, t. IV, § 461, p. 52; Taulier, *Th. du C. civ.*, t. I, p. 274. En sens contraire, *voir* Bioche, *Proc.*, v° ALLIANCE, n° 3; Dufour, *Dr. adm.*, t. V, n° 551; *Dict. du notarial*, v° ALLIANCE, n° 36; Delvincourt, t. I, p. 432.

degré de beau-frère ne subsistait plus entre deux candidats élus, dont l'un avait épousé la sœur de l'autre, quand cette sœur ainsi que les enfants issus de son mariage étaient décédés. (C. d'Ét., 22 janv. 1868, él. mun. de Trévières.)

27. L'empêchement résultant de la parenté existe uniquement entre les membres du conseil; il n'a pas lieu entre un conseiller et un employé de l'administration municipale. Jugé en conséquence que rien ne s'oppose à ce que le frère et le cousin germain du receveur municipal fassent partie du même conseil. (C. d'Ét., 23 juill. 1875, él. de Corte.)

28. — Lorsque des parents ou alliés au degré prohibé ont été élus membres du même conseil, il y a lieu de faire certaines distinctions, pour savoir quel est le candidat qui doit l'emporter.

Si l'élection a été faite dans la même section et au même tour de scrutin, la préférence est accordée à celui qui a obtenu le plus grand nombre de suffrages. (C. d'Ét., 9 mars 1836, él. de Campouriez; 24 juill. 1847, él. de Neuvillette; 20 mars 1866, él. d'Hagetmau; 10 avril 1866, él. du Thillot; 14 juin 1866, él. de Doulon; 18 juin 1875, él. de Lesigny-sur-Creuse; 7 août 1875, él. d'Escot; 3 mars 1876, él. de Lanneray.)

Dans le cas d'égalité de suffrages, le plus âgé l'emporte. (C. d'Ét., 11 août 1841, él. d'Auriébat; 29 juin 1866, él. de Cuq-Toulza.)

Si les parents ou alliés ont été élus dans deux scrutins successifs, le choix est réglé entre eux par l'antériorité : la nomination faite au premier tour est seule valable. (C. d'Ét., 25 avril 1861, él. de de Saint-Martin-de-Vers; 23 mars 1872, él. d'Eysines.)

S'agit-il d'une élection opérée par deux sections différentes, quel que soit le nombre des voix obtenues par chacun des deux candidats, c'est le sort qui décide lequel sera maintenu. (C. d'Ét., 16 avril 1856, él. de Sainte-Marguerite; 25 avril 1861, él. de Soublecause; 14 juin 1861, él. des Côtes-d'Arey; 3 juill. 1861, él. de Châteauneuf-sur-Loire; 16 mai 1866, él.

de la Grave ; 1ᵉʳ juin 1866, él. de Landaville; 10 août 1866 ; él. de Ladevèze ; 20 septembre 1871, Michellet.)

Le conseil de préfecture doit d'ailleurs se borner à annuler l'élection, mais il ne saurait proclamer un autre candidat. (*Voir* v° CONSEIL DE PRÉFECTURE, n° 12.)

29. — Le décès ou la démission de l'un des parents ou alliés, survenu avant l'installation du conseil municipal, fait disparaître l'empêchement. (C. d'Ét., 10 avril 1866, él. du Thillot.)

Même solution dans le cas où l'un des parents renonce au bénéfice de sa nomination. (C. d'Ét., 2 août 1866, él. d'Augeac.)

Les règles qui précèdent nous paraissent applicables au cas où l'alliance étant survenue postérieurement à l'élection, le préfet déclare l'un des conseillers démissionnaires. (*Voir* v° Démission, n° 14.)

Art. 4. — *Disposition particulière aux membres du conseil municipal de Paris.*

30. — Aux termes des dispositions combinées des articles 15 de la loi du 14 avril 1871 et 2 de celle du 16 septembre 1871, les incapacités et incompatibilités établies pour les conseils généraux par la loi du 10 août 1871, sont applicables au conseil municipal de Paris, indépendamment de celles établies par les lois en vigueur sur l'organisation municipale. (*Voir* vˢ ÉLIGIBILITÉ, art. 2 et 3, et INCOMPATIBILITÉ, art. 2 et 3.)

Cette disposition est fondée sur ce que les quatre-vingt membres du conseil municipal de Paris concourent à la formation du conseil général de la Seine, aux termes de la loi du 16 septembre 1875.

INDEMNITÉ.

§ 1. — Députés (n. 2).
§ 2. — Sénateurs (n. 3).
§ 3. — Délégués des conseils municipaux (n. 4).

1. — Une indemnité est attribuée aux membres des deux

Chambres, ainsi qu'aux délégués des conseils municipaux, qui sont appelés à élire les sénateurs.

2. — L'article 17 de la loi du 30 novembre 1875, dispose en ces termes: «Les députés reçoivent une indemnité. Cette « indemnité est réglée par les articles 96 et 97 de la loi du « 15 mars 1849 et par les dispositions de la loi du 16 février « 1872. »

L'article 96 de la loi du 15 mars 1849 porte : « L'indemnité « prescrite par l'article 38 de la constitution est fixée à « 9,000 francs par an. Elle est incompatible avec tous traitements « d'activité, de non-activité ou de disponibilité. Ces traitements « restent suspendus pendant toute la durée de la législature; « toutefois, les représentants du peuple investis des fonctions « énumérées dans l'article 85 touchent le traitement afférent à « leurs fonctions, sans pouvoir cumuler avec ce traitement l'in- « demnité législative. Les représentants des colonies reçoivent « en outre l'indemnité de passage pour l'aller et le retour. »

Les fonctionnaires désignés par l'article 85 de la loi de 1849, étaient ceux exceptés de la règle de l'incompatibilité. Il y a lieu de substituer à cette disposition, celle de l'article 8 de la loi du 30 novembre 1875, qui détermine les exceptions à la même règle.

Aux termes de l'article 97, l'indemnité fixée pour les représentants peut être saisie, même en totalité.

La loi du 16 février 1872 prescrit le mode de règlement de l'indemnité d'après l'importance du traitement du fonctionnaire : « si le chiffre de l'indemnité, dit l'article 2, est supérieur à « celui du traitement du fonctionnaire, ce traitement est « ordonnancé en totalité au profit du Trésor pendant la durée « du mandat législatif. » L'article 3, prévoit le cas inverse : « Si « le chiffre du traitement est supérieur à celui de l'indemnité, le « fonctionnaire député ne touche, pendant la même période, que « la portion de son traitement net excédant ladite indemnité. »

Ainsi, le fonctionnaire conserve toujours l'intégralité de son traitement, sans qu'il y ait cumul.

Toutes les sommes assujetties à la retenue au profit du Trésor, doivent être comprises dans le traitement, sauf les indemnités de représentation et les frais de bureau. (Art. 5.)

Certaines allocations échappent à la règle générale et sont touchées indépendamment de l'indemnité. L'article 6 porte : « sont exceptés des dispositions des mêmes articles (2 et 3) les « pensions de retraite civiles et militaires, le traitement des « officiers généraux admis dans le cadre de réserve, les trai- « tements afférents aux décorations de la Légion d'honneur, les « rentes viagères attribuées aux médaillés militaires, les pen- » sions allouées à titre de récompense nationale. »

§ 2. — Sénateurs.

3. — Les sénateurs reçoivent la même indemnité que les députés. (Art. 26 de la loi du 2 août 1875 [1].)

---

[1] L'indemnité sénatoriale peut-elle être cumulée avec un traitement? La loi du 2 août 1875 a admis le principe de la rétribution, à la fois pour les sénateurs et pour les députés. Quant à la fixation du chiffre de l'indemnité, le législateur a renvoyé à une loi postérieure. Cette loi est intervenue, le 30 novembre 1875. Elle dispose que l'indemnité sera réglée par les articles 96 et 97 de la loi du 15 mai 1849, ainsi que par la loi du 16 février 1872. Or, d'après la loi de 1849, l'indemnité n'est pas cumulable, et suivant celle de 1872, il est loisible seulement au fonctionnaire de toucher le traitement le plus élevé.

Nul doute que le cumul soit interdit pour les députés. En ce qui concerne les sénateurs, en est-il autrement? La loi du 2 août 1875, qui a adopté le principe de l'indemnité pour les membres des deux Chambres, semble par cela même avoir admis pour eux l'application des mêmes règles. D'ailleurs, l'interdiction du cumul n'a guère de raison d'être pour la seule Chambre des députés, où les fonctionnaires, en général, sont exclus. Il est à remarquer enfin, que les deux Chambres forment un seul parlement en deux parties : chacune à l'initiative et le vote des lois ; l'Assemblée nationale est formée de leur réunion. Si elles diffèrent, au point de vue du mode de nomination, c'est uniquement afin qu'elles ne puissent être composées des mêmes éléments.

Dans de telles conditions, il nous paraît que le cumul ne saurait être possible. Toutefois le Conseil d'État a résolu la question en sens con-

§ 3. — Délégués des conseils municipaux.

4. — Les délégués des conseils municipaux reçoivent une indemnité de déplacement lorsqu'ils en ont fait la demande, et qu'ils ont pris part à tous les scrutins. (Art. 17 de la même loi.)

Cette indemnité, égale à celle qui est allouée aux jurés, a été fixée à 2 fr. 50 c. par myriamètre parcouru, tant pour l'aller que pour le retour. (*Voir* v° Sénat, n°ˢ 43 à 46.)

INDIGNITÉ.

Voir v° Éligibilité.

INFRACTIONS AUX LOIS ÉLECTORALES.

Art. 1ᵉʳ. — De l'application des dispositions spéciales a toutes les élections (n. 1 et 2).
Art. 2. — Crimes (n. 3).
   § 1. — Trouble apporté dans les opérations électorales (n. 4 et 5).
   § 2. — Violation du scrutin (n. 6 à 8).
Art. 3. — Délits (n. 9).
   § 1. — Inscriptions ou votes frauduleux (n. 10 à 13).
   § 2. — Atteintes à la liberté des électeurs (n. 14 à 19).
   § 3. — Trouble apporté dans les opérations électorales (n. 20 à 22).
   § 4. — Altération du vote (n. 23 et 24).
   § 5. — Violation du scrutin (n. 25 et 26).
Art. 4. — Juridiction, application des règles du droit commun (n. 27 à 29).
Art. 5. — Prescription de l'action publique et de l'action civile (n. 30 à 34).
Art. 6. — De l'effet d'une condamnation au regard de l'élection (n. 35).

Art. 1ᵉʳ. — *De l'application des dispositions spéciales à toutes les élections.*

1. — Le décret organique du 2 février 1852, dans son titre

traire par une décision du 26 janvier 1877 (aff. de Bastard). Il se fonde sur le silence de la loi du 2 août 1875 au sujet du cumul, tandis que celle du 30 novembre de la même année, relative à l'élection des députés, le prohibe formellement.

quatrième détermine les infractions à la loi électorale, et établit les peines dont elles sont frappées.

Ce décret a été rendu pour les élections législatives, et les dispositions pénales qu'il renferme n'ont pas été reproduites dans les lois concernant les autres sortes d'élections. Cependant on reconnaît que l'application n'en doit pas être restreinte aux premières. Le décret de 1852 est en réalité la loi organique du suffrage universel, et il ne serait pas possible d'admettre que les infractions qu'il prévoit fussent réprimées seulement pour certaines élections, et demeurassent impunies pour les autres [1].

Cette doctrine est consacrée par la jurisprudence de la Cour de Cassation. (C. C., ch. crim., 4 nov. 1853, rejet (Guadelli), *Bull. crim.* 1853, n° 329; 8 mars 1861, rejet (Chatelain), *Dalloz*, 1861, I, 401 ; 11 mai 1861, cassation (Lelaidier), *Dalloz*, 1, 402.)

Par suite, il faut considérer comme abrogés les articles 109 à 113 du Code pénal, qui punissaient les infractions de même nature, relatives à l'exercice des droits civiques.

2. — Les infractions constituent, suivant leur gravité, des crimes ou des délits.

Il est question, en outre, v° RÉUNIONS, n°ˢ 11 et 12, d'une autre sorte d'infraction que la loi qualifie de contravention, mais qui est punie de peines correctionnelles.

ART. 2. — *Crimes.*

3. — Les crimes résultent soit de trouble apporté dans les opérations électorales, soit de la violation du scrutin, quand ces actes ont été accomplis avec certaines circonstances aggravantes.

§ 1. — Trouble apporté dans les opérations électorales.

4. — L'article 42 frappe d'une peine correctionnelle « l'irrup-« tion dans un collége électoral, consommée ou tentée avec

---

[1] Hérold. Droit électoral devant la Cour de Cassation, n° 343; *voir* aussi arrêt du Conseil d'État, du 14 juin 1866, él. mun. de Malzieuville.

« violence, en vue d'empêcher un choix. » L'article 43 porte
que « si les coupables étaient porteurs d'armes, la peine sera
« celle de la réclusion. » Ainsi, l'irruption faite avec violence,
est un simple délit : ce qui lui donne le caractère de crime,
c'est le fait par les délinquants d'avoir eu des armes.

La peine est encore aggravée, dans le cas où l'irruption a eu
lieu par suite d'un concert établi, pour troubler les élections
dans toute l'étendue ou dans une fraction du pays. L'article 44
est conçu en ces termes : « elle sera des travaux forcés à
« temps, si le crime a été commis par suite d'un plan concerté
« pour être exécuté soit dans toute la République, soit dans un
« ou plusieurs départements, soit dans un ou plusieurs arron-
« dissements. »

5. — La tentative est punie comme le crime même, suivant
les dispositions des articles 43 et 44. Les règles du droit commun reçoivent ici leur application. Pour que la tentative puisse
être assimilée au crime, il est nécessaire, d'après l'article 2 du
Code pénal : 1° qu'il y ait eu un commencement d'exécution;
2° qu'elle n'ait été suspendue ou n'ait manqué son effet, que
par suite de circonstances indépendantes de la volonté de son
auteur.

§ 2. — Violation du scrutin.

6. — L'article 46 prévoit l'enlèvement de l'urne contenant
les suffrages, avant le dépouillement, et inflige pour ce fait une
peine correctionnelle. Il ajoute que : « si l'enlèvement a été
« effectué en réunion et avec violence, la peine sera celle de la
« réclusion. »

Pour constituer le crime, la double circonstance de violence
et de réunion de plusieurs personnes est formellement exigée.
Aux termes de l'article 43, il en est de même, lorsque le scrutin a été violé en cas d'irruption.

7. — La violation du scrutin est également un crime, si elle
a été commise par des membres du bureau ou par des agents
de l'autorité. « La violation du scrutin, porte l'article 47, faite
« soit par les membres du bureau, soit par des agents de l'au-

« torité préposés à la garde des bulletins non encore dépouillés,
« sera punie de la réclusion. »

8. — Il est à remarquer que les articles 46 et 47, à la différence des articles 43 et 44, n'atteignent pas la tentative ; de
sorte que le crime doit avoir été consommé, pour tomber sous
l'application des dispositions pénales.

Art. 3. — *Délits*.

9. — Les délits fixés par le décret organique ont des causes
multiples, et peuvent être classés de la manière suivante. Ils
résultent : 1° d'inscriptions ou de votes frauduleux ; 2° d'atteintes
à la liberté des électeurs, réalisées au moyen de la corruption,
ou de la violence, ou de menaces, etc. ; 3° du trouble apporté
dans les opérations électorales ; 4° de l'altération du vote ;
5° de la violation du scrutin.

§ 1er. — Inscriptions ou votes frauduleux.

10. — Les inscriptions obtenues par des moyens frauduleux
étaient réprimées par l'article 31 du décret. La loi du 7 juillet 1874, relatives à l'électorat municipal dans son article 6, lui
a substitué de nouvelles dispositions, que l'article 22 de la loi
du 30 novembre 1875 a déclarées applicables aux listes électorales politiques. L'article 6 est conçu en ces termes : « Ceux
« qui, à l'aide de déclarations frauduleuses ou de faux certifi-
« cats, se seront fait inscrire ou auront tenté de se faire inscrire
« indûment sur une liste électorale, ceux qui, à l'aide des
« mêmes moyens, auront fait inscrire ou rayer, ou auront tenté
« de faire inscrire ou rayer un citoyen, et les complices de
« ces délits seront passibles d'un emprisonnement de six
« jours à un an et d'une amende de 50 à 500 francs. Les
« coupables pourront, en outre, être privés pendant deux ans
« de l'exercice de leurs droits civiques. L'article 463 du Code
« pénal est, dans tous les cas, applicable. »

Cet article, à la différence de l'article 31 du décret, prévoit,
outre les inscriptions, les radiations obtenues par la fraude ; il

atteint également les inscriptions ou les radiations obtenues de même par des tiers ; il punit, d'ailleurs, la complicité ainsi que les tentatives de ces délits.

11. — L'article 32 est relatif au vote des individus qui ont « encouru une déchéance ; il porte : « Celui qui, déchu du droit « de voter, soit par suite d'une condamnation judiciaire, soit « par suite d'une faillite non suivie de réhabilitation, aura voté « soit en vertu d'une inscription sur les listes antérieures à sa « déchéance, soit en vertu d'une inscription postérieure, mais « opérée sans sa participation, sera puni d'un emprisonnement de « quinze jours à trois mois et d'une amende de 20 à 500 francs. »

Ici, l'infraction est reconnue, bien que l'inscription de celui qui a voté sans droit ne soit pas entachée de fraude ; ce qui peut arriver de deux façons : ou parce que l'inscription aura été antérieure à sa déchéance, ou parce qu'elle aura été opérée, sans qu'il en ait fait lui-même la demande. Il faut néanmoins, pour l'application de cette disposition, que le vote ait eu lieu de mauvaise foi ; il n'y aurait dans le cas contraire, nul délit. (Trib. corr. de Bordeaux, 11 juin 1871 (Bory), *Dalloz*, 1871, III, 100). Cela a été jugé, notamment, dans le cas où un individu avait obtenu son inscription sur la liste électorale, après avoir soutenu devant la commission qu'il ne résultait pour lui aucune incapacité d'une condamnation qu'il avait encourue. (C. C., ch. crim., 30 avril 1875, cassation (Fulachier), *Sirey*, 1875, I, 277.)

12. — L'infraction a un caractère plus grave, dans les circonstances déterminées par l'article 33 : « Quiconque, porte « cet article, aura voté dans une assemblée électorale, soit en « vertu d'une inscription obtenue dans les deux premiers cas « prévus par l'article 31, soit en prenant faussement les noms « et qualités d'un électeur inscrit, sera puni d'un emprisonne- « ment de six mois à deux ans et d'une amende de 200 à « 2,000 francs. »

Comme on le voit, la peine est augmentée quand l'inscription frauduleuse se joint à l'illégalité du vote. De plus, aux termes de l'article 33, la peine est la même, lorsqu'un individu non inscrit prend la place d'un autre électeur, dont il usurpe les noms et qualités.

Il est à remarquer que le vote se trouve accompli par le fait de la remise du bulletin. Quand le votant s'est dessaisi de son bulletin, il a en effet épuisé l'exercice de son droit, et fait tout ce qu'il était en état de pouvoir faire. En conséquence, il devient passible des peines édictées par l'article 33, quand même le président n'aurait pas déposé le bulletin dans l'urne. (C. de Douai, ch. corr. 28 mars 1876 (Chomé), *Dalloz*, 1876, III, 151.)

Mais l'individu non inscrit, porteur d'une carte au nom d'un autre électeur, et qui, lorsqu'il s'est présenté, a été admis à voter, ne saurait être déclaré coupable du délit prévu par l'article 33, si la carte n'a pas été lue par les membres du bureau, avant le dépôt du bulletin dans l'urne, et n'a pu servir à induire ledit bureau en erreur. (C. d'Angers, ch. d'acc., 20 sept. 1867 (Lemeèz), *Dalloz*, 1867, II, 173.)

Jugé aussi que quand un étranger a été inscrit par erreur, sans aucune demande ou démarche de sa part, sur une liste électorale, et qu'une carte d'électeur lui a été remise, le fait par lui d'avoir voté ne tombe sous l'application d'aucun des trois articles précités. (C. C. ch. crim. 5 août 1875, rejet (Vecchi), *Dalloz*, 1876, I, 228.)

13. — L'article 34 prononce encore la même peine contre le vote multiple ; il est ainsi conçu : « Sera puni de la même « peine tout citoyen qui aura profité d'une inscription multiple « pour voter plus d'une fois. » La loi ne distingue pas si l'inscription multiple a été ou non demandée : lors même qu'elle a été faite sans la participation de l'électeur, il est coupable d'avoir abusé de l'erreur commise à cet égard.

Dans ce cas, ce n'est pas le premier vote qui peut être incriminé ; ce sont seulement les votes ultérieurs. Il importe de faire cette observation, au point de vue de la prescription du délit. (*Voir infrà*, n° 33.)

Lorsqu'un électeur a voté deux fois, en vertu d'une seule

inscription, la disposition de l'article 34 ne lui est pas applicable. (C. de Nimes, ch. corr., 20 août 1863 (Cellier), *Dalloz*, 1864, II, 147.)

§ 2. — Atteintes à la liberté des électeurs.

14. — L'article 38 punit les actes de corruption, ayant pour but d'obtenir ou d'empêcher un vote. Il dispose en ces termes : « Quiconque aura donné, promis ou reçu des deniers, effets ou « valeurs quelconques, sous la condition de donner ou pro- « curer un suffrage, soit de s'abstenir de voter, sera puni d'un « emprisonnement de trois mois à deux ans et d'une amende « de 500 à 5,000 francs. Seront punis de la même peine ceux « qui, sous les mêmes conditions, auront fait ou accepté « l'offre ou la promesse d'emplois publics ou privés. Si le coupable est fonctionnaire public, la peine sera du double. »

La loi atteint et celui qui a fait des dons ou promesses, et celui qui les a acceptés. Elle punit plus sévèrement les fonctionnaires publics. Sous cette dénomination on comprend tous les fonctionnaires de l'ordre administratif et judiciaire. (*Voir* vᵒ ÉLECTEUR, nᵒ 11.)

15. — A cette infraction, la loi du 2 août 1875 sur l'élection des sénateurs, a ajouté le délit résultant de la tentative de corruption. L'article 19 de cette loi est ainsi conçu : « Toute ten- « tative de corruption par l'emploi des moyens énoncés dans « les articles 177 et suivants du Code pénal, pour influencer le « vote d'un électeur ou le déterminer à s'abstenir de voter, « sera puni d'un emprisonnement de trois mois à deux ans et « d'une amende de 50 à 500 francs, ou de l'une de ces deux « peines seulement. L'article 463 du Code pénal est applicable « aux peines édictées par le présent article. »

Ces dispositions ont été appliquées à l'élection des députés par l'article 3 de la loi du 30 novembre 1875.

16. — Les violences ou menaces sont réprimées par l'article 39 du décret de 1852, portant : « Ceux qui par voies de « fait, violences ou menaces contre un électeur, soit en lui

« faisant craindre de perdre son emploi, ou d'exposer à un
« dommage sa personne, sa famille ou sa fortune, l'auront
« déterminé à s'abstenir de voter, ou auront influencé son
« vote, seront punis d'un emprisonnement d'un mois à un an
« et d'une amende de 100 à 1,000 francs : la peine sera dou-
« ble, si le coupable est fonctionnaire public. »

La peine est moins forte que pour la corruption, parce que
les faits de violence ou de menaces sont plus rares, et que le
danger est moindre.

Il y a lieu de remarquer aussi que les termes de cette disposition ne concernent pas la simple tentative ; car ils supposent
que l'électeur, en votant, aura subi l'influence dont il est question, ou qu'il aura pris la détermination de ne point voter.
D'ailleurs, la tentative de délit, suivant l'article 3 du Code
pénal, n'est punissable que dans les cas spécialement prévus
par la loi. (C. de Riom, ch. corr., 21 avril 1862 (min. publ.),
Dalloz, 1862, II, 169 ; C. C., ch. crim., 21 novembre 1872 ,
rejet (Christianacce), *Sirey*, 1873, I, 185.)

17. — On peut également porter atteinte à la liberté de
l'électeur par des moyens indirects, tels que la propagation
de fausses nouvelles ou de bruits calomnieux. De là, le délit
mentionné en l'article 40 : « ceux, dit-il, qui, à l'aide de
« fausses nouvelles, bruits calomnieux, ou autres manœuvres
« frauduleuses, auront surpris ou détourné des suffrages,
« déterminé un ou plusieurs électeurs à s'abstenir de voter,
« seront punis d'un emprisonnement d'un mois à un an et
« d'une amende de 100 à 200 francs. »

En ce qui touche les fausses nouvelles, il faut qu'elles aient
été répandues à dessein ; autrement, il n'y aurait pas d'intention coupable.

Si le président refuse d'admettre au vote un électeur, sous
le prétexte que la décision du juge de paix ordonnant son
inscription lui a attribué un nom qui n'est pas le sien, peut-on
voir dans cet acte un délit de détournement de suffrages à l'aide
de manœuvres frauduleuses ? La Cour de Cassation a répondu

négativement. (C. C., ch. crim., 30 déc. 1871, rejet (Pieri), *Dalloz*, 1871, I, 368.)

Même observation que pour l'article précédent au sujet de la tentative : la loi veut que les manœuvres employées aient produit leur effet, qu'il y ait eu surprise ou détournement de suffrages. (C. de Grenoble, ch. corr, 9 juillet 1863 (Champion), *Dalloz* 1863, V, 111.)

18. — Nous rangeons dans la même catégorie, l'entrée avec armes dans l'assemblée électorale. Ce délit est prévu par l'article 37, ainsi conçu : « L'entrée dans l'assemblée électorale « avec armes apparentes est interdite. En cas d'infraction, le « contrevenant sera passible d'une amende de 16 à 100 francs. « La peine sera d'un emprisonnement de quinze jours à trois « mois et d'une amende de 50 à 300 francs, si les armes étaient « cachées. »

Une différence marquée est établie, relativement à la gravité du délit, suivant que les armes ont été apparentes ou cachées. Il y a lieu de supposer des intentions plus coupables chez celui qui cache ses armes, que chez celui qui les porte ostensiblement.

Les agents de la force publique sont soumis, comme les particuliers, à cette disposition ; ils ne peuvent se présenter en armes dans l'assemblée, que s'ils ont été requis par le président.

19. — Il convient d'ajouter à l'énumération qui précède, le délit consistant dans la distribution, faite par des agents de l'autorité, de bulletins de vote, de professions de foi et de circulaires. L'article 3 de la loi du 30 novembre 1875 porte, paragraphe 3 : « Il est interdit à tout agent de l'autorité publique « ou municipale de distribuer des bulletins de vote, professions « de foi et circulaires des candidats. » L'article 22 de la même loi établit la sanction de cette prohibition. « Toute infraction, « dit-il, aux dispositions prohibitives de l'article 3, paragraphe 3, « de la présente loi, sera punie d'une amende de 16 à 300 francs. « Néanmoins le tribunal de police correctionnelle pourra faire « application de l'article 463 du Code pénal. »

Sous la législation antérieure, il avait été décidé que les conseillers municipaux ne devaient pas être considérés comme des agents de l'autorité, et, en conséquence, que la distribution de bulletins ne leur était pas interdite (Ass. nat. 27 mai 1873, él. de Loir-et-Cher, *J. off.* du 28, p. 3383). Cette interprétation nous paraît devoir être maintenue.

Il n'est pas douteux non plus que la prohibition ne concerne pas les facteurs, qui font la remise des bulletins confiés à leur administration.

Mais, en présence des termes de l'article 3 précité, des sergents de ville ne sauraient distribuer des bulletins de vote.

Ajoutons que la loi de 1875, étant faite spécialement pour l'élection des députés, la peine édictée par l'article 3 de cette loi ne saurait être étendue à d'autres élections.

§ 3. — Trouble apporté dans les opérations.

20. — Les opérations peuvent être troublées par des attroupements ou des démonstrations. Ces actes sont réprimés par l'article 41. « Lorsque, dit-il, par attroupements, clameurs ou « démonstrations menaçantes, on aura troublé les opérations « d'un collége électoral, porté atteinte à l'exercice du droit « électoral ou à la liberté du vote, les coupables seront punis « d'un emprisonnement de trois mois à deux ans et d'une « amende de 100 à 2,000 francs. »

21. — Le délit plus grave de l'irruption dans un collége est prévu par la disposition suivante de l'article 42 : « Toute irrup- « tion dans un collége électoral, consommée ou tentée avec « violence, en vue d'empêcher un choix, sera punie d'un empri- « sonnement d'un an à cinq ans et d'une amende de 1,000 à « 5,000 francs. Ici la tentative est assimilée au délit même.

Rappelons à ce sujet que si les coupables ont été munis d'armes, ou que le scrutin ait été violé, l'irruption devient un crime. (Voir *suprà* n° 4.)

22. — Le trouble dans les opérations résulte encore d'outrages, de menaces ou de voies de fait des électeurs envers les membres du bureau. L'article 45 statue en ces termes sur ce délit : « Les membres d'un collége électoral qui, pendant la « réunion, se sont rendus coupables d'outrages ou de violences « soit envers le bureau, soit envers l'un de ses membres, ou « qui, par voies de fait ou menaces, auront empêché ou retardé « les opérations électorales, seront punis d'un emprisonnement « d'un mois à un an et d'une amende de 100 à 2,000 francs. »

Il a été jugé, d'une part, que la disposition dont il s'agit peut atteindre les membres du bureau, aussi bien que les membres du collége ; et d'autre part, que le retard dans les opérations dont l'article fait mention, comprend celui apporté au dépouillement des votes (C. C., ch. crim., 28 juin 1866, rejet (Quincarlet), *Bull. crim.*, 1866, n° 163.)

§ 4. — Altération du vote.

23.   La principale infraction de cette nature est déterminée par l'article 35 : « Quiconque, étant chargé dans un scrutin de « recevoir, compter ou dépouiller les bulletins contenant les « suffrages des électeurs, aura soustrait, ajouté ou altéré des « bulletins, ou lu un nom autre que celui inscrit, sera puni d'un « emprisonnement d'un an à cinq ans et d'une amende de « 500 à 5,000 francs. »

Cet article nous paraît applicable au membre du bureau qui ajouterait des suffrages sur les feuilles d'émargement. C'est ce que la Cour de Cassation a décidé, sous l'empire de l'article 111 du Code pénal, conçu à peu près dans les mêmes termes. (C. C., ch. crim., 15 juin 1848, cassation (Jorand), *Dalloz*, 1848, I, 103.)

Les dispositions de cet article seraient applicables au fait de la réception, par le président du bureau, de suffrages émanant d'individus dont il connaîtrait l'état d'incapacité politique. (C. C., ch. crim., 30 décembre 1871, rejet (Pieri), *Dalloz*, 1871, I, 368.)

Le secrétaire du bureau, qui n'a pas pour mission de recevoir, compter ou dépouiller les bulletins, n'est pas soumis, à la disposition dont nous nous occupons (C. de Nîmes, ch. corr.,

20 août 1863 (Cellier), *Dalloz*, 1864, II, 147). Toutefois, il en serait différemment, s'il avait été chargé de compter les suffrages. (C. C., ch. crim., 4 nov. 1853, rejet (Guadelli), *Bull. crim.* 1853, n° 329.)

24. — L'article 36 inflige la même peine à la substitution de nom, opérée par celui qui a accepté la mission d'écrire le bulletin d'un électeur ; il est ainsi conçu : « la même peine sera « appliquée à celui qui, chargé par un électeur d'écrire son « suffrage, aura inscrit sur le bulletin un autre nom que celui « qui lui était indiqué. »

§ 5. — Violation du scrutin.

25. — L'article 45, qui punit les menaces ou voies de fait envers les membres du bureau ayant eu pour effet d'entraver les opérations, ajoute : « si le scrutin a été violé, l'emprison- « nement sera d'un an à cinq ans, et l'amende de 1,000 à « 5,000 francs. »

26. — Est frappé de la même peine, aux termes de l'article 46, « l'enlèvement de l'urne contenant les suffrages émis et « non encore dépouillés. »

Nous avons vu que si l'enlèvement a lieu avec certaines circonstances aggravantes, il prend le caractère du crime. (*Suprà* n° 6.)

Art. 4. — *Juridiction.* — *Application des règles de droit commun.*

27. — Conformément aux principes généraux du droit criminel, la juridiction est fixée d'après la nature des infractions. L'article 48 du décret organique de 1852 porte, à cet égard: « les crimes prévus par la présente loi seront jugés par la cour « d'assises, et les délits par les tribunaux correctionnels. »

On doit suivre, en l'absence de dispositions spéciales, les règles de procédure tracées par le Code d'instruction criminelle.

L'article 48 autorise en outre l'application de l'article 463 du Code pénal relatif à l'admission des circonstances atténuantes.

28. — La disposition de l'article 365 du Code d'instruction criminelle est reproduite par l'article 49, portant : « En cas de « conviction de plusieurs crimes ou délits prévus par la présente « loi et commis antérieurement au premier acte de poursuite, « la peine la plus forte sera appliquée. »

29. — Les règles touchant la récidive doivent également être observées, à raison de l'assimilation qui est faite entre les infractions électorales et celles du droit commun. (Art. 56, 57, et 58 du Code pénal.)

Art. 5. — *Prescription de l'action publique et de l'action civile.*

30. — Afin d'éviter que l'agitation électorale ne fût prolongée, l'action publique et l'action civile ont été soumises à une courte et même prescription.

L'article 50 porte : « L'action publique et l'action civile seront « prescrites après trois mois, à partir du jour de la proclama-« tion du scrutin. »

31. — Comme en matière ordinaire, l'action publique est exercée par le ministère public ; de même encore, l'action civile peut toujours être portée devant les tribunaux civils, et peut être déférée par la partie lésée, lorsqu'il s'agit de délits, aux tribunaux correctionnels.

32. — L'action privée appartient aux électeurs et aux candidats, l'intérêt des uns et des autres étant engagé dans les opérations. Il n'est pas nécessaire, à cet effet, qu'ils aient éprouvé un préjudice matériel ; le préjudice moral suffit pour leur conférer ce droit.

33. — En cas de votes multiples, le premier suffrage n'étant pas délictueux, la prescription ne peut s'appliquer qu'aux votes qui l'ont suivi. (C. C., ch. crim., 1er juin 1866, cassation (Frontier), *Dalloz*, 1866, I, 240.)

34. — Si la prescription a été interrompue par une poursuite qui ultérieurement est périmée, la nouvelle prescription à appliquer est encore celle fixée par l'article 50 précité, et non la prescription générale de dix ans pour les crimes et de trois ans pour les délits? Ce point a été formellement admis par la Cour de Cassation : elle s'est fondée sur le caractère tout à fait exceptionnel de la disposition de l'article 50, qui, dans un intérêt d'ordre public et par des raisons politiques, a établi la même prescription pour les crimes et les délits, et lui a assigné un délai très-court. (C. C., ch. crim., 16 juin 1865, rejet (Labroquère), *Dalloz*, 1865, I, 243.)

Art. 6. — *De l'effet d'une condamnation au regard de l'élection.*

35. — « La condamnation, s'il en est prononcé, porte l'ar-
« ticle 51 du décret organique du 2 février 1852, ne pourra,
« en aucun cas, avoir pour effet d'annuler l'élection déclarée
« valide par les pouvoirs compétents, ou dûment définitive par
« l'absence de toute protestation régulière formée dans les délais
« voulus par les lois spéciales. »
Cet article suppose que l'élection est devenue définitive, soit à défaut de protestation dans les délais prescrits, soit par suite d'une décision des juges compétents qui l'aurait reconnue valable. Si au contraire un tribunal administratif était saisi de la question de validité d'une élection et que l'on invoquât devant lui un grief tiré de l'irrégularité servant de base à une condamnation, ce tribunal pourrait avoir égard à cette dernière.

INSCRIPTION (conditions d'inscription sur les listes électorales).

Voir v° LISTE ÉLECTORALE, art. 1er, §§ 1 et 2.

INTIMIDATION.

Voir v° LIBERTÉ DU VOTE.

JUGE DE PAIX.

1. — Les réclamations ayant pour objet l'inscription sur les listes électorales ou la radiation de ces listes, sont soumises à une commission municipale dont la loi détermine la composition (art. 1 et 2 de la loi du 7 juillet 1874 ; *Voir* v° COMMISSION MUNICIPALE). L'appel des décisions de cette commission est porté devant le juge de paix. (Art. 3 même loi.)

Ce magistrat statue en dernier ressort ; mais ses jugements peuvent être déférés à la Cour de Cassation. (Art. 23, décr. org. de 1852 ; *Voir* v° CASSATION.)

En ce qui touche les formalités de l'appel, les règles tracées par le décret organique du 2 février 1852 doivent recevoir leur application. (Art. 3, loi 7 juillet 1874.)

§ 1. — Qualité pour pouvoir former appel.

2. — Le droit d'interjeter appel n'appartient, en général, qu'à ceux qui ont été parties au jugement de première instance.

En matière électorale, le droit d'appel est ouvert, aux termes de l'article 4 de la loi du 7 juillet 1874, aux parties auxquelles doit être faite la notification de la décision de la commission municipale (*voir* v° COMMISSION, n° 23). De plus, comme d'après l'article 19 du décret organique de 1852, tout électeur inscrit peut demander l'inscription ou la radiation des individus omis ou portés indûment sur la liste, le droit d'appel lui est reconnu, lors même qu'il n'aurait pas été partie à la décision de la commission. (C. C., ch. req., 11 mai 1858, cassation (Maestracci), *Dalloz*, 1858, 1, 277 ; 22 mars 1870, cassation (Paoli Jacques), *Dalloz*, 1870, 1, 174 ; 27 juin 1870, cassation (Charriaut), *Dalloz*, 1871, I, 63.)

3. — Sont exceptés les membres de la commission municipale ; car après avoir rempli dans une contestation les fonctions de juges, ils ne sauraient prendre en appel le rôle de parties ; leur intervention serait contraire aux principes constitutifs de l'ordre judiciaire. Aussi ne peuvent-ils ni interjeter appel de leur décision ni se présenter ou se faire représenter, ni conclure devant le juge qui doit connaître de l'appel. L'intervention d'un membre de la commission devant le juge de paix constituerait une nullité d'ordre public, laquelle pourrait être invoquée pour la première fois devant la Cour de Cassation, et même être relevée d'office. (C. C., ch. req., 23 avril 1860, cassation (Coppin), *Dalloz*, 1860, 1, 168, 21 avril 1869, cassation (Matteï), *Dalloz*, 1869, 1, 300 ; 4 juillet 1870, cassation (Carlin), *Dalloz*, 1870, V, 128 ; 12 mars 1872, cassation (Huet), *Dalloz* 1872, I, 256 ; 17 nov. 1874, cassation (Geist), *Dalloz*, 1875, I, 79 ; ch. civ. 28 mars 1876, cassation (Peytral), *Dalloz* 1876, I, 204.)

4. — Le maire peut-il intervenir dans l'instance d'appel ? La question se résout par une distinction. S'il n'a pas figuré dans la commission, ce droit lui appartient, comme à tout autre électeur (C. C., ch. civ., 10 février 1851, cassation (Eustache), *Dalloz*, 1851, I, 57). Dans le cas contraire, il ne lui est pas permis de l'exercer, soit comme appelant, soit comme intimé. (C. C. ch. req., 13 avril 1870, cassation (Vallot), *Dalloz*, 1870, 1, 175 ; 17 nov. 1874, cassation (Geist), *Dalloz*, 1875, I, 79.)

5. — L'article 19 du décret attribue aux préfets et sous-préfets le droit de former des réclamations contre les inscriptions ou les radiations contraires à la loi ; en conséquence, ils sont également autorisés à interjeter appel des décisions de la commission.

§ 2. — Délai de l'appel.

6. — Suivant les articles 21 du décret organique de 1852, et 4 de la loi du 7 juillet 1874, l'appel doit avoir lieu dans les cinq jours de la notification de la décision faite aux parties intéressées.

Le jour de la signification et celui de l'échéance ne sont pas comptés. Si le dernier jour est un dimanche ou un jour de fête légale, le délai est prorogé au lendemain. (Art. 1033, Code de proc. civ.)

Il est d'ailleurs augmenté d'un jour, à raison de cinq myriamètres de distance (C. C., ch. req., 4 mai 1868, rejet (Leloutre), *Sirey*, 1868, I, 308.)

7. — La notification prescrite par l'article 21 précité, et qui est le point de départ du délai de cinq jours, est faite aux parties intéressées, c'est-à-dire à celles qui ont figuré en première instance. Mais quel est le délai de l'appel, pour les électeurs inscrits, étrangers au jugement de la commission, et qui peuvent aussi en appeler? La loi est muette sur ce point : la jurisprudence a admis celui imparti à tous les électeurs pour former les demandes en inscription ou en radiation, après la publication des listes. Ce délai, fixé d'abord à dix jours par l'article 5 du décret réglementaire, a été porté à vingt jours par l'article 1er du décret du 13 janvier 1866. Il court, pour l'appel, à partir de la décision de la commission. (C. C. ch. req., 11 mai 1858, cassation (Maestracci), *Dalloz*, 1858, I, 277; 15 mars 1870, cassation (de Chergé), *Dalloz*, 1870, I, 174; 1er déc. 1874, cassation (Sarocchi), *Dalloz*, 1875, I, 300; ch. civ., 12 avril 1876, rejet (Simeoni), *Dalloz*, 1876, I, 204.)

Le délai de vingt jours existe pour le préfet comme pour les tiers, lorsqu'il n'a pas été partie à la décision. (Circ. min. du 31 août 1874.)

8. — La publication de la liste arrêtée le 31 mars ne pourrait, d'ailleurs, tenir lieu de notification.

On ne saurait non plus considérer comme une notification

valable pour faire courir le délai, une lettre écrite avant la décision de la commission, et par laquelle un maire aurait informé des réclamants qu'ils ne seraient pas inscrits sur la liste. (C. C. ch., civ., 2 avril 1876, cassation (Sisteron) *Sirey*, 1877, I, 32.)

9. — A défaut de notification au réclamant de la décision de la commission municipale, le droit d'appel s'exerce pour lui régulièrement, sans limitation de temps, puisqu'il n'y a pas eu de mise en demeure. (C. C., ch. req., 29 juin 1875, cassation (Michelin), *Dalloz*, 1876, I, 229; ch. civ., 12 février 1876, cassation (Sisteron) *Sirey*, 1877, I, 32.)

10. — L'appel interjeté après délai légal est frappé d'une nullité d'ordre public, qui doit être prononcée même d'office. (C. C., ch. req., 20 août 1850, rejet (Vançon), *Dalloz*, 1850, I, 295, ch. req., 5 avril 1869, cassation (Cheviot), *Dalloz*, 1869, I, 300; 17 mai 1870, cassation (Mariotti), *Dalloz*, 1872, I, 29.)

§ 3. — Forme de l'appel.

11. L'appel doit être formé par une simple déclaration au greffe. (Art. 22 du décr. régl.)

Aucune formalité n'ayant été imposée à cet égard, il n'est pas nécessaire que le greffier dresse un acte, pour constater la déclaration. La preuve de celle-ci doit seulement être fournie. (C. C., ch. civ., 30 juillet 1849, cassation (Dauvignan), *Dalloz*, 1849, I, 234.)

Mais une lettre missive adressée au juge de paix ne peut remplacer la déclaration exigée par la loi. (C. C., ch. civ., 3 décembre 1850, rejet (Lemaire), *Dalloz*, 1850, I, 352.)

Les demandes doivent être appuyées des justifications nécessaires. (*Voir* v° ÉLECTEUR.)

§ 4. — Délai dans lequel le juge de paix doit statuer.

12. L'article 22 du décret organique porte: « Le juge de « paix statuera dans les dix jours, sans frais ni forme de procé-

« dure, et sur simple avertissement donné trois jours à l'avance
« à toutes les parties intéressées. »

Les règles ordinaires de procédure ont été écartées en vue
de simplifier les affaires et d'en hâter la solution.

L'avertissement qui est ordonné, a pour but de mettre les
parties en mesure de présenter leur défense. A défaut de cette
formalité essentielle, la sentence du juge de paix est nulle. (C. C.,
ch. civ., 9 avril 1851, cassation (Fabre), *Dalloz*, 1851, I, 109;
ch. req., 26 mars 1866, cassation (Venturini), *Dalloz*, 1866, 5,
153; 15 avril 1868, cassation (Albertini), *Dalloz*, 1868, I, 272;
3 juill. 1871, cassation (Angeli), *Dalloz*, 1871, V, 132; 15 mai
1872 cassation (élèves du séminaire de Rodez), *Dalloz*, 1872,
I, 459.)

13. — Quelles sont les parties intéressées dont l'article 22
fait mention ? La jurisprudence décide que l'on doit comprendre
sous cette dénomination les individus dont l'inscription est contestée (C. C., ch. req., 23 mars 1863, rejet (Leydet), *Dalloz*, 1863,
I, 141), et l'appelant lui-même (C. C., ch. req., 15 avril 1868, cassation (Albertini), *Dalloz*, 1868, I, 272). Mais on ne saurait y
comprendre les membres de la commission municipale, qui a
statué en premier ressort sur les réclamations auxquelles donne
lieu la formation de la liste électorale. (C. C., ch. req., 24 mars
1875, cassation (Perrin), *Sirey*, 1875, i, 376.)

14. — La jurisprudence reconnaît également que le délai de
dix jours dans lequel le juge de paix doit statuer, ne constitue
qu'une simple prescription d'ordre qui n'est pas édictée,
à peine de nullité. (C. C., ch. req., 12 août 1850, rejet (De Bar-
bezières), *Dalloz*, 1850, V, 188; ch. civ., 9 avril 1851 (David),
Dalloz, 1851, I, 108; 8 décembre 1873, rejet (Blanc), *Dalloz*,
1874, 1, 485).

15. — Enfin, il est admis que la nullité résultant du défaut
d'avertissement cesse d'être opposable en cas de comparution
de la partie et de défense au fond. C'est là une application de
la règle écrite dans l'article 173 du Code de procédure et d'après
laquelle les nullités d'exploit et d'actes de procédure doivent

être opposées, avant toute défense ou exception autre que les exceptions d'incompétence. (C. C., ch. req., 1er décembre 1874, rejet (Viviani), *Dalloz*, 1875, I, 301.)

§ 5. — Compétence du juge de paix.

16. — Le juge de paix ne doit prononcer que sur l'appel d'une décision de la commission : il ne peut connaître *de plano* d'une réclamation (C. C., ch. req., 26 juin 1861, cassation (él. de Pont-l'Évêque), *Dalloz*, 1861, I, 416 ; 10 août 1864, cassation (Arrazat). *Dalloz*, 1864, V, 115 ; 18 décembre 1871, rejet (Cantaloup), *Dalloz*, 1872, I, 26 ; 17 mars 1873, cassation (intérêt de la loi), *Sirey*, 1873, I, 83 ; 16 juin 1873, cassation (Chapuis), *Sirey*, 1873, I, 419 ; 6 mars 1876, cassation (Long), *Dalloz*, 1876, I, 203.)

Mais du moment qu'il y a eu décision, le recours est ouvert contre elle, sans qu'on ait à se préoccuper de la solution.

17. — Le refus ou l'omission par une commission municipale de prononcer sur la demande en inscription ou en radiation dont elle a été saisie, équivaudrait au rejet de cette demande, et, en conséquence, la voie de l'appel serait également ouverte dans ce cas. (C. C., ch. req., 30 mars 1870, cassation (Milon), *Sirey*, 1870, I, 312 ; 25 avril 1870, cassation (Ferricelli), *Sirey*, 1872, I, 306 ; 17 nov. 1874, cassation (Mondin) et 25 nov. 1874, cassation (Bourgoin), *Sirey* 18751, 86).

Le refus fait par un maire de convoquer la commission, sous le prétexte qu'une réclamation ne serait pas recevable, devrait de même être considéré comme une décision mettant obstacle à l'exercice des droits conférés par la loi à l'électeur, et donnerait ouverture au recours devant le juge de paix. (C C., rejet, 17 juill. 1867, Roost[1].)

---

[1] Cet arrêt porte : « Attendu que, si le maire à qui sont adressées les « réclamations ayant pour objet la radiation ou l'inscription de noms sur « la liste électorale, a le devoir de réunir la commission municipale qui « seule est compétente pour prononcer sur ces réclamations ; et si, par suite, « le refus qu'il fait de convoquer la commission, sur le motif ou le pré- « texte que la réclamation serait non-recevable comme tardive, constitue

Le juge de paix a encore le droit et le devoir de statuer sur l'appel interjeté devant lui, lorsqu'un maire a fait savoir à un électeur qui avait réclamé la radiation d'un certain nombre d'individus, que la commission soumettrait sa demande au juge de paix. Quelque irrégulière que puisse paraître une pareille décision, elle n'en a pas moins épuisé la juridiction de la commission, et le demandeur ne peut la faire réformer qu'en s'adressant au juge supérieur. (C. C., ch. civ., 12 avril 1876, Cassation (Campana), *Dalloz*, 1876, I, 229.)

18. — Le juge de paix est tenu de statuer, mais seulement sur la question relevée devant la commission municipale; il ne lui appartiendrait pas d'ordonner l'inscription ou la radiation de noms d'électeurs à l'égard desquels la commission n'aurait pas été appelée à se prononcer (C. C., ch. req., 1er mai 1866, cassation (Battesti), *Dalloz*, 1866, V, 154). Il ne peut connaître, en outre, que des demandes intervenues dans les délais fixés pour la révision. (*Voir* v° LISTE, n° 39.)

19. — La disposition de l'article 473 du Code de procédure civile, concernant le droit d'évocation, est ici applicable.

En conséquence, il importe peu que la commission ait écarté la demande par une fin de non-recevoir; le juge de paix saisi de l'appel est investi du droit de juger l'affaire en *la forme et au fond*. (C. C., ch. req., 6 avril 1858, cassation (Toche), *Dalloz* 1858, I, 131.)

S'il vient à annuler la décision de la commission, pour contravention aux articles 19 et 21 du décret organique du 2 février 1852, il doit statuer au fond; il ne saurait, après cette annulation,

« l'usurpation d'un pouvoir qui n'appartient qu'à la commission municipale,
« il n'en est pas moins vrai que ce même refus, malgré son irrégularité,
« constitue une décision qui met obstacle à l'exercice des droits assurés
« par la loi à l'électeur; qu'il équivaut pour lui au rejet de sa demande,
« et doit, dès lors, donner ouverture à un recours que cet électeur ne peut
« exercer autrement qu'en portant sa réclamation par voie d'appel au tri-
« bunal supérieur de la justice de paix... — Rejette... »

remettre les parties dans l'état où elles étaient avant cette décision. (C. C., ch. req., 12 avril 1870, cassation (Laroulle), *Dalloz* 1870, I, 175.)

Il a le droit de rechercher d'office, aussi bien sous le rapport de la capacité que de la résidence, si un citoyen réunit toutes les conditions nécessaires pour être porté sur la liste ; particulièrement, si une amnistie l'a relevé d'une incapacité. (C. C., ch. req., 12 avril 1870, cassation (Noiret), *Dalloz*, 1870, I, 171.)

Le juge de paix a également qualité, pour apprécier la valeur des pièces ou documents à lui soumis, sans avoir à se préoccuper de la question de savoir si ces pièces ont été produites ou non devant la commission. Cette faculté résulte aussi de l'effet dévolutif de l'appel. (C. C., ch. req., 23 nov. 1874, cassation (Coullomb), *Dalloz* 1875, I, 75.)

20. — Mais serait-il compétent pour statuer sur la validité de la composition de la commission municipale? La Cour de Cassation avait d'abord résolu la question négativement, par deux arrêts de rejet, l'un du 27 août 1850 (Bonhomme), *Dalloz* 1850, V, 160; l'autre du 11 avril 1865 (Carles)[1]. Depuis lors l'affirmative a prévalu. Cette solution paraît plus conforme à l'esprit de la loi, l'article 22 du décret de 1852 n'obligeant le juge à se dessaisir que dans un seul cas, celui où la demande implique la solution d'une question d'état. (C. C., ch. req.,

---

[1] Cet arrêt porte : « Attendu que la décision attaquée constate qu'elle « a été rendue par le maire assisté de deux conseillers municipaux délé- « gués, que la délégation affirmée ne peut s'entendre que de celle qui est « prescrite par la loi; que le juge de paix a dû par suite refuser le sursis « qui lui était demandé pour établir devant lui que le conseil municipal « qui avait fait la délégation, n'aurait pas été régulièrement convoqué, « ou n'aurait pas régulièrement délibéré; qu'en présence d'une sentence « qui constatait qu'elle avait été rendue par une commission municipale « légalement composée, il n'appartenait pas au juge de paix d'informer « ni de statuer sur la régularité des opérations administratives par les- « quelles cette commission avait été constituée. »

26 mars 1872, cassation (Souvielle), *Dalloz*, 1872, I, 368; 8 déc. 1873, rejet (Blanc), *Dalloz*, 1874, I, 485.)

Décidé, par suite, qu'on ne saurait déférer au Conseil d'État, pour excès de pouvoirs, la délibération par laquelle une commission municipale instituée après suspension d'un conseil municipal a désigné trois de ses membres en remplacement de trois membres délégués par le conseil suspendu, pour faire partie de la commission chargée de statuer sur les réclamations relatives à la liste électorale municipale. Ce serait au juge de paix, saisi par voie d'appel des décisions de la commission, qu'il appartiendrait de prononcer sur la régularité de sa composition. (C. d'Ét., 4 juin 1875, Coural, Cébe et Nicolas ; *voir* v° PRÉFET, n°ˢ 11 et 12.)

21. — Lorsqu'une question d'état préjudicielle est soulevée devant ce magistrat, il doit ordonner un sursis. A ce sujet, l'article 22 du décret organique dispose en ces termes : « Si la « demande portée devant lui implique la solution préjudicielle « d'une question d'état, il renverra préalablement les parties « à se pourvoir devant les juges compétents et fixera un bref « délai dans lequel la partie qui aura élevé la question préjudi- « cielle devra justifier de ses diligences. Il sera procédé en ce « cas conformément aux articles 855, 857 et 858 du Code de « procédure. »

Cette disposition est applicable même dans le cas où le défendeur fait défaut. (C. C., ch. req., 6 avril 1858, cassation (Toche), *Dalloz*, 1858, I, 131.)

Les questions d'état sont relatives à la qualité de Français, à l'âge et à la jouissance des droits civils et politiques. (*Voir* v° ELECTEUR.)

Le sursis, toutefois, n'est prononcé que si l'objet de la contestation soulève véritablement une difficulté, c'est-à-dire quand les documents produits ou les textes invoqués font naître un doute et ne permettent pas au juge de statuer immédiatement sur le point en litige. (C. C., ch. req., 31 mars 1863, rejet (Paumier), *Dalloz*, 1863, I, 136; 4 avril 1865, cassation (Riaudel), *Dalloz*, 1865, I, 239 ; 26 avril 1875, rejet (Cadet), *Sirey*, 1875, I, 375.)

22. — Notons que tout ce qui regarde l'établissement ou la rectification des rôles des contributions directes, et spécialement les divisions et mutations de cote, est du domaine exclusif de la juridiction administrative ; il n'appartiendrait pas au juge de paix de contrôler les décisions rendues par elle, ni d'en faire abstraction.

Il y aurait donc excès de pouvoir de sa part s'il se refusait à une inscription sur la liste électorale municipale, par le motif que non-seulement le réclamant n'était pas inscrit personnellement au rôle des contributions directes, mais qu'il ne pouvait pas y figurer. (C. C., ch. req., 5 mai 1875, cassation (Sou), *Dalloz*, 1875, I, 302.)

§ 6. — Forme du jugement.

23. — Malgré l'exemption des règles de procédure, énoncée dans l'article 22 précité, le juge de paix est tenu d'observer les formalités essentielles des jugements, telles que celles concernant la publicité de l'audience, l'assistance du greffier, l'indication des motifs de sa décision. Ces formalités, qui sont d'ordre public, ne peuvent jamais être omises.

24. — Ainsi la sentence doit, à peine de nullité, être motivée (C. C., ch. req., 26 juin 1861, cassation (él. mun. de Pont-l'Évêque), *Dalloz*, 1861, I, 416 ; 23 mars 1863, cassation (Perron), *Dalloz* 1863, I, 141 : 27 avril 1869, cassation (Pain), *Dalloz*, 1869, I, 299 ; 30 mars 1870, cassation (Risterucci), *Dalloz*, 1870, I, 175 ; 26 mars 1872, cassation (Souvielle), *Dalloz*, 1872, I, 368.)

Les motifs doivent être tels qu'ils permettent de vérifier l'exactitude et la valeur des affirmations ; s'il en était autrement, la décision serait nulle. Jugé que la décision est suffisamment motivée, si le juge de paix, ayant à examiner un moyen fondé sur l'interprétation d'un jugement, repousse cette interprétation comme contraire aux termes de ce jugement. (C. C., ch. req., 1er déc. 1874, rejet (Viviani), *Dalloz*, 1875, I, 301.)

25. — La sentence doit aussi, à peine de nullité, être prononcée en audience publique, avec l'assistance du greffier, et contenir la mention de publicité. (C. C., ch. req., arrêt précité, n° 24, du 26 juin 1861, él. de Pont-l'Évêque; 26 juin 1861, cassation (él. de Savigny), *Dalloz*, 1862, I, 135; 21 mars 1865, cassation (Greco), *Dalloz*, 1865, I, 240 ; 26 juin 1871, cassation (Peretti), *Dalloz*, 1871, V, 132.)

26. — Elle doit encore mentionner que l'avertissement de comparaître a été donné aux parties, et constater leur présence ou leur absence à l'audience, ainsi que les conclusions qui ont été prises. (C. C., ch. req., 21 avril 1868, cassation (Mattei), *Dalloz*, 1868, I, 272; 9 avril 1873, cassation (Audibert), *Dalloz*, 1874, I, 486 ; 6 avril 1875, cassation (Mauduit du Plessis), *Sirey*, 1875, I, 375.)

§ 7. — Des jugements par défaut.

27. — La loi électorale ne renferme aucune disposition touchant l'opposition aux jugements par défaut. Cependant cette voie de recours, fondée sur le principe que nul ne peut être jugé sans avoir été entendu, ne saurait être déniée. En conséquence, par application de l'article 20 du Code de procédure civile, l'opposition peut être formée dans les trois jours de la signification des jugements.(C. C., ch.req., 11 mars 1863, cassation (Breteau), *Dalloz*, 1864, I, 239.)

Mais la partie qui, après avoir comparu et demandé un délai pour produire des pièces, ne se présente pas ultérieurement, n'est pas fondée à former opposition : la décision rendue contre elle est contradictoire. (C. C., ch. req., 30 mars 1863, rejet (Capette), *Dalloz*, 1863, I, 139.)

28. Dans le silence de la loi, les voies extraordinaires de réformation telles que la requête civile et la tierce opposition ne sauraient être admises. D'ailleurs, elles ne se prêtent pas aux formes expéditives de procédure établies en cette matière.

§ 8. — Avis des infirmations que doit donner le juge de paix.

29. — L'article 6 du décret réglementaire est ainsi conçu :
« Le juge de paix donnera avis des infirmations par lui pronon-
« cées, au préfet et au maire, dans les trois jours de la déci-
« sion. »

Cette prescription a un caractère purement administratif. Par
l'avis qui lui est donné, le maire est mis en demeure de faire
sur la liste les changements résultant des infirmations. De
même le préfet est averti des rectifications ordonnées, afin
qu'il soit à même d'exercer son contrôle.

§ 9. — Décisions ayant acquis l'autorité de la chose jugée.

30. — Le principe de l'autorité de la chose jugée est applicable aux décisions des juges de paix, comme à celles de la
commission municipale.

Par suite, le juge de paix devrait repousser par une fin de
non-recevoir la demande d'un électeur, tendant à l'inscription
d'un individu retranché de la liste en vertu d'une précédente
décision du juge de paix et à raison d'une condamnation encourue. (C. C., ch. civ., 24 avril 1876, rejet (Santini), *Dalloz*,
1876, I, 231.)

Il suffit d'ailleurs, en cette matière, qu'il y ait identité de
cause et identité de demande. (Même décision.)

Tout ce qui est dit v° COMMISSION MUNICIPALE, n°s 26 à 28,
est ici applicable.

LIBERTÉ DU VOTE.

1. — Le principe de la liberté et de la sincérité dans les
opérations électorales doit être observé, qu'il s'agisse d'élections parlementaires, départementales, d'arrondissement ou
municipales.

Des peines sévères sont édictées par la loi contre les fauteurs de certaines manœuvres. La nullité des élections en est aussi la conséquence quand les faits signalés ont pu altérer le résultat des opérations.

Les actes qui sont de nature à produire un pareil effet peuvent revêtir mille formes différentes; nous ne signalerons que quelques-unes des principales manœuvres ainsi que des très-nombreuses solutions intervenues à cet égard.

2. — Rappelons d'abord que tout candidat a le droit d'éclairer ses électeurs sur ses opinions et sur sa personne, et cela, par tous les moyens qu'il juge convenables. (Ch. des dép., 5 avril 1876, él. de M. Peyrusse, *J. off.* du 6, p. 2461.)

Il peut défendre les actes de l'Assemblée dont il a fait partie et critiquer ceux d'une autre Assemblée (voir *infrà*, n° 10). Il est également fondé à porter à la connaissance des électeurs les faits constants et publics, concernant ses adversaires, par exemple un document judiciaire (Ch. des dép., 15 mars 1876, él. de M. Raoul Duval, *J. off.* du 16, p. 1839), ou à signaler à leur attention des votes qu'il a pu émettre précédemment. (C. d'Ét., 23 juill. 1875, él. de Pougues ; Ch. des dép.. 1er avril 1876, él. de M. Cardeneau, *J. off.* du 2, p. 2356.)

On admet aussi que l'appréciation d'un fait politique, si contraire qu'elle puisse être à la vérité et à la bonne foi, rentre dans le domaine de la discussion (Ch. des dép., 20 mars 1876, él. de M. Jolibois, *J. off.*, du 21, p. 1962 ; 5 avril 1876, él. de M. Achille Adam, *J. off.* du 6, p. 2460). Le droit des citoyens n'a pour limite que l'infraction à la loi pénale. (*Voir*, v° CIRCULAIRE, n° 21.)

3. — Mais il arrive fréquemment que des candidats ou leurs partisans portent atteinte à la liberté d'une élection, au moyen de faits de corruption, de fausses nouvelles, de propos ou écrits diffamatoires, etc. Ces diverses manœuvres, suivant les conditions dans lesquelles elles se sont produites et l'influence qu'elles ont exercée, entraînent ou non la nullité des opérations.

Une élection a été annulée dans une espèce où le candidat avait fait don d'une somme de 6,000 francs pour la reconstruction d'une mairie, quelques jours avant l'ouverture du scrutin (Corps légis., 4 mars 1868, él. de M. le comte d'Estournel, *Mon.* du 5, p. 332); dans une autre, où l'inauguration d'un canal, dû à l'initiative d'un candidat, avait eu lieu peu de jours avant l'élection, alors que les conditions imposées pour l'exécution des travaux n'étaient pas remplies, et que le terrain sur lequel on posait la première pierre n'était même pas acheté. (Corps légis., 18 et 28 nov. 1863, él. de M. Bravay, *Mon.* du 19 et 29, p. 1387 et 1442.)

Décidé, au contraire, qu'il n'y avait pas lieu de s'arrêter à des dons en argent ou en nature, quand ils étaient bien antérieurs à la période électorale, ou s'ils s'expliquaient par les habitudes de bienfaisance du candidat. (Corps légis., 6 déc. 1869, él. de M. Seydoux, *J. off.* du 7, p. 1567; 7 déc. 1869, él. de M. Justin Durand, *J. off.* du 8, p. 1575; 8 déc. 1869, él. de M. Lefèvre Pontalis, *J. off.* du 9, p. 1584; 13 déc. 1869, él. de M. Germain, *J. off.* du 14, p. 1623; 20 déc. 1869, él. de M. André, *J. off.* du 21, p. 1675; 21, déc. 1869, él. de M. Chagot, *J. off.* du 22, p. 1683; C. d'Ét., 13 déc. 1871, él. mun. de Montaigut.)

De même, la distribution d'indemnités en argent à des électeurs dont les propriétés avaient été ravagées par la grêle, faite sur les fonds alloués à cet effet à l'administration, n'a pas été considérée comme viciant les opérations, bien que les sommes eussent été versées le jour de l'élection. (C. d'Ét., 5 août 1868, él. dép. de Montpellier.)

En un mot, tout dépend des circonstances, et il est de règle, ainsi qu'il est dit plus haut, de ne tenir compte des faits de corruption, quelque regrettables qu'ils soient, que s'ils sont de nature à modifier le scrutin. (C. d'Ét., 27 juin 1865, él. dép. de Bonifaccio; 19 mai 1866, él. mun. de Poix; 27 juill. 1866, él. mun. de Catelet; 2 août 1866, él. dép. de Saint-Beauzely; 16 août 1866, él. mun. de l'Union; 5 août 1868, él. dép. de

Luxeuil; 11 août 1868, él. dép. de Molliens-Vidame; 27 avril
1870, él de Montmorency; 25 mai 1870, él. dép. de Najac;
19 juin 1872, él. mun. de Boulogne-sur-Gesse; 11 juin 1875,
él. mun. de Ghisonaccia; Ch. des dép., 15 mars 1876, él. de
MM. Adrian et Raoul Duval, *J. off.* du 16, p. 1839; 20 mars
1876, él. de M. le baron Dufour, *J. off.* du 21, p. 1965; 5 avril
1876, él. de M. Achille Adam, *J. off.* du 6, p. 2460; 1er mai 1877,
él. dép. de Condé.)

4. — Les libations et distributions de vivres offertes, au
nom d'un candidat ou par lui, et admises par une sorte de tolé-
rance, ne sont pas ordinairement une cause de nullité. Un tel
grief est repoussé si les faits signalés n'ont pas eu un caractère
intéressé, ou s'ils ont été sans influence sur le résultat. (C. d'Ét.,
22 avril 1865, él. dép. de Saint-Bonnet; 24 avril 1865, él.
dép. d'Ardes; 19 mai 1866, él. mun. de Vidauban; 1er juin 1866,
él. mun. de Fallencourt; 6 juin 1866, él. mun. d'Oisy-le-Verger;
15 juin 1866, él. dép. de Séderon,; 10 juill. 1866, él. mun.
de Fleury-sur-Andelle; 11 juill. 1866, él. mun. de Molières;
2 août 1866, él. mun. de Razac-de-Saussignac; 29 août 1867,
él. dép. de Serraggio; 11 juin 1868, él. dép. de Perpignan;
5 août 1868, él. dép de Luxeuil; Corps légis., 6 déc. 1869, él.
de M. Vieillard-Migeon, *J. off.* du 7, p. 1566; 8 déc. 1869, él.
de M. Lefèvre-Pontalis, *J. off.* du 9, p. 1584; 18 déc. 1869, él.
de M. Charles Leroux, *J. off.* du 19, p. 1661; C. d'Ét., 23 févr.
1870, él. dép. de Brucher; 13 déc. 1871, él. mun. de Projan;
23 juill. 1875, él. dép. de Moulis.)

On ne saurait davantage imputer à un candidat l'établissement de *rastells*, s'il est prouvé que c'est un comité électoral
ou les habitants eux-mêmes qui en ont fait tous les frais, et
d'après leur propre inspiration. (Corps légis., 7 déc. 1869, él.
de M. Justin Durand, *J. off.* du 8, p. 1574 et 1575.)

Mais la nullité d'une élection devrait être prononcée, quand
des faits de distribution gratuite de vivres et de boissons ont
constitué une manœuvre, ayant pour but et pour effet de porter
atteinte à la sincérité du vote (C. d'Ét., 20 juill. 1853, él. dép. de

Vorey; 16 juin 1866, él. mun. de Saint-Thégonnec; 2 août 1866, él. mun. de Saint-Beauzely; 11 août 1868, él. dép. de Moliens-Vidame; Corps légis., 27 déc. 1869, él. de M. Péreire, *J. off.* du 28, p. 1723; 25 mai 1870, él. dép. de Najac; 23 juill. 1875, él. mun. de Moulis; 19 déc. 1861, él. dép. de Borgo ; Ch. des dép., 1er avril 1876, él. de M. le duc de Feltre, *J. off.* du 2, p. 2349.)

5. — Les visites répétées, les recommandations, les démarches exagérées, tout le zèle enfin que les partisans d'un candidat apportent dans la lutte, si blâmables qu'ils soient, n'ont pas en général un caractère assez grave pour être supposés avoir exercé une influence sur l'élection.

Ainsi, le fait par le directeur d'une école chrétienne d'avoir sollicité les pères de ses élèves à voter pour un candidat, ne constituerait pas une atteinte à la liberté de l'élection. (C. d'Ét., 6 janvier 1859, él. dép. du Blanc.)

Décidé de même, à l'égard de démarches et recommandations faites par le sous-préfet et le commissaire de police (C. d'Ét., 31 août 1863, él. dép. de Murviel); et quand le président du bureau a engagé les électeurs à voter pour tel ou tel candidat. (C. d'Ét., 30 août 1861, él. mun. de Peyrissas.)

Il a été admis également que des employés d'une administration pouvaient aller voter en corps, sous la conduite de leur chef, sans qu'il en résultât que leur vote eût été imposé. (C. d'Ét., 10 mars 1862, él. dép. d'Étaples; 26 avril 1862, él. mun. de Marseille.)

6. — Une manœuvre fréquemment employée consiste à faire courir le bruit que le candidat s'est désisté, ou qu'il a cessé d'être éligible. La nullité de l'élection est prononcée, s'il est démontré que cette manœuvre a pu exercer une influence (Corps légis., 16 mars 1860, él. de M. le comte de la Ferrière, *Mon.* du 18, p. 326); sinon, l'élection est maintenue. (Corps légis., 19 nov. 1863, él. de M. Gavini, *Mon.* du 20, p. 1391; C. d'Ét., 2 juin 1866, él. mun. de la Souterraine.)

L'élection a été encore validée, à défaut de preuves de la ma-

nœuvre alléguée, dans une espèce où une protestation s'appuyait
sur le fait de la lecture, au début du scrutin, d'une lettre annon-
çant le désistement du candidat adverse, sans que rien d'ailleurs fît connaître qui avait écrit cette lettre, à qui elle avait été
adressée et à quel moment la lecture en avait eu lieu. (Corps
légis., 23 nov. 1863, él. de M. Aimé Gros, *Mon.* du 24, p. 1417.)

Lorsque le fait du désistement est exact, et que par lettres
particulières, adressées à des maires ou à des électeurs,
le candidat qui se retire a engagé les électeurs à donner
leurs suffrages à un de ses concurrents, ce dernier est
fondé à porter ces lettres à la connaissance des électeurs ; mais
il ne peut les publier sous le titre de circulaire aux maires et
sous la forme d'une proclamation adressée aux électeurs par le
candidat renonçant. (C. d'Ét., 19 mai 1865, él. dép. de Pont-à-
Marcq.)

7. — En général, les imputations calomnieuses, les fausses
nouvelles, la diffamation ne deviennent une cause d'annulation
que si les intéressés n'ont pas été mis à même d'y répondre et
de les combattre. (C. d'Ét., 5 août 1868, él. dép. de Vivonne ;
22 août 1868, él. dép. de Barjac ; 7 avril 1870, él dép. de Rosans ;
19 nov. 1875, él. dép. d'Aubin ; Ass. nat., 27 juin 1873, él. de
la Nièvre, *J. off.* du 28, p. 4247.)

C'est donc une question de pur fait que de savoir si les élections ont été influencées ou non. Dans le premier cas, elles
doivent être annulées ; dans le second, maintenues.

Des opérations ont été invalidées par la chambre dans
une espèce où un écrit anonyme et jugé depuis calomnieux
avait été distribué à profusion. (Corps légis., 21 déc. 1863, él.
de M. de Bulach, *Mon.* du 22, p. 1407.)

La nullité a été de même prononcée à raison de la publicité,
donnée à une lettre diffamatoire à laquelle on avait cherché à
donner une apparence confidentielle. (Corps. légis., 28 févr.
1859, él. de M. Migeon, *Mon.* du 2 mars, p. 242.)

La Chambre a encore annulé des opérations dans une espèce
où l'on avait retranché, en publiant une circulaire, une phrase

importante; de sorte que le sens en était complétement déna-
turé. (Corps. légis., 21 déc. 1869, él. de M. Rouxin, *J. off.* du 22,
p. 1684.)

La doctrine parlementaire a été consacrée par de nombreux arrêts du Conseil d'État (*Voir* notamment 12 mai 1853,
él. dép. de Janzé; 1ᵉʳ juin 1853, él. d'arr. de Saint-Georges-
en-Couzan; 3 mai 1861, él. mun. de Courtisols; 30 juill. 1863,
él. dép. de Saint-Paul-Trois-Châteaux; 3 août 1865, él. dép.
de Lorrez-le-Bocage; 14 avril 1865, él. dép. d'Aix-en-Othe;
3 mai 1866, él. mun. de Curçay et de Châtillon-sur-Loire;
6 juin 1866, él. mun. de Saint-Cyprien et de Lafrançaise; 18 juin
1866, él. mun. d'Eyragues; 16 août 1866, él. mun. de Moulis;
6 avril 1870, él. dép. de Coutras; 21 octobre 1871, él. mun.
de Fresné-la-Mère; Ass. nat. 11 juin 1874, él. de la Haute-Saône,
J. off. du 12, p. 3940; C. d'Ét. 5 nov. 1875, él. dép. de Billom;
19 nov. 1875, él. dép. d'Aubin; 11 févr. 1876, el. dép. de
Beaurainville.

8. — Les menaces demeurées sans effet ne sont pas considérées en cette matière comme des délits. (*Voir* vᵒ INFRACTIONS,
nᵒ 16.)

Elles ne suffisent pas non plus pour invalider une élection.
(C. d'Ét., 20 juill. 1853, él. dép. de Mazamet; 27 mars 1856,
él. dép. de Saint-Julien-de-Vouvantes; 13 juin 1862, él. dép. de
Bannalec; 16 août 1862, él. dép. de Pont-Saint-Esprit; 2 août
1866, él. d'Antrain.)

Mais il en serait différemment, si elles avaient porté atteinte
à la liberté des votes. (C. d'Ét., 22 mai 1866, él. mun. de Gros-
Chastang.)

Il en est de même des entraves à la distribution des bulletins
ou à la pose des affiches, et de la lacération de ces dernières
(C. d'Ét., 27 juill. 1866, él. mun. de Cahors; 16 août 1866,
él. mun. de Conflans; 20 juill. 1867, él. dép. d'Arthez;
22 août 1868, él. dép. de Castelnau-Rivière-Basse). C'est ainsi
qu'en présence d'une majorité considérable obtenue par le candidat élu, les opérations ont été validées dans une élection où les

maires de deux communes avaient arraché les circulaires de l'un des candidats. (C. d'Ét., 5 juin 1862, él. dép. de Jussey.)

Des opérations ont été au contraire invalidées dans un cas où une circulaire avait imputé faussement au parti opposé d'avoir fait afficher à la porte d'une église certaines déclarations de nature à terroriser les populations. (Ch. des dép., 27 mars 1876, él. de M. Haentjens, *J. off.* du 28, p. 2187; 31 mars 1876, él. de M. de Larochejaquelein, *J. off.* du 1ᵉʳ avril, p. 2325.)

Les voies de fait, les violences ainsi que les actes de pression ont un caractère plus grave. Néanmoins ils ne devraient non plus entraîner la nullité qu'en cas d'influence sur le résultat. (C. d'Ét., 24 mai 1859, él. dép. de Céret, 10 avril 1866, él. mun. de Naussac; 30 mai 1866, él. mun. de Laranières; 27 juin 1866, él. mun. de Piedicroce; 22 nov. 1866, él. mun. de Carpentras.)

Lorsque des moyens d'intimidation ont été employés de part et d'autre, ils peuvent se neutraliser. (Corps légis., 19 nov. 1863, él. de M. Gavini, *Mon.* du 20, p. 1391; 3 nov. 1869, él. de M. de la Tour, *J. off.* du 4, p. 1550; 23 déc. 1869, él. de M. Desseilligny, *J. off.* du 24, p. 1702.)

9. — Les journaux prennent part à la lutte électorale. Il leur est loisible, par suite, de discuter les candidatures, et d'énoncer, pour ou contre, les faits ou les arguments dont la production leur semble utile à la cause qu'ils défendent. (Corps légis., 13 nov. 1863, él. de M. le duc de Tarente, *Mon.* du 14, p. 1356; 23 nov. 1863, él. de M. Aimé Gros, *Mon.* du 24, p. 1417; 21 mars 1876, él. de M. Bordet, *J. off.* du 22, p. 2004.)

Rarement les attaques par la voie de la presse sont considérées comme une cause d'annulation; ajoutons que l'on s'y arrête encore moins lorsqu'elles ont été réciproques. (Corps légis., 18 déc. 1869, él. de M. Masséna, duc de Rivoli, *J. off.* du 19, p. 1664; 5 nov. 1875, él. dép. de Billom; Ch. des dép. 23 mars 1876, él. de M. de Larochefoucauld Bisaccia, *J. off.* du 24, p. 2061; 27 mars 1876, él. de M. Haentjens, *J. off.*

du 28, p. 2187 ; 3 avril 1876, él. de M. Vitalis, *J. off.* du 4, p. 2405.)

A l'influence des journaux se joint celle d'autres écrits, tels que circulaires, affiches, etc.

Un candidat n'est pas responsable, en général, des écrits attaquant le candidat opposé et auxquels il est resté étranger.(Corps légis., 6 déc. 1869, él. de M. Seydoux, *J. off.* du 7, p. 1567 ; 15 déc. 1869, él. de M. Calvet Rogniat, *J. off.* du 16, p. 1638 ; Ch. des dép., 18 mars 1876, él. de M. de Kermenguy, *J. off.* du 19, p. 1924 ; 25 mars 1876, él de M. Bianchi, *J. off.* du 26, p. 2116.)

10. — Sous les deux dernières législatures, l'intervention de l'administration était une cause d'annulation. (Ch. des dép., 1er avril 1876, él. de M. Cardeneau, *J. off.* du 2, p. 2356 ; 11 avril 1876, él. de M. Veillet, *J. off.* du 12, p. 2635.)

Il faut admettre, en tout cas, que les fonctionnaires, les maires notamment, peuvent intervenir dans la lutte en tant qu'électeurs ; autrement, ils se trouveraient avoir moins de droits que ces derniers. Mais ils ne peuvent le faire en usant de leur qualité. (C. d'Ét., 10 août 1876, él. dép. de Lannion.)

Il a été décidé qu'il était licite à des maires de se réunir en comité électoral, comme le feraient de simples électeurs, pour aviser au choix d'un candidat, et qu'ils pouvaient même convoquer des citoyens à cet effet. (Ch. des dép., 18 mars 1876, él. de M. Jametel, *J. off.* du 19, p. 1926.)

Il a été reconnu également qu'un maire avait pu rappeler dans une affiche sur papier de couleur, et ne portant pas le cachet de la mairie, les noms des candidats proposés aux suffrages des électeurs par les membres sortants du conseil municipal. (C. d'Ét., 2 juill. 1875, él. mun. de Soulaines.)

Jugé même que le maire et l'adjoint avaient valablement pu faire imprimer une circulaire ayant pour objet de défendre les actes de l'administration municipale dont ils avaient fait partie, et de critiquer ceux de l'administration précédente.](C. d'Ét., 7 août 1875, él. mun. de Crèvecœur.)

Mais il est interdit aux agents de l'autorité publique ou municipale de distribuer des bulletins, professions de foi ou circulaires (*Voir* v° INFRACTIONS, n° 19). Ce fait, toutefois, ne deviendrait une cause de nullité que s'il avait eu pour effet d'exercer une influence sur les opérations.

Il arrive que pour faire passer une liste de candidats, on porte avec les noms de ceux-ci, et à leur insu, ceux d'autres candidats. Cette manœuvre constitue-t-elle une irrégularité? Le Conseil d'État a décidé que ce fait « ne constituait pas une manœu- « vre de nature à altérer la sincérité des opérations électorales. » (C. d'Ét., 16 août 1866, él. mun. de la Ferté-Bernard.)

D'autre part, il a été jugé qu'on devait annuler des élections, lors desquelles le maire après avoir formé, de concert avec les membres de l'ancien conseil municipal, une liste de candidats sur laquelle ceux-ci étaient tous portés, en avait composé et fait distribuer une autre, le matin même du jour des élections; liste dont il avait exclu à leur insu trois de ces conseillers. (C. d'Ét., 17 avril 1861, él. mun. de Plénée-Jugon.)

Même solution dans une autre espèce où le maire, après avoir lui-même recommandé un électeur comme candidat, et l'avoir porté sur une première liste contenant dix noms, nombre égal à celui des conseillers à élire, avait fait la veille de l'élection disparaître cette liste pour lui en substituer une autre contenant douze noms, sur laquelle ledit candidat, inscrit le onzième, n'était plus en rang utile pour profiter des votes qui lui seraient donnés. (C. d'Ét., 16 août 1866, él. mun. de Sainte-Geneviève.)

11. — L'intervention du clergé a été diversement appréciée, suivant les temps et les tendances de la majorité parlementaire. Elle a été innocentée dans les deux élections suivantes : (Ass. nat. 30 janvier 1872, él. de la Savoie, *J. off.* du 31, p. 694); 2 décembre 1872, él. du Morbihan, *J. off.* du 3, p. 7476); elle est devenue au contraire une cause de nullité dans une autre affaire. (Ch. des dép., 30 juillet 1876, él. de M. de Mun, *J. off.* 31, p. 5130.)

12. — L'article 11 du décret du 2 février 1852, auquel se réfère la loi du 7 juillet de la même année, attribue au président de l'assemblée électorale le droit d'appeler la force armée dans la salle du vote ou aux abords du lieu où siége l'assemblée. Par suite, il est constamment décidé que lorsque la présence des agents de l'autorité ou de la force armée a été jugée utile, ou même que des arrestations ont dû être opérées pour prévenir des désordres, les élections ne sauraient être attaquées pour cette cause, si d'ailleurs les suffrages ont été librement exprimés. (C. d'Ét., 29 mai 1853, él. mun. de Quasquara ; 20 juillet 1853, él. d'arr. de Lunel ; 22 août 1853, él. mun. d'Argelliers ; 19 juin 1856, él. mun. de Trie ; 23 juill. 1856, él. mun. de Berry-Bouy ; 30 juill. 1857, él. mun. de Saint-Pol-de-Monts ; 21 juin 1859, él. dép. d'Evisa ; 16 juill. 1861, él. mun. de Saint-Aubin-sur-Mer ; 16 août 1862, él. dép. de Sault ; 12 septembre 1864, él. mun. de Dunet ; 15 déc. 1865, él. dép. de Beaucaire ; 14 juin 1866, él. mun. de la Côte-Saint-André ; 10 juill. 1866, él. dép. d'Excideuil ; 17 juill. 1866, él. mun. d'Espalion ; 6 août 1866, él. mun. de Préchacq ; 22 août 1868, él. dép. d'Ervy ; 28 mai 1872, él. mun. de Château-sur-Allier.)

La présence du procureur de la République et du sous-préfet dans la salle du vote ne saurait davantage devenir une cause de nullité, du moment que ces magistrats n'ont aucunement cherché à influencer les électeurs. (C. d'Ét., 9 mai 1873, él. mun. de Sainte-Anastasie.)

Le maire peut aussi faire évacuer la salle du scrutin et prendre telles autres mesures qu'il juge utiles pour maintenir l'ordre public et assurer la régularité des opérations. (Voir vo SCRUTIN, no 19.)

Mais si une arrestation avait eu lieu sans raison et qu'elle eût pu avoir pour effet de porter atteinte à la liberté du vote, les opérations devraient être annulées. (C. d'Ét., 13 juin 1862, él. mun. de Lacaune ; 28 janvier 1865, él. dép. de Piana.)

LISTE ÉLECTORALE.

Art. 1er. — *Composition des listes électorales.*

1. — L'exercice du droit de vote est subordonné à l'inscription sur la liste électorale. Aux termes de l'article 18 du décret réglementaire de 1852, tout électeur inscrit a le droit de prendre part au scrutin ; et l'article suivant ne permet pas d'admettre au vote celui qui n'est pas inscrit.

Des conditions différentes d'inscription sont prescrites pour les élections municipales et pour les élections politiques [1]. Les listes dressées pour les premières servent également aux élections des conseils généraux et d'arrondissement. (Art. 15 de la loi du 10 août 1871, et art. 3 de la loi 30 juillet 1874.)

§ 1. — Inscription sur la liste électorale municipale.

2. — L'article 5 de la loi du 7 juillet 1874 établit, relativement à l'inscription, diverses catégories. La liste doit com-

---

[1] D'après la liste arrêtée le 31 mars 1874, les électeurs municipaux s'élevaient à 9,769,158, et les électeurs politiques à 9,911,737; le 31 mars 1875, le nombre des électeurs municipaux s'élevait à 9,605,139, et celui des électeurs politiques à 9,872,739; le 31 mars 1876, les premiers étaient

prendre les citoyens remplissant les conditions fixées pour
l'électorat : « 1º Qui sont nés dans la commune ou y ont satis-

au nombre de 9,691,442, et les autres, de 9,948,070. En voici la liste par
département :

DÉPARTEMENTS.	NOMBRE des électeurs municipaux.	NOMBRE des électeurs politiques qui ne sont pas électeurs municipaux.	NOMBRE des électeurs politiques.
Ain	101,713	2,104	103,817
Aisne	148,184	3,275	151,459
Allier	106,642	2,956	109,598
Alpes (Basses-)	41,653	716	42,369
Alpes (Hautes-)	31,326	510	31,836
Alpes-Maritimes	55,138	610	55,748
Ardèche	109,225	1,135	110,360
Ardennes	88,654	1,364	90,018
Ariége	72,482	782	73,264
Aude	78,302	1,696	79,998
Aube	87,327	2,253	89,580
Aveyron	113,862	1,150	115,012
Bouches-du-Rhône	126,721	1,372	128,093
Calvados	117,198	5,037	122,235
Cantal	58,179	1,075	59,254
Charente	108,111	2,923	111,034
Charente-Inférieure	139,270	2,393	141,663
Cher	90,148	2,603	92,751
Corrèze	83,095	795	83,890
Corse	69,881	403	70,284
Côte-d'Or	110,384	3,873	114,257
Côtes-du-Nord	159,932	2.629	162,561
Creuse	75,580	588	76,168
Dordogne	139,691	2,648	142,339
Doubs	78,596	2,354	80,950
Drôme	95,231	1,726	96,957
Eure	109,233	2,953	112,886
Eure-et-Loir	80,224	2,381	82,605
Finistère	156,369	3,327	159,696
Gard	126,705	3,374	130,079
Garonne (Haute-)	131,925	9,976	141,901
Gers	88,094	2,654	90,748
Gironde	196,151	10,715	206,866
Hérault	131,443	3,951	135,394
Ille-et-Vilaine	146,130	6,141	152,271
Indre	77,818	1,919	79,737
Indre-et-Loire	93,187	1,925	95,112
Isère	159,938	2,814	162,752
Jura	82,498	1,510	84,008
Landes	81,620	2,131	83,751
Loir-et-Cher	75,525	1,699	77,224
Loire	136,990	3,086	140,076
Loire (Haute-)	82,059	722	82,781
Loire-Inférieure	152,844	4,842	157,686
Loiret	98,304	1,698	100,002
Lot	85,044	930	85,974
Lot-et-Garonne	99,948	3,030	102,978

« fait à la loi du recrutement, et s'ils n'y ont pas conservé leur
« résidence, sont venus s'y établir de nouveau depuis six mois
« au moins ;

   « 2° Qui même n'étant pas nés dans la commune, y auront
« été inscrits depuis un an au rôle d'une des quatre contribu-
« tions directes ou au rôle des prestations en nature, et s'ils

DÉPARTEMENTS.	NOMBRE des électeurs municipaux.	NOMBRE des électeurs politiques qui ne sont pas électeurs municipaux.	NOMBRE des électeurs politiques.
Lozère..................................	37,399	399	37,798
Maine-et-Loire........................	147,710	3,409	151,119
Manche................................	138,371	4,629	143,000
Marne.................................	110,142	2,544	112,686
Marne (Haute-)........................	74,139	1,806	75,945
Mayenne...............................	92,817	2,042	94,829
Meurthe-et-Moselle....................	108,791	3,131	111,922
Meuse.................................	85,784	840	88,624
Morbihan..............................	119,850	1,439	121,289
Nièvre................................	94,453	2,836	97,289
Nord..................................	318,906	7,918	326,824
Oise..................................	110,267	3,729	113,996
Orne..................................	111,825	3,050	114,875
Pas-de-Calais.........................	199,581	5,284	204,865
Puy-de-Dôme...........................	168,004	1,472	169,476
Pyrénées (Basses-)....................	105,004	1,400	106,412
Pyrénées (Hautes-)....................	65,564	1,902	67,466
Pyrénées-Orientales...................	53,561	413	53,974
Rhin (Haut-) (partie française).......	16,331	761	17,092
Rhône.................................	164,370	11,374	175,744
Saône (Haute-)........................	86,852	1,649	88,501
Saône-et-Loire........................	165,374	3,107	168,481
Sarthe................................	124,746	4,689	129,435
Savoie................................	67,109	561	67,670
Savoie (Haute-).......................	73,184	625	73,809
Seine.................................	441,900	30,333	472,233
Seine-Inférieure......................	184,352	6,427	190,779
Seine-et-Marne........................	96,568	2,323	98,891
Seine-et-Oise.........................	141,068	6,271	147,339
Sèvres (Deux-)........................	97,807	2,820	100,627
Somme.................................	159,481	2,670	162,151
Tarn..................................	106,747	1,623	108,370
Tarn-et-Garonne.......................	72,054	950	73,004
Var...................................	83,235	740	83,975
Vaucluse..............................	81,236	1,051	82,287
Vendée................................	112,692	2,512	115,204
Vienne................................	93,663	1,853	95,516
Vienne (Haute-).......................	84,744	1,219	85,963
Vosges................................	107,563	2,615	110,178
Yonne.................................	108,924	1,486	110,410
	9,691,442	256,628	9,948,070

« ne résident pas dans la commune, auront déclaré vouloir
« y exercer leurs droits électoraux. Seront également inscrits,
« aux termes du présent paragraphe, les membres des familles
« des mêmes électeurs compris dans la cote de prestation en
« nature, alors même qu'ils n'y sont pas personnellement
« portés, et les habitants qui, en raison de leur âge ou de leur
« santé, auront cessé d'être soumis à cet impôt ;

« 3° Qui se seront mariés dans la commune et justifieron
« qu'ils y résident depuis un an au moins ;

« 4° Qui ne se trouvant pas dans un des cas ci-dessus, de-
« manderont à être inscrits sur la liste électorale et justifieront
« d'une résidence de deux années consécutives dans la com-
« mune. Ils devront déclarer le lieu et la date de leur naissance ;

« 5° Qui, en vertu de l'article 2 du traité de paix du 10 août
« 1871, ont opté pour la nationalité française et déclaré fixer
« leur résidence dans la commune, conformément à la loi du
« 19 juin 1871 [1] ;

« 6° Qui sont assujettis à une résidence obligatoire dans la
« commune en qualité soit de ministres des cultes reconnus
« par l'État, soit de fonctionnaires publics. »

De là deux sortes d'inscriptions : l'une qui a lieu d'office,
l'autre qui est faite sur la demande des électeurs.

3. — Relativement à l'inscription d'office, la condition de
résidence varie suivant la catégorie à laquelle les électeurs
appartiennent. Pour les individus nés dans la commune ou qui
y ont satisfait à la loi de recrutement, la loi exige une résidence
de six mois; pour ceux qui y ont contracté mariage, une résidence d'un an. Aucune durée n'est prescrite pour les ministres
des cultes et les fonctionnaires publics, dont la résidence est

---

[1] Cette loi porte : « Sont électeurs et éligibles, sans condition de temps
« de résidence dans le nouveau domicile qu'ils ont choisi ou choisiront
« en France, les citoyens français qui, conformément à l'article 2 du traité
« du 10 mai 1871, ont opté ou opteront pour la nationalité française, à la
« charge par eux de faire à la mairie de leur nouvelle résidence, leur dé-
« claration constatant leur volonté d'y fixer leur domicile et d'y réclamer
« leur inscription sur les listes électorales. »

obligatoire dans la commune; quant aux individus qui, en vertu du traité de paix, ont opté pour la nationalité française, il suffit qu'ils déclarent vouloir y fixer leur habitation. Enfin la condition de résidence n'est pas imposée aux électeurs qui sont portés depuis un an au rôle de l'une des quatre contributions directes ou à celui des prestations en nature; mais ils doivent déclarer qu'ils entendent exercer dans la commune leurs droits électoraux.

Les lois des 3 juillet 1848, 4 avril 1871 et 10 août de la même année autorisent la nomination de tout ou partie des membres des conseils généraux d'arrondissement et municipaux sans condition de domicile, pourvu que les élus payent dans le departement, l'arrondissement ou la commune, une des quatre contributions directes. Des difficultés se sont élevées sur la question de savoir ce que l'on devait entendre par cette expression de payement d'une contribution. Était-ce au payement effectif ou au fait de l'inscription au rôle que l'on devait s'attacher? On verra, v° ÉLIGIBILITÉ, n°s 15, 16 et 27, qu'au point de vue de l'éligibilité, celui-là seul est réputé contribuable qui est débiteur de l'impôt vis à vis du Trésor : or, l'individu porté au rôle ou ses héritiers sont seuls responsables de l'impôt, sauf leur recours contre le nouveau propriétaire. (L. 3 frimaire an vii[1].)

Ici, il ne peut exister aucun doute. Le législateur de 1874 a substitué à l'expression *payant un impôt,* celle de *inscrit au rôle.* Il est donc certain que ce n'est pas du payement, mais bien de l'inscription effective et d'elle seule qu'il faut tenir compte. Le fait de l'inscription au rôle est la seule preuve,

---

[1] L'article 36 de cette loi porte : « La note de chaque mutation de « propriété sera inscrite au registre des mutations à la diligence des par- « ties intéressées; elle contiendra la désignation précise de la propriété « ou des propriétés qui en seront l'objet, et il y sera dit à quel titre la « mutation s'en est opérée.

« Tant que cette note n'aura point été inscrite, l'ancien propriétaire « continuera d'être imposé au rôle, et lui, ou ses héritiers naturels « pourront être contraints au payement de l'imposition foncière, sauf leur « recours contre le nouveau propriétaire. »

d'après la loi, que l'électeur a dans cette commune des intérêts qui l'y attachent.

Il n'est fait exception qu'en faveur de celui qui est héritier, qui à ce titre est tenu de l'impôt comme son auteur lui-même.

En conséquence, le droit à l'inscription n'appartiendrait pas à l'individu qui, sans être inscrit à l'un des rôles indiqués par le paragraphe 2 de l'article 5 de la loi de 1874, serait depuis un an propriétaire d'immeubles dans la commune et en acquitterait l'impôt. (C. C., ch. crim., 8 octobre 1874, rejet (Chemerault-Loussedat-Thevenin), *Sirey*, 1875, I, 33 et la note.)

Mais la décision du conseil de préfecture ordonnant le dégrèvement d'un contribuable par voie de mutation de cote, équivaut à l'inscription personnelle et directe du nouvel imposé. Le contribuable ainsi substitué est considéré comme ayant été inscrit personnellement pour l'exercice entier, et il est fondé à requérir pour l'année suivante son inscription sur la liste des électeurs municipaux de la commune. (C. C., ch. req.. 5 mai 1875, cassation (Sou), *Dalloz*, 1875, I, 302.)

Aux termes de l'article 5 de la loi de 1874, les parents ou alliés vivant sous le même toit, et qui figurent numériquement à la cote des prestations du chef de famille, sont également considérés comme personnellement inscrits au rôle des prestations. Mais le bénéfice de cette disposition ne saurait être étendu aux serviteurs. (Circ. min. du 12 juillet 1874.)

Rappelons à ce sujet que toutes les questions qui se présentent relativement à l'établissement et à la rectification des rôles des contributions directes, doivent être portées devant l'autorité administrative. (*Voir* v° JUGE DE PAIX, n° 22.)

4. — On a vu que les individus inscrits depuis un an au rôle des contributions directes, mais non résidants dans la commune, sont tenus de *déclarer* qu'ils entendent y exercer leurs droits électoraux (art. 5, § 2, de la loi de 1874). Il n'est pas nécessaire que la déclaration soit faite par ces électeurs *en personne*; elle peut avoir lieu par lettre missive adressée au maire

ou par un mandataire spécialement autorisé à cet effet. (C. C., ch. req., 16 et 18 nov. 1874, rejet (Vacher), et cassation (Nicolaï), *Dalloz*, 1875, I. 76.)

La même solution doit être adoptée relativement à la *demande* qu'ont à formuler les individus qui se trouvent dans le cas prévu par l'article 5, paragraphe 4. Ainsi cette demande peut résulter d'un bulletin individuel signé de l'impétrant, et remis à la mairie par une autre personne. (C. C., ch. req., 23 mars 1875, cassation (Gros), *Dalloz*, 1876, I. 36.)

La demande n'est pas assujettie non plus à la condition de l'inscription sur le registre ouvert dans chaque mairie, en vertu de l'article 19 du décret organique de 1852. La tenue de ce registre n'est imposée qu'à l'autorité municipale dont les obligations ne sauraient être confondues avec celle des électeurs (C. C., ch. req., 4 novembre 1874, cassation (Wimy), *Dalloz*, 1875, I, 76.) Seulement, aux termes de l'article 5, paragraphe 4, la demande doit contenir la *déclaration du lieu et de la date de la naissance*. Cette indication, qui est la seule nécessaire, peut du reste être faite, soit au moment du dépôt de la demande, soit postérieurement, pourvu que ce soit avant l'expiration des délais impartis par l'article 19 du décret précité. (Même arrêt.)

Mais de ce que la demande doit émaner du réclamant, il s'ensuit que la commission de révision ne saurait inscrire des électeurs de cette catégorie soit d'office, soit sur la demande de tiers électeurs qui ne représenteraient pas un pouvoir spécial. (C. C., ch. des vac., 1er oct. 1874, cassation (Modéré Viault), *Dalloz*, 1874, I. 491, ch. req., 21 avril 1875, cassation (Grégoire et Leberty), *Dalloz*, 1876, I, 229.)

§ 2. — De l'inscription sur la liste électorale politique.

5. — L'article 1er de la loi du 30 novembre 1875 est ainsi conçu : « Les députés seront nommés par les électeurs inscrits, « 1° sur les listes dressées en exécution de la loi du 7 juillet « 1874 ; 2° sur la liste complémentaire comprenant ceux qui « résident dans la commune depuis six mois. »

Pour les électeurs de la seconde catégorie, il n'y a pas à distinguer entre l'inscription d'office et celle faite sur leur réclamation. Ils doivent tous être portés sur le tableau.

6. — Aux termes du paragraphe 2 du même article, « l'in-« scription sur la liste complémentaire a lieu conformément « aux lois et règlements qui régissent actuellement les listes « électorales politiques, et par les commissions instituées dans « les articles 1, 2, 3 et 4 de la loi du 7 juillet 1874. » (Voir « infrà, art. 2.)

7. — La loi contient, en outre, une disposition transitoire, admise à raison de la proximité des élections générales : « les « listes électorales, y est-il dit, arrêtées au 31 mars 1875, en « exécution de ces lois, serviront jusqu'au 31 mars 1876. »

§. 3. — De la résidence.

8. — En France, tout citoyen est électeur, sauf les cas d'incapacité ou d'indignité prévus par la loi, et il porte partout avec lui son droit de suffrage politique.

Par suite, il semblerait qu'aucune condition de domicile ne dût être nécessaire pour qu'un citoyen puisse user de son droit en matière politique. Néanmoins, un certain temps de résidence est exigé pour permettre de constater l'identité de l'électeur.

S'il s'agit au contraire d'élection communale, l'électeur est tenu de justifier d'une résidence plus ou moins longue, qui a pour but d'établir que les intérêts de la commune sont liés aux siens, qu'il les connaît, et en conséquence qu'il peut participer à leur gestion.

A. — Conditions de la résidence.

9. — La condition de résidence qui est imposée par la loi, est relative uniquement à l'habitation effective dans la commune : les termes dont elle se sert uniformément excluent l'idée de domicile. C'est ce que la jurisprudence avait décidé constamment sous l'empire du décret de 1852. (C. C., ch. req.

13 mars 1865, cassation (Rappe), *Dalloz*, 1865, I, 237;
3 avril 1865, cassation (Conseil), *Dalloz*, 1865, I, 237;
16 mai 1865, cassation (Colonna d'Istria), *Dalloz*, 1865, I, 237;
25 avril 1870, cassation (Fericelli), *Sirey*, 1872, I, 306.)

L'article 4 de la loi du 14 avril 1871 exigeait le *domicile réel* dans la commune; mais l'article 5, paragraphe 4, de la loi du 7 juillet 1874 a substitué à ce domicile la résidence de fait. C'est donc seulement à cette dernière qu'on doit avoir égard. (C. C., ch. req., 11 novembre 1874, cassation (Reynier), *Dalloz*, 1875, I, 75.)

Par suite, les élèves d'un établissement d'instruction, tel qu'une école communale, un grand ou un petit séminaire, doivent être inscrits dans la commune où cet établissement est situé, et non au lieu de leur domicile d'origine (C. C., ch. req., 7 mars 1864, cassation (Georgon et Gamon), *Dalloz*, 1864, I, 258; 15 mai 1872, cassation (séminaire d'Autun), *Sirey* 1872, I, 307; 22 avril 1873, cassation (Pestre), *Sirey*, 1873, I, 422; 9 juin 1873, rejet (Petitjean), *Sirey*, 1873, I, 422). Il en est de même, pour les pensionnaires d'un hospice d'incurables. (C. C., 9 mai 1864, rejet (Calvet) [1].)

10. — Sous la législation antérieure, s'était élevée la question de savoir si la résidence d'une durée déterminée devait avoir existé à une époque quelconque, ou si elle devait précéder immédiatement l'inscription. Après des hésitations, il avait été admis que cette dernière condition devait être remplie. (C. C., ch. req., 3 avril 1866, cassation (Salles), *Dalloz*, 1866, V, 155; Hérold, *Droit élect.*, n°s 100 et suivants.)

---

[1] Cet arrêt porte : « Attendu qu'il est déclaré devant le jugement attaqué que les trente-six pensionnaires de l'établissement de la Teype, dont Calvet et Bergeron demandaient la radiation de la liste électorale de la commune de Tain, étaient tous Français, majeurs, jouissaient de leurs droits civils et politiques, et habitaient cette commune depuis plus de six mois, et que Calvet et Bergeron n'ont pas prouvé qu'ils fussent inscrits sur les listes électorales d'autres communes; — Attendu que cette décision, fondée sur des documents dont l'appréciation souveraine appartenait au juge de paix, ne contient la violation d'aucune des dispositions légales, ni des principes en matière de preuves invoqués par les demandeurs; — Rejette... »

La loi nouvelle a tranché cette difficulté dans le sens que la jurisprudence avait admis. L'article 5, par son premier paragraphe, ordonne l'inscription des électeurs qui, n'ayant pas conservé leur résidence dans la commune « sont venus s'y « établir de nouveau depuis six mois, » et par son troisième paragraphe, « de ceux qui s'étant mariés dans la commune, « justifient qu'ils y résident depuis un an au moins. » Cette pensée est encore exprimée dans le paragraphe 4 du même article, qui exige une résidence de *deux années consécutives*.

11. — La loi attache le droit électoral au fait et à la durée de la résidence, sans exiger qu'elle soit définitive, dans l'intention du résidant. Et, d'un autre côté, la loi n'exige pas que la résidence ait été continue, pourvu qu'elle ait été *habituelle*. (C. C., ch. req., 18 novembre 1874, cassation (Fresne), *Dalloz*, 1875, I, 76.)

Si un individu possède une habitation dans plusieurs communes, et que sa résidence habituelle ne soit pas mieux déterminée dans l'une de ces communes que dans l'autre, il est autorisé à faire une option.

Mais lorsque, figurant sur une liste, il veut obtenir son inscription sur une autre, il doit au préalable faire procéder à sa radiation de la première. Cela résulte des dispositions combinées des articles 19, 31 et 34 du décret du 2 février 1852. (C. C., ch. req., 4 avril 1854, cassation (préfet de la Somme), *Dalloz*, 1854, I, 380 ; 23 mars 1870, rejet (Mayeur), *Dalloz*, 1870, I, 176 ; ch. crim., 9 novembre 1874, rejet (Hovius), *Dalloz*, 1875, I, 79.)

12. — La loi ne prescrit la résidence d'une certaine durée que dans la commune. Si une commune est divisée en plusieurs sections électorales, l'inscription est faite sur la liste de la section dans laquelle réside l'électeur, au jour de la confection de cette liste. (C. C., ch. req., 3 avril 1866, cassation (Sourd), *Dalloz*, 1866, V, 154.)

Les divers arrondissements de Paris ne formant qu'une seule commune, il a été jugé de même que l'électeur qui justifie de

la résidence légale, doit être inscrit sur la liste de l'arrondissement où il demeure à l'époque de la révision des listes, lors
même qu'il y habiterait depuis moins de six mois. (C. C., ch.
req. 23 mars 1863, cassation (Villette), *Dalloz*, 1863, I, 139;
24 mars 1863, cassation (Blanchet) *ibid.*)

Mais l'électeur ne serait pas libre de choisir la section ou quartier où il entend être inscrit; c'est sur la liste de la section où il
réside lors de la révision que l'inscription doit être faite. (C. C.,
ch. req., 23 mars 1863, rejet (Dréo), *Dalloz*, 1863, I, 140.)

13. — A quelle époque est accompli le terme de la résidence
fixée par la loi? Suivant l'article 13 du décret organique de 1852,
c'est au jour de la clôture annuelle de la liste électorale, c'est-
à-dire au 31 mars de chaque année. L'article 5 de la loi du
7 juillet 1874 contient la même disposition. Par application de
cette règle, la Cour de Cassation a annulé la décision d'un juge
de paix qui avait déclaré insuffisante l'habitation d'un électeur,
sous le prétexte que le terme légal de cette résidence n'était
pas atteint au 9 février, jour où ce magistrat avait statué.
(Arrêt du 16 mars 1863, cassation (Dufresne) [1].)

14. — Il appartient au juge de paix de décider, par appréciation des pièces et certificats produits, ainsi que des circonstances, si la condition de la loi est ou non remplie (C. C. ch.
req. 10 mars 1863, rejet (Arnal et Renon); 16 mars 1863, rejet
(Vazeilles) ; 24 mars 1863, rejet (Chauffour); 25 mars 1863,
rejet, (Clavel) ; 30 mars 1863, rejet (Capette), *Sirey*, 1863, I,
557; 7 mai 1873, rejet (Goute), *Sirey*, 1873, I, 422; ch. crim.,
9 oct. 1874, cassation (Lafitte), *Dalloz*, 1874, I, 492; ch. req.,

---

[1] Cet arrêt porte : « Attendu que si, lors de la décision de la commis-
« sion municipale, du 22 janvier 1863, et de la sentence du juge de paix
« du 4ᵉ arrondissement de Paris, du 9 février même année, Dufresne n'ha-
« bitait pas depuis six mois dans ledit arrondissement, il était constaté
« par le certificat par lui produit qu'il habitait la rue du Poirier nᵒ 13,
« depuis le 23 août 1862: *qu'ainsi, au 31 mars 1863 il aurait acquis la
« condition des six mois* d'habitation, dans le 4ᵉ arrondissement de Paris
« et qu'il devait être fait droit à sa demande, suivant le deuxième para-
« graphe de l'article 13 de la loi du 2 février 1852. »

8 décembre 1873, rejet (Blanc), *Dalloz*, 1874, I, 485 ; 5 mai 1875, (Sou), *Dalloz*, 1875, I, 302 ; ch. civ., 8 mai 1876, rejet (Pietri), *Sirey*, 1876, I, 384).

Et il ne lui est pas interdit de recourir à la preuve testimoniale, en l'absence de notoriété ou d'autres documents. (C. C., ch. req., 25 avril 1864, cassation (Magnan), *Sirey*, 1864, I, 518.)

Mais le serment ne pourrait pas être reçu, comme mode de justification. (C. C., ch. req., 23 novembre 1874, cassation (Pantalucci), et 1er décembre 1874, cassation (Arrighy), *Dalloz*, 1875, I, 75.)

B. — Fonctionnaires publics.

15. — En ce qui regarde les fonctionnaires publics, la jurisprudence avait décidé que leur inscription devait être faite, non pas au lieu où ils exerçaient leurs fonctions, mais à celui de leur résidence réelle (C. C., ch. req., 26 mai 1867, rejet (Taddéi), *Sirey*, 1867, I, 301 ; 21 avril 1873, cassation (Morati), *Sirey*, 1873, I, 420 ; 8 décembre 1873, rejet (Blanc), *Dalloz*, 1874, I, 485.) Une règle différente est tracée par l'article 5 de la loi du 7 juillet 1874, lequel ordonne leur inscription dans la commune où ils sont tenus de résider : « Sont inscrits sur la liste des « électeurs municipaux, porte le paragraphe 6 de cet article, « tous les citoyens... qui sont assujettis à une résidence obliga- « toire dans la commune, en la qualité, soit de ministres des « cultes reconnus par l'État, soit de fonctionnaires publics. »

16. — Une autre difficulté s'était élevée sur le point de savoir si les fonctionnaires étaient soumis à l'obligation générale d'une résidence de six mois. Cette question est également résolue par le paragraphe 6 précité de l'article 5, qui prescrit leur inscription d'office, sans fixer aucun délai relativement à l'exercice de leurs fonctions.

17. — On doit comprendre sous la qualification générale de fonctionnaires publics, tous les citoyens revêtus d'un caractère public, et chargés d'un service permanent d'utilité publique. Peu importe que ces citoyens soient ou non rétribués sur les

fonds de l'État, s'ils sont assujettis à une *résidence obligatoire* :
« En cas de doute sur la question de savoir si un individu est
« fonctionnaire public, a dit le rapporteur de la loi, *la rési-*
« *dence obligatoire éclairera tout, et ceux-là seuls seront inscrits*
« *qui sont assujettis à une résidence obligatoire.* »

En conséquence, il y aurait violation de la loi dans le cas
où un jugement refuserait d'inscrire sur la liste électorale municipale, en qualité de fonctionnaires publics, les employés
assermentés d'une compagnie de chemin de fer, sans examiner
s'ils sont assujettis à une résidence obligatoire, et par le seul
motif qu'ils sont payés, non par l'État, mais par la compagnie.
Il en serait de même, si un jugement avait refusé l'inscription sur la liste d'un employé de sous-préfecture rétribué
sur les fonds du budget, par la raison qu'il serait employé
en qualité de simple auxiliaire, sans caractère officiel, et
comme faisant un travail qui n'exige nullement l'intervention
d'un supérieur. (C. C., ch. req., 17 novembre 1874, cassation
(Danisy), 23 novembre 1874, cassation (Roustau); *Dalloz*,
1875, I, 71.)

Il a été jugé également, par application du même principe,
qu'il y avait lieu d'inscrire sur la liste électorale, en qualité de
fonctionnaire public assujetti à une résidence obligatoire,
l'individu employé comme maître d'études à titre provisoire
dans un collége communal, en vertu d'une autorisation donnée
à cet effet par le recteur de l'académie au principal dudit collége. (C. C., ch. req., 18 novembre 1874, cassation (Abra-
zard), *Dalloz*, 1875, I, 71.)

Mais ne devrait pas être considéré comme fonctionnaire, dans
le sens de la loi, l'aumônier d'un asile d'aliénés d'un caractère
purement privé, s'il n'était attaché, en qualité de curé desser-
vant ou de vicaire, à aucune paroisse ou chapelle publique. (C.
C., ch. req., 5 avril 1870, rejet (Chabert), *Sirey* 1872, I, 304.)

48. — Il est d'ailleurs à noter que, si aux termes du paragraphe 6 de l'article 5 de la loi du 7 juillet 1874, les fonctionnaires publics assujettis à une résidence obligatoire sont

inscrits sur la liste des électeurs municipaux de la commune où ils exercent leurs fonctions, sans être tenus d'établir qu'ils y ont résidé depuis un temps déterminé, cette disposition n'enlève pas à ceux qui ont, de fait, conservé leur résidence dans une autre commune ou qui y sont inscrits, soit au rôle des contributions directes, soit à celui des prestations en nature, le droit de se faire porter sur la liste électorale de cette commune.

Décidé en conséquence qu'un juge de paix n'avait pu ordonner la radiation d'un électeur qui résidait depuis nombre d'années dans une commune, et avait demandé à y exercer ses droits électoraux, en se fondant sur ce que par le fait de son emploi en qualité de facteur rural, il avait son domicile réel et légal dans une autre commune. (C. C., ch. req., 16 nov. 1874, cassation (Ortoli), *Sirey*, 1875, 1, 85.)

La Cour de Cassation a également admis le droit d'option en faveur d'un instituteur inscrit au rôle des contributions directes d'une commune autre que celle de sa résidence obligatoire. (C. C., ch. crim., 24 sept. 1874, cassation (Calippe), *Dalloz*, 1874, 1, 491.) Même solution à l'égard d'un sous-inspecteur des douanes. (C. C., ch. civ., 24 avril 1876, cassation (Mariotti), *Dalloz*, 1876, I, 227.)

C. Militaires.

19. — Les droits des militaires des armées de terre et de mer sont réglés par l'article 14 du décret organique du 2 février 1852, et par l'article 2 de la loi du 30 novembre 1875.

L'article 14 du décret de 1852 porte : « les militaires en « activité de service et les hommes retenus dans le service des « ports ou de la flotte, en vertu de leur immatriculation sur « les rôles de l'inscription maritime, seront portés sur les listes « des communes où ils étaient domiciliés avant leur départ. Ils « ne pourront voter pour les députés au Corps législatif que « lorsqu'ils seront présents, au moment de l'élection, dans la « commune où ils seront inscrits. »

L'article 2 de la loi du 30 novembre 1875, est ainsi conçu :

« Les militaires et assimilés de tous grades et de toutes armes des
« armées de terre et de mer, ne prennent part à aucun vote,
« quand ils sont présents à leur corps, à leur poste ou dans
« l'exercice de leurs fonctions. Ceux qui, au moment de l'élec-
« tion, se trouvent en résidence libre, en non-activité ou en
« possession d'un congé régulier, peuvent voter dans la com-
« mune sur les listes de laquelle ils sont régulièrement inscrits.
« Cette dernière disposition s'applique également aux officiers
« et assimilés qui sont en disponibilité ou dans le cadre de
« réserve. »

Ainsi, les militaires restent dans la même situation que s'ils
n'avaient pas quitté la commune où ils étaient domiciliés avant
leur départ. Du reste, la loi du 7 juillet 1874, relative à l'électorat municipal, le déclare expressément : « l'absence de la com-
« mune, résultant du service militaire, est-il dit dans l'article 5
« *in fine*, ne portera aucune atteinte aux règles ci-dessus indi-
« quées, pour l'inscription sur les listes électorales. »

L'interdiction de l'exercice du droit de vote à l'égard des
militaires en activité de service et présents à leur corps, a été
dictée par des considérations de discipline militaire, et afin
d'empêcher que les majorités ne puissent être faussées par le
déplacement calculé des corps de troupes.

29. — Quel est le sens des mots *domiciliés avant leur départ*, inscrits dans l'article 14 précité du décret de 1852 ? Ces
termes désignent en général le *domicile légal* du recrutement
(C. C., ch. req., 30 mars 1870, cassation (Rames), *Sirey*, 1870,1,
310). À l'égard des jeunes gens incorporés dans l'armée en
vertu de l'appel, le lieu où s'est opéré le recrutement détermine
le domicile ; les engagés volontaires sont considérés comme
domiciliés au lieu où ils contractent l'engagement.

En cas de rengagement sans quitter le drapeau, le militaire
doit continuer à être porté sur la liste de la commune où il était
domicilié avant son départ. Le fait du rengagement ne constitue
en effet qu'une prorogation de service et non un second départ
qui puisse avoir pour effet de lui conférer la qualité d'électeur

dans la commune où le rengagement a été effectué. (C. C., ch. req., 5 juin 1867, cassation (Antomachi), *Sirey*, 1867, I, 302.)

21. — La loi n'admet au vote que les militaires en résidence libre, en non-activité ou en possession d'un *congé régulier*. On doit entendre par militaires en congé régulier, ceux qui sont pourvus d'une autorisation régulière d'absence d'une durée excédant trente jours. Les autorisations d'absence de cette durée présentent seules les conditions d'un congé, aux termes de l'article 2 du décret du 27 novembre 1868. (Circ. du min. de la guerre, du 24 janv. 1876, et circ. du min. de l'int. du 3 févr. 1876.)

Mais que décider à l'égard des hommes de l'armée territoriale? Aux termes de l'article 21 de la loi du 24 juillet 1873 sur l'organisation de l'armée, ils ne peuvent être mis en activité que par un appel collectif comprenant une ou plusieurs classes. De cette règle, qui ne comporte d'exception qu'en ce qui concerne le personnel désigné par l'article 29 de la même loi, il résulte que tant que cet acte de mobilisation n'est pas intervenu, aucun militaire de l'armée territoriale ne peut être appelé individuellement à l'activité et par suite être privé du droit électoral. Il a été reconnu notamment qu'un officier de l'armée territoriale faisant un stage volontaire dans un corps de l'armée active, pouvait prendre part au vote. (Avis du C. d'Ét., du 7 févr. 1877.)

22. — L'article 14 du décret du 2 février 1852 avait donné lieu à quelques difficultés; on s'était demandé s'il était applicable à certaines catégories de militaires ou d'officiers. Il avait été décidé que la règle établie par cet article s'appliquait aux militaires occupant des fonctions spéciales, même à résidence fixe, par exemple aux officiers comptables et sous-officiers d'administration des hôpitaux militaires, aux officiers et sous-officiers sans troupe, intendants et employés militaires. (C. C., ch. req., 20 févr. 1850, rejet (Grosrichard), *Sirey*, 1850, I, 464; 3 avril 1865, cassation (Azemard), *Sirey*, 1865, I, 383; 24 mai 1865, cassation (Morati), *Sirey*, 1865, I, 383; 17 juin 1868, rejet (Jallibert), *Sirey*, 1868, I, 308.)

Les termes généraux de l'article 2 de la loi nouvelle ne laissent subsister aucun doute à ce sujet, puisqu'ils comprennent les *militaires et assimilés de tous grades et de toutes armes des armées de terre et de mer*.

La question s'est élevée aussi de savoir si les gendarmes et gardes de Paris devaient être rangés parmi les militaires ou parmi les fonctionnaires. La Cour de Cassation a tranché la question dans le dernier sens. (C. C., ch. req., 30 mars 1870, rejet (Bequet), *Dalloz*, 1870, I, 216 ; 26 avril 1870, cassation (Petronelli), *Dalloz*, 1870, I, 216.)

Au contraire, les gendarmes vétérans, qui font partie de l'armée active, doivent être inscrits sur les registres de la commune où ils étaient domiciliés avant leur départ (C. C., ch. req., 23 mars 1863, cassation (Joly), *Sirey*, 1863, I, 557). De même les marins vétérans. (Circ. min. du 19 janvier 1875.)

ART. 2. — *Révision des listes électorales.*

§ 1. — Commission municipale chargée de la révision.

23. — La révision des listes électorales, qui était opérée précédemment par le maire, a été confiée par la loi du 7 juillet 1874 à une commission municipale, composée du maire ou de l'adjoint, d'un délégué du conseil municipal et d'un délégué de l'administration.

L'article 1er de cette loi dispose en ces termes : « A partir de « la promulgation de la présente loi, une liste électorale relative « aux élections municipales, sera dressée dans chaque com- « mune par une commission composée du maire, d'un délégué « de l'administration désigné par le préfet et d'un délégué choisi « par le conseil municipal. Dans les communes qui auront été « divisées en sections électorales, la liste sera dressée dans « chaque section par une commission composée, 1° du maire « ou adjoint ou d'un conseiller municipal dans l'ordre du ta- « bleau ; 2° d'un délégué de l'administration désigné par le « préfet ; 3° d'un délégué choisi par le conseil municipal.

A Paris et à Lyon, les mêmes éléments entrent dans la composition de la commission : « la liste y sera dressée, dans cha-
« que quartier ou section, ajoute l'article 1er, par une commis-
« sion composée du maire de l'arrondissement ou d'un adjoint
« délégué, d'un conseiller municipal élu dans le quartier ou la
« section, et d'un électeur désigné par le préfet du départe-
« ment. »

24. — Aux termes du paragraphe 5 du même article, il doit
être dressé en outre, d'après les listes spéciales à chaque section
ou quartier, une liste générale des électeurs de la commune,
par ordre alphabétique. A Paris et à Lyon, cette liste générale
est dressée par arrondissement. (Art. 1, § 5.)

25. — Ces dispositions ont été appliquées à l'inscription sur
la liste électorale politique par l'article 1er de la loi du 30 novembre 1875. L'article 22 maintient, d'ailleurs, quant à la révision des listes, les règles établies par le décret réglementaire du
2 février 1852.

Voir, relativement au choix des délégués, ce qui est dit
Vᵒ COMMISSION, numéros 4 et 5.

Ajoutons que dans le cas où le conseil ne nommerait pas de
délégués ou si ceux-ci se refusaient à remplir leur mandat, le
tableau de révision dont il sera parlé ci-après pourrait être
dressé par le maire assisté du délégué de l'administration. (Cir.
min. du 31 déc. 1875.)

§ 2. — Époque et mode de la révision.

26. Aux termes de l'article 18 du décret organique de 1852,
les listes électorales doivent être soumises chaque année à
une révision. Les règles suivant lesquelles celle-ci est opérée sont déterminées par l'article 1er du décret réglementaire de 1852, lequel porte : « du 1er au 10 janvier de chaque
« année, le maire de chaque commune (actuellement la com-
« mission municipale) ajoute à la liste des citoyens qu'il recon-
« naît avoir acquis les qualités exigées par la loi, ceux qui
« acquerront les conditions d'âge et d'habitation avant le 1er

« avril et ceux qui auraient été précédemment omis. Il en re-
« tranche : 1° Les individus décédés ; 2° ceux dont la radiation
« a été ordonnée par l'autorité compétente ; 3° ceux qui ont
« perdu les qualités requises par la loi ; 4° ceux qu'il reconnaît
« avoir été indûment inscrits, quoique leur inscription n'ait
« point été attaquée. »

27. — On a vu plus haut quels sont les électeurs qui doivent
être inscrits sur la liste municipale (n°s 2 à 4) et sur la liste
politique (n°s 5 à 7), soit d'office (n° 3), soit sur leur demande
(n° 4).

28. — Suivant l'article 1er du décret réglementaire, la commission doit tenir un registre de toutes ses décisions et y mentionner les motifs ainsi que les pièces à l'appui. L'électeur qui
a été l'objet d'une radiation ou dont l'élection a été contestée,
est averti sans frais. (*Voir* v° COMMISSION, n°s 12, 18 et 19.)

§ 3. — Dépôt et communication du tableau des additions et retranchements.

29. L'article 2 du décret réglementaire du 2 février 1852
porte : « Le tableau contenant les additions et retranchements
« faits par le maire à la liste électorale est déposé, au plus tard
« le 15 janvier, au secrétariat de la commune. Ce tableau sera
« communiqué à tout requérant qui pourra le recopier et le
« reproduire par la voie de l'impresssion. Le jour même
« de ce dépôt, avis en sera donné par affiches aux lieux accou-
« tumés. »

L'administration supérieure invite les maires à rappeler en
même temps que les demandes en inscriptions ou radiations
peuvent être reçues, dans le délai de vingt jours, à partir de la
publication des listes. (*Voir* v° COMMISSION, n° 16.)

30. — Il est à remarquer que la loi exige seulement le *dépôt*,
mais non l'affichage des listes. C'est donc uniquement le fait
du dépôt qui doit faire l'objet d'un avis par voie d'affiches.

31. — Aux termes de l'article 3 du décret réglementaire du
2 février 1852, une copie du tableau et du procès-verbal con-

statant l'accomplissement des formalités prescrites par la loi, doit d'ailleurs être remise au sous-préfet de l'arrondis sement, qui est tenu à son tour de l'adresser dans les deux jours, avec ses observations, au préfet du département.

Si ce dernier estime que les formalités et délais n'ont pas été observés, il peut déférer les opérations au conseil de préfecture. (*Voir* v° RÉCLAMATIONS, n °3.)

32. — Dans le cas où la révision n'aurait pas été effectuée, le préfet aurait à prendre les mesures nécessaires pour qu'il fût procédé à ce travail et ensuite au dépôt du tableau des rectifications. (C. d'Ét., 22 mars 1875, él. mun. de Saint-Martin-du-Bon-Fossé ; *voir* v° RÉCLAMATIONS, n° 4.)

33. — Après la publication du tableau, la commission chargée de la révision ne peut plus y apporter aucune modification. (C. d'Ét., 16 juin 1866, él. mun. d'Argenton-le-Château.)

En aucun cas les décisions de ladite commission ne pourraient être déférées au Conseil d'État. (C. d'Ét., 19 nov. 1875, él. mun. de Lechapt ; *voir* v° PRÉFET, n°s 10 et 11.)

34. — Un registre doit être ouvert à la mairie, sur lequel sont inscrites toutes les réclamations d'ordre individuel. Ces demandes sont jugées par une commission composée suivant les prescriptions de la loi du 7 juillet 1874. (*Voir* v° COMMISSION, art. 1er.)

La commission doit statuer le plus promptement possible. Notification de ses décisions est faite dans les trois jours (*voir* v° COMMISSION, art. 3). Il peut êt e interjeté appel devant le juge de paix, dans le délai de cinq jours (*voir* v° JUGE DE PAIX, § 2). Le juge de paix est tenu de statuer dans les dix jours (*Eod.*, § 4). Avis des infirmations prononcées par lui doit être donné dans les trois jours (*Eod.*, § 8). Enfin, ses décisions peuvent être déférées à la Cour de Cassation. (*Voir* v° CASSATION.)

Disons en passant que c'est au demandeur en inscription ou en radiation à fournir la preuve de sa prétention, suivant la règle *actori incumbit probatio.*

§ 4. — Clôture de la liste.

35. — La liste électorale doit être close le 31 mars, ainsi que le prescrit l'article 7 du décret réglementaire : « le 31 mars de « chaque année, dit-il, le maire (aujourd'hui la commission de « révision) opère toutes les rectifications régulièrement ordon- « nées, transmet au préfet le tableau de ces rectifications, et arrête définitivement la liste de la commune. »

C'est cette liste qui sert aux élections pendant toute l'année qui suit la révision, et aucun individu ne pourrait plus y être porté. (Art. 25 du décr. org. de 1852.)

Il s'ensuit que les électeurs qui y sont inscrits ont seuls le droit de participer au scrutin, et que ceux qui n'y figurent pas ne peuvent être admis à voter. (Art. 18 et 19 du décr. régl.; *voir* v° VOTE, art. 2.)

Que si le maire, par erreur ou autrement, n'avait pas opéré une inscription qui aurait été ordonnée régulièrement avant la clôture, l'électeur ainsi omis ne pourrait prendre part au vote. (C. d'Ét., 2 août 1866, él. mun. de Chelles ; 7 août 1875, él. mun. de Cavaillon.)

36. — Si des élections avaient lieu dans la période fixée pour la révision, les nouveaux inscrits ne devraient pas prendre part aux opérations. Ce n'est en effet qu'à partir du 31 mars que leur inscription est définitive, et qu'ils peuvent voter. (C. d'Ét. 12 mai 1876, él. dép. de Rogliano.)

Quand une section est distraite d'une commune dans le cou- rant de l'année, et qu'il s'agit d'établir la liste de la nouvelle commune, il n'est pas nécessaire de recourir aux formes pres- crites par les décrets du 2 février 1852 ; l'administration peut valablement se borner à rayer de la liste arrêtée au 31 mars précédent les noms des électeurs domiciliés dans la section séparée ainsi que ceux des électeurs décédés. (C. d'Ét., 30 janv. 1866, él. mun. d'Espalion.)

37. — Lorsque la liste électorale a été révisée et publiée

conformément à la loi, et qu'aucune réclamation n'a été formulée
en temps utile, on n'est pas fondé à arguer de nullité les opérations électorales, sous le prétexte que la liste serait irrégulière.
(C. d'Ét., 18 mai 1861, él. de Rennes ; 25 avril 1866, él. mun.
de San-Nicolao; 1ᵉʳ juin 1866, él. mun. d'Hardanges; 16 juin 1866,
él. mun. de Saint-Laurent; 17 juill. 1866, él. mun. de Sospel ;
21 nov. 1871, él. mun. de Fresney-le-Vieux ; 13 déc. 1871,
él. mun. de Sospel ; 29 déc. 1871, él. mun. de Labastide-
Denat; 7 août 1875, él. mun. de Larainière, d'Avignon et de
Cannes; 24 déc. 1875, él. mun. de Cannes ; 7 avril 1876, él.
mun. de Nice.)

Lorsque la révision n'a pas été faite suivant les prescriptions
de la loi, il y a lieu au contraire d'annuler les opérations. Il en
serait ainsi quand aucune des règles tracées par les articles 1
à 8 du décret du 2 février 1852 n'a été observée et que le
résultat des opérations électorales ne peut être considéré
comme l'expression certaine de la volonté des électeurs (C. d'Ét.
3 juill. 1866, él. mun. de Grand-Champ) ; si le tableau des
rectifications n'avait été ni dressé ni publié, ce qui aurait privé
les électeurs du droit qui leur appartenait, soit de réclamer
contre les inscriptions, soit de se plaindre des omissions
(C. d'Ét., 1ᵉʳ mai 1862, él. dép. de Saint-Paul-Trois-Châteaux ;
10 juill. 1866, él. mun. de Saint-Germier) ; si la liste, au lieu
d'être arrêtée le 31 mars, ne l'avait été que postérieurement,
et qu'après cette époque plusieurs individus eussent été indûment inscrits sur la liste (C. d'Ét., 18 juill. 1866, él. mun.
de Venés) ; ou si elle avait été dressée par un individu sans
qualité à cet effet, et que d'ailleurs elle n'eût pas été publiée
et affichée (C. d'Ét., 29 déc. 1871, él. mun. de Ciamanacce) ; si le tableau des additions et retranchements n'avait
pas été publié, qu'il n'eût été dressé que le 31 mars, au moment de la clôture définitive, et que jusqu'à cette époque l'administration municipale eût fait subir à cette liste des modifications. (C. d'Ét., 30 mai 1873, él. mun. de Bisinchi.)

Toutefois, il n'y aurait pas nullité si les irrégularités signalées

n'avaient pas eu le caractère de manœuvres, et s'il était
constant qu'elles n'ont pu avoir aucune influence sur l'issue
des opérations. (C. d'Ét., 26 mai 1866, él. mun. de Dun-le-
Palleteau ; 12 déc. 1871, él. mun. d'Arblade-le-Haut.)

38. — Certaines exceptions sont apportées par la loi à la règle
de l'immutabilité des listes. L'article 8 du décret réglementaire
porte à ce sujet : « La liste électorale reste jusqu'au 31 mars de
« l'année suivante, telle qu'elle a été arrêtée, sauf néanmoins
« les changements qui y auraient été ordonnés par décision du
« juge de paix, et sauf aussi la radiation des noms des électeurs
« décédés ou privés des droits civils et politiques par jugement
« ayant force de chose jugée. »

L'article 19 du même décret prescrit aussi d'admettre au
vote, bien que n'étant pas inscrits, « les citoyens porteurs d'une
« décision du juge de paix ordonnant leur inscription, ou d'un
« arrêt de la Cour de Cassation annulant un jugement qui aurait
« prononcé leur annulation. » (*Voir* v° Vote, n° 11.)

39. — La disposition de l'article 19 ne peut s'entendre que
des changements ordonnés à la suite de réclamations formées
devant la commission municipale dans les vingt jours de la publication des listes (*voir* v° Commission, n° 16). En dehors de ce
cas, *aucune inscription* sur la liste ne peut être faite après le
31 mars. Il y aurait donc un double excès de pouvoirs de la
part d'un juge de paix qui statuerait sur une demande portée
devant lui, non par voix d'appel, mais directement, et après la
clôture de la liste. (C. C., ch. req., 26 juin 1861, cassation (int.
de la loi), *Dalloz*, 1861, I, 135; 26 juill. 1861 (int. de la loi)
Dalloz, 1861, I. 416); 6 mars 1876, cassation (Long), *Dalloz*,
1876, I, 203 ; ch. des req., 24 juill. 1876, cassation (int. de la
loi, *Sirey*, 1877, I, 32; *voir* aussi, circ. du garde des sceaux
du 14 avril 1868, et du min. de l'int. du 5 décembre de la même
année.)

40. — Quant aux *radiations*, l'article 8 précité décide qu'elles
devront avoir lieu après le 31 mars, 1° lorsque des électeurs

sont décédés ; 2° lorsque des électeurs ont été privés de leurs droits civils et politiques par jugements ayant acquis l'autorité de la chose jugée.

« Ces radiations, porte la circulaire du garde des sceaux, du « 14 avril 1808, doivent être opérées d'office par les maires, « même après le 31 mars, sur la représentation des actes de « décès et des jugements et arrêts qui prouvent ou emportent « par eux-mêmes la perte des droits politiques ; si les maires ne « s'acquittent pas de ce devoir, les électeurs inscrits, les préfets « et sous-préfets ont le droit de réclamer la radiation ; en cas « de contestation, on suit les règles de procédure et de compé- « tence indiquées plus haut. C'est d'abord la commission mu- « nicipale qui doit être saisie, puis, sur l'appel, le juge de paix, « et en dernier ressort, la Cour de Cassation. »

41. — Il convient d'ajouter ici que le droit de vote est sus-pendu pour les détenus, les accusés contumax, et les personnes retenues, en vertu de la loi de 1838, dans les établissements d'aliénés. (Art. 18, du décr. régl. de 1852 ; *voir* v° Vote, n° 8.)

42. — Voici résumés, en un tableau, les époques et délais des diverses opérations relatives à la révision des listes électorales, tels qu'ils sont fixés par la loi.

	NOMBRE de jours.	TERME des délais.
Préparation des tableaux de rectification (v° LISTE, n° 26).	10	10 janvier.
Délai accordé pour dresser les tableaux de rectification (v° LISTE, n° 29).	4	14 janvier.
Publication des tableaux de rectification (v° LISTE, n° 29).	1	15 janvier.
Délai des réclamations (v° COMMISSION, n° 16).	20	4 février.
Délai pour les décisions des commissions chargées de connaître des réclamations (v° COMMISSION, n° 20)...	»	»
Délai pour la notification des décisions de ces commis-sions (v° COMMISSION, n° 23).	3	»
Délai d'appel devant le juge de paix (v° JUGE DE PAIX, n° 6).	5	»
Délai pour les décisions du juge de paix (v° JUGE DE PAIX, n° 12).	10	»
Délai pour les notifications des décisions du juge de paix (v° JUGE DE PAIX, n° 29)	3	»
Clôture des listes (v° LISTE n° 35).	»	31 mars.

§ 5. — Dépôt et communication de la liste définitive.

43. — Aux termes de l'article 4, paragraphe 3 de la loi du 7 juillet 1874, « les listes électorales sont réunies en un registre « et conservées dans les archives de la commune. Tout électeur « peut prendre communication et copie de la liste électorale. »

Un double de la liste doit être adressé au préfet, pour être déposé au secrétariat général de la préfecture. (Cir. du 31 déc. 1875.)

Rappelons que, dans les villes ou communes divisées en sections électorales, l'administration est tenue de réunir les diverses listes en une seule liste alphabétique pour toute la commune. (Voir *suprà* n° 24.)

Il est à remarquer également que la loi exige simplement le dépôt et non la publication par voie d'affiches. (C. d'Ét., 1er juin 1853, él. dép. d'Évisa; 16 juin 1866, él. mun. de Saint-Laurent.)

Mais la communication, tant de la liste déposée au secrétariat de la commune que de celle existant au secrétariat du département, ne saurait être refusée sous aucun prétexte. Un préfet, en refusant de laisser prendre à un électeur connaissance ou copie de ladite liste commettrait un excès de pouvoir, et en cas de réclamation à cet égard, sa décision devrait être annulée. (C. d'Ét., 19 juin 1863, de Sonnier; *voir* v° PRÉFET, n°s 10 et 11.)

44. — Le refus de laisser prendre copie, même le refus de communication, entraînerait en outre la nullité des scrutins s'il avait pu exercer une influence sur le résultat, par exemple, en entravant la libre distribution des circulaires et des bulletins d'un candidat. (C. d'Ét., 31 juill. 1862, él. dép. de Torrigni-sur-Vire.)

L'élection devrait au contraire être maintenue si cet acte était demeuré sans influence sur le vote. (Corps légis., 16 novembre 1863, él. de M. Leroux, *Mon.* du 17, p. 1377; C. d'Ét., 27 juill. 1853, él. mun. de Pila-Canale; 2 août 1866, él. mun.

de Chelles; 20 juill. 1867, él. mun. d'Arthez; 12 nov. 1875, él. dép. de Tarascon ; 19 nov. 1875, él. dép. de Gordes.

Art. 3. — *Dépôt de la liste électorale dans la salle des opérations.*

45. — La veille des élections, le maire doit opérer sur l liste, déposée à la mairie, les modifications prescrites par l'article 8 du décret réglementaire de 1852 (voir *suprà*, n° 38). Un double de ladite liste doit être déposé sur le bureau (voir *infrà*, n° 46, et v° Bureau n° 1) ; un autre est nécessaire également pour constater les votes. (*Voir* v° Vote, n° 21.)

46. — L'article 17 du décret réglementaire exige en effet que « pendant toute la durée des opérations électorales, une copie « officielle de la liste des électeurs, contenant les noms, domi- « cile et qualification de chacun des inscrits, reste déposée sur « la table autour de laquelle siége le bureau. »

D'un autre côté, la loi du 5 mai 1855 porte, article 35 : « Pendant toute la durée des opérations, une copie de la liste « des électeurs certifiée par le maire, contenant les noms, « domicile, qualification de chacun des inscrits, reste déposée « sur la table autour de laquelle siége le bureau. »

Nulle autre prescription n'étant établie à cet égard, il a été jugé que l'administration n'est pas tenue de faire afficher la liste, non plus que le tableau des rectifications, dans la salle du vote. (C. d'Ét., 7 sept. 1861, él. mun. de Saubrigues.)

47. — Il importe peu que la liste déposée sur le bureau n'ait pas été certifiée par le maire, s'il est constaté qu'elle est la copie exacte de l'original. (C. d'Ét., 15 juin 1866, él. mun. de Lacapelle-Masmoléne.)

Mais il a été décidé qu'il y avait lieu d'annuler des élections faites sur une copie non certifiée conforme de la liste arrêtée le 31 mars, alors qu'il n'était pas contesté que plusieurs électeurs y eussent été irrégulièrement inscrits, et que d'ailleurs, cette liste ayant été détruite, il n'était plus possible, en la comparant avec la liste authentique, de retrouver les électeurs indûment admis à voter et d'en constater le nombre. (C. d'Ét., 6 juin 1866, él. mun. de Montagnac.)

Il en serait de même si la liste déposée contenait un plus grand nombre de noms que celle adressée à la préfecture (C. d'Ét., 16 août 1866, él. mun. d'Aubagne) ; ou si elle était la copie non de la liste arrêtée le 31 mars précédent, mais d'une autre liste dressée plusieurs années auparavant. (C. d'Ét., 10 janv. 1867, él. mun d'Aubagne.)

48. — L'absence de dépôt sur le bureau n'est pas non plus une cause d'annulation lorsqu'il est constant que ce fait n'a pas eu pour but et pour effet de porter atteinte à la sincérité de l'élection (C. d'Ét., 26 mai 1866, él. mun. de Dun-le-Palleteau). Dans le cas contraire, les élections devraient être annulées. (C. d'Ét., 4 avril 1872, él. mun. d'Ambialet.)

MAIRE.

Art. 1er. — *Nomination des maires et adjoints.*

1. — Suivant la loi du 20 janvier 1874, les maires et adjoints étaient nommés par le Président de la République, dans les chefs-lieux de département, d'arrondissement et de canton; dans les autres communes, ils étaient désignés par le préfet. Ces magistrats municipaux pouvaient être pris, d'ailleurs, soit parmi les membres du conseil municipal, soit en dehors du conseil.

Ces dispositions ont été abrogées par l'article 1er de la loi du 12 août 1876.

L'article 2 de cette loi a rétabli, pour la nomination des maires et adjoints, le principe de l'élection, qui avait été admis par la loi du 14 avril 1871. Il porte : « Le conseil municipal élit « le maire et les adjoints parmi ses membres, au scrutin secret « et à la majorité absolue. »

2. — Exception est faite, toutefois, pour les chefs-lieux de département, d'arrondissement et de canton. « Dans les com- « munes chefs-lieux de département, d'arrondissement et de « canton, ajoute l'article 2, les maires et adjoints sont nommés « parmi les membres du conseil municipal, par décret du Pré- « sident de la République [1]. »

3. — Le ministre de l'intérieur, par une circulaire du 10 sep- tembre 1876, rappelle que « en vertu de l'arrêté du 18 floréal « an x et de la loi du 5 mai 1855, article 3, le gouvernement « peut décider l'institution d'un adjoint spécial, pour remplir « les fonctions d'officier de l'état civil dans une section de com- « mune. La nomination de cet officier municipal, porte la cir- « culaire, sera faite par le conseil, dans la commune où les « maires sont électifs ; il sera choisi parmi les conseillers muni- « cipaux domiciliés dans la section. Si la section n'est pas « représentée au conseil municipal, le choix pourra porter sur « un électeur qui y est domicilié. »

Ajoutons qu'aux termes de l'article 9 de la loi du 14 avril 1871, les maires et adjoints nommés à l'élection peuvent être révo- qués par décret, et qu'en cas de destitution, ils ne sont pas rééligibles pendant une année. Cette disposition demeure en- core applicable.

Il en est de même de celle édictée par la loi du 5 mai 1855, article 2, d'après laquelle les maires et adjoints peuvent être suspendus par arrêté du préfet. Cet arrêté, porte l'article 2 de la même loi, cesse d'avoir son effet, s'il n'est confirmé dans le délai de deux mois par le ministre de l'intérieur.

[1] A Paris, le maire et les trois adjoints existant par arrondissement, sont nommés par le chef du pouvoir exécutif (art. 16, loi du 14 avril 1871); voir en outre ce qui est dit infrà, n° 5 note 1.)

§ 1. — Conditions d'éligibilité et incompatibilités.

4. — Les maires et adjoints, devant être pris parmi les membres du conseil municipal, sont soumis aux mêmes conditions d'éligibilité que ces derniers. (*Voir* v° ÉLIGIBILITÉ, art. 3.)

Faut-il en outre qu'ils soient inscrits au rôle de l'une des quatre contributions directes, conformément à la disposition de l'article 2 de la loi du 5 mai 1855 ? Il a été jugé que cette disposition ne leur était pas applicable : la loi du 5 mai l'avait édictée, alors que le maire ou l'adjoint pouvait être choisi en dehors du conseil. Mais elle se trouve implicitement abrogée par le fait de l'adoption du système contraire. (C. d'Ét., 21 nov. 1871, él. de Mios.)

5. — L'article 5 de la loi du 5 mai 1855, édicte des incompatibilités spéciales avec les fonctions de maire. Cet article porte : « Ne peuvent être ni maires ni adjoints : 1° les préfets, « sous-préfets, secrétaires généraux et conseillers de préfecture; « 2° les membres des cours, des tribunaux de première instance « et des justices de paix ; 3° les ministres des cultes ; 4° les « militaires et employés des armées de terre et de mer en acti- « vité de service ou en disponibilité ; 5° les ingénieurs des « ponts et chaussées et des mines en activité de service, les « conducteurs des ponts et chaussées et les agents voyers; « 6° les agents et employés des administrations financières et « des forêts, ainsi que les gardes des établissements publics et « des particuliers; 7° les commissaires et agents de police; « 8° les fonctionnaires et employés des collèges communaux et « les instituteurs primaires communaux ou libres ; 9° les comp- « tables et les fermiers des revenus communaux et les agents « salariés par la commune. Néanmoins les juges suppléants aux « tribunaux de première instance et les suppléants de juges de « paix peuvent être maires ou adjoints [1]. »

---

[1] L'article 17 de la loi du 14 avril 1871 dispose en outre, touchant la ville de Paris, qu' « il y a incompatibilité entre les fonctions de maire et d'adjoint « d'arrondissement et celles de conseiller municipal d la ville de Paris. »

Les empêchements qui précèdent s'appliquent à toute la France, sauf ceux mentionnés paragraphe 9 et qui concernent seulement la commune où l'on est comptable, fermier et agent salarié.

L'article de la loi de 1855 édicte encore *in fine* une cause d'empêchement relative. Il porte : « Les agents salariés du maire « ne peuvent être ses adjoints. »

6. — Il y a lieu de remarquer que les dispositions de l'article 5 de la loi du 14 avril 1871 qui déclarent inéligibles au conseil municipal les juges de paix, dans leur canton, et les membres amovibles des tribunaux de première instance, dans l'arrondissement du tribunal, n'apportent aucune dérogation au principe d'incompatibilité générale et absolue écrit dans la loi de 1855. En d'autres termes, les fonctions de juge de paix et de magistrat du ministère public près les tribunaux de première instance, constituent une cause d'inéligibilité au conseil municipal dans la commune où lesdites fonctions sont remplies, et une cause d'incompatibilité avec l'exercice des fonctions de maire, dans toute l'étendue de la France. (C. d'Ét., 31 août 1871, él. de Saint-Pierre-le-Moutier.)

7. — L'incompatibilité établie par la loi de 1855 atteint les greffiers de justice de paix. Ils figurent, en effet, parmi les membres des cours et tribunaux, dont l'article 5 (§ 2) interdit la nomination. (C. d'Ét., 28 févr. 1873, él. de Saint-Laurent-de-Pont; circ. du min. de l'int., du 18 sept. 1855.)

On doit entendre, d'autre part, par agents et employés des administrations financières (art. 5, § 6), « les agents d'un service « extérieur, ceux qui ont un pouvoir et une action propre, « des fonds à recevoir, des procès-verbaux à dresser, des vé-« rifications, visites, surveillances à exercer, et non point des « employés de bureau, qui, préparant un travail dans l'intérieur « des administrations, ne sont point en relation avec les « citoyens ou habitants et ne sont point investis d'un caractère « public. » (Avis du ministre de l'intérieur, à l'occasion d'un pourvoi formé sous l'empire de la loi du 21 mars 1831, dont l'article 6 contenait une disposition identique à celle de la loi de 1855 ; Voir *Recueil* de Lebon, année 1843, p. 511, aff. Tripier.)

D'après le même avis, et conformément à ces principes, l'incompatibilité atteint spécialement les directeurs, contrôleurs et autres agents « qui, dans les départements et les communes,
« sont chargés de distribuer les lettres, d'en percevoir les taxes
« et d'en verser le montant au Trésor, et qui, dans l'exercice
« de leurs fonctions, sont quelquefois soumis à une surveillance
« du maire. Mais il n'y a aucune raison de l'étendre aux em-
« ployés de la direction centrale, dont les fonctions ne sont
« pas de même nature, et qui sont uniquement chargés d'un
« travail de bureau analogue à celui des employés d'autres dé-
« partements ministériels. Il ne pourrait y avoir d'exception
« que pour les directeurs et administrateurs qui ont un carac-
« tère public, signent des actes et prennent des décisions que
« les chefs de bureaux et autres employés sous leurs ordres
« sont seulement chargés de préparer. »

La même distinction nous paraît devoir être adoptée pour les agents des autres administrations financières.

7 *bis*. — Y a-t-il incompatibilité entre les fonctions de maire et celles de débitant de tabac ? Le conseil de préfecture du département du Gard, par un arrêté du 26 octobre 1876, a résolu la question négativement. Cette solution nous paraît contraire à l'esprit de la loi.

Notons d'abord qu'il n'est pas douteux que l'incompatibilité existe pour les receveurs buralistes qui, à raison de leur qualité de receveurs, sont véritablement des agents de l'administration des contributions indirectes : la disposition du sixième paragraphe de l'article 5 précité leur est donc applicable.

Mais en est-il différemment à l'égard des simples débitants de tabac ? Nous ne le pensons pas.

Ceux-ci relèvent également de l'administration des contributions indirectes, de qui ils tiennent leur commission, et demeurent soumis à certains devoirs et obligations qui font du titre dont ils sont revêtus une véritable charge. Ils sont nommés par l'administration , révocables par elle , astreints au serment, appelés à concourir à la répression de la fraude, et parfois , à la surveillance générale intéressant l'impôt des boissons ; enfin, en cas de prévarication, la loi de 1817 prononce contre eux des peines particulières. A ces divers titres, ils doivent être considérés comme employés de la régie, dans le sens de la loi de 1855 [1].

De plus, l'incompatibilité dont il s'agit doit être étendue au gérant qui, sauf le droit de verbaliser, a les mêmes pouvoirs et est assujetti aux mêmes obligations que le titulaire. Mais l'empêchement ne nous paraît pas subsister à l'égard du titulaire qui a été autorisé à faire gérer et qui a usé de cette faculté, attendu que le gérant lui est subsistué dans l'accomplissement des obligations d'où dérive l'incompatibilité et que celle-ci, par suite, n'a plus de raison d'être.

§ 2. — De l'obligation de pourvoir aux vacances existant dans le conseil.

8. — L'article 9 de la loi du 14 avril 1871 porte, dans sa disposition finale : « Avant de procéder à la nomination des maires, « il sera pourvu aux vacances existant dans le conseil muni- « cipal. » Cette prescription n'ayant pas été abrogée, doit recevoir son application. S'il en était autrement , le maire ne représenterait pas la majorité véritable des membres du conseil.

En conséquence, l'élection d'un maire doit être annulée si, lors du vote, il existait dans le conseil des vacances auxquelles il n'aurait pas été pourvu (C. d'Ét. 6 déc. 1872, él. du Croisic ; 14 févr. 1873, él. de Loiré ; 8 août 1873, él. de Fransèches). Il en serait de même si avant la réunion du conseil les élections complémentaires avaient été annulées, et que de nouvelles élections n'aient pas eu lieu pour le compléter.

[1] Voir, outre les instructions de l'administration des contributions indirectes, les décrets du 29 décembre 1810, article 20, et 12 janvier 1811, articles 4, 37, 45, 46, 49, 51 et 57; lois du 28 avril 1816, article 227, e du 25 mars 1817, article 125.

9. — Mais lorsque ces élections ont été faites, le conseil peut valablement procéder à la nomination du maire ou de l'adjoint, nonobstant une nouvelle vacance résultant d'une démission survenue postérieurement aux élections complémentaires. (C. d'Ét., 1er août 1873, él. de Vallières.)

§ 3. — Formes à suivre pour l'élection.

10. — Aux termes de l'article 16 de la loi du 5 mai 1855, la réunion d'un conseil municipal doit être précédée de la convocation de tous ses membres, faite par écrit et à domicile. Cette prescription, qui n'a été modifiée par aucune loi, est nécessairement applicable aux réunions ayant pour objet l'élection du maire et des adjoints.

A cet effet, le préfet est appelé a prendre un arrêté de convocation fixant le jour de la réunion. Cet arrêté doit être notifié par écrit à chacun des membres du conseil, par les soins du maire, chargé d'indiquer en même temps l'heure, le lieu et l'objet de la réunion. (Circ. min. du 10 sept. 1876.)

Quand un conseiller municipal n'a pas été convoqué par écrit et à domicile, pour la séance dans laquelle il devait être procédé à l'élection, cette irrégularité est de nature a entraîner l'annulation de l'élection. (C. d'Ét., 21 nov. 1871, él. d'Ayron.)

11. — L'article 16 précité exige, d'autre part, que la convocation soit faite cinq jours au moins avant la réunion. Si ce délai n'a pas été observé pour la convocation à la séance dans laquelle l'élection d'un maire devait avoir lieu, le vote est de même entaché de nullité. (C. d'Ét. 15 nov. 1872, él. de Pressy-sous-Doudin ; 13 déc. 1872, él. de Soueix ; 9 mai 1873, él. de Saint-Bonnet, près Orcival.)

12. — Suivant l'article 17 de la loi du 5 mai 1855, « le conseil municipal ne peut délibérer que lorsque la majorité des membres en exercice assiste à la séance. » Cette régle générale à laquelle il n'a pas été dérogé par les lois ultérieures, doit recevoir son application en cas d'élection. (C. d'Ét., 17 nov. 1872, él. de Pressy-sous Dondin.)

13. — Les conseillers nouvellement élus, bien que non encore installés, sont compris parmi les membres du conseil, et, à ce titre, ils prennent part régulièrement aux opérations. Aucun texte de loi, en effet, ne subordonne à l'installation préalable des conseillers l'exercice des droits que ceux-ci tiennent de leur élection. (C. d'Ét., 3 juin 1877, él. de Courcerac.)

Le membre du conseil qui, après avoir donné sa démission, l'a retirée avant qu'elle ait été transmise au préfet, doit également prendre part au vote. (C. d'Ét., 12 déc. 1871, él. de Venizel.)

Mais le conseiller dont l'élection a été annulée par le conseil de préfecture, antérieurement aux opérations, ne compte plus parmi les membres du conseil, lors même qu'il se serait pourvu au Conseil d'État, attendu qu'en principe, le pourvoi n'a pas d'effet suspensif. Par contre, le recours dirigé contre une décision validant une élection n'empêcherait pas le candidat élu de prendre part au vote. (Circ. min. du 10 sept. 1876 ; *voir* aussi Vº Conseil d'État, art. 4.)

Il est enfin à remarquer que l'annulation de l'élection d'un conseiller n'a pas pour résultat d'invalider les actes et délibérations auxquels il aurait pris part entre le jour de sa nomination et celui où elle a été annulée. (C. d'Ét., 27 juin 1873, él. de Goulier et Olbier.)

14. — Des doutes s'étaient élevés sur le point de savoir à qui appartenait la présidence du conseil municipal. Dans le silence de la loi de 1871, le Conseil d'État avait admis que le vote pouvait s'effectuer valablement sous la présidence du maire (C. d'Ét., 27 avril 1872, él. de Soueix). L'article 2 de la loi du 12 août 1876 a tranché cette difficulté ; il dispose que « la « séance à laquelle il est procédé à l'élection du maire doit être « présidée par le plus âgé des membres du conseil municipal. »

Pour présider, le maire devra donc être à la fois membre du conseil municipal et doyen.

Le secrétaire est choisi parmi les membres du conseil, au scrutin secret et à la majorité absolue. Il n'y aurait pas lieu cependant à nullité, si l'élection avait lieu à la majorité relative. (C. d'Ét., 13 avril 1877, él. de Barbonne.)

Jugé que le président n'est pas tenu de donner lecture, avant de faire procéder au scrutin, des lois et instructions relatives au mode d'élection. (C. d'Ét., 1ᵉʳ juin 1877, él. de Saint-Pardoult).

15. — Le mode de scrutin est déterminé par l'article 2 de la loi de 1876, dans ses deuxième et troisième paragraphes, qui sont ainsi conçus : « Le conseil municipal élit le maire et les « adjoints parmi ses membres, au scrutin secret et à la majorité « absolue. — Si après deux scrutins, aucun candidat n'a obtenu « la majorité, il est procédé à un scrutin de ballottage entre « les deux candidats qui ont obtenu le plus de suffrages. En « cas d'égalité de suffrages, le plus âgé est nommé. »

La durée du scrutin n'a pas été fixée par la loi. Celle de trois heures, déterminée par l'article 39 de la loi du 5 mai 1855 pour l'élection des membres du conseil municipal, n'est pas applicable à la nomination des maires et adjoints (C. d'Ét., 15 nov. 1871, él. de Virigneux). La durée d'une heure admise pour l'élection des délégués sénatoriaux nous paraît devoir être adoptée. (*Voir* vᵒ SÉNAT, nᵒ 20.)

16. On procède d'abord à la nomination du maire et ensuite à celle des adjoints. Chacune de ces élections est l'objet d'un vote distinct, et doit de plus être terminée avant que l'on ne passe à une autre. Ainsi, entre un second et un troisième tour pour la nomination du maire, on ne saurait ouvrir un scrutin pour l'élection de l'adjoint. S'il était contrevenu à cette règle, il y aurait lieu d'annuler les opérations. (C. d'Ét., 15 nov. 1871, él. de Chalais.)

17. — Les bulletins peuvent être préparés en séance ou hors séance ; mais ils doivent être remis fermés au président. (Circ. du min. de l'int., du 10 sept. 1876.)

Le principe du secret du vote, rappelé dans l'article 2 précité de la loi de 1876, s'oppose à ce qu'un conseiller prenne la parole pour motiver son vote. (C. d'Ét., 13 févr. 1877, él. du Raincy.)

18. — On n'a recours bien entendu à un deuxième tour ou à un troisième, que si la majorité nécessaire n'a pas été acquise au précédent. (C. d'Ét., 13 déc. 1871, él. de Lutilhous.)

Il ne doit jamais être procédé à un quatrième tour. La loi veut qu'après deux tours qui n'ont point donné de majorité absolue, il y ait un scrutin de ballottage entre les deux candidats ayant réuni le plus grand nombre de suffrages. Le résultat décisif est ainsi acquis au troisième tour. S'il en était opéré un quatrième, ce dernier serait nul. (C. d'Ét., 6 mars 1872, él. de Damery.)

19. — Pour le calcul de la majorité, il ne doit être tenu compte que du nombre des membres présents. Il a été décidé, en conséquence, que lorsque le conseil municipal d'une commune se compose de douze membres, et que onze seulement ont assisté à la séance où il a été procédé à l'élection du maire, il suffit d'obtenir six voix, au premier tour de scrutin, pour posséder la majorité absolue qui est exigée par la loi. (C. d'Ét., 20 sept. 1871, él. d'Oust.)

20. — Lorsqu'il y a égalité de suffrages au troisième tour de scrutin, c'est le plus âgé des candidats qui doit être proclamé, conformément aux dispositions précitées de l'article 2. (C. d'Ét., 20 sept. 1871, él. de Maupas; 29 déc. 1871, él. de Sainte-Croix-du-Mont; 1er juin 1877, él. de Saint-Marcel.)

21. — Les fonctions de scrutateur doivent être confiées aux trois conseillers les plus âgés. (Circ. du min. de l'int., du 29 avril 1871.)

Les règles générales relatives à l'attribution des bulletins et à la rédaction du procès-verbal doivent ici être observées. (*Voir* V° DÉPOUILLEMENT et PROCÈS-VERBAL.)

§ 4. — Réclamations.

22. — Le droit de protester contre l'élection n'a pas été restreint par la loi aux membres du conseil municipal. Il s'ensuit

que tout électeur municipal a qualité pour arguer de nullité, les opérations conformément aux dispositions de l'article 45 de la loi du 5 mai 1855 (C. d'Ét., 6 déc. 1872, él. du Croisic; 14 févr. 1873, él. de Loiré). Les autres règles tracées par les articles 45, 46 et 47 de ladite loi, touchant les élections au conseil municipal demeurent également applicables. (*Voir* v° RÉCLAMATIONS, n° 15.)

23. — Ainsi, les protestations sont consignées au procès-verbal ou déposées dans le délai de cinq jours, soit au secrétariat de la mairie, soit à la préfecture ou à la sous-préfecture (C. d'Ét., 4 avril 1872, él. de Guillaumes; 27 avril 1872, él. de Mauléon-Barousse ; 28 mai 1872, él. de Dommartin.)

Ce délai court à partir de l'élection, quand même celle-ci aurait eu lieu, sans qu'il eût été pourvu préalablement aux vacances existant dans le conseil. (C. d'Ét., 29 déc. 1871, él. de Saint-Augustin ; 16 mai 1873, él. de Fontpédrouze.)

24. — Les réclamations sont portées devant le conseil de préfecture, sauf recours au Conseil d'État. (C. d'Ét., 28 mai 1872, él. de Dommartin.)

Les recours contre les arrêtés préfectoraux ne pouvant, sauf le cas de dispositions spéciales, être formés que devant les ministres compétents ou devant le Conseil d'État, en vertu de la loi des 7-14 octobre 1790, le conseil de préfecture ne saurait statuer sur une demande de ce genre; mais si le préfet avait connu à tort d'une élection, cette décision ne ferait pas obstacle à ce que le conseil statuât sur la réclamation qui serait présentée en temps utile devant lui sur le même objet. (C. d'Ét., 28 mai 1872, él. de Dommartin ; *voir* v° PRÉFET, n°s 10 et 11.)

Le conseil de préfecture est tenu de statuer dans le délai d'un mois, à compter de la réception des pièces à la préfecture. C. d'Ét., 16 mai 1873, él. de Fonpédrouze).

25. — Le recours au Conseil d'État contre la décision du (conseil de préfecture est ouvert, soit au préfet, soit aux parties intéressées, dans les formes réglées par la loi du 5 mai 1855. (*Voir* v° CONSEIL D'ÉTAT.)

Il doit être formé, à peine de déchéance, dans le délai de trois mois à partir de la notification de l'arrêté du conseil de préfecture. (C. d'Ét., 15 mars 1872, él. de Marault.)

26.—Si le conseil de préfecture n'a pas prononcé dans le délai d'un mois, à compter de la réception des pièces à la préfecture, la réclamation doit être considérée comme rejetée. Les réclamants peuvent alors se pourvoir devant le Conseil d'État, dans le délai de trois mois à partir de l'expiration de celui pendant lequel le conseil de préfecture était tenu de rendre sa décision. (C. d'Ét., 26 mai 1873, él. de Fontpédrouze; 1er juin 1877, él. de Saint-Marcel.)

27. — Les demandes ou griefs qui n'ont pas été présentés devant le conseil de préfecture ne sont pas recevables devant le Conseil d'État (C. d'Ét., 24 juill. 1872, él. de Riventoso; 14 févr 1873, él. du Loiré; 27 juin 1873, él. de Goulier et Olbier; 18 mai 1877, él. d'Arzou). Cette règle est applicable même au ministre de l'intérieur. (C. d'Ét., 8 juin 1877, él. de Courcerac.)

28. Enfin, il n'y aurait pas lieu à statuer, le pourvoi étant devenu sans objet, si le candidat dont l'élection est attaquée avait donné sa démission. (C. d'Ét., 23 mars 1872, él. de Sens.)

Art. 2. — *Attributions des maires.*

29. — Nous rappellerons en quelques mots les attributions confiées aux maires en matière électorale.

Le maire préside la commission municipale qui est chargée de procéder à la révision annuelle des listes électorales. (*Voir* v° Liste, art. 2, § 1.)

Le 15 janvier, il dépose au secrétariat de la mairie les listes dressées par la première commission; il donne avis de ce dépôt par voie d'affiches, et en dresse procès-verbal; puis, transmet ce procès-verbal au sous-préfet, avec une copie des listes (V° Liste, art. 2, § 3). Il est appelé à veiller à la tenue du registre des réclamations prescrit par l'article 19 du décret organique de 1852 (V° COMMISSION, art. 2, § 2); il avertit les électeurs qui ont été l'objet de radiation ou dont l'élection a été contestée. (V° COMMISSION, art. 3.)

Il préside la commission municipale qui prononce en première instance sur les demandes en inscription ou en radiation (v° COMMISSION, art. 1), et il notifie aux intéressés les décisions de ladite commission. (V° COMMISSION, art. 3.)

Le maire dresse ensuite le tableau des rectifications opérées en conformité de l'article 7 du décret réglementaire du 2 février 1852 (V° LISTE, art. 2, § 4). La veille des élections, il opère les modifications prescrites par l'article 8 du même décret. (V° LISTE, art 3.)

Dans les communes divisées en sections électorales, le maire est chargé de la formation de la liste générale de la commune. (V° LISTE, art. 2, §§ 1 et 5.)

Pour les élections municipales, c'est le préfet qui doit fixer dans son arrêté de convocation les heures d'ouverture et de fermeture du scrutin. Mais il peut laisser au maire le soin de les déterminer. (V° SCRUTIN, n° 12.)

Le maire a la présidence du collége électoral, et à ce titre la police de l'assemblée (V^{is} BUREAU, n°s 5, 21, 22 et 40, et LIBERTÉ DU VOTE, n° 12) ainsi que les diverses obligations qui incombent au président. (*Voir* notamment v^{is} VOTE, n°s 14, 15, 19, 20, 25, 30, DÉPOUILLEMENT, n°s 9, 15, 45, SCRUTIN, n° 20, PROCÈS-VERBAL, n° 1, et RECENSEMENT, n° 3.)

On verra également v° SÉNAT, art. 3 paragraphe 3, les devoirs imposés au maire, lors des élections sénatoriales.

30. — On sait, d'ailleurs : 1° que le maire est chargé, sous le contrôle de l'administration supérieure, de la police municipale et qu'il peut prendre toutes les mesures propres à garantir le bon ordre et la tranquillité (art. 10, L. 18 juill. 1837, et art. 50, L. 5 mai 1855); 2° que ces attributions lui sont spécialement réservées en ce qui regarde les réunions publiques par l'article 7 de la loi du 6 juin 1868 (V° RÉUNION, n° 3);

3º que le maire, en qualité de délégué du pouvoir central, est chargé de la publication et de l'exécution des lois, décrets, règlements et arrêtés (art. 9, L. 18 juill. 1837) ; 4º enfin qu'il peut déléguer une partie de ses fonctions à un ou plusieurs adjoints, et à leur défaut, à des conseillers municipaux pris dans l'ordre des nominations. (Art. 14, L. 18 juill. 1837.)

Art. 3. — *Du recours contre les actes des maires.*

31. — On peut, en matière électorale comme en toute autre, se pourvoir contre les actes du maire, d'abord devant le préfet, puis devant le ministre, et s'il s'agit d'excès de pouvoirs, directement devant le Conseil d'État.

32. — Mais cette dernière voie de recours est soumise à la règle indiquée vº Préfet, nºˢ 10 et 11.

33. — Rappelons que, quand le maire refuse d'accomplir les actes que la loi lui impose, le préfet peut y pourvoir à sa place. Ce droit lui est conféré par l'article 15 de la loi du 18 juillet 1837, portant : « Dans le cas où le maire refuserait ou négligerait de « faire des actes qui lui sont prescrits par la loi, le préfet, « après l'en avoir requis, pourra y procéder d'office par lui- « même ou par un délégué spécial. »

MAJORITÉ.

1. — La majorité que doivent obtenir les candidats pour être élus est réglée de la même manière pour toutes les élections. Au premier tour de scrutin, il faut qu'ils réunissent la majorité absolue des suffrages exprimés et un nombre de voix égal au quart des électeurs inscrits. Au second tour, il suffit qu'ils obtiennent la majorité relative, quel que soit le nombre des votants. Dans le cas d'égalité de suffrages, l'élection est acquise au candidat le plus âgé. (Art. 18 de la loi du 30 nov. 1875, sur les élections législatives ; art. 14 de la loi du 10 août 1871, sur l'élection des conseils généraux ; art. 4 de la loi du 7 juillet 1852, sur l'élection des conseils d'arrondissement ; art. 44 de la loi du 5 mai 1855, sur l'élection des conseils municipaux.)

2. — Les bulletins blancs ou illisibles, ceux sans désignation suffisante ou contenant une désignation inconstitutionnelle, ou encore dans lesquels les votants se sont fait connaître n'entrent pas en compte pour déterminer le chiffre de la majorité absolue (*voir* v° Dépouillement, n° 25). On n'y aurait égard que s'ils n'avaient pas été annexés au procès-verbal et que les motifs d'annulation n'aient pas été exprimés, attendu que le juge de l'élection se trouverait dans l'impossibilité de contrôler les décisions du bureau. (*Voir* v° Dépouillement, n° 43.)

Au contraire, les bulletins de couleur, les bulletins injurieux et ceux contenant des signes extérieurs doivent être comptés. (V° Dépouillement, n°s 25, 32, 34 et 35.)

On verra également, v° Dépouillement, article 3, comment est établie la majorité, en cas de différence entre le chiffre des suffrages exprimés et celui des émargements, article 2, quelles sont les conséquences de l'admission au vote d'individus non inscrits, ainsi que du refus de recevoir le vote d'individus inscrits. *Voir* aussi ce qui est dit v° Vote, n° 28, pour le cas où des bulletins concernant une élection au conseil général sont trouvés dans l'urne du conseil d'arrondissement, et réciproquement.

3. — Si le nombre des suffrages exprimés est impair, on forme la majorité absolue, en prenant la moitié du chiffre pair immédiatement inférieur, et en l'augmentant d'une unité. (Circ. min. du 22 avril 1837 ; Ch. des dép., 21 déc. 1837, él. de M. Harlé fils, *Mon.* du 22, p. 2512 ; 28 juill. 1842, él. de M. Toye, *Mon.* du 29, p. 1698 ; C. d'Ét., 14 juill. 1849, él. mun. de Vastres ; 15 nov. 1872, él. mun. de Paris ; 23 mars 1877, él. mun. de la Cabanasse.)

4. — Il peut arriver que le nombre des candidats possédant

la majorité absolue, dépasse le nombre des conseillers à élire [1]. Dans ce cas on doit proclamer ceux qui ont obtenu le plus de voix. (C. d'Ét., 16 avril 1856, él. mun. de Chefresne.)

5. — La préférence accordée au plus âgé des candidats qui possèdent le même nombre de suffrages, est applicable aux deux tours de scrutin. (C. d'Ét., 20 juin 1861, él. mun. de Clécy.)

6. — Il n'est pas nécessaire d'avoir été candidat au premier tour pour se présenter au second, et l'on peut par suite être élu valablement au second tour, à la majorité relative, sans avoir obtenu aucune voix au premier tour. (C. d'Ét., 18 février 1876, él. d'arr. de Lanmeur.)

7. — Au nombre des électeurs inscrits, dont le quart des voix est exigé au premier tour, figurent ceux qui ont droit à l'inscription, c'est-à-dire qui sont admis au vote, en vertu d'une décision du juge de paix ou d'un arrêt de la Cour de Cassation. On doit y comprendre aussi les militaires en activité de service, inscrits dans la commune, bien qu'absents de ladite commune. (C. d'Ét., 25 avril 1866, él. mun. de Nancy.)

8. — Lorsque des opérations ont été annulées, l'élection à laquelle il est ensuite procédé doit-elle être faite à la majorité relative?

Ce dernier mode n'est établi que pour le deuxième tour de scrutin, alors que le premier tour est demeuré sans résultat.

Mais dans le cas dont nous nous occupons, les opérations constituent des élections nouvelles qui demeurent soumises à la règle ordinaire des deux tours de scrutin. Il importerait peu que la décision d'annulation concernât une élection faite au second tour. (C. d'Ét., 16 juill. 1861, él. mun. de l'Isle-d'Abeau; 12 août 1861, él. mun. de Concorès; 30 mai 1866, él. mun.

---

[1] Supposons, par exemple, deux candidats à élire, et 300 votants. La majorité absolue sera de 151, et le nombre total des voix qui pourront être régulièrement données de 600. Ces 600 voix peuvent évidemment se répartir sur trois candidats, de façon à donner à chacun plus de 151 voix.

de Larroque; 3 juill. 1866, él. mun. de Saint-Médard; 5 mai 1867, él. mun. de Cannet-du-Luc.)

Bien entendu, les élections nouvelles du premier tour auxquelles il est alors procédé doivent seules être faites à la majorité absolue ; celles complémentaires du deuxième tour ont lieu à la majorité relative. (C. d'Ét., 4 juin 1875, él. mun. de Culey.)

9. — Ces principes sont applicables également dans le cas de décès, d'option ou de démission d'un candidat élu, sans qu'il y ait lieu de distinguer si la vacance s'est produite entre deux tours de scrutin ou après. (C. d'Ét., 20 mars 1866, él. mun. de Say ; 12 mai 1876, él. mun. de Carvin.

MANDAT.

§ 1. — Caractère du mandat.

1. — Le mandat attribué à un député est basé sur la confiance qu'il inspire à ses électeurs, à raison de sa capacité, de son honorabilité, et des opinions qu'il manifeste. Mais le mandat ne peut être enfermé dans certaines limites : les actes politiques, les votes ne sauraient être déterminés à l'avance, et il ne peut être pris aucun engagement à cet égard par le candidat. C'est pourquoi le mandat impératif est interdit par l'article 13 de la loi du 30 novembre 1875, lequel porte : « Tout mandat impé-« ratif est nul et de nul effet » [1].

---

[1] La constitution de 1791 contenait déjà ce qui suit : « Les représen-« tants nommés dans les départements ne sont pas les représentants d'un « département particulier, mais de la nation entière ; il ne pourra leur « être donné aucun mandat. »
Cette disposition inscrite également dans la constitution de l'an iii, a

Cette disposition paraît devoir être appliquée à tous les corps électifs.

§ 2. — Durée du mandat.

2. — La durée du mandat est fixée à neuf ans, pour les sénateurs élus par les départements et les colonies (L. 24 févr. 1875, art. 6) ; à quatre ans pour les députés (L. 30 nov. 1875); à six ans, pour les conseillers généraux et d'arrondissement (L. 10 août 1871, art. 21, et L. 22 juin 1833, art. 25), sauf en ce qui concerne les arrondissements de Sceaux et de Saint-Denis, dont les représentants sont nommés pour trois ans (L. 19 mars 1875, art. 2); et à trois ans, pour les conseillers municipaux. (L. 14 avril 1871, art. 8.)

3. — En cas de vacance dans l'intervalle des élections, les membres élus en remplacement, ne sont nommés que pour le reste du temps pendant lequel ceux qu'ils remplacent devaient demeurer en fonctions.

En ce qui concerne le mode de renouvellement des mandats, *voir* v° RENOUVELLEMENT.

§ 3. — Composition des corps électifs.

A. Assemblées législatives.

4. — Aux termes de l'article 1er de la loi du 24 février 1875, le Sénat se compose de trois cents membres; deux cent vingt-cinq sont élus par les départements et les colonies, et soixante-quinze par l'Assemblée nationale. (*Voir*, v° SÉNAT, art. 1er.)

En ce qui touche la Chambre des députés, l'article 14 de la loi du 30 novembre 1875 dispose que chaque arrondissement administratif doit nommer un député. Mais les arrondissements dont la population dépasse cent mille habitants élisent un député

été reproduite dans ces termes, par la constitution de 1848 : « Les mem-
« bres de l'Assemblée nationale sont les représentants, non du département
« qui les nomme, mais de la France entière; ils ne peuvent recevoir
« de mandat impératif. »

de plus par cent mille ou fraction de cent mille habitants. Le tableau des circonscriptions électorales a été fixé, pour ces arrondissements par une loi du 24 décembre suivant. (*Voir* v° Circonscriptions électorales.)

Les trois départements de l'Algérie élisent chacun un sénateur et un député. (*Voir* v° Algérie, art. 1ᵉʳ.)

La nomination d'un sénateur et d'un député est attribuée également à chacune des quatre colonies de la Martinique, de la Guadeloupe, de la Réunion et des Indes françaises. (*Voir* v° Colonies, art. 1ᵉʳ.)

B. Conseils généraux et conseils d'arrondissement.

5. — La composition des conseils généraux est réglée par les articles 1, 2 et 3 de la loi du 22 juin 1833, qui sont ainsi conçus [1] :

« Art. 1ᵉʳ. Il y a dans chaque département un conseil général.

« Art. 2. Le conseil général se compose d'autant de membres « qu'il y a de cantons dans le département, sans pouvoir excéder « le nombre de trente. »

« Art. 3. Dans les départements qui ont plus de trente can- « tons, des réunions de cantons seront opérées conformément « au tableau ci-annexé, de telle sorte que le département soit « divisé en trente circonscriptions électorales. »

6. — Les articles 20 et 21 de la même loi déterminent le nombre des membres des conseils d'arrondissement.

« Art. 20. Il y aura dans chaque arrondissement de sous- « préfecture un conseil d'arrondissement composé d'autant de « membres que l'arrondissement a de cantons, sans que le « nombre des conseillers puisse être au-dessous de neuf.

« Art. 21. Si le nombre des cantons d'un arrondissement est « inférieur à neuf, un décret répartira entre les cantons les plus « peuplés le nombre des conseillers à élire pour complément.

---

[1] On verra v° Sénat, n° 9, le nombre de conseillers généraux et d'arrondissement existant par département.

7. — En ce qui touche le conseil général du département de
la Seine, il est composé des quatre-vingts membres du conseil
municipal de Paris, plus huit membres élus dans les arrondissements de Sceaux et de Saint-Denis, à raison d'un membre par
canton, conformément à la loi du 20 avril 1834. (Lois des 16
septembre 1871, 21 mai 1873 et 19 mars 1875.)

C. Conseils municipaux.

8. — Chaque commune possède un conseil municipal, dont
les membres sont élus par elle; le nombre de ces membres
varie, suivant le chiffre de la population. L'article 6 de la loi
du 5 mai 1855 porte, à ce sujet : « Chaque commune a un conseil
« municipal composé de dix membres dans les communes de
« 500 habitants et au-dessous ; de douze dans celles de 501 à
« 1500 ; de seize dans celles de 1501 à 2,500 ; de vingt et un dans
« celles de 2,501 à 3,500 ; de vingt-trois, dans celles de 3,501
« à 10,000 ; de vingt-sept, dans celles de 10,001 à 30,000 ; de
« trente dans celles de 30,001 à 40,000 ; de trente-deux dans
« celles de 40,001 à 50,000 ; de trente-quatre, dans celles de
« 50,001 à 60,000 ; de trente-six, dans celles de 60,001 et au-
« dessus. »

9. En ce qui concerne la ville de Paris, la composition du conseil municipal est fixée ainsi qu'il suit, par la loi du 14 avril
1871, art. 40 : « les vingt arrondissements de la ville de Paris
« nomment chacun quatre membres du conseil municipal.
« Les quatres membres seront élus par scrutin individuel, à la
« majorité absolue, à raison d'un membre par quartier. »

Il y a exception également pour la ville de Lyon. La loi du 4
avril 1873, art. 7, l'a divisée en trente-six sections, et à attribué
à chacune d'elles la nomination d'un membre du conseil municipal.

10. — Ce n'est pas la population totale, mais la population
normale qui doit servir de base à la fixation du nombre des
conseillers municipaux. (C. d'Ét., 4 juin 1875, él. de Lacapelle-
Marival.)

Aux termes du décret du 8 mars 1872, les éléments de la population flottante, qui ne comptent pas dans le chiffre de la population servant de base à l'assiette de l'impôt et à l'application de la loi sur l'organisation municipale, sont les suivants: « corps de troupes de terre et de mer; maisons d'éducation « correctionnelle et colonies agricoles de jeunes détenus; mai- « sons d'arrêt, de justice et de correction; bagnes; dépôts de « mendicité; asiles d'aliénés; hospices, lycées et collèges com- « munaux; écoles spéciales; séminaires; maison d'éducation « et écoles avec pensionnat; communautés religieuses; réfugiés « à la solde de l'État; marins de commerce absents pour les « voyages de long cours. »

11. — Ajoutons que le nombre des membres d'un conseil municipal doit rester le même, pendant toute la durée du mandat. Si donc des vacances viennent à se produire, on y pourvoit sans avoir égard aux changements survenus dans la population. (C. d'Ét., 9 janv. 1874, él. de Gonesse.)

12. —La commune peut, d'ailleurs, être divisée elle-même en sections, chacune d'elles étant appelée à élire un certain nombre de conseillers municipaux proportionné au chiffre de sa population. (Art. 3 de la loi du 14 avril 1871; *voir* v° SECTIONS ÉLEC-TORALES, art. 3, § 2.)

MANŒUVRES.

Voir v° LIBERTÉ.

MILITAIRES.

Touchant le vote des militaires, *voir* v° LISTE ÉLECTORALE, n°ˢ 19 à 22, et en ce qui concerne leur éligibilité, v° ÉLIGIBILITÉ, n° 6.

MINISTRE.

1. — Le ministre a qualité pour déférer au Conseil d'État les

arrêtés du conseil de préfecture en matière électorale. (*Voir* v° CONSEIL D'ÉTAT, n°s 11 à 13.)

2. — D'un autre côté, les arrêtés et actes quelconques du préfet peuvent être réformés par le ministre de l'intérieur, son supérieur hiérarchique. En conséquence, les parties intéressées ont toujours la faculté de former devant lui un recours contre ces actes, qu'ils soient purement administratifs, ou qu'ils aient un caractère contentieux.

Il y a une exception toutefois dans les cas indiqués, v° PRÉFET, n°s 6 et 7.

3. — Le recours devant le ministre n'est pas suspensif; il n'est soumis à aucune forme, et aucun délai n'est prescrit pour l'exercer.

Les parties toutefois peuvent demander à ce qu'il soit sursis à l'exécution de l'arrêté attaqué, jusqu'à ce qu'il ait été prononcé sur le fond.

OPTION.

Voir v° INCOMPATIBILITÉ, art. 1er, § 2, art. 2, § 2, et art. 3, § 4.

POLICE DES COLLÉGES ÉLECTORAUX.

Voir v^{is} BUREAU, n° 40, et LIBERTÉ n° 12.

PRÉFET.

§ 1. — Des attributions du préfet et des voies de recours contre ses arrêtés (n. 1 et 2).
§ 2. — Actes d'administration (n. 3).
   A. — Actes du préfet seul (n. 4).
   B. — Actes du préfet en conseil de préfecture (n. 5).
§ 3. — Actes contentieux (n. 6 et 7.) — Excès de pouvoirs (n. 8 à 11).
§ 4. — Sous-préfet (n. 12 à 14).

§ 1. — Des attributions du préfet et des voies de recours contre ses arrêtés.

1. — Les arrêtés pris par les préfets en matière électorale

sont de deux sortes: ils constituent soit des actes de pure administration, soit des actes d'une nature contentieuse.

2. — Les voies de recours varient suivant la nature de l'acte dont la réformation est demandée. S'il s'agit d'un acte d'administration, il faut s'adresser au préfet mieux informé ou au ministre de l'intérieur, en sa qualité de supérieur hiérarchique du préfet (*Voir* v° MINISTRE, n°s 2 et 3.)

Mais si l'acte est d'une nature contentieuse, il est déféré au conseil de préfecture et en appel au Conseil d'État. Les actes entachés d'excès de pouvoirs peuvent être déférés directement au Conseil d'État.

§ 2. — Actes d'administration.

3. — Les arrêtés purement administratifs sont pris, tantôt par le préfet seul, tantôt par le préfet en conseil de préfecture. Mais le préfet n'est jamais tenu d'adopter l'avis que le conseil a exprimé.

A. Actes du préfet seul.

4. — Le préfet est chargé de prendre seul un arrêté :

1° A l'effet de convoquer l'assemblée des électeurs, pour la nomination des membres des conseils municipaux. (Art. 27 de la loi du 5 mai 1855)[1];

2° A l'effet de diviser les communes en sections, destinées à faciliter les opérations du vote, dans toutes les sortes d'élections. (Art. 3 de la loi du 7 juillet 1852; art. 7 de la loi du 5 mai 1855; art. 4 de la loi du 30 nov. 1875; *Voir* v° SECTION).

B. Actes du préfet en conseil de préfecture.

5. — Le renouvellement de la moitié des membres des conseils d'arrondissement, qui s'opère tous les trois ans, est réglé

---

[1] En ce qui concerne les élections législatives, départementales et d'arrondissement, la convocation est faite par décret du pouvoir exécutif. (*Voir* v° CONVOCATION, art. 1 et 9.)

au moyen d'un tirage au sort. Dans ce but, le conseil général, à la session qui suit la première élection, divise en deux séries les cantons de chaque arrondissement. Pour fixer l'ordre du renouvellement entre les séries, le préfet procède au tirage en conseil de préfecture et en séance publique. (Art. 25 de la loi du 22 juin 1833; *voir* v° Renouvellement.)

Lorsqu'un conseiller d'arrondissement élu dans plusieurs cantons n'a pas fait son option dans le délai d'un mois, le préfet doit également, en conseil de préfecture et en séance publique, déterminer, par la voie du sort, le canton auquel le conseiller appartiendra. Il en est de même si un conseiller municipal a été élu dans plusieurs communes. (*Voir* v° Incompatibilité, n°s 8 à 10 et 18.)

§ 3. — Actes contentieux. — Excès de pouvoirs.

6. — Les arrêtés du préfet ont un caractère contentieux dans deux cas prévus par la loi du 5 mai 1855: 1° lorsqu'il déclare démissionnaire un membre du conseil municipal, comme étant soumis à l'une des causes d'exclusion déterminées pas les articles 9, 10 et 11 de cette loi (art. 12); 2° lorsqu'il déclare démissionaire un membre du conseil qui a manqué sans motif légitime à trois convocations successives. (Art. 20; *voir* v° Démission, n°s 14 à 17.)

7. — Le recours doit être porté devant le conseil de préfecture, et en cas d'appel, devant le Conseil d'État.

L'article 12 de la loi de 1855 ne fixe aucun délai pour le recours devant le conseil de préfecture. En conséquence, le pourvoi est recevable jusqu'à ce qu'il ait été procédé à de nouvelles opérations. Mais l'article 20, dans le cas qu'il prévoit, limite le droit de former un recours à dix jours à partir de la notification de l'arrêté.

8. — Arrivons au recours pour excès de pouvoirs. Les actes des préfets, lorsqu'ils sont entachés d'excès de pouvoirs, peuvent être attaqués par la voie hiérarchique, et même être déférés *de plano* au Conseil d'État.

Cette dernière sorte de recours est autorisée par les lois des 7-14 octobre 1790 et 27 juillet 1872.

9. — Le pourvoi doit être exercé dans le délai de trois mois, à dater de la notification de l'acte incriminé. Dans le cas où il n'y aurait pas eu de notification, la partie pourrait faire constater par huissier l'excès de pouvoirs commis à son égard, par exemple, un refus de communication de liste électorale (C. d'Ét., 28 janv. 1864, Anglade), et alors le délai de recours aurait pour point de départ cette constatation.

Après l'expiration du délai de trois mois, le pourvoi ne serait plus recevable (C. d'Ét., 3 juill. 1861, él. mun. d'Ossey-les-Trois-Maisons).

10. — Mais il y a lieu de remarquer qu'en matière électorale une pareille voie de recours ne peut être employée que rarement. En effet, la loi a institué des juridictions particulières pour examiner toutes les questions se rattachant, soit à la révision des listes, soit à la validité des opérations. Quand un acte administratif a trait à l'une ou à l'autre de ces questions, la juridiction spéciale organisée par la loi a seule compétence pour déterminer les conséquences de cet acte. Ainsi, lorsqu'il s'agit de savoir si le préfet a fixé, conformément à la loi, le nombre des conseillers municipaux à élire, le conseil de préfecture et non le Conseil d'État, *omisso medio*, est compétent pour le décider, attendu qu'il apprécie cet acte au point de vue de la validité de l'élection (*voir* v° Conseil de préfecture, n° 14). A-t-on à juger si le préfet a pu convoquer régulièrement les électeurs avant l'expiration du délai de trois ans fixé par l'article 22 de la loi du 24 juillet 1867, pour le maintien en fonctions d'une commission municipale, le conseil de préfecture statuera de même sur ce point. (C. d'Ét. 10 juill. 1874, él. com. d'Ajaccio, *voir* v° Convocation, n° 16.)

11. — Ce n'est que quand il n'existe pas de juridiction spéciale pour apprécier l'acte entaché d'excès de pouvoirs et en annuler les effets préjudiciables, que le recours direct devant le Conseil d'État est ouvert aux parties intéressées. Tel serait le cas indiqué v° Liste, n° 43.

On trouvera, v^{is} Conseil de préfecture, n° 14, Juge de paix, n° 20, Liste, n° 33, et Section, n° 26, l'indication de diverses autres décisions qui viennent à l'appui de cette doctrine. La table du *Recueil des arrêts du Conseil d'État*, de MM. Panhard et Hallays-Dabot (année 1875, v° Recours, Contentieux) mentionne aussi plusieurs espèces étrangères à la matière électorale et où le même principe se trouve affirmé.

En ce qui touche le droit de réclamation du préfet contre les opérations de la révision des listes électorales, *Voir* v° Réclamations, section Ire, article 1er, et contre les opérations électorales, v° Conseil de préfecture, section II, article 2, paragraphe 1.

§ 5. — Sous-préfet.

12. — Le sous-préfet est un agent intermédiaire, placé entre le préfet et les maires de son arrondissement. Il est chargé de transmettre aux maires les ordres et les instructions du préfet. Il est tenu d'adresser à ce dernier les procès-verbaux relatifs à la révision des listes de chaque commune (*Voir* v° Réclamations, n° 2), de même que les procès-verbaux des opérations électorales (*voir* v° Procès-verbal, n°s 1 et 2) ; il lui transmet aussi les réclamations des électeurs en matière d'élections au conseil d'arrondissement et au conseil municipal. (*Voir* v° Conseil de préfecture, n°s 35 et 36.)

13. — Le sous-préfet a qualité, d'après la loi, pour réclamer devant l'autorité compétente l'inscription des individus omis sur les listes ou la radiation de ceux qui y sont portés indûment. (*Voir* v^{is} Commission municipale, n° 10, Juge de paix, n° 5 et Cassation, n° 4.)

14. — En général, les attributions du préfet ne peuvent lui être déléguées. Toutefois, il a été admis que la réunion des collèges ne peut avoir lieu au jour fixé par l'arrêté préfectoral pour les élections municipales, le sous-préfet, autorisé pas le préfet, a la faculté de prendre un arrêté pour remettre le vote à un autre jour. (C. d'Ét., 29 juin 1847, él. mun. du Plan.)

PRÉNOM (bulletins portant un prénom différent de celui du candidat).

Voir vᵒ DÉPOUILLEMENT DU SCRUTIN, nᵒ 29.

PRÉSIDENT DE LA RÉPUBLIQUE.

1. — L'élection du Président de la République est faite par les deux chambres réunies en assemblée nationale. L'article 2 de la loi du 25 février 1875, relative à l'organisation des pouvoirs publics, porte à ce sujet: « Le Président de la République est élu « à la majorité absolue des suffrages, par le Sénat et la Chambre « des députés réunis en assemblée nationale. »

2. — Aux termes du même article, il est nommé pour sept ans, et rééligible.

Touchant la forme de la nomination, *voir* vᵉ ASSEMBLÉE NATIONALE.

PRÉSIDENT DU BUREAU ÉLECTORAL.

Voir vᵒ BUREAU, n. 5 et 21.

PRESSION.

Voir vᵒ LIBERTÉ DU VOTE.

PROCÈS-VERBAL.

Art. 1ᵉʳ — DES DIFFÉRENTES SORTES DE PROCÈS-VERBAUX (n. 1 et 2).
Art. 2. — FORME ET ÉNONCIATIONS DU PROCÈS-VERBAL DE L'ASSEMBLÉE NATIONALE.
§ 1ᵉʳ. — Forme du procès-verbal (n. 3 à 11).
§ 2. — Énonciations du procès-verbal (n. 12 à 17).
Art. 3. — FOI DUE AU PROCÈS-VERBAL (n. 18 à 20).

ART. 1ᵉʳ. — *Des différentes sortes de procès-verbaux.*

1. — Chaque collége électoral est tenu de dresser procès-verbal de ses opérations.

Ce soin incombe uniquement au bureau de l'assemblée électorale (*Voir* vᵒ BUREAU, nᵒ 46). Les scrutateurs supplémentaires

dont il est question v° DÉPOUILLEMENT, n°s 2 et suivants, n'ont pas
à constater par un acte de cette nature l'opération particulière à laquelle ils se livrent. (C. d'Ét., 18 août 1849, él. dép.
de Bernaville.)

Lorsqu'une commune est divisée en plusieurs sections de vote,
chacune d'elles doit avoir un procès-verbal distinct. Aux termes
de l'article 32 du décret réglementaire de 1852, concernant
les élections législatives, le résultat de chaque dépouillement est
porté au bureau de la première, qui procède au recensement général des votes. Procès-verbal de ce recensement est également
dressé.

Suivant l'article 33 du même décret, tous ces procès-verbaux
sont « rédigés en double. L'un des doubles reste déposé au
« secrétariat de la mairie ; l'autre est transmis au sous-préfet
« de l'arrondissement, qui le fait parvenir au préfet du dépar-
« tement. » L'article 43 de la loi de 1855, relative aux élections municipales, contient une disposition analogue.

2. — En ce qui regarde les conseils généraux et d'arrondissement, les procès-verbaux de chaque commune sont portés
au chef-lieu de canton par deux membres du bureau. Le recensement général est fait par le bureau du chef-lieu, qui en dresse
procès-verbal. Un double de ces divers procès-verbaux est transmis au préfet par l'intermédiaire du sous-préfet. (L. 22 juin 1833,
art. 50, et 10 août 1871, art. 13.)

Pour les élections législatives, le recensement général des
votes d'une circonscription se fait au chef-lieu du département,
et doit de même être constaté par un procès-verbal. Les divers
procès-verbaux sont transmis par les préfets au ministre de
l'intérieur, et par ce dernier à la chambre. (*Voir* v° RECENSE-
MENT, n°s 6 à 11.)

ART. 2. — *Forme et énonciations du procès-verbal de*
l'Assemblée électorale.

§ 1. — Forme du procès-verbal.

3. — Le décret de 1852 ne prescrit aucune formalité pour la

rédaction du procès-verbal. La loi de 1855 est plus explicite à cet égard ; elle porte, article 43 : « Le procès-verbal des opé-« rations électorales est dressé par le secrétaire; il est signé par lui et par les autres membres du bureau. »

4. — Il n'est pas nécessaire que le procès-verbal soit écrit de la main même du secrétaire. (C. d'Ét., 26 déc. 1840, él. mun. d'Aureillan.)

5. — Le refus fait par le secrétaire de le dresser, n'invalide même pas le scrutin, lorsque l'exactitude des énonciations de ce document n'est pas contestée. Autrement, le sort de l'élection dépendrait de sa volonté. (C. d'Ét., 29 mai 1861, él. mun. de Mirandol.)

6. — Jugé aussi qu'il n'y aurait pas lieu de s'arrêter à un grief, tiré de ce qu'un mineur aurait participé à la rédaction du procès-verbal, alors qu'il ne serait intervenu qu'à titre de simple auxiliaire du bureau. (C. d'Ét., 7 nov. 1873, él. mun. de Margouët-Meymes.)

7. — L'absence de l'un des scrutateurs, lors de la rédaction du procès-verbal, ne saurait non plus devenir une cause de nullité, si aucune fraude n'avait été commise pendant cette absence. (Même décision.)

8. — Le défaut de rédaction séance tenante, même la rédaction faite un autre jour que celui de l'élection, n'est pas davantage une cause de nullité, quand la fraude n'est pas alléguée. (C. d'Ét., 15 juill. 1841, él. mun. de Fourques ; 10 sept. 1856, él. mun. d'Homps ; 11 juill. 1866, él. mun. de Molières ; 18 juill. 1866, él. mun. de Cogny.)

9. — Une solution analogue est adoptée dans le cas où le procès-verbal n'a pas été signé séance tenante ou même le jour du vote, ou si certains membres du bureau ont refusé de signer (C. d'Ét., 12 janv. 1850, él. mun. de Saint-Jouin; 25 avril 1861, él. mun. de Paulhiac ; 18 mai 1861, él. mun. de Capvern; 14 juin 1861, él. mun. de Duffort; 3 mai 1866, él. mun. de Montoussé),

Ainsi que dans le cas où il a été signé par un des scrutateurs, avant d'avoir été rédigé (C. d'Ét., 20 mars 1866, él. mun. de Bazoches-en-Houlme.);

Ou si des surcharges et ratures n'ont pas été paraphées par les membres du bureau. (C. d'Ét., 23 juill. 1875, él. mun. de Champhant.)

10. — Lecture du procès-verbal doit être donnée à ceux qui sont tenus d'y apposer leur signature. Jugé cependant que l'absence d'un membre du bureau, au moment où cette formalité est remplie, ne vicie pas les opérations. (C. d'Ét., 24 juill. 1861, él. mun. d'Eincheviller.)

11. — Mais il n'est pas indispensable, la loi étant muette à cet égard, que cette lecture soit faite en présence de l'assemblée des électeurs. (C. d'Ét., 16 juill. 1861, él. mun. de Montségur; 9 mai 1873, él. mun. de Sainte-Anastasie.)

§ 2. — Énonciations du procès-verbal.

12. — Certaines énonciations sont prescrites par la loi. Relativement aux difficultés soumises au bureau, l'article 16 du décret réglementaire de 1852, porte : « Toutes les réclamations « et décisions sont inscrites au procès-verbal ; les pièces et « bulletins qui s'y rapportent y sont annexés après avoir été « paraphés par le bureau. » Cette disposition est reproduite dans l'article 34 de la loi de 1855.

De même, en ce qui touche la vérification du nombre des bulletins trouvés dans l'urne, on lit dans l'article 27 du même décret : « Si ce nombre est plus grand ou moindre que celui « des votants, il en est fait mention au procès-verbal. » L'article 40 de la loi de 1855 impose la même obligation.

13. — Mais ces mentions ne sont pas les seules que le procès-verbal doive contenir : il doit relater l'accomplissement de toutes les formalités requises au sujet du vote. Une instruction ministérielle du 30 mai 1857, reproduisant en cela une précédente circulaire du 17 février 1852, énumère celles dont il importe de rendre compte. Nous en rappellerons les termes :

« 1° Le procès-verbal devra mentionner les noms des pré-

« sident et assesseurs, et le titre à raison duquel ils remplissent
« ces fonctions, particulièrement s'ils sont appelés à défaut des
« personnes désignées par les articles 13 et 14 du décret ré-
« glementaire. Il relatera la nomination du secrétaire ;

« 2° L'heure d'ouverture et l'heure de levée de chacune des
« séances de la session électorale y seront exactement indi-
« quées ;

« 3° Il en sera de même des pièces qui devront être déposées
« sur le bureau ;

« 4° Mention y sera faite que les électeurs ont été introduits
« et appelés à voter successivement par ordre alphabétique ;

« 5° que le réappel a eu lieu ;

« 6° Que les bulletins ont été remis entièrement fermés au
« président, et qu'il s'est assuré que chaque pli ne contenait
« qu'un seul bulletin ;

« 7° Qu'un des membres a constaté le vote de chaque élec-
« teur, en inscrivant son nom ou son paraphe en regard du
« nom du votant ;

« 8° Qu'à la fin de chaque séance la boîte du scrutin a été
« fermée et scellée, et qu'elle a été déposée dans un local
« fermé ;

« 9° Le bureau devra inscrire au procès-verbal le nombre
« des bulletins retirés de la boîte, et en regard, le nombre des
« électeurs inscrits sur les listes du collège ou de la section ;

« 10° Il convient que les noms des scrutateurs supplémen-
« taires, désignés par le bureau pour le dépouillement, y soient
« insérés;

« 11° Le procès-verbal mentionnera la remise au bureau,
« par les divers groupes des scrutateurs supplémentaires, des
« feuilles de dépouillement et des bulletins contestés;

« 12° Il constatera également l'incinération des bulletins qui
« n'auront pas donné lieu à difficulté ;

« 13° Le bureau relatera le nombre des bulletins, qu'il aura
« cru devoir annexer au procès-verbal, en indiquant au dos de

« ces bulletins, ou sur un papier y annexé, les attributions qu'il
« aura données aux inscriptions douteuses;

« 14° Il devra constater aussi que des électeurs ont été admis
« dans la salle pour assister au dépouillement du scrutin ;

« 15° Que trois membres au moins ont toujours été présents
« au bureau ;

« 16° Enfin il relatera, selon l'ordre décroissant, le nombre
« des suffrages obtenus par chaque candidat, tant par suite du
« dépouillement opéré par les scrutateurs supplémentaires,
« qu'en vertu des décisions du bureau sur les bulletins dou-
« teux. »

La même instruction du 30 mai 1857 rappelle encore que les
décisions du bureau sont prises à la majorité, et *qu'en cas de
partage*, il doit en être fait mention au procès-verbal.

14. — Ainsi le procès-verbal ne doit pas simplement énoncer
d'une manière générale que toutes les formalités prescrites par
la loi ont été remplies; il doit relater d'une façon complète tous
les faits qui se sont produits au cours des opérations. (Ch. des
dép., 28 déc. 1836, él. de M. Martin du Nord, *Mon.* du 29,
p. 2.284.)

15. — Toutefois, les omissions ne sont pas considérées comme
des causes de nullité absolue. (C. d'Ét., 16 août 1862, él. dép.
de Castelnau ; 1er juin 1877, él. mun. de Fallencourt.)

A moins que, par suite de l'omission, il soit devenu impossible de s'assurer du nombre de voix obtenues par les divers
candidats. En pareil cas, il y aurait lieu évidemment à annulation, (C. d'Ét., 7 juin 1866, él. mun. de Lussas ; 29 déc. 1871,
él. mun. d'Ambialet.)

16. — Le vote n'est pas non plus invalidé, à raison du défaut
ou du refus d'insertion des réclamations des électeurs, attendu
que cette circonstance ne fait pas obstacle à ce que leurs auteurs
portent directement lesdites réclamations devant le juge des
opérations, dans le délai fixé par la loi (C. d'Ét., 16 juill. 1861,
él. mun. de Montségur ; 1er juin 1866, él. mun. de Saint-Jean-
Bonnefonds ; 15 juin 1866, él. mun. de Lacapelle-Masmolène;

8 janv. 1867, él. mun. de Baron ; 28 juin 1869, él. dép. de Sari d'Orcino ; 3 déc. 1875, él. mun. de Grandvilliers) ;

17. — Jugé même que l'absence de procès-verbal dans une commune ne suffit pas pour faire prononcer la nullité de l'élection, alors qu'il résulte de l'instruction que cette irrégularité n'a eu d'autre cause que le défaut de formules imprimées, habituellement employées à cet usage, et que d'ailleurs, le résultat du scrutin a été certifié par les signatures de tous les membres du bureau apposées sur les listes de dépouillement. (C. d'Ét., 11 juin 1868, él. dép. de Matha.)

En ce qui concerne l'annexion des pièces et bulletins au procès-verbal, voir v° DÉPOUILLENENT, n⁰ˢ 43 et 44.

ART. 3. — *Foi due au procès-verbal.*

18. — Le procès-verbal fait foi des énonciations et constatations qu'il renferme.

On ne saurait par suite admettre des réclamations reposant sur des faits qui se trouveraient contredits par le procès-verbal. Ainsi, les auteurs d'une protestation ne seraient pas fondés à soutenir qu'un assesseur était illettré, si le procès-verbal était signé de lui. (C. d'Ét., 10 mai 1860, él. dép. de Saint-Chely ; 6 août 1866, él. mun. de Préchacq ; 21 mars 1868, él. dép. de Saint-Donat.)

19. — En principe même, l'autorité qui appartient à ce document ne peut être infirmée par des déclarations ultérieures des membres du bureau. (C. d'Ét., 23 juill. 1840, él. d'arr. de Montmartin-sur-Mer ; 25 mai 1841, él. mun. de Royon ; 25 juin juin 1841, él. mun. de Sainte-Foy-de-Peyrolières ; 22 avril 1842, él. mun. de Nage et de Soulorgnes.)

20. — Cependant, le procès-verbal n'a pas la même force que l'acte authentique, qui fait foi jusqu'à inscription de faux. Ses énonciations peuvent être détruites par la preuve contraire.

Quand des faits de nature à vicier les opérations, bien que contredits par le procès-verbal, ont été justifiés, l'élection est

annulée. (C. d'Ét, 9 juill. 1856, él. mun. de Saint-Laurent-d'Olt;
29 déc. 1871, él. mun. d'Ambialet ; 24 juillet 1872, él. mun.
de Riventoso ; 18 févr. 1876, él. mun. de Nistos.)

Que si la preuve des allégations contraires à la teneur du
procès-verbal n'est pas jugée suffisante, l'élection est maintenue. Nous ne citerons que quelques-unes des nombreuses décisions intervenues sur ce point. (Ch. des dép., 9 avril 1839, él.
de M. Allier, *Mon.* du 10, p. 510; Ass. const. 26 sept. 1848, él.
de M. Chambolle, *Mon.* du 27, p. 2604 ; 14 oct. 1848, él. de
M. Gent, *Mon.* du 15, p. 2849 ; Ass. légis., 2 avril 1852, él. de
M. de Saint-Hermine, *Mon.* du 3, p. 551; C. d'Ét., 26 juill. 1866,
él. mun. de Pisieu; 11 août 1868, él. dép. de Mauguio ; 11 août
1868, él. dép. d'Olonzac ; Corps légis., 20 déc. 1869, él. de
M. Deltheil *J. off.* du 21, p. 1673 ; C. d'Ét., 7 août 1875, él.
mun. de Saint-Pardoux-Corbier; 14 juill. 1876, él. mun. de
Cleder.)

Le principe du secret du vote s'oppose d'ailleurs à l'admission de toute preuve ayant pour effet de porter atteinte à ce
secret. (C. d'Ét. 14 août 1865, él. dép. d'Aunay ; 11 avril 1866,
él. mun. de Charezier; 5 août 1868, él. dép. de Montpellier;
12 nov. 1875, él. dép. de Tarascon; *voir* v° CONSEIL D'ÉTAT,
n° 59, et v° CONSEIL DE PRÉFECTURE, n° 43.)

PROCLAMATION DES CANDIDATS ÉLUS.

Voir v° RECENSEMENT.

PROFESSION DE FOI,

Voir v° CIRCULAIRES.

PROTESTATION.

Voir v° RÉCLAMATION.

POURVOI.

Voir v^{is} Cassation et Conseil d'État.

RECENSEMENT.

Art. 1er. — *Élections à la Chambre des députés.*

1. — Le recensement comprend deux opérations distinctes : le relevé des votes de chaque commune, et celui des votes de chaque circonscription électorale.

§ 1. — Recensement par commune.

2. — Lorsqu'un collége n'est pas divisé en sections, le résultat du scrutin, suivant l'article 31 du décret réglementaire de 1852, doit être rendu public immédiatement après le dépouillement des suffrages.

3. — L'article 32, relatif au fractionnement des colléges, dispose en ces termes : « Pour les colléges divisés en plusieurs « sections, le dépouillement du scrutin se fait dans chaque « section. Le résultat est immédiatement arrêté et signé par le « bureau ; il est ensuite porté par le président au bureau de la « première section, qui, en présence des présidents des autres « sections, opère le recensement général des votes et en pro- « clame le résultat. »

4. — Si contrairement aux dispositions précitées de l'article 32, le recensement général des votes d'un collége n'avait pas été opéré dans la première section et en présence des divers présidents des autres sections, les votes exprimés dans la com-

mune n'en seraient pas moins valables; à moins que cette irrégularité n'eut eu pour effet de favoriser des fraudes.

5. — Le bureau central n'a pas à revenir sur les attributions
faites par les sections; il opère le recensement d'après les
procès-verbaux, proclame le résultat des votes, et en dresse
également un procès-verbal (Inst. min. du 30 mai 1857). Toutefois, on ne saurait refuser au bureau central le droit de recevoir et mentionner à son procès-verbal les réclamations qui
pourraient lui être soumises.

§ 2. — Recensement général par circonscription.

6. — L'article 34 du décret réglementaire détermine ainsi
qu'il suit le mode de recensement général : « Le recensement
« général des votes pour chaque circonscription électorale,
« se fait au chef-lieu du département, en séance publique ; il
« est opéré par une commission de trois membres du conseil
« général. A Paris, le recensement est fait par une commis-
« sion de cinq membres du conseil général, désignés par le
« préfet de la Seine. »
Le jour du recensement est fixé à l'avance par le préfet. (Circ.
du min. de l'int., du 30 mai 1857.)

7. — Il arrive qu'une commune, à raison du chiffre de sa
population, forme à elle seule une circonscription. Certaines villes
plus considérables sont divisées en plusieurs circonscriptions.
Dans ces deux cas, la double opération prescrite par les articles
32 et 34 précités doit être accomplie.

8. — Les procès-verbaux des opérations électorales de
chaque commune doivent être envoyés à la commission chargée
du recensement général, au jour fixé pour ce recensement.
Cependant l'absence d'un ou plusieurs procès-verbaux n'est pas
une cause de nullité, si l'envoi en a été fait ultérieurement et
que le résultat de l'élection n'ait pas été modifié. (Ass. const.
11 juill. 1848, él. de M. Barrot, *Mon.* du 12, p. 1616 ; Ass. légis.

17 juill. 1849, él. de l'Hérault, *Mon.* du 18, p. 2378 ; 25 oct. 1849, él. de M. Lagarde, *Mon.* du 26, p. 3353.)

9. — La commission examine les bulletins annexés aux procès-verbaux, conformément à l'article 30 du décret réglementaire. Elle consigne dans son procès-verbal les observations dont l'attribution de ces bulletins lui paraît susceptible. Elle donne également son avis sur les réclamations qui auraient été déposées pendant le cours des opérations. Son procès-verbal est rédigé en double. (Circ. min. du 30 mai 1857.)

10. — « Le recensement général des votes étant terminé, « porte l'article 35 du décret réglementaire de 1852, le prési- « dent de la commission en fait connaître le résultat. Il pro- « clame député au Corps législatif celui des candidats qui a « satisfait aux conditions exigées par la loi. » Ces conditions, fixées par l'article 18 de la loi du 30 novembre 1875, con- cernent la majorité nécessaire pour être élu. (*Voir* v° Majorité.)

Aux termes de l'article 37 du décret réglementaire, « aussitôt « après la proclamation du résultat des opérations électorales, « les procès-verbaux et les pièces y annexées sont transmis par « les soins des préfets et l'intermédiaire du ministre de l'inté- « rieur au Corps législatif. »

11. — Des erreurs de calcul commises dans le recensement ne vicient pas l'élection, lorsqu'elles n'ont pas eu pour effet de déplacer la majorité. (Ass. const., 27 sept. 1848, él. de la Charente-Inférieure, *Mon.* du 28, p. 2619; Ass. légis. 29 mai 1849, él. de la Côte-d'Or, *Mon.* du 30, p. 1929 ; Corps légis. 9 nov. 1863, él. de M. Guilloutet, *Mon.* du 10, p. 1329; 11 nov. 1863, él. de M. Lepelletier d'Aunay, *Mon.* du 12, p. 1341.)

ART. 2. — *Élections départementales et d'arrondissement;*

§ 1. — Recensement par commune.

12. — Le recensement des suffrages s'opère d'abord par commune. Dans le cas ou celle-ci est divisée en sections, il y a

lieu d'appliquer les dispositions précitées de l'article 32 du décret réglementaire. (Voir *suprà*, nº 2 à 5, et L. 7 juillet 1852, art. 3.)

§ 2. — Recensement général.

13. — Aux termes de l'article 3 de la loi du 7 juillet 1852, concernant les conseils généraux et d'arrondissement, c'est au chef-lieu de canton que doit s'effectuer le recensement des votes des différentes communes.

L'article 13 de la loi du 10 août 1871 sur les conseils généraux dispose qu' « immédiatement après le dépouillement du « scrutin, les procès-verbaux de chaque commune, arrêtés et « signés, sont portés au chef-lieu de canton par deux membres « du bureau. Le recensement général des votes est fait par le « bureau du chef-lieu, et le résultat est proclamé par son prési- « dent, qui adresse tous les procès-verbaux et les pièces au « préfet. »

Il est procédé de même pour les élections au conseil d'arrondissement.

14. — L'article 48 de la loi du 22 juin 1833, qui parait applicable aussi bien aux conseils généraux qu'aux conseils d'arrondissements, puisqu'il n'a pas été abrogé, à l'égard des premiers, par la loi organique du 10 août 1871, donne au bureau de recensement dont il vient d'être parlé, le pouvoir de statuer sur les difficultés qui s'élèvent au sujet des opérations de l'assemblée. En conséquence, il a qualité pour modifier les résultats constatés et arrêtés par les bureaux du vote.

Le Conseil d'État a admis, par application de ce principe, qu'un bureau de recensement n'avait pas commis un excès de pouvoir en comptant comme suffrages exprimés, lors de la nomination d'un conseiller d'arrondissement, des bulletins portant la mention « Conseil général » et déclarés nuls par les bureaux du vote. (C. d'Ét., 19 juin 1872, él. de Bergerac.)

15. — Décidé qu'il n'y aurait pas lieu à annulation, dans le cas où un maire, au lieu d'envoyer le procès-verbal, aurait

transmis simplement une note contenant le résultat de l'élection, s'il ressort du procès-verbal de recensement général que
cette note n'a été admise que sauf vérification ultérieure du procès-verbal, et qu'il a été reconnu que les chiffres portés dans
ladite note étaient exactement ceux du procès-verbal. (C. d'Ét.,
19 nov. 1875, él. de Cossé-le-Vivien.)

16. — Quand les procès-verbaux de certaines communes
n'ont pas été remis au bureau central, au jour et à l'heure
fixés pour le recensement, cette opération peut être renvoyée
au lendemain. (C. d'Ét., 24 juin 1868, él. de Lectoure.)

17. — Le bureau central ne serait pas fondé à écarter les
votes d'une commune, pour déterminer le résultat du scrutin,
par le motif que le procès-verbal aurait été transmis tardivement. (C. d'Ét., 9 mars 1859, él. de Soccia ; 7 avril 1876, él.
d'Aubin.)

18. — Mais le recensement général peut avoir lieu et le résultat peut être proclamé, bien que les électeurs d'une commune
n'aient pas pris part au vote. Ce principe a été consacré par
le Conseil d'État dans une espèce où le candidat élu avait
obtenu, avec la majorité absolue des suffrages exprimés dans
les communes où les opérations avaient été effectuées, un
nombre supérieur au quart des électeurs inscrits sur les listes
électorales de toutes les communes du canton. (C. d'État.,
16 avril 1856, él. de Saint-Nicolas.)

19. — Ajoutons qu'à défaut par le bureau du chef-lieu de
canton de procéder au recensement général des votes, le conseil de préfecture saisi par le préfet, s'il s'agit d'une élection
au conseil d'arrondissement, et le Conseil d'État, s'il s'agit
d'une élection au conseil général, peuvent procéder à cette opérations et en proclamer le résultat [1]. (C. d'Ét., 31 mars 1868,
él. de Bonnat; 11 juin 1868, él. de Matha.)

---

[1] Le préfet agit, dans ce cas, en vertu du droit de réclamation qu'il
tient des lois de 1871 et de 1833 (*Voir* v° RÉCLAMATIONS, n°s **7** et **8**). L'arrêté du conseil doit être rendu dans les formes prescrites pour le jugement des affaires contentieuses. (C. d'Ét., 11 juin 1868, él. dép. de Matha.)

Jugé même qu'il n'y aurait pas lieu à nullité dans le cas où, par suite de l'abstention volontaire d'une partie des membres du bureau, il a été procédé au recensement général par les maires des différentes communes du canton, sous la présidence de celui du chef-lieu. (C. d'Ét., 12 avril 1865, él. de Vico.)

ART. 3. — *Élections municipales.*

20. — Il n'a pas été établi de dispositions spéciales en cette matière pour les opérations du recensement. Quand la commune est divisée en plusieurs sections, le recensement des votes des différentes sections doit être fait conformément à l'article 32 du décret réglementaire. (*Voir suprà* nᵒˢ 2 à 5.)

RÉCLAMATIONS.

1. — Deux sortes de réclamations peuvent être formées en matière électorale. Elles concernent soit la confection des lis-tes, soit les opérations électorales.

Nous ne nous occupons ici que des juridictions ou autorités devant lesquelles ces demandes doivent être portées.

SECTION 1re.

Réclamations à l'occasion de la confectiôn des listes.

ART. Ier. — *Réclamations d'intérêt général.*

2. — Aux termes des articles 1 et 2 du décret réglementaire du 2 février 1852 et de l'article 1er de la loi du 7 juillet 1874, une commission municipale est chargée de procéder, du 1er au 10 janvier, à la révision de la liste électorale, et d'effectuer le 15 du même mois, le dépôt du tableau des rectifications. L'article 3 du décret de 1852 exige qu'une copie de ce tableau et du procès-verbal constatant l'accomplissement des formalités légales, soit transmise en même temps au sous-préfet de l'arrondissement, qui est tenu de l'adresser dans le délai de deux jours, au préfet, avec ses observations.

3. — Le préfet peut saisir alors le conseil de préfecture d'une demande en nullité des opérations faites par la commission L'article 4 du décret réglementaire de 1852 porte, à ce sujet : « Si le préfet estime que les formalités et les délais prescrits « par la loi n'ont pas été observés, il devra, dans les deux jours « de la réception du tableau, déférer les opérations au conseil « de préfecture du département, qui statuera dans les trois jours « et fixera, s'il y a lieu, un délai dans lequel les opérations « devront êtes refaites. »

4. — La décision rendue en ce cas par le conseil de préfecture est-elle d'une nature contentieuse ou constitue-t-elle simplement un acte administratif ?

Le Conseil d'État ne paraît pas avoir tranché cette question. Il a décidé seulement : 1° que des électeurs délégués par le juge de paix pour assister le maire d'une commune dans la confection de la liste électorale, conformément à la loi du 31 mai 1850, étaient sans qualité pour se pourvoir contre l'arrêté rendu par le conseil de préfecture et annulant ladite liste (C. d'Ét. 21 décembre 1850, Coudray) ; 2° dans une espèce où la révision n'avait pas été opérée, que le conseil de préfecture saisi

par le préfet, à l'effet de fixer un délai pour faire procéder à
cette opération, ne pouvait valablement statuer en pareille matière, que s'il avait été appelé à se prononcer sur la régularité
de ladite opération et qu'il l'eût annulée. (C. d'Ét. 20 mars 1875,
él. mun. de Saint-Martin-du-Bon-Fossé.)

MM. Trolley [1] et Cabantous [2] soutiennent que la décision est
contentieuse.

M. Serrigny [3], dont nous partageons la manière de voir,
professe l'opinion contraire : « Le pouvoir, dit-il, attribué au
« conseil de préfecture par le décret de 1852, est de nature
« anormale : c'est une mesure d'ordre prise par l'administra-
« tion dans un intérêt public. Le contentieux est une garan-
« tie donnée aux droits individuels lésés, parce que l'individu,
« particulier ou corporation, est faible et a besoin d'être pro-
« tégé contre l'administration collective, nationale, départe-
« mentale ou municipale; mais les masses n'ont pas besoin de
« garantie et nos lois ne leur en accordent pas. »

Art. 2. — *Réclamations d'ordre individuel.*

5. — Ces demandes ont pour objet l'inscription ou la radiation des individus omis ou indûment portés sur la liste. Elles
peuvent être formées par les électeurs et les tiers électeurs inscrits ; le même droit est conféré aux préfets et sous-préfets.
Elles sont soumises, en première instance, à une commission
municipale, et en appel au juge de paix dont la décision peut
encore faire l'objet d'un recours en cassation. (Voir v° Commission municipale, Juge de paix, et Cassation.)

SECTION II.

Réclamations contre les opérations électorales.

Art. 1er. — *Élections à la Chambre des députés.*

6. — En ce qui regarde les élections législatives, la chambre

---

[1] *Hiér. adm.* t. V, n° 2771.
[2] *Rép. écr. sur le dr. adm.*, n° 718.
[3] *Comp. adm.* t. III, n° 1100.

prononce souverainement sur toutes les réclamations dirigées contre les opérations. Ce droit lui est conféré par l'article 5 du décret organique de 1852, qui est ainsi conçu: « les opéra- « tions électorales sont vérifiées par le Corps législatif, qui est « seul juge de leur validité. » La chambre possède à cet égard les attributions les plus étendues, et statue sur toutes les diffi- cultés auxquelles les opérations peuvent donner lieu. (*Voir* v° CHAMBRE DES DÉPUTÉS.)

ART. 2. — *Élections départementales et d'arrondissement.*

§ 1. — Juge ordinaire.

7. — La loi du 10 août 1871, relative à l'organisation des conseils généraux, avait investi ces assemblées du droit de véri- fier les pouvoirs de leurs membres. Cette attribution leur a été enlevée par une loi du 31 juillet 1875, laquelle a transporté au Conseil d'État le soin de statuer directement sur les réclamations formées contre les élections départementales. En conséquence, l'article 15 de la loi de 1871 a été modifié ainsi qu'il suit: « les « élections pourront être arguées de nullité par tout électeur du « canton, par les candidats et par les membres du conseil géné· « ral. Si la réclamation n'a pas été consignée au procès-verbal, « elle doit être déposée dans les dix jours qui suivent l'élection, « soit au secrétariat du contentieux du Conseil d'État, soit au « secrétariat général de la préfecture du département où l'élection « a eu lieu. Il en sera donné récépissé. La réclamation sera, « dans tous les cas, notifiée à la partie intéressée dans le délai « d'un mois à compter du jour de l'élection. Le préfet trans- « mettra au Conseil d'État, dans les dix jours qui suivent leur « réception, les réclamations consignées au procès-verbal, ou « déposées au secrétariat général de la préfecture. Le préfet « aura pour réclamer contre les élections un délai de vingt jours à « partir du jour où il aura reçu les procès-verbaux des opéra- « tions électorales: il enverra sa réclamation au Conseil d'État; « elle ne pourra être fondée que sur l'inobservation des condi-

« tions et formalités prescrites par les lois. (*Voir* v° Conseil
« d'État. »

8. — En ce qui touche les élections des membres des conseils
d'arrondissement, les réclamations demeurent régies par les
articles 50 et 51 de la loi du 22 juin 1833. Elle sont jugées
par le conseil de préfecture, sauf recours au Conseil d'État. Les
demandes qui n'ont pas été consignées au procès-verbal doivent
être déposées dans le délai de cinq jours, à partir de l'élection,
au secrétariat de la sous-préfecture, quand elles émanent des
électeurs ou des candidats, et dans celui de quinze jours à dater
de la réception du procès-verbal, quand elles émanent du
préfet.

(*Voir*, pour les règles de procédure, v^{is} Conseil de préfecture
et Conseil d'État.)

§ 2. — Exception pour les questions d'incapacité légale.

9. — Le Conseil d'État, appelé à prononcer sur les réclamations concernant les élections des conseils généraux, n'est
point juge des questions d'incapacité légale des élus. Ces difficultés doivent être renvoyées à l'autorité judiciaire. C'est ce
que prescrit l'article 16 de la loi de 1871, modifié par la loi du
31 juillet 1875, dont les dispositions sont empruntées à l'article
52 de la loi du 22 juin 1833. Le nouvel article 16 porte :
« Lorsque la réclamation est fondée sur l'incapacité légale de
« l'élu, le Conseil d'État surseoit à statuer jusqu'à ce que
« la question préjudicielle ait été jugée par les tribunaux
« compétents, et fixe un bref délai dans lequel la partie qui
« aura élevé la question préjudicielle doit justifier de ses
« diligences. S'il y a appel, l'acte d'appel doit, à peine de nul-
« lité, être notifié à la partie dans les dix jours du jugement,
« quelle que soit la distance des lieux. Les questions préjudicielles
« seront jugées sommairement par les tribunaux, et conformé-
« ment au paragraphe 4 de l'article 33 de la loi du 19 avril
« 1831. »

Les mêmes règles sont applicables au conseil de préfecture,

prononçant sur les réclamations touchant les élections des conseils d'arrondissement. (Art. 52 de la loi du 22 juin 1833.)

10. — Quel est ici le sens des mots incapacité légale? La qualité d'éligible résulte de la réunion des conditions prescrites par la loi : l'absence de l'une d'elles entraîne l'incapacité. Ces conditions comprennent : 1° la jouissance des droits civils et politiques , particulièrement la qualité de Français; 2° l'âge de vingt-cinq ans ; 3° le domicile dans le département, pour les membres du conseil général, et dans l'arrondissement, pour ceux du conseil d'arrondissement ; 4° à défaut de domicile, le payement d'une contribution directe dans le département ou l'arrondissement [1]; 5° enfin, l'absence de toutes les causes d'indignité prévues par la loi. (Art. 15 et 16 du décr. régl. de 1852 et art. 2 du décr. du 7 juill. 1852 ; *Voir* v° INCAPACITÉ.)

« La réunion de ces qualités, dit M. Serrigny, constitue l'état » politique de l'éligible aux conseils de département et d'arron- « dissement, comme l'absence de l'une d'elles placerait l'élu « dans l'incapacité de remplir la fonction. L'examen de ces ques- « tions intéresse l'état des citoyens. Le législateur a voulu placer « ces questions d'état politique sous la garantie des juges inamovi- « bles. Telle est la cause juridique de la compétence donnée aux « tribunaux, et du partage, fait entre l'autorité administrative et « l'autorité judiciaire, d'une vérification de pouvoirs qui, dans « le cas d'élections législatives, appartient toute entière au Corps « législatif. » (*Comp. adm.*, t. III, n° 1104.)

11. — Toutefois , en matière de contributions, il y a lieu de distinguer les faits relatifs à l'assiette de l'impôt, lorsqu'il s'agit simplement d'apprécier si un individu paye une contribution *dans le sens de la loi*, de ceux qui se réfèrent aux obligations dont cet individu est tenu au point de vue civil. La connaissance

[1] L'article 6 de la loi du 10 août 1871 a réglé pour les conseillers généraux ce qui doit s'entendre de ce payement des contributions directes; il faut être inscrit au rôle d'une des contributions directes au 1er janvier précédent l'élection, ou justifier qu'on avait droit d'y être inscrit, ou avoir hérité avant l'élection d'une propriété foncière dans le département.

des premiers appartient au juge administratif, celle des seconds aux tribunaux ordinaires.

Ainsi, l'autorité administrative serait compétente pour statuer sur la question de savoir si un individu est éligible, alors que 1° dans l'année de l'élection, il a acquis une propriété par acte authentique et qu'il en a payé les impôts (C. d'Ét., 9 mars 1870, él. dép. de Larches); 2° quand il a acquis une propriété dans l'année de l'élection et qu'il a déclaré la mutation conformément à la loi (C. d'Ét., 20 mai 1868, él. dép. de Metz). On verra v° ÉLIGIBILITÉ, n° 16, d'autres espèces analogues dans lesquelles le juge administratif est appelé à prononcer.

Rentrerait au contraire dans le dernier cas l'examen des droits et obligations qu'un individu tient d'un testament, sur des biens pour lesquels son auteur figurait au rôle des contributions directes. (C. d'Ét., 4 févr. 1869, él. dép. de Tarbes.)

Ce serait également à l'autorité judiciaire qu'il appartiendrait de décider si l'on doit compter parmi les ouvertures à raison desquelles un candidat est porté au rôle de la contribution des portes et fenêtres, certaines ouvertures existant dans une maison habitée par son locataire. (C. d'Ét., 19 mars 1847, él. d'arr. de Manosque.)

12. — La juridiction administrative ne doit surseoir à statuer sur la demande en nullité d'une élection, que dans le cas où la question est l'objet d'une difficulté véritable.

Mais elle n'a pas à rechercher si la question soulevée est ou non sans objet. Lorsque, par exemple, l'élection d'un candidat est contestée par le motif qu'il n'est pas domicilié, le juge de l'élection n'est pas tenu préalablement de décider si le nombre des membres du conseil général en exercice au jour de l'élection et non domiciliés, n'excède pas le quart fixé par l'article 6 de la loi du 10 août 1871. Ce sera au candidat élu qu'il appartiendra, s'il est reconnu qu'il n'est pas domicilié, d'opposer ensuite que les membres du conseil dans le même cas n'atteignent pas la proportion du quart; la décision de renvoi ne met aucun obstacle à ce droit. (C. d'Ét., 25 juin 1868, él dép. de Querigut.)

§ 3. — Juridiction compétente pour les questions d'incompatibilité.

13. — Doit-on ranger les questions d'incompatibilité parmi celles d'incapacité légale dont la connaissance appartient aux tribunaux ordinaires ? A cet égard la jurisprudence a varié, et les auteurs ont été longtemps divisés. L'affirmative était adoptée par la Cour de Cassation, tandis que la négative était admise par le Conseil d'État. (C. d'Ét., 6 juin 1834, Chardoillet; 28 nov. 1834, Fleury ; 13 août 1840, Lasale ; 1er juin 1843, Dufour; 10 sept. 1845, Behaghel; 6 mars 1846, Caillet; C. C., ch. civ., 30 juin 1841, rejet (Rance), *Sirey*, 1841, I, 635.)

Il ne s'agit pas ici, à proprement parler, de l'incapacité de l'élu. Or, les questions de capacités seules, reviennent à l'autorité judiciaire; pour toutes les autres, c'est le juge de droit commun, c'est-à-dire la juridiction administrative qui doit être appelée à statuer. Il est du reste à remarquer qu'en matière municipale, le législateur a limité la compétence des tribunaux *aux questions d'état*. (Voir *infrà*, n° 16.)

§ 4. — Juridiction qui, dans tous les cas, doit être saisie, et qui est appelée à statuer sur les opérations.

14. — Toutes réclamations en matière électorale doivent être portées dans le délai de la loi (Voir *suprà*, n°s 7 et 8) devant l'autorité administrative, sans qu'il y ait lieu de distinguer entre les protestations fondées sur des irrégularités se rattachant aux opérations électorales proprement dites, et celles basées sur une question d'incapacité ou d'incompatibilité concernant le candidat élu. Dans tous les cas, en effet, la connaissance de la réclamation tendant à l'invalidation d'une élection appartient, soit au conseil de préfecture, soit au Conseil d'État, suivant qu'il s'agit d'une élection au conseil d'arrondissement ou d'une élection au conseil général: la question de capacité seule est soumise à l'autorité judiciaire. Il suit de là que les tribunaux civils ne statuent sur les questions qui leur sont renvoyées qu'à titre préjudiciel; de sorte que la juridiction administrative doit toujours prononcer sur le fond du litige.

Cette doctrine, que la Cour de Cassation avait d'abord repoussée [1], est maintenant admise sans conteste. (C. d'Ét., arrêt de conflit du 31 mai 1866, él. de la Teste; C. C., ch. civ., 22 août 1866, cassation (Sassias), *Sirey*, 1866, I, 432.)

Relativement aux formes à suivre devant les tribunaux, *voir* v° TRIBUNAL CIVIL.

ART. 3. — *Élections municipales.*

§ 1. — Juridiction ordinaire.

15. — En matière municipale, les réclamations formées, soit par des électeurs, soit par le préfet, contre les opérations électorales, sont jugées en premier ressort par le conseil de préfecture, en appel par le Conseil d'État. Cela résulte des dispositions des articles 45 et 46 de la loi du 5 mai 1855, lesquels sont ainsi conçus :

« Art. 45. Tout électeur a le droit d'arguer de nullité les opérations de l'assemblée dont il fait partie. Les réclamations doivent être consignées au procès-verbal; sinon elles doivent être, à peine de nullité, déposées au secrétariat de la mairie dans le délai de cinq jours, à dater du jour de l'élection. Elle sont immédiatement adressées au préfet par l'intermédiaire du sous-préfet; elles peuvent aussi être directement déposées à la préfecture, ou à la sous-préfecture, dans le même délai de cinq jours. Il est statué par le conseil de préfecture, sauf recours au Conseil d'État. »

« Art. 46. Le préfet, s'il estime que les conditions et les formes légalement prescrites n'ont pas été remplies, peut également, dans le délai de quinze jours à dater de la réception du procès-verbal, déférer les opérations électorales au conseil de préfecture. Le recours au Conseil d'État contre la décision

---

[1] La Cour de Cassation avait anciennement admis que la réclamation, lorsqu'elle reposait sur une question de capacité légale, pouvait être portée directement devant le tribunal civil, et que celui-ci pouvait prononcer à la fois sur la question de capacité, et sur le sort de l'élection. (Arrèts des 28 août 1834, *Sirey*, 1834, 1, 642 et 12 avril 1842, *Sirey*, 1842, 1, 319.)

« du conseil de préfecture est ouvert, soit au préfet, soit aux
« parties intéressées, dans le délai et les formes réglés par l'ar-
« ticle précédent. »

Il doit être donné récépissé des réclamations.

§ 2. — Exceptions pour les questions d'état. — Question d'incompatibilité.
— Juridiction qui doit être saisie et qui doit statuer définitivement.

16. — Suivant l'article 47 de la loi dui 5 mai 1855, les *questions d'état* que soulèvent les réclamations doivent être renvoyées à la juridiction civile : « Dans tous les cas où une réclama-
« tion en vertu de la présente loi, porte cet article, implique la
« solution préjudicielle d'une question d'état, le conseil de pré-
« fecture renvoie les parties à se pourvoir devant les juges com-
« pétents, et fixe un bref délai dans lequel la partie qui aura
« élevé la question préjudicielle doit justifier de ses diligences. »

17. — On doit comprendre sous le nom de questions d'état
toutes celles relatives à la capacité de l'élu, c'est-à-dire à la nationalité, à l'âge, à la jouissance des droits civils et politiques,
au domicile, à la parenté ou à l'alliance au degré prohibé.

Ainsi, la compétence judiciaire a été reconnue pour les questions de nationalité. (C. d'Ét., 25 août 1849, él. de Castelnau-
Camblong ; 22 févr. 1850, él. d'Ét ; 17 juill. 1861, él. de Trélon ; 10 avril 1866, él. d'Ajaccio ; 7 août 1875, él. de Paris.)

De même pour celles concernant l'alliance. (C. d'Ét., 8 janv.
1836, Boutarel ; 10 août 1847, él. d'Ainvelle ; 12 sept. 1853, él.
de Montférier ; 3 mai 1861, él. d'Illfurth ; 16 juill. 1861,
él. de Sahune ; 27 févr. 1866, él. de Juvigny, 6 juin 1866,
él. de Lasse ; 17 juill. 1866, él. de Sahune ; 19 juill.
1866, él. de Bayeux ; 10 août 1866 ; él. de Trevières ; 2 nov.
1871, él. de la Ferté-Imbault ; 9 déc. 1871, él. d'Artigneloutan,
19 nov. 1875, él. de Bernac-Debat.)

Il a été jugé également que le conseil de préfecture est incompétent pour apprécier si un individu se trouve soumis à l'une des
dispositions de l'article 15 du décret organique de 1852, touchant les causes d'indignité : par exemple en cas de condamna-

tion à l'amende pour attentat aux mœurs (C. d'Ét., 21 juill. 1853, Habert); ou en cas de condamnation prononcée pour faits d'immoralité (C. d'Ét., 27 juill. 1853, Clergeot); ou en cas de condamnation à cinq jours de prison pour complicité de vol (C. d'Ét., 10 avril 1866, él. d'Amberieu); ou en cas de révocation d'un greffier de justice de paix (C. d'Ét., 6 juin 1872, él. de Joinville); ou lorsque la condamnation a été prononcée, sous l'empire d'une loi étrangère. (C. d'Ét., 7 août 1875, él. de Saint-Laurent.)

Même solution quand il s'agit de décider si la grâce accordée à un condamné a pour effet de le faire rentrer dans la plénitude de ses droits (C. d'Ét., 31 janvier 1856, él. de Lays-sur-le-Doubs); ou encore quand il s'agit d'apprécier les effets d'une condamnation pour coups et blessures, prononcée en 1841, alors qu'une loi postérieure a fait passer de la classe des crimes dans celle des délits les infractions de ce genre. (C. d'Ét., 7 août 1875, él. de Prades.)

Le conseil de préfecture ne peut statuer davantage sur les questions d'incapacité résultant de l'état de commerçant failli; spécialement sur le point de savoir si le concordat met fin à l'incapacité. (C. d'Ét., 1er juin 1850, él. de Croisy.)

18. — Mais il serait compétent pour décider si un candidat élu au conseil municipal a la qualité de domestique attaché à la personne; cette difficulté n'étant pas au nombre des questions d'état civil. (C. d'Ét., 24 janv. 1872, él. de Villiers.)

19. — D'ailleurs, le conseil de préfecture ne doit renvoyer devant l'autorité judiciaire, que les questions qui soulèvent une sérieuse difficulté : quand elles prennent leur origine dans les faits admis ou indéniables, le juge administratif est compétent.

Ainsi, il aurait qualité pour statuer en cas de parenté ou d'alliance non contestée (C. d'Ét., 5 juin 1838, él. de la Mothe ; 30 août 1847, él. de Saint-Symphorien-de-Lay ; 16 juin 1861, él. de Larrau) ; si l'on ne contestait pas le défaut d'âge (C. d'Ét. 5 juin 1838, él. de Paris-l'Hôpital ; 8 mai 1866, él. de Lolif ; 29 décembre 1871, él. de Soumoulon) ; si l'on ne contestait

pas qu'une condamnation entraînant incapacité eût été encourue
et que le réclamant ne justifiât pas d'une réhabilitation judiciairement obtenue au moment de l'élection (C. d'Ét., 6 juin
1866, él. de Briançon ; 15 nov. 1871 , él. de Gourdon);
ou lorsqu'il s'agit de décider si deux candidats ayant épousé
les deux sœurs sont soumis à l'application de l'article 11 de la
loi de 1855. (C. d'Ét. 16 janv. 1861, él. de Chepoix ; 20 mars
1866, él. de Maisonnisses.)

La question de savoir si les incapacités électorales prononcées
par le décret du 2 février 1852 sont applicables en matière d'élections municipales, n'est pas non plus de celles dont l'examen
doit être renvoyé devant l'autorité judiciaire. (C. d'Ét., 14 juin
1866, él. mun. de Malzieu-Ville.)

20. — Enfin, de même qu'en matière d'élections départementales et d'arrondissement, l'autorité administrative doit être
saisie dans tous les cas. Quand l'examen d'une pareille
question est renvoyée au tribunal civil, ce n'est qu'à titre préjudiciel ; il y a lieu de revenir devant le conseil de préfecture,
seul juge de la validité des opérations, pour faire statuer au
fond. (Voir *suprà* n° 14).

21. — Les principes rappelés, n°s 11 et 13, sont également
applicables en matière municipale. (*Voir* v° ÉLIGIBILITÉ, n° 27.)

22. — Quand le renvoi a été prononcé par le conseil de préfecture, c'est aux auteurs de la protestation et non au candidat
dont l'élection est attaquée, qu'incombe l'obligation de porter
la question d'état devant le tribunal compétent, dans le délai qui
leur est imparti. (C. d'Ét. 9 juill. 1866, él. de Louzé ; 19 juill.
1866, él. de Bayeux.)

Voir, touchant les formes à suivre pour le jugement des réclamations, v^is CONSEIL DE PRÉFECTURE ET CONSEIL D'ÉTAT.

RENOUVELLEMENT.

§ 1. — Élections à la Chambre des députés.

1. — L'article 15 de la loi du 30 novembre 1875 fixe à quatre années la durée du mandat des membres de la Chambre des députés. A l'expiration de ce délai, l'assemblée doit se renouveler intégralement.

§ 2. — Élections départementales et d'arrondissement.

2. — Les conseils généraux et d'arrondissement, qui sont élus pour six ans, se renouvellent par moitié tous les trois ans. (art. 21 de la loi du 10 août 1871; art. 25 de la loi du 22 juin 1833). Ce renouvellement partiel a pour but de conserver dans ces assemblées l'esprit de suite et de tradition qui est nécessaire.

Il s'opère, au moyen d'un tirage au sort, qui, pour les conseils généraux est réglé par l'article 21 de la loi du 10 août 1871 : « En cas de renouvellement intégral, dit-il, à la session « qui suit ce renouvellement, le conseil général divise les can- « tons du département en deux séries, en répartissant, autant « que possible, dans une proportion égale, les cantons de « chaque arrondissement dans chacune des séries, et il procède « ensuite au tirage au sort pour régler l'ordre du renouvelle- « ment des séries. »

3. — L'article 25 de la loi de 1833 établit pour les conseils d'arrondissement une disposition analogue; mais le tirage au sort est fait par le préfet, en conseil de préfecture et en séance publique.

4. — Le renouvellement triennal constitue une mesure générale qui s'exécute à la fois dans toute la France. Le jour de la convocation des électeurs est fixé par un décret. (*Voir* v° CONVOCATION, art. 2.)

§ 3. — Élections municipales.

5. — Le mode de renouvellement des conseils municipaux doit être déterminé par une loi ultérieure. L'article 8 de la loi

du 14 avril 1871 porte, à ce sujet : « Les conseils municipaux
« nommés resteront en fonctions jusqu'à la promulgation de la
« loi organique sur les municipalités. » Toutefois, cet article
ajoute : « la durée de leurs fonctions ne pourra excéder trois
ans [1]. »

RÉUNIONS.

ART. 1er. — *Des droits d'association et de réunion en général.*

1. — Avant d'examiner les règles auxquelles sont soumises
les réunions électorales, nous rappellerons en quelques mots
celles qui concernent d'une manière générale les réunions publiques.

Il importe tout d'abord de distinguer les réunions des associations. M. Achille Morin les définit ainsi : « La réunion est le
« concours accidentel d'un nombre quelconque de personnes
« dans un but d'enseignement, de discussion, de piété ou de
« plaisir. L'association est un concert ou contrat avec certains
« individus, qui se trouvent liés d'une façon permanente pour
« mener à fin une opération convenue. » Il en résulte que
l'association se reconnaît à ces trois caractères : 1° la commu-
nauté du but; 2° l'union des personnes ; 3° la permanence ou
tout au moins la périodicité.

2. — Après la révolution de 1789, le droit de réunion fut

---

[1] Le dernier renouvellement des conseils municipaux a eu lieu le 22 novembre 1874.

admis en principe, mais avec diverses restrictions que l'ordre
public commandait, et dont les troubles de cette époque avaient
démontré la nécessité. La Convention supprima ces mesures
qu'elle considérait comme des entraves apportées à la liberté,
et proclama le droit absolu de réunion. Mais les désordres qu'il
amena le firent bientôt condamner : après thermidor, on fut
forcé de fermer les clubs. La Constitution de l'an III prohiba
les sociétés dites populaires, et défendit aux sociétés particulières d'avoir entre elles des affiliations. Enfin, par un décret
du 7 thermidor an V, toutes les réunions furent interdites.

Cet état de choses subsista jusqu'en 1810, époque à laquelle le
législateur détermina les conditions du droit d'association. L'autorisation préalable du gouvernement fut prescrite, pour toute
association de plus de vingt personnes, quel qu'en fût l'objet.
Dans le cas d'infraction à cette loi, une amende était prononcée
contre les contrevenants. En outre, des peines plus sévères
atteignaient la provocation à des crimes ou à des délits, qui
aurait lieu dans les réunions des membres de l'association.

Ces dispositions font l'objet des articles 291 à 294 du Code
pénal, lesquels sont encore en vigueur. La loi du 10 avril 1834
en étendit l'application aux associations de plus de vingt personnes, qui seraient partagées en sections d'un nombre inférieur.

Un décret du 28 juillet 1848 réglementa ensuite le droit
de réunion. A cet effet, il divisa les réunions en publiques et non publiques : les premières furent soumises à
des conditions de déclaration préalable, de surveillance et de
publicité ; les secondes étaient astreintes seulement à la formalité de la déclaration, lorsqu'elles n'avaient pas de caractère
politique. Dans le cas contraire, elles ne pouvaient se former
sans autorisation. L'article 13 de la même loi interdisait d'une
manière absolue les sociétés secrètes. De ces dispositions furent
exceptées les réunions électorales, qui restèrent complétement
libres.

Cette loi fut abrogée par un décret du 25 mars 1852, à
l'exception de l'article 13, relatif à l'interdiction des sociétés

RÉUNIONS.

secrètes. Le décret de 1852 déclara d'ailleurs applicables aux réunions publiques, de quelque nature qu'elles fussent, les dispositions des articles 291 à 294 du Code pénal, et celles de la loi du 10 avril 1834.

3. — La loi du 6 juin 1868 établit pour ces réunions un nouveau régime. Celles qui traitaient de matières politiques durent toujours être autorisées ; les autres furent soumises seulement à certaines formalités et conditions que nous indiquerons brièvement.

Chaque réunion doit être précédée d'une déclaration de sept personnes domiciliées dans la commune, et jouissant de leurs droits civils et politiques [1]. Cette déclaration indique les noms, qualités et domiciles des déclarants, le local, le jour et l'heure de la séance ainsi que son objet. Elle est remise à Paris au préfet de police ; dans les départements, au préfet ou au sous-préfet. Il en est donné immédiatement un récépissé, qui doit être représenté à toute réquisition des agents de l'autorité. La réunion ne peut avoir lieu que trois jours après la délivrance du récépissé. (Art. 2.)

Elle doit d'ailleurs être tenue dans un local clos et couvert, et ne peut se prolonger au delà de l'heure déterminée pour la fermeture des lieux publics (art. 3). Il doit être constitué un bureau, formé d'un président et de deux assesseurs au moins, et chargé de diriger les débats (art. 4). Enfin, la surveillance de la réunion est assurée par la présence d'un fonctionnaire public de l'ordre judiciaire ou administratif, qui a le pouvoir, en cas de trouble, d'en prononcer la dissolution [2]. (Art. 5 et 6.)

Les droits de police municipale appartenant aux maires, en vertu des lois générales, sont en outre formellement réservés (Art. 7.)

Aux termes de l'article 13, le préfet de police à Paris, le préfet dans les départements, peuvent ajourner toute réunion

---

[1] La loi n'exige pas que ces individus soient électeurs. (Cir. du min. de l'int., du 28 avril 1869.)

[2] Ce dernier doit être revêtu de ses insignes, et occupe une place à son choix. (Art. 5.)

de nature à troubler l'ordre ou à compromettre la sécurité publique. Mais elle ne peut être interdite que par décision du ministre de l'intérieur.

ART. 2. — *Des réunions publiques électorales.*

§ 1. — Réunions électorales autorisées.

4. — La loi du 6 juin 1868 qui maintint la nécessité de l'autorisation, pour toutes les réunions publiques politiques, a fait exception au profit des réunions électorales, pendant une certaine partie de la période préparatoire des élections législatives. Ce droit résulte du paragraphe 1er de l'article 8, qui porte : « Des réu- « nions électorales peuvent être tenues à partir de la promul- « gation du décret de convocation d'un collége pour l'élection « d'un député au Corps législatif, jusqu'au cinquième jour « avant celui fixé pour l'ouverture du scrutin. »

5. — Cet article ne se référant qu'à l'élection des députés, il en résulte qu'il ne saurait être étendu à l'élection des membres des conseils généraux, d'arrondissement et municipaux. Cela a été du reste formellement exprimé, lors de la discussion au Corps législatif.

L'article 16 de la loi du 2 août 1875 autorise également les réunions électorales pour la nomination des sénateurs.

§ 2. — Période durant laquelle les réunions sont permises

6. — Aux termes de l'article 4 du décret organique du 2 février 1852, les électeurs doivent être convoqués « vingt jours au moins » avant l'ouverture du scrutin. C'est pendant cette période que les réunions électorales sont permises.

Le point de départ de cette période, d'après l'article 8 de la loi de 1868, est le jour de la promulgation du décret de convocation ; elle prend fin le cinquième jour avant l'élection, afin qu'à la période d'agitation succède un temps d'apaisement et de calme, indispensable pour pouvoir émettre un vote libre et réfléchi.

On s'est demandé si l'administration avait le droit, pendant les cinq jours précédant l'ouverture du scrutin, d'autoriser des réunions ou d'en former elle-même : la question a été résolue négativement par le ministre de l'intérieur. Donc, durant ces cinq jours, ni l'administration, ni le candidat, ni aucune autre personne ne peut provoquer des réunions électorales publiques ; l'interdiction est absolue.

7. — Si au premier tour de scrutin le candidat n'avait pas obtenu la majorité absolue, et que l'élection fût renvoyée à un deuxième tour, de nouvelles réunions pourraient-elles avoir lieu jusqu'au cinquième jour précédant la deuxième opération ? La loi ne distinguant pas entre les deux tours de scrutin, l'affirmative ne nous paraît pas douteuse. De nouvelles réunions peuvent être tenues, à partir du jour de la proclamation du recensement négatif, jusqu'au cinquième jour avant le deuxième tour.

8. — En ce qui touche la nomination des sénateurs, les réunions électorales sont permises, du jour de l'élection des délégués, jusqu'à celui du vote inclusivement (L du 2 août 1875, art. 16, paragraphe 1). La disposition de la loi qui interdit les réunions cinq jours avant le scrutin a paru inutile, à raison du petit nombre des électeurs. Aussi, n'a-t-elle pas été maintenue.

§ 3. — Conditions auxquelles les réunions électorales sont soumises.

9. — Suivant le paragraphe 2 de l'article 8, les électeurs de la circonscription électorale et les candidats ont seuls le droit d'assister aux réunions.

Le paragraphe 4 du même article porte : « La réunion ne « peut avoir lieu qu'un jour franc après la délivrance du récé- « pissé, qui doit suivre immédiatement la déclaration. »

Les dispositions relatives à la déclaration préalable, aux conditions de temps et de lieu, à la constitution du bureau, à sa composition et à la présence du fonctionnaire public, sont applicables aux réunions électorales. (Voir *suprà*, nº 3.)

10. — En matière d'élections sénatoriales, la loi du 2 août

1875, article 16, règle ainsi qu'il suit les conditions de la réunion : « Les réunions électorales pour la nomination des séna-
« teurs pourront avoir lieu en se conformant aux règles tracées
« par la loi du 6 juin 1868, sauf les modifications suivantes :
« 1° ces réunions pourront être tenues depuis le jour de la
« nomination des délégués jusqu'au jour du vote inclusive-
« ment ; 2° elles doivent être précédées d'une déclaration faite,
« la veille au plus tard, par sept électeurs sénatoriaux de
« l'arrondissement, et indiquant le local, le jour et l'heure où
« la réunion doit avoir lieu, et les noms, profession et domicile
« des candidats qui s'y présenteront ; 3° l'autorité municipale
« veillera à ce que nul ne s'introduise dans la réunion, s'il
« n'est député, conseiller général, conseiller d'arrondissement,
« délégué ou candidat. — Le délégué justifiera de sa qualité
« par un certificat du maire de sa commune, le candidat par
« un certificat du fonctionnaire qui aura reçu la déclaration
« mentionnée au paragraphe précédent. »

Ainsi les seules personnes admises à la réunion sont les électeurs sénatoriaux, c'est-à-dire les députés, conseillers généraux, conseillers d'arrondissement, délégués et candidats.

§ 4. — Pénalités en cas d'infractions à la loi.

11. — Aux termes de l'article 9 : « Toute infraction aux
« prescriptions des articles 2, 3 et 4, et des paragraphes 1, 2 et 4
« de l'article 8 constitue une *contravention* punie d'une amende
« de cent francs à trois mille francs et d'un emprisonnement
« de six jours à six mois. Sont passibles de ces peines :
« — 1° Ceux qui ont fait une déclaration ne remplissant pas les
« conditions prescrites par l'article 2, si cette déclaration a été
« suivie d'une réunion ; — 2° ceux qui ont prêté ou loué le local
« pour une réunion, si la déclaration n'a pas été faite, ou si le
« local n'est pas conforme aux prescriptions de l'article 3 ; —
« 3° les membres du bureau, ou si aucun bureau n'a été formé,
« les organisateurs de la réunion, en cas d'infraction aux ar-
« ticles 2, 3, 4 et 8, paragraphes 1 et 4 ; — 4° ceux qui se sont

« introduits dans une réunion électorale, en contravention au
« deuxième paragraphe de l'article 8; — sans préjudice des pour-
« suites qui peuvent être exercées pour tous crimes ou délits
« commis dans ces réunions publiques, et de l'application des
« dispositions pénales relatives aux associations ou réunions
« non autorisées. »

12. — Les infractions aux prescriptions des articles 2, 3 et 4
ainsi que des paragraphes 1, 2 et 4 de l'article 8, constituant
des contraventions, il en résulte qu'elles doivent être punies
même en l'absence de toute intention coupable.

Il en serait ainsi, par exemple, dans le cas où il ne serait pas
démontré que l'organisateur d'une réunion privée eût eu
l'intention d'y laisser pénétrer le public, s'il n'avait pas pris
toutes les mesures nécessaires pour lui en interdire l'accès.
(C. C., ch. crim., 9 janv. 1869, rejet (de Larcy), *Sirey*,
1869, 1, 282.)

13. — L'article 10 prévoit le délit de refus d'obéissance à
l'injonction de se séparer, faite à la réunion par le représentant de l'autorité. Il porte : « Tout membre du bureau ou de
« l'assemblée qui n'obéit pas à la réquisition faite à la réunion
« par le représentant de l'autorité d'avoir à se disperser, est
« puni d'une amende de trois cents francs à six mille francs, et
« d'un emprisonnement de quinze jours à un an, sans préju-
« dice des peines portées par le Code pénal pour résistance,
« désobéissance et autres manquements envers l'autorité pu-
« blique. »

14. — L'article 11 concerne le fait de se présenter dans une
réunion avec armes apparentes ou cachées : ce délit est puni
d'un emprisonnement d'un mois à un an, et d'une amende de
trois cents francs à dix mille francs.

15. — L'article 463 du Code pénal est applicable aux délits
et contraventions prévus par la loi. (Art. 12.)

ART. 3. — *Des réunions privées.*

16. — Les réunions privées n'ayant été soumises par la loi à aucune réglementation, demeurent entièrement libres. Mais quels sont les caractères distinctifs des réunions publiques ? « La réunion publique, disait M. Pelletan, lors de la discus- « sion de la loi, est celle tenue dans un lieu public, quel que « soit le nombre des assistants. Est encore publique toute « réunion tenue dans un endroit privé quand on laisse la « porte ouverte et que le premier venu peut entrer dans l'en- « ceinte ». Celles qui ne se trouvent pas dans ces conditions doivent être considérées comme privées. Précisons davantage : pour qu'une réunion puisse être considérée comme privée, il faut d'abord que le local appartienne à celui qui en est l'in- stigateur, soit comme propriétaire, soit à titre de locataire. Peu importe d'ailleurs qu'il lui soit loué à cette occasion, ou bien livré gratuitement, pourvu qu'il ait le droit d'y recevoir ceux qui lui conviennent, et d'exclure ou d'expulser les autres.

Le nombre de personnes ne modifie en rien le caractère de la réunion, du moment que ces personnes ont été invitées par le maître du local ou qu'elles ont été agréées par lui, sur la recommandation d'autres personnes. « La réunion privée, « disait encore M. Pelletan, est légalement permise, légale- « ment inviolable quand elle a lieu dans un local privé sur « convocation personnelle, quel que soit le nombre des assis- « tants ; qu'il soit de 21, de 100, de 1,000, de 10,000 même, « s'il y avait un local assez considérable pour les contenir, « cette réunion serait irréprochable [1]. »

17. — Sous l'empire du décret du 25 mars 1852, dont l'ar- ticle 2 déclarait les articles 291, 292 et 294 du Code pénal, et les articles 1, 2 et 3 de la loi du 10 avril 1834, applicables aux réunions publiques de quelque nature qu'elles fussent, on avait cherché à établir d'une façon bien précise où s'arrêtait la limite d'une réunion privée, et où commençait celle d'une réunion publique.

Un arrêt de la Chambre criminelle de la Cour de Cassation

---

[1] *Moniteur* du 15 mars 1868.

affirma nettement le droit de réunion privée en matière électorale, et énuméra les circonstances sur lesquelles le juge du
fait devait se fonder, pour admettre le caractère public de la
réunion : « attendu que du jugement rendu le 22 avril 1864,
« porte cette décision, il résultait que cette réunion, par sa
« nature, par son objet, et par le nombre des personnes qui la
« composaient, avait essentiellement le caractère d'une
« réunion publique, puisque le commissaire de police et l'of-
« ficier de paix qui l'accompagnait avaient pu y pénétrer
« librement, sans rencontrer d'obstacles et sans qu'il leur fût
« fait la moindre question ou observation ; attendu qu'en adop-
« tant les motifs des premiers juges, la cour a ajouté qu'un appel
« avait été adressé au dehors, que l'accès de l'atelier où se
« tenait la réunion avait été permis à tous pendant sa durée, et
« que pour ce qui concerne spécialement le demandeur, il
« savait que la réunion serait publique, qu'il avait assisté à son
« commencement et pu s'assurer par lui-même qu'il était libre
« à tout individu de s'y introduire ; attendu que de l'ensemble
« de ces faits et circonstances, l'arrêt attaqué a dû tirer la con-
« séquence que la réunion dont il s'agit était publique, et que sa
« déclaration se fonde tant sur une constatation souveraine que
« sur la juste appréciation des conditions constitutives de sa
« publicité. (C. C., ch. crim., 4 févr. 1865, rejet (Barthelemy)
Sirey, 1865, I, 149 [1].)

Depuis la loi de 1868, un arrêt de rejet, en date du 9 janvier
1869 (aff. de Larcy), a reconnu que « si les réunions tenues
« en la demeure des citoyens sont des réunions privées et par-
« ticipent de l'inviolabilité du domicile, ce n'est qu'autant que
« l'accès en est sérieusement interdit au public ; et que ce do-
« micile perd son caractère privé, ainsi que les réunions qui
« s'y tiennent, dès qu'il est ouvert au public. » (C. C., ch. crim.,
9 janv. 1869, *Sirey*, 1869, I, 282.)

---

[1] On avait prétendu en outre dans cette affaire, que les réunions électorales même publiques étaient permises.

On devrait donc considérer comme étant publique la réunion pour laquelle aucune invitation personnelle n'aurait été faite, et où le public aurait eu accès librement. (Arrêt précité du 9 janv. 1869 (de Larcy.)

Bien plus, le fait de l'existence de cartes d'invitation ne serait pas suffisant pour donner à la réunion un caractère privé, lorsque ces cartes ont été distribuées au public, sans distinction et sans choix, dans des bureaux ouverts à cet effet (C. C., ch. crim., 5 déc. 1872, rejet (Darie), *Dalloz*, 1872, I, 432). Il en serait de même si les cartes avaient été adressées à domicile, mais sans adresse, ou remises soit sur la voie publique, soit à la porte de l'habitation de l'organisateur de la réunion, à tous ceux qui se sont présentés (arrêt précité du 9 janv. 1869 (de Larcy'); ou bien quand un grand nombre d'invitations en blanc ont été délivrées à certaines personnes, qui ont pu ensuite les distribuer à qui bon leur a semblé (même arrêt, et C. C., ch. crim., 4 juin 1869, rejet (Dubouch), *Sirey*. 1869, I, 283); ou encore, lorsque le nombre de personnes admises dépasse notablement le chiffre des cartes, et qu'une partie des membres de la réunion a pu pénétrer sans invitation verbale ou écrite. (C. C., ch. crim., 7 janv. 1869, rejet (Lacy-Guillon), *Sirey*, 1869, I, 281.)

Par contre, la réunion ne deviendrait pas publique, à raison de ce que l'on aurait reçu, soit par recommandation, soit par un autre motif, des personnes que l'on n'aurait jamais vues, et qu'il aurait été distribué quelques invitations en blanc, si la remise de ces lettres n'était pas le fait des organisateurs ou de leurs mandataires autorisés. (C. de Rennes, ch. corr., 16 déc. 1874 (Le Pommelec), *Dalloz*, 1875, II, 236.)

On peut du reste résumer ainsi la doctrine consacrée par la jurisprudence, et qui est adoptée par tous les auteurs. Une réunion privée est celle où il faut être convoqué personnellement et individuellement ; elle devient publique, du moment qu'en fait, des personnes non invitées à l'avance et dans les conditions que nous venons d'indiquer, peuvent s'y introduire. Il y a présomption qu'une réunion est réellement publique,

bien qu'elle s'intitule réunion privée, si elle ne se tient pas
dans un domicile privé, mais dans un magasin, un chai, ou
bien encore dans un café, théâtre, etc., surtout lorsqu'elle
comprend un grand nombre d'assistants, et qu'elle a été annoncée à l'avance, soit par les journaux, soit par tout autre mode
de publicité. Il n'y a plus de doute s'il est constaté que des personnes étrangères à l'organisateur ont eu accès à cette réunion,
et que les billets d'invitation n'étaient destinés qu'à en dissimu-
ler la nature. Enfin une réunion perdrait son caractère privé, si
les dispositions du local permettaient de voir ou d'entendre du
dehors ce qui serait fait ou dit dans cette assemblée. (Dubois,
Comm. de la loi du 6 juin 1868, p. 59; Ameline, *Revue prat.*
t. XXV, p. 367; Giraudeau et Lelièvre, *Réunion pub.*, n° 9;
Blanche, *Études prat. sur le Code pénal*, t. IV, n° 260.)

ART. 4. — *Comités électoraux.*

18. — Les comités connus sous le nom de comités électoraux
qui se forment en vue d'arrêter et de faire triompher certaines
candidatures, constituent tantôt des associations et tantôt de
simples réunions, suivant le caractère que présente chaque
espèce. Le plus souvent, il s'établit entre les membres un lien
permanent, une véritable affiliation qui survivent à la période
électorale, pendant laquelle le comité est licite, et alors celui-ci
tombe sous l'application des dispositions édictées pour les
associations. Mais il peut arriver aussi que de simples réunions
aient lieu sous le nom de comités, et dans ce cas, ceux-ci se
trouvent soumis aux dispositions qui régissent le droit de
réunion.

Ce principe avait été formellement proclamé lors de la discussion de la loi de 1834 [1]. Il a été également consacré par la

---

[1] Après avoir réservé la liberté des réunions, M. Martin, du Nord, rapporteur de la loi, s'exprimait ainsi : « Il faut aussi reconnaître que si ces
« réunions s'affiliaient à d'autres réunions du même genre dans d'autres
« départements, elles dégénéreraient en associations dont l'existence légale
« serait subordonnée à la condition d'autorisation. (*Mon.* du 7 mars 1834.)

jurisprudence, dans une affaire qui a fait grand bruit sous le nom
de *Procès des Treize*. En 1863, il s'était formé à Paris un comité
qui s'était donné pour mission « de se mettre en rapport avec
« tous les comités électoraux de province, de diriger les élec-
« tions de Paris, et, par ses affiliations, d'étendre son influence
« et son action sur le pays tout entier .» Le nombre des membres de ce comité ou de ses adhérents était de beaucoup supérieur à vingt et, d'autre part, il avait une existence permanente.
Ses principaux membres furent poursuivis devant le tribunal
correctionnel de la Seine, sous l'inculpation d'avoir fait partie
d'une association non autorisée, et ils furent condamnés pour
ce fait, par jugement du 5 août 1864. Appel fut interjeté
devant la cour de Paris, qui par arrêt du 7 décembre, confirma
la décision des premiers juges.

Cet arrêt ayant été déféré à la Cour de Cassation, celle-ci
rejeta le pourvoi, en se fondant sur les motifs suivants :

« Au fond, sur le moyen pris d'une fausse application et
« d'une violation des articles 291 et 292 du Code pénal, 1, 2 et
« 3 de la loi du 10 avril 1834, et d'une violation des principes
« sur lesquels repose le droit constitutionnel français, en ce que
« l'arrêt, tout en reconnaissant que la prétendue association
« dont il déclare l'existence était un comité électoral qui ne s'est
« jamais occupé que d'élections, a néanmoins décidé que les
« dispositions des lois précitées lui étaient applicables ; attendu
« que l'article 291 dispose en termes généraux, que nulle asso-
« ciation de plus de vingt personnes, dont le but sera de se réunir
« tous les jours ou à certains jours marqués pour s'occuper
« d'objets religieux, littéraires ou autres ne pourra se former
« qu'avec l'agrément du gouvernement; que l'article 292 punis-
« sait d'une amende de 16 à 200 francs les chefs, directeurs et
« administrateurs de l'association ; que la loi du 10 avril 1834 a
« eu pour objet d'étendre l'application de ces articles et d'en
« fortifier la répression; qu'il ressort de sa discussion que le lé-
« gislateur a voulu comprendre et a réellement compris dans sa
« prohibition toutes associations quelconques, sans en excepter

« celles qui seraient formées en matière électorale ; qu'en sup-
« posant que le décret du 28 juillet 1848 eût apporté des modi-
« fications à cette loi, le décret du 25 mars 1852 qui en a
« prononcé l'abrogation et n'a maintenu que son article 13,
« aurait rétabli l'intégrité des articles 291 du Code pénal, 1 et
« 2 de la loi du 10 avril 1834 ; attendu d'ailleurs que le régime
« du suffrage universel ne porte aucune atteinte au droit et au
« devoir du législateur de pourvoir, avec la plénitude de son
« autorité, à la protection de l'ordre et de la paix publique, et
« de prendre dans ce but, même sur le fonctionnement du suf-
« frage universel, les mesures qu'il juge convenables ; — sur les
« 2ᵉ, 3ᵉ et 4ᵉ moyens du pourvoi, tirés de la violation des mêmes
« articles et en outre de l'article 7 de la loi du 28 avril 1810,
« en ce que la cour impériale a considéré comme associées un
« grand nombre de personnes vis-à-vis desquelles elle n'a con-
« staté ni permanence dans les actes, ni permanence dans le
« but; qu'enfin l'arrêt attaqué n'a pas constaté suffisamment que
« l'association fût composée de plus de vingt personnes ayant été
« poursuivies ou ayant figuré à un titre quelconque dans la pro-
« cédure ou étant connues nominativement ou ayant été person-
« nellement désignées ; attendu qu'il est reconnu et déclaré en
« fait, par l'arrêt dénoncé, que onze des demandeurs, Garnier-
« Pagés, Carnot, Dréo, Hérold, Hérisson, Clamageran, Floquet,
« Ferry, Durier, Corbon et Jozon ont formé à Paris une asso-
« ciation non autorisée, ayant sa caisse spéciale et son siége
« connu et publié, dans le but permanent de se rattacher les
« comités électoraux des départements et d'imprimer au parti
« démocratique, dans toute la France, le mouvement à l'occa-
« sion des élections générales alors prochaines, association
« qui a également exercé son action avec permanence ; que les
« deux autres demandeurs, Borg et Melsheim, comme présidents
« des comités de Marseille et de Schlestadt, ont, au nom de leurs
« comités respectifs, sollicité ou accepté le concours ou l'appui
« du comité central de Paris et fait ainsi acte d'adhésion à ce
« comité ; que l'arrêt déclare, en outre, que l'on doit ajouter à

« ces treize associés, d'autres membres de l'association non dési-
« gnés personnellement, mais dont l'existence est affirmée, qui
« élevaient le nombre des associés à un chiffre bien supérieur à
« vingt et un ; attendu que si les actes de coopération énoncés
« dans l'arrêt contre Borg et Melsheim et surtout à l'égard des
« comités et des autres agents ou adhérents de l'association,
« pourraient paraître insuffisants pour établir contre eux les
« caractères de l'affiliation, l'arrêt prend soin de reconnaître
« qu'on ne peut, en effet, considérer comme étant de droit
« membres d'une association tous ceux qui en sont les auxi-
« liaires, les correspondants ou qui lui fournissent une cotisa-
« tion, mais il ajoute immédiatement qu'il doit en être autrement
« à l'égard de toute personne qui, avec une volonté libre et un
« concours intelligent, coopère au but et à l'action de ce comité;
« attendu que de cette explication et de la combinaison des
« diverses constatations de l'arrêt, il résulte suffisamment que
« la cour impériale a reconnu que Borg, Melsheim et les mem-
« bres complémentaires non dénommés ne sont considérés par
« elle comme affiliés à l'association que parce qu'ils ont eux-
« mêmes coopéré à son but et à son action avec une volonté
« libre et un concours intelligent; attendu d'autre part, que, quant
« à la permanence de but et d'action, dès qu'elle avait été régu-
« lièrement constatée, dans l'énumération des éléments consti-
« tutifs du délit d'association, il n'était pas besoin d'en répéter
« l'affirmation à l'égard de chaque associé en particulier;
« attendu, en ce qui concerne l'absence de désignation nominale
« des associés complémentaires, qu'aucune disposition de la loi
« n'exige, dans les cas de ce genre, que l'arrêt indique les noms
« des associées non condamnés, ni que ceux-ci aient été l'objet
« d'une poursuite, ni qu'ils soient nominativement connus
« ou personnellement désignés; attendu que, dans cet état
« de faits, l'arrêt n'a point violé l'article 7 de la loi du
« 20 avril 1810 et n'a fait d'ailleurs qu'une juste appli-
« cation de la loi du 10 avril 1834, en condamnant les deman-
« deurs solidairement chacun à 500 francs d'amende pour délit

« d'association illicite ; attendu, enfin, la régularité de l'arrêt,
« — Rejette [1]. »

Il ressort, comme on le voit, de cette décision, que des comités électoraux peuvent réunir les caractères d'associations illicites : la permanence et l'affiliation.

SCRUTIN.

Art. 1er. — *Nombre des tours de scrutin et jours auxquels chacun d'eux a lieu.*

1. — Une élection est toujours soumise à un deuxième tour de scrutin, lorsqu'au premier tour les candidats à élire n'ont pas réuni la majorité absolue des suffrages exprimés, et un nombre de voix égal au quart des électeurs inscrits. Au deuxième tour, il suffit d'obtenir la majorité relative. (*Voir* v° Majorité.)

2. — Pour les élections législatives, le deuxième tour de scrutin a lieu le deuxième dimanche qui suit le jour de la proclamation du résultat du premier tour. (L., 30 nov. 1875, art. 4.)

A l'égard des élections au conseil général et au conseil d'arrondissement, le deuxième tour a lieu le dimanche suivant. (L., 10 août 1871, art. 12, et 30 juill. 1874, art. 3.)

Il en est de même en ce qui concerne les élections municipales ; mais, pour celles-ci, il peut être procédé aux deux tours de scrutin le même jour (L., 5 mai 1855, art. 44). Ce dernier mode est préférable, lorsqu'il s'agit de communes peu impor-

---

[1] C. C., ch. crim., 4 février 1865. (*Garnier Pagès* et autres), *Sirey*, 1865, I, 146.

tantes ou d'un nombre restreint de nominations, mais il y a lieu d'en aviser à l'avance les électeurs.

L'avertissement peut être donné par l'arrêté même de convocation. (C. d'Ét., 4 juin 1875, él. mun. de Culey.)

Il y aurait lieu à nullité s'il était procédé au second tour immédiatement après le premier, sans avis préalable donné aux électeurs (C. d'Ét., 2 juill. 1861, él. mun. de Cette-Eygun); ou si l'arrêté pris par un maire à cet effet n'avait pas reçu une publicité suffisante. (C. d'Ét., 1er juin 1866, él. mun. d'Albitreccia.)

Si le préfet avait décidé que dans le cas où un deuxième tour de scrutin deviendrait nécessaire, il aurait lieu à huitaine, et que, contrairement à cette prescription, il eut été procédé au second tour immédiatement, cette irrégularité entraînerait également l'annulation des opérations du deuxième tour, alors qu'elle aurait eu pour effet d'empêcher des électeurs de prendre part au vote. (C. d'Ét., 1er juin 1866, él. mun. de Chaucenne.)

Il en serait de même si le second tour de scrutin, au lieu d'être opéré à huitaine, était renvoyé à quinzaine, et que le maire eût informé les électeurs du jour de ces secondes opérations, dans un délai insuffisant pour leur permettre d'exercer leurs droits électoraux (dans l'espèce, ils n'avaient été avertis que deux jours à l'avance (C. d'Et., 18 juin 1866, él. mun. d'Eyragues); ou si contrevenant à l'arrêté préfectoral, le maire avait décidé que le second tour aurait lieu à un jour différent, et que les électeurs eussent pu se trouver dans l'incertitude sur le jour auquel devait s'effectuer ce second tour. (C. d'Ét., 6 oct. 1871, él. mun. d'Entrevernes.)

Art. 2. — *Durée du scrutin.*

3. — Le scrutin ne dure qu'un jour pour toutes les élections. (*Voir* art. 4, L., 30 nov. 1875, sur l'élection des députés; art. 12, L. du 10 août 1871, relative aux conseils généraux; art. 3, L. du 30 juill. 1874, qui rend applicable aux conseils d'arron-

dissement l'art. 12 de la loi du du 10 août 1871 ; et art. 7, L. du 14 avril 1871, relative aux élections municipales.)

§ 1. — Élections à la Chambre des députés.

4. — Le scrutin est ouvert à huit heures du matin et clos à six heures du soir. (Art. 25, décr. régl. du 2 févr. 1852; *voir* v° VOTE, n° 20.)

Pour les communes où il peut être utile de l'ouvrir avant l'heure règlementaire, les préfets ont la faculté, aux termes d'un décret du 1ᵉʳ mai 1869, après avis des maires, de prendre des arrêtés à l'effet d'avancer l'heure du scrutin. D'après ce décret, il ne saurait toutefois être ouvert avant cinq heures, et il n'est pas permis de modifier l'heure de la fermeture. Le décret prescrit d'ailleurs aux préfets de publier et d'afficher leur arrêté dans chaque commune, cinq jours au moins avant la réunion des colléges électoraux.

5. — L'ouverture anticipée du scrutin n'entraîne pas la nullité des opérations, lorsqu'elle est exempte de fraude ou de surprise. (Corps légis., 9 nov., 1863, él. de M. Creuzet, *Mon.* du 10, p. 1328 10 nov. 1863, él. de M. le duc de Rivoli, *Mon.* du 11, p. 1335; 13 nov. 1863, él. de M. Belliard, *Mon.* du 14, p. 1357; 17 nov. 1863, él. de M. de Kervéguen, *Mon.* du 18, p. 1382; 18 nov. 1863, él. de M. Roy-de-Loulay, *Mon.* du 19, p. 1385; 19 nov. 1863, él. de M. Curé, *Mon.* du 20, p. 1392; 20 nov. 1863, él. de M. Perras, *Mon.* du 21, p. 1401; 23 nov. 1863, él. de M. Aimé Gros, *Mon.* du 24, p. 1417; 24 nov. 1863, él. de M. le baron de Corberon, *Mon.* du 25, p. 1422; 25 nov. 1863, él. de M. Arman, *Mon.* du 26, p. 1428; *voir* v° BUREAU, n°ˢ 12 et suivants.)

6. — L'ouverture tardive n'est pas non plus une cause de nullité, quand le bureau n'a pu être constitué à l'heure fixée par la loi, ou si l'attribution faite au candidat non élu des voix des électeurs qui n'ont pas pris part au vote ne modifie pas le résultat de l'élection. (Ass. légis., 29 oct. 1849, él. de M. Ant. Bonaparte, *Mon.* du 30, p. 3416; Corps légis., 11 nov.

1863, él. de M. Gouin, *Mon.* du 12, p. 1340; 6 déc. 1869, él.
de M. Seydoux, *Mon.* du 7, p. 1567.)

7. — La même règle est applicable à la fermeture anticipée :
si elle est restée sans influence sur le résultat, l'élection est
maintenue. (Ass. légis., 29 mai 1849, él. de l'Ariége et des Hautes-Alpes, *Mon.* du 30, p. 1928.)

8. — Quant à la fermeture du scrutin après l'heure légale,
comme elle ne paraît préjudiciable en général à aucun des candidats, elle ne saurait vicier les opérations. (Corps légis., 19
nov. 1863, él. de M. Curé, *Mon.* du 20, p. 1392.)

§ 2. — Élections départementales et d'arrondissement.

9. — La loi du 7 juillet 1852 ne fixait point les heures d'ouverture et de fermeture du scrutin. Celle du 10 août 1871 les
détermine ; l'article 12 porte que « le scrutin est ouvert à sept
« heures du matin et clos le même jour à six heures du soir. »
(*Voir* v° VOTE, n° 20.)

De même, en cette matière, l'ouverture anticipée ou tardive
ne rend pas nulles les opérations, si elle a lieu sans fraude, et
que par là nul obstacle n'ait été mis à l'exercice du droit de
suffrage. (C. d'Ét., 15 mai 1862, él. de Molières; 22 avril
1865, él. de Saint-Bonnet ; 7 août 1865, él. de la Côte-
Saint-André; 18 juin 1868, él. de Vierzon ; 11 août 1868,
él. d'Auzon; 8 févr. 1869, él. de Geaune; 7 août 1875, él. du
Châtelet et de Mielan ; 12 nov. 1875, él. de Neuilly-le-Réal ;
19 nov. 1875, él. d'Ervy.)

10. — En principe la fermeture anticipée vicie l'élection
(C. d'Ét., 2 avril 1849, Chavance; 5 avril 1868, él. d'Houdain.)

Il en serait différemment si l'heure de fermeture avait été indiquée sur les cartes et qu'aucun électeur ne se fût présenté en
dehors des heures fixées pour la durée du scrutin. (C. d'Ét.,
12 nov. 1875, él. de Neuilly-le-Réal.)

Même solution si tous les électeurs présents dans la commune
avaient pris part au vote. (C. d'Ét., 31 mars 1865, él. de Magny.)

Il n'y a pas lieu non plus à annulation en cas de fermeture

après l'heure légale, lorsqu'il n'est pas établi que cette prolongation ait été faite dans l'intérêt du candidat élu, ni qu'elle ait eu pour effet d'influer sur le résultat de l'élection. (C. d'Ét., 28 mars 1862, él. de Paulhaguet; 6 mai 1865, él. d'Écos; 14 août 1865, él. de Montélimart.)

§ 3. — Élections municipales.

11. — Aux termes de l'article 7 de la loi du 14 avril 1871, le scrutin est ouvert et clos le dimanche pour toutes les communes, quelle que soit leur population. (*Voir* v° VOTE, n° 20.)

Les heures d'ouverture et de clôture n'ont pas été déterminées par le législateur. L'article 39 de la loi du 5 mai 1855 en a réglé seulement la durée minimum : « Le scrutin, y est-il dit, « ne peut être fermé qu'après être resté ouvert trois heures au « moins. »

Cet intervalle est rigoureusement prescrit au premier comme au second tour. Si le scrutin avait eu une durée moindre, l'élection serait nulle. (C. d'Ét., 27 mai 1847, él. de Saint-Priest-le-Betoux; 23 mai 1861, él. de Forceville; 25 avril 1866, él. de Goin.)

12. — Les heures d'ouverture et de fermeture sont fixées par les arrêtés de convocation. Les préfets peuvent laisser cependant aux maires le soin de les déterminer; mais le scrutin ne doit pas se prolonger au delà de six heures du soir. (Circ. du min. de l'int., du 24 juin 1855.)]

13. — Il est indispensable de faire connaître d'avance aux électeurs l'heure de l'ouverture; mais on n'est pas tenu d'indiquer celle de la clôture. Quand cette dernière heure n'a pas été fixée, il y a lieu alors de s'en tenir aux prescriptions de l'article 36 de la loi du 5 mai 1855, qui veut que le scrutin reste ouvert pendant trois heures au moins : le maire peut valablement le fermer au bout de ce temps. (C. d'Ét., 16 avril 1856, él. de Moulin-le-Carbonnel; 9 avril 1866, él. de Saint-Martin-de-Blagny; 19 juill. 1866, él. de Chaillé-sous-les-Ormeaux; 2 août 1866, él. mun de Saint-Marcellin ; 21 nov. 1871, él. de Fres-

ncy-le-Vieux ; 5 nov. 1875, él. d'Ariès ; *voir* toutefois ce qui est dit, *infrà*, n° 16, 2° alinéa.)

14. — Les changements qui peuvent être faits à la première fixation doivent être portés en temps utile à la connaissance des électeurs.

Les juges apprécient en fait si une publicité suffisante a été donnée. Ainsi, relativement au changement des heures désignées dans des cartes d'électeurs, il a été décidé que ceux-ci avaient été dûment avertis par des affiches apposées durant huit jours aux portes de la mairie et de l'église (C. d'Ét., 17 juill. 1866, él. de Saint-Nicolas-près-Granville). Si la publicité est reconnue insuffisante, il y a lieu à annulation (C. d'Ét., 25 avril 1866, él. de Saint-Jouin-sous-Châtillon ; 10 juill. 1866, él. de Frenelle-la-Petite et de Saint-Vit ; 14 mai 1875, él. de Langueux.)

15. — En ce qui regarde l'anticipation ou le retard, soit de l'ouverture, soit de la clôture, on fait l'application des règles admises pour les autres élections.

L'ouverture anticipée, faite sans fraude, n'est pas une cause de nullité (C. d'Ét., 15 nov. 1871, él. de Caupenne). C'est ce qui a été jugé dans un cas où le maire, conformément à un usage, avait ouvert le scrutin à l'issue de la première messe, une heure avant celle fixée par l'arrêté du préfet. (C. d'Ét., 16 juin 1866, él. de Ségur.)

De même, l'ouverture tardive du scrutin serait excusable, si elle était due à l'impossibilité où avait été le maire de constituer le bureau à l'heure indiquée. (C. d'Ét., 19 mai 1866, él. de Beaufresne ; 23 juill. 1875, él. de Saint-Aventin.)

16. — La clôture du scrutin avant l'heure annoncée entraîne la nullité de l'élection, lorsqu'elle a pu modifier le résultat en empêchant le vote d'un certain nombre d'électeurs (C. d'Ét., 14 juin 1861, él. de Seranicourt; 7 avril 1866, él. d'Alleyrat; 19 mai 1866, él. de Bazus-Aure et de Saint-Priest; 2 juin 1866, él. de Nerville; 15 juin 1866, él. de Crocé; 27 juill. 1866, él. de Tilly ; 4 avril 1872, él. de Gien-sur-Cure ; 21 juill. 1876, él. de Saint-Andéol.)

Les opérations ont de même été annulées dans une espèce où la clôture n'ayant été fixée ni par le préfet, ni par le maire, le scrutin avait été fermé brusquement, sans que les électeurs eussent reçu aucun avertissement, et alors qu'un grand nombre d'entre eux n'avaient pas voté (C. d'Ét., 15 juin 1866, él. de Champey); dans deux autres espèces où la clôture imprévue du scrutin à une heure antérieure à celle adoptée pour les élections précédentes avait paru de nature à influer sur le résultat (C. d'Ét., 2 juin 1866, él. de la Sône; 28 mai 1872, él. de Burlats); dans un autre encore où l'heure de la fermeture du scrutin pour des opérations du second tour avait été différente de celle du premier tour, et alors que ce changement n'avait pas été annoncé aux électeurs avec une publicité suffisante. (C. d'Ét., 27 avril 1872, él. d'Allenay.)

Mais si la fermeture anticipée était restée sans influence sur l'issue des opérations, il n'y aurait pas lieu à annulation. (C. d'Ét., 23 juill. 1875, él. de Fabrègue.)

17. — La clôture du scrutin après l'heure indiquée ne vicie pas les opérations, lorsqu'elle n'a pas eu le caractère d'une manœuvre, et qu'elle a profité également aux divers candidats. (C. d'Ét., 19 mai 1866, él. de Mont; 6 juin 1866, él. de Valleroy-le-Sec, 16 juin 1866, él. de Ségur; 17 août 1866, él. de Saint-André-les-Eaux; 15 nov. 1871, él. de Romilly-sur-Seine; 5 nov. 1875, él. d'Ariès.)

Art. 3. — *Surveillance du scrutin.*

18. — La surveillance des opérations appartient aux électeurs, comme aux membres du bureau. Mais elle ne saurait être exercée par des individus qui n'ont pas la qualité d'électeurs. Cependant, la circonstance qu'un de ces individus serait entré et demeuré dans la salle du vote ne deviendrait pas une cause de nullité, si elle n'avait eu aucun effet sur les opérations (C. d'Ét., 25 avril 1868, él. dép. de Saint-Saulge).

Quand une commune est divisée en plusieurs sections, la

faculté de contrôler les opérations est limitée pour chaque électeur à la section à laquelle il appartient. (C. d'Ét., 16 août 1866, él. mun. de Bagnères-de-Bigorre ; Corps légis., 11 déc. 1869, él. de M. Charpin-Feugerolles, *J. off.* du 12, p. 1607.)

19. — Pour exercer leur droit de surveillance, les électeurs peuvent séjourner dans la salle du scrutin. S'il leur avait été défendu sans raison d'y stationner, ou s'il avait été choisi intentionnellement un local trop exigu pour assurer la surveillance, il y aurait lieu d'annuler les opérations. (C. d'Ét., 3 avril 1856, él. mun. de Pauligné; 11 août 1859, él. dép. de Montcuq ; 3 mai 1861, él. mun. de Durban ; 24 juill. 1861, él. mun. de Loisey; 21 août 1861, él. mun. de Bédarrieux; 11 mars 1862, él. mun. de Graissessac ; 27 juill. 1866, él. mun. de Valle-d'Alesani; 21 décembre 1871, él. mun. de Saint-Maurice.)

20. — Mais le président de l'assemblée peut ordonner valablement, soit à raison du peu d'étendue du local, soit à raison de l'agitation des esprits, que les électeurs ne seront admis qu'un à un ou par groupes dans la salle. Il peut, pour prévenir l'encombrement ou le désordre, ne permettre d'y séjourner qu'aux électeurs qui viendront de déposer leurs votes et en interdire l'accès à ceux qui l'auront quittée après la remise de leurs bulletins. Il peut encore ordonner que les électeurs se retireront après avoir voté. Enfin, il a le droit de faire sortir, et à cet effet d'employer la force armée, ceux des électeurs qui chercheraient à troubler l'ordre, et même, si cela est nécessaire, de faire évacuer la salle du scrutin. (C. d'Ét., 28 juill. 1853, él. mun. de Bœurs-en-Othe ; 22 mai 1861 él. mun. de Ruffey ; 15 mai 1862, él. dép. de Molières ; 4 juin 1862 él. mun. de Saint-Omer ; 23 juill. 1862, él. dép. de la Française ; 7 avril 1865, él. dép. de Tours ; 12 avril 1865, él. dép. de Vico; 8 mai 1866, él. mun. de Pompignan et du Plan ; 27 juin 1866, él. mun. de Mondilhan ; 2 août 1866, él. mun. de Vallauris ; 6 août 1866, él. mun. de Préchacq; 10 août 1868, él. dép. de Mauguio; 22 août 1868, él. dép. d'Ervy ; 7 août 1875, él. mun. de Vitrolles ; *voir* v° LIBERTÉ DU VOTE, n° 12.)

Jugé que le droit de surveillance avait été suffisamment assuré, dans une espèce où, par l'effet d'un accord intervenu entre les candidats de deux listes opposées, trois électeurs de chaque parti avaient seuls été autorisés à rester dans la salle. (C. d'Ét., 1er juin 1866, él. mun. de Bastelica.)

Relativement au dépouillement du scrutin, et particulièrement à la surveillance du dépouillement par les électeurs, *voir* v° DÉPOUILLEMENT, n°⁵ 18 à 23 ; et touchant la majorité nécessaire à chaque tour de scrutin, *voir* v° MAJORITÉ.

SCRUTIN UNINOMINAL ET SCRUTIN DE LISTE.

1. —On entend par scrutin de liste, par opposition au scrutin individuel ou uninominal, celui où il existe plusieurs candidats à élire en même temps, et par un seul et même vote. Dans ce cas, l'électeur écrit sur son bulletin autant de noms qu'il y a de désignations à faire.

2. — Aux termes de l'article 4 de la loi du 24 février 1875, les sénateurs des déartpements et des colonies sont élus au scrutin de liste.

Il en est de même pour les membres des conseils municipaux. (L. 5 mai 1855, art. 32.)

3. — Les députés ainsi que les membres des conseils généraux et d'arrondissement sont nommés au scrutin individuel.

SECRET DU VOTE.

Voir v° VOTE, article 4, § 3, et v° CONSEIL D'ÉTAT, n° 59.

SECTIONS ÉLECTORALES.

Art. 1ᵉʳ. — *Élections à la Chambre des députés.*

1. — L'article 4 de la loi du 30 novembre 1875 porte : « Le
« vote a lieu au chef-lieu de la commune. Néanmoins chaque
« commune peut être divisée, par arrêté du préfet, en autant
« de sections que l'exigent les circonstances locales et le
« nombre des électeurs. » L'article 3 du décret organique du
2 février 1852 contenait une disposition analogue.

Cette division a pour but de faciliter les opérations du vote.

2. — Le pouvoir de l'établir est attribué au préfet : l'arrêté
qu'il prend à cet égard est un acte de simple administration,
qui ne saurait être l'objet d'un recours par la voie contentieuse.

3. — La faculté d'ordonner la division est conférée par la loi
au préfet seul ; ce droit ne peut être délégué à personne. Il
l'exerce avec une entière liberté d'appréciation ; mais, il peut,
afin de s'éclairer, demander l'avis des fonctionnaires placés
sous ses ordres.

Le maire ne pourrait, sans excéder ses pouvoirs, subdiviser
une section électorale en sous-sections. Toutefois, si cette irrégularité était restée sans influence sur le résultat, elle n'entraînerait pas l'annulation des opérations. (Ass. légis., 27 mars
1850, él. du Var, *Mon.* du 28, p. 1025.)

Il en serait de même si le préfet maritime, après s'être concerté avec celui du département, avait établi des sections de vote dans un arsenal. (Même élection.)

4. — Les arrêtés prescrivant la division doivent être soumis à une grande publicité, et publiés assez à temps pour que les électeurs puissent connaître les sections auxquelles ils appartiennent.

5. — Quand la division a été opérée, la liste des électeurs de chaque section est dressée par le maire, conformément à l'arrêté de délimitation. Elle est faite en double : l'une doit être déposée sur le bureau au jour du vote; l'autre est destinée à l'émargement (art. 17 et 23 du décr. régl. de 1852). Ces listes sont également publiées avant l'élection.

6. — Si un électeur a des habitations, des ateliers ou des magasins sur les territoires de plusieurs sections, il est inscrit sur la liste du lieu où se trouve son principal établissement au moment de la confection de la liste.

ART. 2. — *Élections départementales et d'arrondissement.*

7. — La division des communes en sections est de même autorisée par l'article 3 de la loi du 7 juillet 1852 : « Le préfet, « dit-il, pourra, par un arrêté, diviser en sections électorales les « communes, quelle que soit leur population. »

En conséquence, il a été jugé que le préfet a la faculté, mais n'est pas soumis à l'obligation de diviser un chef-lieu de canton en plusieurs sections électorales. (C. d'Ét., 15 déc. 1865, él. de Beaucaire);

Que le droit conféré par la loi au préfet ne peut être délégué au sous-préfet. (C. d'Ét., 4 août 1862, él. de Vabre);

Qu'il ne saurait à plus forte raison être usurpé par un maire. (C. d'Ét., 16 avril 1862, él. de Castelnau-Magnoac);

Qu'il n'appartient pas davantage aux préfets maritimes. (C. d'Ét., 19 juin 1862, él. de Toulon.)

8. — Mais la division accomplie d'une façon irrégulière n'entraine la nullité des opérations que si, déduction faite des suffrages de la commune où l'irrégularité a été commise, le candidat élu ne conserve pas la majorité. (C. d'Ét., 16 août 1862, él. de Castelnau-Magnoac.)

Une élection n'est pas non plus invalidée parce qu'une commune, divisée en plusieurs sections par un arrêté préfectoral, a voté dans une seule, si l'inexécution de cet arrêté n'a eu pour but ni pour effet de porter atteinte à la liberté du vote. (C. d'Ét., 26 juin 1869, él. de Saint-Jean-de-Bournay.)

9. — Il y a lieu de suivre les règles exposées plus haut, en ce qui touche la publicité des arrêtés de division et la confection des listes des électeurs de chaque section.

Art. 3. — *Élections municipales.*

10. — Il existe en cette matière deux sortes de division des communes en sections. L'une, relative aux sections de vote, est prescrite par l'article 7 de la loi du 5 mai 1855 ; l'autre, concernant la répartition du nombre des conseillers à élire par chaque section, est régie par l'article 3 de la loi du 14 avril 1871 et l'article 43 de la loi du 10 août de la même année. La première est opérée par les préfets, la seconde par les conseils généraux.

§ 1. — Des sections de vote.

11. — L'article 7 de la loi du 5 mai 1855 dispose en ces termes : « Le préfet peut, par un arrêté pris en conseil de préfecture [1], diviser les communes en sections électorales.

12. — Ce droit appartient uniquement au préfet. Il s'en suit qu'aucune autre autorité, un maire particulièrement, ne saurait

[1]. En présence des dispositions précitées (n. 1 et 7) des lois de 1875 et de 1852, nous pensons que l'arrêté pris par le *préfet seul* serait régulier. Le sectionnement n'a plus l'importance que lui donnait, avant 1871 le droit conféré au préfet d'attribuer aux sections un nombre de conseillers à élire. L'arrêté semble donc pouvoir être pris dans les mêmes conditions que pour les autres élections.

procéder à la division (C. d'Ét., 30 août 1861, él. de Vergezac).
Le conseil général qui a qualité pour établir des sections électorales (voir *infrà*, § 2), ne pourrait non plus établir des bureaux
de vote, uniquement destinés à faciliter l'accès du scrutin.

Cette règle est rappelée dans une circulaire du ministre de
l'intérieur, en date du 8 octobre 1871, où il est dit : « L'ar-
« ticle 43 (de la loi du 10 août) ne s'applique pas aux sections
« destinées uniquement à faciliter les opérations électorales, et
« que le préfet demeure libre d'établir conformément aux lois
« anciennes. » Une application de ce principe a été faite par un
décret du 19 mars 1872, rendu sur avis du Conseil d'État, qui a
annulé une délibération du conseil général de la Lozère, ayant
pour objet la création de sections électorales uniquement destinées à faciliter la réception des votes. (*Sirey*, 1872, II, 157.)

13. — Le préfet a la faculté d'ordonner ou de ne pas ordonner la division, et il peut décider, contrairement à ce qui aurait
eu lieu précédemment, que le vote sera reçu dans une seule
assemblée. D'ailleurs, son arrêté a le même caractère que pour
les autres élections ; c'est un acte purement administratif contre
lequel un recours par la voie contentieuse ne saurait être dirigé. (C. d'Ét., 10 sept. 1856, él. de Séméac-Blachon ; 7 juin
1866, él. de Latillé ; 17 juill. 1866, él. de Boussagues ; 28 mai
1872, él. de Sarron Saint-Agnet.)

Toutefois, il a été jugé qu'une mesure de cette nature prise
par le préfet, contrairement aux usages suivis lors des précédentes élections, pourrait devenir une cause de nullité des
opérations, lorsque cette innovation ne reposait sur aucun
motif et qu'elle avait pu empêcher un grand nombre d'électeurs
de prendre part au vote. Dans l'espèce, il y avait eu 234 abstentions sur 571 inscrits ; la superficie de la commune était
considérable, et la population disséminée dans plusieurs ha-
meaux. (C. d'Ét., 28 mai 1872, él. de Burlats.)

14. — L'arrêté de division doit être pris pour chaque élec-

tion à laquelle il est procédé. Si, lors d'élections antérieures, la commune était partagée en sections, il ne serait pas nécessaire qu'un nouvel arrêté intervint pour faire cesser la division. C. d'Ét., 6 juin 1866, él. de Menestérol-Montignac.)

15. — Lorsque les prescriptions de l'arrêté ordonnant la division en sections n'ont pas été observées, et que cette irrégularité a exercé une influence sur le résultat du scrutin, il y a lieu d'annuler les élections. (C. d'Ét., 30 août 1861, él. de Vergezac; 24 janv. 1872, él. de Générac.)

16. — La disposition de la loi du 24 juillet 1867, article 19, rappelée *infrà*, n° 23, et d'après laquelle l'arrêté de division des communes en sections doit être publiée dix jours avant l'époque fixée pour la réunion des colléges électoraux, ne s'applique pas au cas de division en simples bureaux de vote.

Il est nécessaire cependant que l'arrêté de division reçoive la plus grande publicité, et qu'il soit porté en temps utile à la connaissance des électeurs, pour leur permettre d'exercer leur droit de vote. (C. d'Ét., 14 mars 1873, él. dép. de Tarascon.) L'observation faite *suprà*, n° 5, est applicable ici.

§ 2. — Des sections formées pour la répartition des conseillers à élire.

17. — L'article 7 de la loi du 5 mai 1855 attribuait également au préfet le pouvoir de répartir entre les sections d'une commune le nombre de conseillers à élire. Cette disposition a été modifiée par l'article 3 de la loi du 14 avril 1871, lequel a donné cette mission au conseil général. Il est ainsi conçu : « La commune pourra être divisée en sections, dont chacune « élira un nombre de conseillers proportionné au chiffre de la « population. En aucun cas, ce fractionnement ne pourra être « fait de manière qu'une section ait à élire moins de deux con- « seillers. Le fractionnement sera fait par le conseil général, « sur l'initiative soit du préfet, soit d'un membre du conseil gé- « néral ou enfin du conseil municipal de la commune intéres- « sée. Chaque année le conseil général procédera, par un travail

« d'ensemble comprenant toutes les communes du département,
« à la révision des sections, et dressera un tableau qui sera
« permanent pour les élections municipales à faire dans
« l'année. » La nouvelle attribution confiée au conseil général
est confirmée par l'article 43 de la loi du 10 août 1871.

18. — La loi de 1855 prescrivait au préfet d'avoir égard, pour
la répartition, au nombre des électeurs inscrits : celle du 14 avril
1871 veut que le fractionnement soit proportionné au chiffre
de la population. Si cette prescription n'était pas suivie, les
élections qui interviendraient seraient nulles. (C. d'Ét., 2 mai
1861, él. de Matha ; 28 mai 1861, él. de Plouaret ; 6 août 1861,
él. de Tocqueville ; 2 juill. 1875, él. de Sault-Chevreuil et de
Cornus ; 3 déc. 1875, él. de Saint-Georges-d'Aurac.)

19. — Lorsqu'une commune est divisée en plusieurs cantons,
aux termes de l'article 1er de la loi du 7 juillet 1874, le sectionnement doit être opéré de telle sorte qu'une section ne puisse
comprendre des portions de territoire appartenant à plusieurs
cantons. S'il était contrevenu à cette disposition, il y aurait
lieu également à annulation des opérations accomplies dans
ces sections. (C. d'Ét., 7 août 1875, él. de Saint-Omer.)

20. — Sous la législation de 1855, il avait été jugé que le
préfet ne pouvait déléguer à personne, particulièrement au
maire, le droit de fixer les limites de chaque section (C. d'Ét.,
14 mai 1856, Bonnet et consorts) ; mais qu'il était fondé à s'ap-
proprier un projet de sectionnement préparé sur sa demande
(C. d'Ét., 12 avril 1866, él. de Versailles). Le principe consacré
par cette jurisprudence est applicable sous l'empire de la loi
de 1871.

21. — La délibération du conseil général doit être rendue
publique. Mais peu importe la forme dans laquelle cette publicité a eu lieu. Il a été décidé que celle-ci pouvait résulter de la
distribution faite, quelques jours avant le vote, de cartes électorales indiquant la section à laquelle chaque électeur appartenait. (C. d'Ét., 29 mai 1861, él. de Mayenne.)

22. — Le tableau des sections révisé tous les ans par le conseil général est permanent, et il sert pour les élections à faire dans l'année qui suit sa publication (C. d'Ét., 28 juill. 1875, él. de Cahan), et même jusqu'à la clôture de la session ordinaire de l'année suivante. (C. d'Ét., 17 déc. 1875, él. de Lus-la-Croix-Haute.)

23. — Il ne doit être procédé aux opérations électorales qu'après l'intervalle fixé par l'article 19 de la loi du 24 juillet 1867, ainsi conçu : « Dans le cas où une commune « sera divisée en sections pour l'élection des conseillers muni- « cipaux, conformément à l'article 7 de la loi du 5 mai 1855, la « réunion des électeurs ne pourra avoir lieu *avant le dixième* « *jour* à compter de l'arrêté du préfet » (aujourd'hui la déci- sion du conseil général.)

24. — Le maire est chargé d'établir les listes d'électeurs des diverses sections.

Jugé qu'il n'y aurait pas lieu à annulation, dans le cas où il n'aurait pas été possible de dresser lesdites listes lorsqu'il est constant que tous les électeurs ont été individuellement infor- més de la décision prise par le conseil général. (C. d'Ét., 7 août 1875, él. de la Motte-Servolex.)

Les listes dont il s'agit doivent en outre être publiées en temps opportun. Ce temps n'a pas été déterminé par le législateur. Il peut être plus ou moins long, suivant l'étendue des communes et le nombre des électeurs.

Décidé que la publication faite le jour même des opérations était insuffisante pour assurer le libre et complet exercice des droits électoraux (C. d'Ét., 24 juill. 1861, él. de Garons) ; mais il en serait différemment si elle avait eu lieu trois jours avant le vote. (C. d'Ét., 2 août 1866, él. de Marseille.)

25. — La répartition ordonnée doit être exactement obser- vée ; les élections faites dans des conditions différentes seraient entachées de nullité (C. d'Ét., 9 févr. 1850, él. de Cournon- terral ; 3 avril 1856, él. d'Hescamp-Saint-Clair ; 10 janv. 1862, él. de Mieussy ; 16 avril 1866, él. de Clamecy; 25 avril 1866, él. de Luppé ; 2 juill. 1875, él. de Cornus.)

26. — C'est devant le conseil de préfecture, juge de la validité des élections municipales, que sous forme de protestation contre les opérations électorales, les électeurs doivent opposer la violation de la loi par le conseil général. (C. d'Ét., 12 avril 1866, él. mun. de Versailles ; 3 déc. 1875, él. mun. de Saint-Georges-d'Aurac.)

Il en serait de même pour la question de savoir si le sectionnement opéré par le conseil général peut être appliqué à telle ou telle élection. (C. d'Ét., 28 juill. 1875, él. de Cahan ; 7 août 1875, él. de Quimper.)

La délibération du conseil général ne pourrait être déférée directement au Conseil d'État pour excès de pouvoirs, suivant les lois des 7-14 oct. 1790 et du 24 mai 1872 (C. d'Ét., 9 avril 1875, Testelin ; 7 août 1875, él. de Saint-Omer; 25 févr. 1876, él. de Toulouse ; *voir* v° PRÉFET, n°ˢ 10 et 11).

27. — Mais aux termes de l'article 47 de la loi du 10 août 1871, le préfet peut poursuivre l'annulation de la délibération, dans le délai de vingt jours, à dater de la clôture de la session. Cette annulation est prononcée par décret rendu en la forme des règlements d'administration publique ; elle doit intervenir dans les deux mois de la notification du recours du préfet, adressée au président du conseil général, ainsi qu'au président de la commission départementale [1].

SÉNAT.

Art. 1ᵉʳ. — COMPOSITION DU SÉNAT (n. 1 à 4).
Art. 2. — NOMINATION DES SÉNATEURS INAMOVIBLES (n. 5).

---

[1] En vertu des dispositions de l'article 47 précité de la loi de 1871, un décret du 9 janvier 1875 a annulé une délibération du conseil général du département de l'Ariége, qui avait réparti les conseillers à élire, sans proportionner le nombre de ces conseillers à la population.

Art. 3. — Sénateurs élus par les départements (n. 6 à 9).
  § 1. — Composition du collége électoral (n. 6 à 9).
  § 2. — Convocation des colléges (n. 10 et 11),
  § 3. — Élections des délégués (n. 12 à 33).
  § 4. — Des opérations des colléges électoraux (n. 34 à 42).
  § 5. — De l'indemnité accordée aux délégués et de leur obliga-
          tion de voter (n. 43 à 46j,
  § 6. — De l'éligibilité (n. 47 à 49).
  § 7. — De la vérification des pouvoirs et du remplacement en cas
          de vacances (n. 50 à 54).

Art. 1er. — *Composition du Sénat.*

1. — La composition du Sénat est réglée par la loi du 24 février 1875.

Une partie de ses membres doit être nommée par l'Assemblée nationale ; les autres sont élus par les départements. L'article 1er de la loi dispose en ces termes : « Le Sénat se compose
« de trois cents membres ; deux cent vingt-cinq élus par les
« départements et les colonies, et soixante-quinze élus par
« l'Assemblée nationale. »

2. — Les sénateurs nommés par l'Assemblée nationale sont
inamovibles. Lorsque des vacances se produisent parmi eux,
par suite de décès, démission ou autrement, c'est le Sénat
lui-même qui est chargé de pourvoir au remplacement. (Art. 7.)

3. — Aux termes de l'article 6, «les sénateurs des départe-
« ments et des colonies sont élus pour neuf ans et renouvela-
« bles par tiers tous les trois ans. » Le même article fixe le
mode de renouvellement : « Au début de la première ses-
« sion, dit-il, les départements seront divisés en trois séries,
« contenant chacune un égal nombre de sénateurs; il sera pro-
« cédé par la voie du tirage au sort, à la désignation des séries
« qui devront être renouvelées à l'expiration de la première
« et de la deuxième période triennale. »

4. — Le nombre de sénateurs attribué à chaque département est déterminé par l'article 2, portant : « Les départements

« de la Seine et du Nord éliront chacun cinq sénateurs. Les
« départements de la Seine-Inférieure, Pas-de-Calais, Gironde,
« Rhône, Finistère, Côtes-du-Nord, chacun quatre sénateurs;
« les départements de la Loire-Inférieure, Saône-et-Loire,
« Ille-et-Vilaine, Seine-et-Oise, Isère, Puy-de-Dôme, Somme,
« Bouches-du-Rhône, Aisne, Loire, Manche, Maine-et-Loire,
« Morbihan, Dordogne, Haute-Garonne, Charente-Inférieure,
« Calvados, Sarthe, Hérault, Basses-Pyrénées, Gard, Aveyron,
« Vendée, Orne, Oise, Vosges, Allier, chacun trois sénateurs.
« Tous les autres départements, chacun deux sénateurs. Le
« territoire de Belfort, les trois départements de l'Algérie, les
« quatre colonies de la Martinique, de la Guadeloupe, de la
« Réunion et des Indes françaises éliront chacun un séna-
« teur. »

ART. 2. — *Nomination des sénateurs inamovibles.*

5. — L'élection des soixante quinze sénateurs inamovibles a
été faite par l'Assemblée nationale, conformément aux dispositions de l'article 24 de la loi du 2 août 1875, c'est-à-dire en
séance publique, au scrutin de liste et à la majorité absolue des
votants, quel que soit le nombre des épreuves.

L'article 25 de cette loi soumet aux mêmes règles les nominations à faire par le Sénat, en cas de vacance. Le remplacement doit avoir lieu dans le délai de deux mois. (Art. 7 de la
loi du 24 févr. 1875.)

ART. 3. — *Sénateurs élus par les départements.*

§ 1. — Composition du collége électoral.

6. — Le collége électoral est formé d'électeurs de droit, et de
délégués choisis par les conseils municipaux, Suivant l'article 4,
de la loi du 24 février, il se compose, « 1° des députés; 2° des
« conseillers généraux; 3° des conseillers d'arrondissement;
« 4° des délégués élus, un par chaque conseil municipal
« parmi les électeurs de la commune. »

7. — Les électeurs de droit sont admis à prendre part au vote, avant la vérification de leurs pouvoirs. C'est ce que décide l'article 10 de la loi du 2 août, qui est ainsi conçu : « les députés, « les membres du conseil général ou des conseils d'arrondisse- « ment qui auraient été proclamés par les conseils de recense- « ment, mais dont les pouvoirs n'auraient pas été vérifiés, sont « inscrits sur la liste des électeurs et peuvent prendre part au « vote.

8. — La liste des électeurs du département est dressée par le préfet, par ordre alphabétique, huit jours au plus tard avant l'élection des membres du Sénat. Elle doit être communiquée à tout requérant, qui est autorisé à en prendre copie et même à la publier. (Art 9, de la même loi ; voir *infra*, n° 32 ; en ce qui concerne l'Algérie et les colonies, *voir* ces mots.)

9. — Voici par département, le tableau des sénateurs et des électeurs.

DÉPARTEMENTS.	NOMBRE de séna- teurs à élire.	NOMBRE DES ÉLECTEURS SÉNATORIAUX.			
		Dépu- tés.	Conseil- lers généraux.	Conseil- lers d'arron- dis- sement.	Délégués munici- paux.	Total.
Ain.......................	2	6	36	46	452	540
Aisne......................	3	8	37	47	837	929
Allier.....................	3	6	28	36	317	387
Alpes (Basses-.............	2	5	30	45	251	331
Alpes (Hautes-,...........	2	3	24	32	189	248
Alpes-Maritimes	2	4	25	29	150	208
Ardèche...................	2	6	31	31	339	407
Ardennes..................	2	5	31	45	501	582
Ariége....................	2	3	20	27	336	386
Aube......................	2	5	26	45	446	522
Aude......................	2	4	31	39	436	510
Aveyron	3	7	42	47	289	385
Bouches-du-Rhône..........	3	7	27	28	108	170
Calvados..................	3	7	38	54	761	863
Cantal....................	2	4	23	36	264	327
Charente..................	2	6	29	45	426	506
Charente-Intérieure	3	7	40	54	479	580
Cher......................	2	5	29	30	291	355
Corrèze...................	2	5	29	31	287	352

DÉPARTEMENTS.	NOMBRE de séna- teurs à élire.	NOMBRE DES ÉLECTEURS SÉNATORIAUX.				
		Dépu- tés.	Conseil- lers généraux.	Conseil- lers d'arron- dis- sement.	Délégués munici- paux.	Total.
Corse.......................	2	5	62	66	364	497
Côte-d'Or	2	6	36	42	717	801
Côtes-du-Nord..............	4	9	48	50	387	494
Creuse......................	2	5	25	37	263	330
Dordogne	3	8	47	50	582	687
Doubs......................	2	5	27	36	637	705
Drôme	2	5	29	37	370	441
Eure.......................	2	6	36	47	700	789
Eure-et-Loire..............	2	5	24	36	426	491
Finistère...................	4	10	43	49	285	387
Gard.......................	3	6	40	41	347	434
Garonne (Haute-)...........	3	7	39	42	584	672
Gers.......................	2	5	29	45	465	544
Gironde....................	4	10	48	63	551	672
Hérault....................	3	6	36	44	335	421
Ille-et-Vilaire	3	8	43	55	352	458
Indre......................	2	5	23	36	245	309
Indre-et-Loire	2	4	24	29	281	338
Isère	3	8	45	48	555	656
Jura.......................	2	4	32	38	584	658
Landes.....................	2	5	28	30	331	394
Loir-et-Cher...............	2	4	24	28	297	353
Loire......................	3	7	30	30	328	395
Loire (Haute-).............	2	4	28	32	262	326
Loire-Inférieure...........	3	8	45	55	215	323
Loiret.....................	2	5	31	41	349	426
Lot.......................	2	4	29	30	321	384
Lot-et-Garonne	2	4	35	37	319	395
Lozère....................	2	3	24	28	194	249
Maine-et-Loire.............	3	7	34	45	380	466
Manche	3	8	48	55	613	754
Marne	2	6	32	46	665	749
Marne (Haute-)	2	3	28	29	550	610
Mayenne...................	2	5	27	30	274	336
Meurthe-et-Moselle	2	5	29	36	596	666
Meuse.....................	2	4	28	36	587	655
Morbihan..................	3	6	37	40	248	331
Nièvre....................	2	5	25	36	313	379
Nord......................	5	18	61	72	661	812
Oise......................	3	5	35	39	701	780
Orne......................	3	6	36	40	511	593
Pas-de-Calais..............	4	10	44	55	904	1,013
Puy-de-Dôme...............	3	7	50	54	456	567
Pyrénées (Basses-)..........	3	6	40	47	558	651
Pyrénées (Hautes-)..........	2	4	26	30	480	540
Pyrénées-Orientales	2	3	17	27	231	278
Rhin (Haut-)..............	1	1	5	»	106	112
Rhône....................	4	7	29	29	264	329
Saône (Haute-)	2	4	28	39	583	544
Saône-et-Loire.............	3	9	49	50	588	696
Sarthe....................	3	6	33	38	386	451
Savoie....................	2	5	29	42	327	423
Savoie (Haute-)............	2	4	28	36	313	381
Seine.....................	5	25	88	18	72	203

DÉPARTEMENTS.	NOMBRE de sénateurs à élire.	NOMBRE DES ÉLECTEURS SÉNATORIAUO.				
		Députés.	Conseillers généraux.	Conseillers d'arrondissement.	Délégués municipaux.	Total.
Seine-Inférieure...............	4	11	51	53	759	874
Seine-et-Marne	2	5	29	45	529	608
Seine-et-Oise...............	3	9	36	55	685	788
Sèvres (Deux-).............	2	5	31	37	356	429
Somme...................	3	8	41	51	833	933
Tarn....................	2	5	35	41	317	398
Tarn-et-Garonne...........	2	4	24	29	194	251
Var.....................	2	4	28	29	145	206
Vaucluse......	2	4	22	36	150	212
Vendée..................	3	6	30	30	298	364
Vienne	2	6	31	46	300	383
Vienne (Haute-)...........	2	5	27	37	262	271
Vosges	3	5	30	45	531	611
Yonne...................	2	6	37	48	485	576
Alger...................	1	1	26	»	63	90
Oran....................	1	1	22	»	48	71
Constantine..............	1	1	24	»	48	73
La Martinique............	1	1	24	»	23	48
La Guadeloupe	1	1	24	»	32	57
La Réunion	1	1	24	»	14	39
Inde française............	1	1	12	39	»	52
	225	533	3,080	3,529	36,217	43,359

§ 2. — Convocation des collèges.

10. — Le jour de l'élection des sénateurs et celui de la nomination des délégués sont fixés, six semaines à l'avance, par un décret du Président de la République : il doit y avoir entre ces deux dates un intervalle d'un mois au moins. (Art. 1er, L. 2 août 1875.)

Il a été dérogé à cette règle, pour la première élection des membres du Sénat. L'article 28 de la loi du 2 août dispose, pour ce cas particulier, que « la loi qui déterminera l'époque « de la séparation de l'Assemblée nationale fixera, sans qu'il soit « nécessaire d'observer les délais établis par l'article 1er, la « date à laquelle se réuniront les conseils municipaux pour

« choisir les délégués, et le jour où il sera procédé à l'élection
« des sénateurs. »

11. — Le collége électoral se réunit au chef-lieu du département. (Art. 4, de la loi du 24 févr. 1875.)

§ 3. — Élection des délégués.

12. — Chaque conseil municipal est appelé à nommer un
délégué et un suppléant qui remplace le délégué en cas de refus ou d'empêchement. (Art. 2, L. du 2 août.)

13. — L'heure de la réunion est fixée par un arrêté préfectoral. Cet arrêté doit être notifié par écrit à tous les membres
du conseil municipal, par les soins du maire, qui indique en
même temps le lieu de la réunion. (Circ. min. de l'int., du
5 janv. 1876.)

Dans les communes où le conseil a été remplacé par une
commission municipale, celle-ci n'a pas qualité pour désigner
le délégué et le suppléant. La nomination est réservée à l'ancien
conseil, qui est convoqué spécialement à cet effet. (Art. 3 de la
loi du 2 août.)

Dans les communes où l'administration, malgré ses efforts,
n'est pas parvenue à constituer un conseil municipal, par
suite du refus des électeurs de se présenter au scrutin, il n'y a
pas de délégué. (Circ. du min de l'int., du 5 janv. 1876.)

14. — Il y a lieu d'appliquer à l'élection des délégués la
règle établie par l'article 17 de la loi du 5 mai 1855, et d'après
laquelle les conseils municipaux délibèrent valablement, lorsque la majorité des membres en exercice assiste à la séance.
(C. d'Ét., 4 avril 1876, él. de Castelsarrazin.)

Jugé, d'ailleurs, que la nomination d'un délégué avait pu être
faite par un conseil qui, au lieu d'être composé de vingt-trois
membres, en renfermait seulement vingt et un, faute par l'admi-

nistration d'avoir satisfait aux prescriptions de l'article 48 de la loi du 5 mai 1855 [1]. (Même décision.)

15. — Doivent être considérés comme assistant à la séance, tous ceux qui sont présents à l'ouverture du scrutin, quand même ils ne prendraient point part au vote. (C. d'Ét., 5 déc. 1873, él. de Soueix.)

16. — Si le conseil ne se réunissait pas au jour indiqué, en nombre suffisant pour délibérer, le maire devrait, à l'issue de la séance faire par écrit une nouvelle convocation ; et si à la deuxième séance, la réunion était insuffisante, une troisième convocation devrait encore être faite. (L. 30 déc. 1875, art. Ier.)

A la troisième séance, l'élection pourrait avoir lieu, quel que fût le nombre des membres présents, conformément à l'article 17 de la loi du 5 mai 1855.

17. — La présidence du conseil appartient au maire (art. 2 L. du 2 août). Le secrétaire est choisi parmi les membres du conseil, au scrutin secret, et à la majorité des membres présents. (Circ. du 5 janv. 1876.)

18. — La séance dans laquelle l'élection a lieu n'est pas publique (C. d'Et., 10 mars 1876, él. de Sainte-Marie-en-Chanois) ; les candidats eux-mêmes, s'ils sont étrangers au conseil, ne sauraient y être admis.

19. Le président ne doit pas attendre, pour ouvrir le premier scrutin, l'arrivée de tous les conseillers. Il déclarera la séance ouverte dès que le conseil sera en nombre suffisant pour délibérer, et il recevra les votes des conseillers présents, aussitôt après la lecture des lois et décrets relatifs à l'élection. (Circ. du 5 janvier 1876.)

20. — Le scrutin doit rester ouvert pendant une heure, à moins que tous les membres du conseil ne soient présents, ou que les absents n'aient prévenu le maire qu'ils ne pourraient se

---

[1] Cet article est ainsi conçu : « Dans le cas où l'annulation de tout ou « partie des élections est devenue définitive, l'assemblée des électeurs est « convoquée dans un délai qui ne peut excéder trois mois. »

rendre à la séance. Dans ces deux cas, il n'y aurait pas lieu d'attendre, et le dépouillement pourrait avoir lieu aussitôt après la réception des votes.

De même, les scrutins qui suivent la première opération, soit que l'on passe immédiatement à l'élection du suppléant, soit qu'il y ait lieu de procéder à un second ou à un troisième tour pour l'élection du délégué, doivent être clos, aussitôt après le dépôt des bulletins, puisque tous les conseillers qui ont répondu à la convocation seront présents dans la salle. (Même circ.)

21. — Tous les électeurs de la commune, ainsi que les membres du conseil, sont éligibles ; mais on ne peut nommer ceux qui sont de droit électeurs sénatoriaux, et qui par suite, obtiendraient un double droit de vote. (Art. 2, loi du 2 août.)

22. — On procède d'abord à la nomination du délégué et ensuite à celle du suppléant.

L'élection a lieu sans débat, au scrutin secret, et pour les deux premiers tours de scrutin, à la majorité absolue des voix. La majorité relative n'est admise qu'au troisième tour, et s'il y a égalité de suffrages, le candidat le plus âgé est élu (art. 2 de la même loi). Dans aucun cas, la voix du président n'est prépondérante. (Circ. du 5 janv. 1876.)

23. — La loi n'ayant pas indiqué à qui incomberait le soin de dépouiller les scrutins, il y a lieu de se conformer à l'usage suivi sous l'empire de la loi du 29 avril 1871, et de désigner comme scrutateurs les trois conseillers les plus âgés. (Même circ.)

24. — Si le délégué élu est membre du conseil municipal et assiste au vote, il doit faire connaître, séance tenante, son acceptation ou son refus, qui est consigné au procès-verbal. S'il refuse, le conseil municipal doit, avant de passer à l'élection du suppléant, pourvoir à son remplacement. L'acceptation ou le refus du suppléant doit également, si le candidat est présent, être constaté au procès-verbal, et son refus est suivi d'une nou-

velle désignation faite dans la même forme par le conseil municipal. (Même circ.)

Si le délégué n'a pas assisté au vote, le maire est tenu de lui
notifier son élection dans les vingt-quatre heures. Le délégué
doit donner avis au préfet de son acceptation, dans le délai de
cinq jours. Ce terme expiré, si le délégué n'a pas répondu, il
est considéré comme non acceptant. Le maire doit alors notifier sa nomination au suppléant, qui a également cinq jours pour
faire connaître s'il accepte. (Art. 4, L. 2 août 1875, et circ. min.
du 5 janvier 1876.)

25. — Lorsqu'à la suite de réclamations (voir *infrá*
n° 28), l'élection du délégué est annulée, soit parce qu'il
ne remplit pas les conditions voulues par la loi, soit pour vice
de forme, il est remplacé par le suppléant. (Art. 8, § 2, de
la même loi).

26. — Au cas d'annulation de l'élection du délégué et du
suppléant, comme au cas de refus ou de décès de l'un et de
l'autre après leur acceptation, il est procédé à de nouvelles
élections par le conseil municipal, au jour fixé par un arrêté du
préfet. (Art. 8, § 3, même loi.)

27. — Le procès-verbal des opérations doit être immédiatement rédigé et transmis au préfet: il relate l'acceptation ou le
refus du délégué et du suppléant, ainsi que les protestations
faites par les membres du conseil municipal contre les opérations. La loi exige en outre qu'une copie de ce procès-verbal
soit affichée à la porte de la mairie (art. 5 de la même loi). Le
procès-verbal devra aussi être transcrit sur les registres des
délibérations du conseil municipal. (Circ. du 5 janv. 1876.)

28. — Le droit d'arguer les opérations de nullité n'appartient pas seulement aux membres du conseil municipal ; il peut
être exercé, aux termes de l'article 7 de la loi du 2 août, par
tout électeur de la commune. La réclamation est adressée
directement au préfet, dans le délai de trois jours. Le préfet
est également autorisé à demander la nullité des opérations
qu'il considère comme irrégulières.

29. — Les réclamations sont jugées par le conseil de préfecture, sauf recours au Conseil d'État. (Art. 8.)

La loi ne fixe aucun délai au conseil de préfecture, pour rendre sa décision. Il statue suivant les formes tracées v° CONSEIL DE PRÉFECTURE.

De même que pour les autres réclamations en matière électorale, si des griefs impliquent la solution préjudicielle d'une question d'état, le conseil de préfecture doit surseoir à statuer jusqu'à ce qu'il ait été prononcé par les tribunaux compétents sur cette question (C. d'Ét., 17 mars 1876, él. d'Ivry-la-Bataille.)

Il y a lieu également d'appliquer le principe d'après lequel les protestations doivent être jugées sans frais. Décidé, en conséquence, qu'on ne peut faire supporter aux réclamants les frais d'une enquête. (C. d'Ét., 2 juin 1876, él. de Trévignin.)

Le recours devant le Conseil d'État est exercé dans le délai de trois mois, conformément à la règle écrite dans l'article 11 du décret du 22 juillet 1806, et selon les formes indiquées, v° CONSEIL D'ÉTAT, section II, articles 3 et suivants.

Quand la solution à intervenir peut avoir une influence sur le résultat de l'élection, le Sénat devra surseoir à la vérification des pouvoirs du candidat élu jusqu'à ce que le Conseil d'État ait prononcé.

Si le Sénat venait à valider une élection sans attendre la décision du Conseil d'État, le recours devant cette juridiction deviendrait alors sans objet, et il n'y aurait plus lieu à statuer, à moins que le candidat élu ne se trouvât dans un cas d'option prévu par l'article 22 de la loi du 2 août 1875. (C. d'Ét., 2 juin 1876, él. de Trévignin ; 16 juin 1876, él. de Juvigny-sur-Loison, de Cebazan et d'Aizac ; 9 mars 1877, él. de la Magistère.)

30. — Le tableau des résultats de l'élection des délégués et suppléants est dressé par le préfet, dans le délai de huit jours. (Art. 6, loi du 2 août 1875.)

Huit jours au plus tard avant l'élection des sénateurs, le préfet est tenu, en outre, de dresser la liste électorale définitive, comprenant: 1° les délégués et suppléants acceptant et dont l'élection n'aura pas été annulée ; 2° les députés; 3° les membres des conseils généraux; 4° les membres des conseils d'arrondissement. (Art. 9.)

31. — Les membres de droit du collége électoral doivent figurer sur la liste, lors même qu'ils auraient subi une condamnation antérieure à leur nomination, par la raison que tant qu'ils se trouvent investis de la qualité de députés, ou de membres du conseil général, ou de membres du conseil d'arrondissement, ils peuvent exercer un droit qui est attaché à cette qualité. (Sénat, 10 mars 1876, él. de Vaucluse, *J. off.* du 11, p. 1695.)

32. — Tout électeur a la faculté de prendre communication et copie des listes des conseillers municipaux du département, dans les bureaux de la préfecture, et de celles des conseillers municipaux de l'arrondissement, dans les bureaux de la sous préfecture. (Art. 6.)

Par électeur, on doit entendre tout individu figurant sur une des listes électorales, municipale ou politique. La justification de cette qualité peut être faite au moyen de la production d'un certificat émané du maire de la commune où l'électeur est inscrit. (Déclaration du min. de l'int., Ass. nat., séance du 1er déc. 1875.)

Communication de la liste électorale définitive doit être faite à tout requérant, qui peut également en prendre copie et la publier. (Art. 9, loi du 2 août 1875.)

33. — Mais la communication des listes n'est obligatoire que pendant la période électorale, c'est-à-dire depuis le jour du décret de convocation jusqu'à celui des élections. (Déclaration du min. de l'int.; C. d'Ét., 31 mars, 1876, Hémon.)

§ 4. — Des opérations des colléges électoraux.

34. — La réunion du collége sénatorial doit avoir lieu, d'après les instructions administratives, de préférence dans l'hôtel de la préfecture (Circ. du 15 janv. 1876). Il est inutile

de prendre à cet égard un arrêté spécial ; il suffit d'indiquer le lieu de la réunion dans les lettres de convocation, et d'en donner avis en même temps dans les journaux du département. (Circ. min. du 19 janv. 1876.)

35. — La circulaire du 19 janvier prescrit aux préfets d'expédier des lettres de convocation à tous les électeurs, dès que la liste en aura été dressée. Ces lettres pourront tenir lieu de cartes électorales, et devront, en conséquence, être présentées au bureau au moment du vote. Si après l'envoi des lettres, le préfet apprend que les délégués ne peuvent se rendre au chef-lieu, il y aura lieu de prévenir les suppléants et de recourir au besoin au télégraphe. Si le temps manque pour adresser une formule de convocation, ajoute la circulaire, cette feuille leur sera remise au chef-lieu le jour du vote, sur la justification de leur identité.

Le ministre des finances a décidé que les lettres de convocation jouiraient de la franchise postale, lorsqu'elles seraient placées sous bandes et expédiées par les préfets aux électeurs sénatoriaux de leur département pendant la période électorale. Les télégrammes adressés aux délégués sont également envoyés en franchise.

36. — La présidence du collége électoral est attribuée au président du tribunal civil du chef-lieu du département, et en cas d'empêchement de ce magistrat, au vice-président ou au juge le plus ancien. Au président sont adjoints, pour la formation du bureau, les deux plus âgés et les deux plus jeunes des électeurs[1] présents à l'ouverture de la séance. C'est le bureau qui choisit le secrétaire parmi les électeurs (art. 12, loi du 2 août 1875). Cette nomination a lieu à la majorité des voix.

Dans le cas où les deux plus âgés et les deux plus jeunes

[1] La circulaire ministérielle du 19 janvier 1876 recommande aux préfets, afin de prévenir les contestations, au sujet de l'âge des électeurs, de préparer à l'avance, soit en consultant les listes électorales déposées à la préfecture, soit en s'adressant aux maires, une liste spéciale indiquant la date de la naissance de chaque membre du collége sénatorial.

électeurs seraient illettrés, ils devraient être remplacés par les deux électeurs suivants sachant lire et écrire. (Circ. du 19 janv.)

37. — Pour faciliter les opérations, le bureau est chargé de répartir tous les électeurs du collége, par ordre alphabétique, en sections de vote, comprenant chacune au moins cent électeurs. Les présidents et les scrutateurs des diverses sections sont nommés par lui. (Art. 13).

Il doit y avoir quatre scrutateurs par section ; mais il est inutile de nommer des secrétaires, attendu que les sections n'ont pas de procès-verbal à rédiger. (Circ. min. du 19 janv. 1876.)

La salle doit être assez vaste pour que les tables des différentes sections y soient commodément installées. Les scrutateurs fonctionnent dans la même salle, sous les yeux de l'assemblée des électeurs et du bureau. (Circ. min. du 15 janv. 1876.)

38. — Le bureau statue sur les difficultés et contestations qui peuvent s'élever au cours de l'élection [1] ; mais il ne peut s'écarter des décisions rendues par le conseil de préfecture et le Conseil d'État, en vertu de l'article 8 de la loi du 2 août, relativement à la nomination des délégués. (Art. 13.)

39. — Trois membres du bureau doivent être présents pendant tout le cours des opérations. En cas d'absence, le président est remplacé par le plus âgé, et le secrétaire, par le plus jeune des assesseurs.

Le bureau est tenu d'admettre à voter tout suppléant, du moment que l'empêchement du délégué est constaté, par exemple, au moyen d'un certificat du maire revêtu du cachet de la mairie, et relatant l'impossibilité où il se trouve de remplir son mandat. (Sén. 10 mars 1876, él. du Loir-et-Cher, *J. off.* du 11, p. 1693.)

Aucun électeur ne peut avoir plus d'un suffrage (art. 9, loi du 2 août). Aucun électeur ne saurait non plus voter dans plus d'un collége. Mais tout électeur inscrit sur deux listes peut

---

[1] Dans les délibérations du bureau, le secrétaire n'a que voix consultative.

opter et voter dans l'un ou dans l'autre collége dont il ait partie à des titres distincts. (Rapport de M. Christophle, loi du 2 août 1875.)

Le vote a lieu au scrutin de liste, dans les départements ou plusieurs sénateurs doivent être nommés. (Art. 4 de la loi du 24 févr. 1875.)

40. — Pour être élu, il faut obtenir aux deux premiers tours de scrutin la majorité absolue, et un nombre de voix égal au quart des électeurs inscrits. La majorité relative suffit au troisième tour. En cas d'égalité de suffrages, le candidat le plus âgé est préféré. (Art. 15 même loi.)

41. — Ces diverses opérations sont accomplies le même jour. La loi détermine les heures d'ouverture et de fermeture de chaque scrutin. L'article 14 porte, à ce sujet : « Le premier « scrutin est ouvert à huit heures du matin et fermé à midi. « Le second est ouvert à deux heures et fermé à quatre heures. « Le troisième, s'il y a lieu, est ouvert à six heures et fermé à « huit heures. Les résultats des scrutins sont recensés par le « bureau et proclamés le même jour par le président du collége « électoral. »

Il n'y aurait pas lieu de tenir compte du retard apporté à l'ouverture du second tour, si tous les électeurs présents au premier tour avaient voté au deuxième. (Sénat, 10 mars 1876, él. d'Indre-et-Loire, *J. off.* du 11, p. 1696.)

Le président du collége, assisté des autres membres du bureau, ouvre une à une les boîtes de scrutin. Les bulletins en sont retirés et le nombre en est vérifié, section par section ; les six membres du bureau se partagent ce soin. Chaque bureau de section dépouille ensuite les votes qu'il a reçus ; les difficultés qui naissent à cette occasion sont résolues par le bureau du collége. (Circ. du min. de l'int., du 19 janv. 1876.)

Quant aux formalités non prévues par la loi du 2 août, l'article 27 se réfère aux dispositions établies par les lois qui régissent l'élection des députés (*Voir* vⁱˢ BUREAU, VOTE, DÉPOUILLEMENT, PROCÈS-VERBAL, etc.)

42. — On s'est demandé si le mandat de délégué sénatorial impliquait de la part de celui qui en était investi, l'exercice temporaire d'une fonction publique. La question a été résolue affirmativement.

Tandis que la Cour de cassation admet que les électeurs ordinaires ne sauraient être considérés comme revêtus d'un caractère public (voir v° Électeur, n° 11), elle considère que les délégués sénatoriaux remplissent à ce titre une véritable fonction. Suivant la cour, les délégués « tiennent leur mandat, non d'une « disposition de loi commune, mais d'une délégation toute personnelle émanée des conseils municipaux, appelés à délibérer « spécialement à cet égard, et l'accomplissement de ce « mandat, qui touche à un intérêt politique de premier ordre, « dont la loi a pris soin d'assurer l'exécution par une sanction « pénale, implique, de la part de celui qui en est investi, « l'exercice au moins temporaire d'une fonction publique. » (C. C., ch. crim., 28 juill. 1876, rejet (Genebrier), *Dalloz*, 1877, 1. 41.)

§ 5. — De l'indemnité accordée aux délégués et de leur obligation de voter.

43. — Les délégués astreints par le vote à de grands déplacements, reçoivent une indemnité, lorsqu'ils la réclament. Cette indemnité est égale à celle allouée aux jurés. Mais ils ne l'obtiennent qu'à la condition d'avoir participé à tous les scrutins.

C'est ce qui résulte des dispositions de l'article 17, ainsi conçu : « Les délégués qui auront pris part à tous les scrutins « recevront, sur les fonds de l'État, s'ils le requièrent, sur la « présentation de leur lettre de convocation visée par le président du collège électoral, une indemnité de déplacement qui « leur sera payée sur les mêmes bases et de la même manière « que celle accordée aux jurés par les articles 35, 90 et suivants « du décret du 18 juin 1811. »

44. — La somme allouée par ce décret est de 2 fr. 50 c. par myriamètre parcouru, tant pour l'aller que pour le retour.

Aux termes de l'article 17, paragraphe 2, de la loi du 2 août,
le mode de taxation et de payement de l'indemnité doit être
fixé par un règlement d'administration publique [1].

[1] Ces points ont été déterminés par le décret du 26 décembre 1875, ainsi
conçu :

« Art. 1er.—L'indemnité de déplacement allouée aux délégués des conseils
« municipaux qui auront pris part à tous les scrutins est fixée à 2 fr. 50 c.
« par myriamètre parcouru, tant en allant qu'en revenant.

« Art. 2. — L'indemnité est réglée par myriamètre et demi-myriamètre.
« Les fractions au-dessus de 7 kilomètres sont comptées pour 1 myria-
« mètre, et celles de 3 à 7 kilomètres pour un demi-myriamètre. Il n'y a
« lieu à aucune indemnité lorsque la distance n'atteint pas 3 kilomètres.

« Art. 3. — La distance se compte, quel que soit le domicile du délégué,
« du chef-lieu de la commune qui l'a élu au chef-lieu du département.

« Art. 4. Le décompte se fait d'après le tableau officiel des distances
« dressé par le préfet, en conformité de l'article 93 du décret du 18 juin
« 1811. Des copies de ce tableau seront déposées au secrétariat général de
« la préfecture et sur la table du bureau électoral.

« Art. 5. Les délégués qui désireront obtenir l'indemnité de déplace-
« ment devront en faire la demande expresse au président du collège élec-
« toral avant la clôture de la séance. Ils lui présenteront, à cet effet, leur
« lettre de convocation, au dos de laquelle ils déclareront requérir la taxa-
« tion. Le président certifiera sur la même feuille qu'ils ont participé à
« tous les scrutins et la revêtira d'un exécutoire établissant le décompte
« de la somme due. Il fera en même temps dresser par un des assesseurs
« un bordereau des sommes ainsi mises en payement ; ce bordereau, cer-
« tifié par lui, sera remis au préfet avec le procès-verbal de l'élection.

« Art. 6. Au vu de la lettre de convocation revêtue de l'exécutoire, le
« payement de l'indemnité sera fait entre les mains de l'ayant droit, soit
« par le trésorier-payeur général, soit, avec son visa, par les receveurs par-
« ticuliers et les percepteurs du département. Les bureaux de la trésorerie
« générale resteront ouverts pendant toute la durée du dernier scrutin et
« deux heures au moins après la clôture des opérations, afin que les
« délégués qui désireraient recevoir leur indemnité le jour même puissent
« s'y présenter. Ceux qui préféreraient être payés dans la commune de leur
« résidence déposeront leurs lettres de convocation, revêtues de l'exécutoire
« du président, entre les mains du receveur particulier ou du percepteur,
« qui en acquittera le montant après les avoir fait viser par le trésorier-
« payeur général.

« Art. 7. Le trésorier-payeur général dressera des états nominatifs où
« seront compris tous les payements effectués soit à sa caisse, soit à celle
« des receveurs particuliers ou des percepteurs. Ces états, certifiés par le
« trésorier-payeur général, seront transmis au préfet, qui émettra un ou
« plusieurs mandats collectifs de régularisation sur les crédits qui lui
« auront été délégués par le ministre de l'intérieur.

45. — Le suppléant qui prend la place du délégué a droit également à l'indemnité; mais les électeurs de droit ne sauraient y prétendre.

46. — La loi oblige le délégué et le suppléant à exercer le mandat qu'ils ont accepté. Leur abstention non justifiée, est punie d'une amende de 50 francs, à laquelle ils sont condamnés par le tribunal civil du chef-lieu. Tout délégué qui, « sans cause « légitime n'aura pas pris part à tous les scrutins, ou, étant em- « pêché, n'aura point averti le suppléant en temps utile, porte « l'article 18, sera condamné à une amende de 50 francs par le « tribunal civil du chef-lieu, sur les réquisitions du ministère pu-

Le ministre de l'intérieur, par sa circulaire du 31 janvier 1876, a donné aux préfets les instructions suivantes, relativement au payement de l'indemnité : « Les délégués ou les suppléants qui désireraient recevoir l'in- « demnité, présenteront au président du collége, avant la clôture de la « séance, leur lettre de convocation, au dos de laquelle ils auront signé « la déclaration réglementaire. Le président ou les membres du bureau « délégués par lui, s'assureront, à l'aide des visas apposés au bas de la « lettre et des listes d'émargement, que les requérants ont participé à « tous les scrutins. Ils vérifieront également le décompte préparé par la « préfecture au recto de la feuille, et inscriront en toutes lettres, sur le « verso, la somme à payer. Le président du collége signera et fera appo- « ser le cachet du tribunal à côté de sa signature.

« En cas de contestation sur le taux de l'indemnité, la difficulté sera « tranchée par le président du collége qui ne pourra, en aucun cas, admettre « d'autres distances que celles qui sont déterminées par le tableau officiel « dont un exemplaire sera, ainsi que je l'ai dit plus haut, déposé sur la « table du bureau.

« En même temps qu'il signera les mandats, le président fera dresser « par un assesseur un bordereau des sommes mises en payement ; ce bor- « dereau sera signé par l'assesseur qui l'aura dressé, certifié par le prési- « dent et remis par lui entre nos mains avec le procès-verbal de l'élec- « tion. (Décret du 26 déc. 1875, art. 5.)

« M. le ministre des finances a donné des ordres pour que, conformé- « ment à l'article 6 du même décret, les bureaux de la trésorerie générale « restent ouverts pendant toute la durée du dernier scrutin, et deux heures « au moins après la clôture des opérations. »

Ajoutons que par décision du 19 janvier 1876, le ministre des finances a reconnu que les réquisitions des indemnités allouées aux délégués séna- toriaux, ainsi que les quittances données par les parties prenantes, étaient affranchies de la formalité du timbre.

« blic. La même peine peut être appliquée au délégué suppléant,
« qui, averti par lettre, dépêche télégraphique ou avis à lui
« adressé personnellement en temps utile, n'aura pas pris part
« aux opérations électorales. »

Il est à remarquer que le délégué, pour échapper à la péna-
lité édictée par cet article, n'est pas tenu seulement de fournir
une excuse valable de son abstention; il faut encore qu'il en ait
prévenu en temps utile son suppléant. La loi paraît moins sévère
pour ce dernier, dans le cas où l'avertissement a été reçu par
lui en temps utile ; car elle laisse au juge la faculté de prononcer ou non contre lui une condamnation.

§ 6. — De l'éligibilité.

47. — Aux termes de l'article 3 de la loi du 24 février 1875,
« nul ne peut être sénateur, s'il n'est Francais, âgé de quarante
« ans au moins, et s'il ne jouit de ses droits civils et politiques. »
Ces conditions sont prescrites également pour l'éligibilité des
députés, à la différence de l'âge qui pour ces derniers est de
vingt-cinq ans.

Les causes d'incapacité et d'indignité sont les mêmes,
ainsi que le déclare expressément l'article 27 de la loi du 2 août.
(*Voir* v^is ÉLIGIBILITÉ et INCAPACITÉ.)

48. — Le principe de l'incompatibilité résultant de l'exercice de fonctions publiques n'est pas admis pour l'élection
des sénateurs ; la compatibilité est ici la règle, et l'incompatibilité forme l'exception. L'article 20 de la loi du 2 août fixe le
nombre restreint des exclusions : « il y a incompatibilité, porte
« cet article, entre les fonctions de sénateurs et celles de con-
« seiller d'État et maître des requêtes, préfet et sous-préfet, à
« l'exception du préfet de la Seine et du préfet de police; des
« membres des parquets des cours d'appel et des tribunaux de
« première instance, à l'exception du procureur général près la
« Cour de Paris ; de trésorier-payeur général, de receveur
« particulier, de fonctionnaire et employé des administrations
« centrales des ministères. »

L'article 21 édicte une cause d'inéligibilité pour les sénateurs autres que les sénateurs inamovibles. Il dispose en ces termes :
« Ne peuvent être élus par le département ou la colonie com-
« pris en tout ou en partie dans leur ressort, pendant l'exercice
« de leurs fonctions et pendant les six mois qui suivront la ces-
« sation de leurs fonctions par démission, destitution, change-
« ment de résidence ou de toute autre manière : 1° les premiers
« présidents, les présidents, et les membres des parquets des
« cours d'appel ; 2° les présidents, les vice-présidents, les juges
« d'instruction et les membres des parquets des tribunaux de
« première instance ; 3° le préfet de police, les préfets et sous-
« préfets et les secrétaires généraux de préfecture ; les gou-
« verneurs, directeurs de l'intérieur et secrétaires généraux
« des colonies ; 4° les ingénieurs et les agents voyers en chef
« et d'arrondissement ; 5° les recteurs et inspecteurs d'acadé-
« mie ; 6° les inspecteurs des écoles primaires ; 7° les arche-
« vêques, évêques et vicaires généraux ; 8° les officiers de tous
« grades de l'armée de terre ou de mer ; 9° les intendants divi-
« sionnaires et les sous-intendants militaires ; 10° les tréso-
« riers-payeurs généraux et les receveurs particuliers des
« finances ; 11° les directeurs des contributions directes et
« indirectes, de l'enregistrement et des domaines, et des postes ;
« 12° les conservateurs et inspecteurs des forêts. »

Les fonctionnaires que le législateur déclare ainsi inéligibles dans l'étendue du ressort où ils exercent leurs fonctions, sont les mêmes que ceux désignés par la loi concernant l'élection des députés, à l'exception des juges titulaires de première in-stance qui ne figurent pas dans l'énumération donnée par l'article 21 ci-dessus. D'un autre côté, ce texte comprend les officiers des armées de terre et de mer ainsi que les intendants et sous-in-tendants militaires, à l'égard desquels l'inéligibilité n'est que relative, tandis qu'elle s'étend à toute la France en ce qui con-cerne la Chambre des députés. (*Voir* v° Éligibilité n° 6.)

Une modification a été apportée à l'article 21, pour la première élection des sénateurs : les fonctionnaires qui y sont désignés, autres que les préfets et les sous-préfets, ont été déclarés éligibles dans leur ressort, quand leurs fonctions auront cessé avant la promulgation de la loi du 2 août, ou dans les vingt jours qui l'auront suivie. (Art. 29.)

49. — Aux termes de l'article 22 de la loi, le sénateur élu dans plusieurs colléges est tenu de faire connaître son option au président du Sénat, dans les dix jours qui suivent la validation des nominations multiples. A défaut d'option dans ce délai, on détermine, par la voie du sort, en séance publique, celle qui doit être maintenue.

§ 7. — De la vérification des pouvoirs et du remplacement en cas de vacance.

50. — Suivant l'article 10 de la loi du 16 juillet 1875 sur les rapports des pouvoirs publics, le Sénat est seul juge, de la régularité des opérations électorales.

51. — De même que pour les élections à la Chambre des députés, le Sénat a le droit d'ordonner, pour éclairer sa religion, toutes les mesures d'instruction nécessaires. Ainsi il peut faire procéder à une enquête; mais il n'a recours à cette mesure que si les faits sont suffisamment précis et pertinents. (Sén., 11 mars 1876, él. de MM. de Lafayette et Jacotin, *J. off.*, du 12, p. 173.)

52. — Il y a lieu de suivre, quant à la vérification, les règles [1]

[1] Les articles 8, 9 et 10 du règlement adopté par le Sénat, le 31 mai 1876, règlent la question de vérification des pouvoirs. Voici le texte de ce règlement :

Règlement du Sénat.

Le Sénat a adopté le règlement dont la teneur suit :

CHAPITRE PREMIER.

Du bureau provisoire et du bureau définitif.

Art. 1er. — A la séance d'ouverture de chaque session ordinaire, le doyen d'âge préside le Sénat.

admises pour la Chambre des députés. (*Voir* v° CHAMBRE DES DÉPUTÉS.)

53. — Au cas d'annulation d'une élection, comme au cas

Les six plus jeunes sénateurs remplissent les fonctions de secrétaires jusqu'à l'élection du bureau définitif.

Art. 2. — Le président renvoie à l'examen des bureaux les procès-verbaux des élections de sénateurs qui ont eu lieu dans l'intervalle de deux sessions.

Art. 3. — Le Sénat fixe la séance où aura lieu l'élection du bureau définitif; il peut même y être procédé immédiatement.

Le Sénat peut décider qu'il nommera un président et un vice-président provisoires.

Art. 4. — Le bureau définitif, élu pour l'année, aux termes des lois constitutionnelles, se compose :

D'un président;

De quatre vice-présidents ;

De six secrétaires ;

De trois questeurs.

Art. 5. — L'élection des membres du bureau a lieu, en séance publique, par scrutins séparés, et par bulletins de liste pour les vice-présidents, secrétaires et questeurs.

Art. 6. — L'élection a lieu, au premier et au second tour de scrutin, à la majorité absolue des votants.

Après deux tours de scrutin sans résultat, il y a ballottage entre les deux membres qui ont obtenu le plus de suffrages, et, pour l'élection, la majorité relative suffit.

En cas d'égalité de suffrages, le plus âgé est nommé.

Les mêmes règles s'appliquent à l'élection par bulletins de liste.

En ce cas, le ballottage s'établit entre les membres qui, en nombre double des nominations à faire, ont obtenu le plus de suffrages.

Art. 7. — L'élection du bureau définitif étant terminée, le président fait connaître à la Chambre des députés et au Président de la République que le Sénat est constitué.

CHAPITRE II.

De la vérification des pouvoirs.

Art. 8. — Aucune élection de sénateur par le Sénat n'aura lieu que huit jours après fixation de sa date en séance publique.

Le résultat des élections faites par le Sénat est annoncé en séance publique immédiatement après le scrutin. L'élu n'est proclamé sénateur que trois jours après.

Si, dans ce délai, une réclamation est faite contre l'élection, la proclad'option, l'article 22 de la loi du 2 août dispose qu'il sera pourvu au remplacement dans le délai d'un mois.

mation n'a lieu qu'après décision du Sénat sur la capacité de l'élu. Le Sénat statue sans renvoi aux bureaux.

Les procès-verbaux des élections de sénateurs par les colléges départementaux sont, avec les pièces justificatives, répartis entre les bureaux par ordre alphabétique de départements, et soumis d'abord à l'examen de commissions de trois membres formées dans chaque bureau par la voie du sort.

Le rapport sur chaque élection est fait par un sénateur que le bureau en a chargé.

Art. 9. — Le Sénat statue sur la validité des élections ; le président déclare admis les sénateurs dont les pouvoirs ont été déclarés valides.

Lorsqu'une élection est contestée, le Sénat peut, sur la demande d'un membre, renvoyer la délibération à la séance qui suivra l'insertion du rapport au *Journal officiel* ou la distribution aux membres du Sénat de ce rapport imprimé.

Les sénateurs dont les pouvoirs n'ont pas encore été validés peuvent prendre part aux délibérations et aux votes du Sénat.

Art. 10. — Le droit de prendre part aux votes du Sénat est suspendu pour tout membre dont l'admission a été ajournée.

Tout sénateur dont l'élection est contestée ne peut, ni dans le bureau, ni en séance du Sénat, prendre part aux votes sur la validation de cette élection.

CHAPITRE III.

Des bureaux et commissions.

Art. 11. — Le Sénat se partage en neuf bureaux renouvelés chaque mois, en séance publique, par la voie du sort.

Chaque bureau nomme son président et son secrétaire, comme il est dit à l'article 6.

Art. 12. — Les bureaux se conforment, pour l'ordre de leurs travaux, aux ordres du jour arrêtés par le Sénat. Chacun d'eux discute séparément les questions renvoyées à leur examen.

Il est tenu procès-verbal de leurs délibérations.

Le procès-verbal de chaque séance mentionne les noms des membres présents.

Art. 13. — Sauf l'urgence déclarée, la discussion ne peut s'ouvrir dans les bureaux que vingt-quatre heures au plus tôt après la distribution des projets de lois et propositions.

Art. 14. — Chaque bureau, lorsque la discussion est terminée, nomme un commissaire, suivant les formes fixées par l'article 6 ; il en nomme plusieurs, selon qu'une disposition du règlement ou une résolution spéciale du Sénat l'a ainsi décidé.

54. — Lorsque des vacances se produisent, par suite de

Art. 15. — Aucun sénateur faisant partie de deux commissions autres que la commission de comptabilité et celle des congés, ne peut être appelé à faire partie d'une troisième, jusqu'à ce qu'une des deux premières ait nommé son rapporteur.

Cette interdiction ne s'applique pas à toute commission pour l'examen d'un projet de loi ou proposition dont l'urgence a été déclarée.

Tout membre élu commissaire est tenu de faire connaître au bureau s'il est libre, aux termes du règlement, d'accepter cette mission.

Dans le cas de la négative, il est immédiatement procédé à son remplacement.

Art. 16. — Les bureaux, au commencement de chaque session ordinaire, nomment, pour l'année entière, une commission chargée de l'examen de la comptabilité des fonds alloués pour les dépenses administratives du Sénat.

Art. 17. — Sont nommées chaque mois par les bureaux :

Une commission chargée d'examiner les propositions émanant de l'initiative parlementaire, et de donner son avis sur la prise en considération ;

Une commission chargée de l'examen des projets de lois relatifs à des intérêts communaux et départementaux ;

Une commission chargée de l'examen des pétitions ;

Une commission chargée de l'examen des demandes de congés.

Ces commissions sont composées de neuf membres, sauf la commission de l'initiative parlementaire, qui en a dix-huit.

Art. 18. — Le Sénat peut, s'il le juge convenable, renvoyer à une commission déjà formée l'examen des projets ou propositions qui lui sont soumis.

Dans ce cas, seront observées, pour la nouvelle proposition, les conditions d'examen auxquelles est assujettie la proposition dont la commission est déjà saisie.

Art. 19. — Lors du renvoi d'un projet de loi ou d'une proposition à l'examen des bureaux, le Sénat peut, sur la demande d'un membre, décider que la nomination des commissaires sera faite par scrutin de liste, dans les bureaux, conformément aux règles posées en l'article 6.

Cette décision est prise par assis et levé.

Dans chaque bureau, après délibération, le scrutin est ouvert et dépouillé. Le recensement général est opéré par le premier bureau et transmis au président du Sénat, qui proclame le résultat du scrutin.

Art. 20. — Les bureaux, au commencement de chaque session ordinaire, nomment, pour toute la durée de cette session, une commission de dix-huit membres chargés de l'examen :

1° De tous projets de lois portant demande de crédits supplémentaire ou extraordinaires afférents aux exercices courants, clos ou périmés

2° De tous projets de lois ou propositions qui peuvent avoir pour effet de modifier la situation du Trésor ;

décès ou de démission, le remplacement n'a lieu que si le

3° De la loi des recettes et des dépenses.

Art. 21. — Le Sénat peut toujours renvoyer à une commission spéciale l'examen des projets de lois et propositions énoncés en l'article précédent.

Art. 22. — Toute commission spéciale chargée de l'examen d'un projet de loi ou d'une proposition affectant les recettes ou les dépenses de l'Etat, fait un rapport sur l'ensemble du projet, sans pouvoir proposer d'imputation de crédits.

Si les conclusions sont favorables au projet, elle est tenue de les communiquer à la commission nommée comme il est dit en l'article 20.

Celle-ci, dans les dix jours, donne son avis sur l'imputation des crédits.

Cet avis motivé est imprimé et annexé au rapport principal.

Les dispositions ci-dessus ne sont pas applicables au cas d'urgence.

Art. 23. — Les commissions, convoquées sans retard par le président du Sénat, nomment, comme il est dit à l'article 6, un président et un secrétaire.

Elles choisissent dans les mêmes formes, lorsque la discussion est terminée, un rapporteur chargé de rendre compte au Sénat du résultat de leurs travaux.

Le procès-verbal de chaque séance d'une commission mentionne les noms des membres présents.

Des rapports déposés au cours d'une session peuvent être repris à la session suivante en l'état où ils sont restés. Le Sénat, sur la demande d'un membre, prend une décision à cet égard.

Art. 24. — Le président envoie aux bureaux et commissions toutes les pièces relatives aux objets qui doivent y être discutés.

Par les soins de la questure il est mis à la disposition des commissions un local où chacune d'elles, dans une case particulière fermant à clef, conserve jusqu'à la fin de ses travaux ses procès-verbaux et les pièces qui lui ont été communiquées.

Art. 25. — Les membres du Sénat peuvent prendre connaissance des documents remis aux commissions pour l'étude des projets et résolutions qu'elles sont chargées d'examiner.

Cette communication a lieu sans déplacement et sans que les travaux des commissions puissent en être entravés.

Ces documents et les procès-verbaux des commissions sont, après le vote définitif, déposés aux archives du Sénat.

Art. 26. — Les commissions communiquent directement avec les ministres par leur président ou par ceux de leurs membres qu'elles auront désignés.

Art. 27. — L'auteur d'une proposition a le droit d'être entendu par la commission chargée d'examiner sa proposition. Il est invité, avant la nomination du rapporteur, à se rendre dans la commission.

S'il y a plusieurs auteurs d'une même proposition, ils doivent désigner nombre des sénateurs d'un département se trouve réduit de

un ou plusieurs d'entre eux qui les représenteront auprès de la commission.

Art. 28. — Les bureaux et les commissions se réunissent et délibèrent au palais du Sénat, dans les locaux qui leur sont spécialement affectés.

Les commissions peuvent, exceptionnellement, pour leurs travaux préparatoires, se réunir dans les ministères.

CHAPITRE IV.
De la tenue des séances.

Art. 29. — Le président ouvre la séance.

Il dirige les délibérations, fait observer le règlement et maintient l'ordre.

Art. 30. — Les secrétaires surveillent la rédaction du procès-verbal.

A l'ouverture de chaque séance, un d'eux donne lecture du procès-verbal de la séance précédente.

Le procès-verbal adopté par le Sénat est signé par le président ou le vice-président qui a présidé la séance, et par deux secrétaires au moins.

Art. 31. — Avant de passer à l'ordre du jour, le président donne connaissance au Sénat des communications qui le concernent.

Art. 32. — Les pièces communiquées au Sénat sont déposées sur le bureau ou adressées au président. Le Sénat peut en ordonner l'impression, s'il le juge utile.

Art. 33. — Aucun membre du Sénat ne peut parler qu'après avoir demandé la parole au président, et l'avoir obtenue.

L'orateur parle à la tribune, à moins que le président ne l'autorise à parler de sa place.

Art. 34. — Les secrétaires inscrivent pour la parole les sénateurs, suivant l'ordre de leur demande.

L'inscription ne peut se faire qu'après le dépôt du rapport.

Art. 35. — Le président donne alternativement la parole à des orateurs qui parleront pour, et à des orateurs qui parleront contre.

Art. 36. — Les ministres, les commissaires du gouvernement et les rapporteurs chargés de soutenir la discussion des projets de lois ne sont point assujettis à l'ordre d'inscription et obtiennent la parole quand ils la réclament.

Art. 37. — Un membre du Sénat peut toujours obtenir la parole après un orateur du gouvernement.

Art. 38. — L'orateur doit se renfermer dans la question; s'il s'en écarte, le président l'y rappelle.

Aucun membre du Sénat ne peut obtenir la parole sur le rappel à la question.

Art. 39. — Si l'orateur, rappelé deux fois à la question dans le même discours, continue à s'en écarter, le président consulte le Sénat pour savoir si la parole ne sera pas interdite à l'orateur, pendant le reste de la séance, sur le même sujet.

moitié. Il y est pourvu alors, dans le délai de trois mois, à moins

La décision a lieu, sans débats, par assis et levé ; en cas de doute, la parole n'est pas interdite à l'orateur.

Art. 40. — Nul ne parle plus de deux fois sur la même question, à moins que le Sénat n'en décide autrement.

Art. 41. — La parole est accordée à tout membre du Sénat qui la demande pour un fait personnel.

Art. 42. — Toute interruption, toute personnalité, toute manifestation troublant l'ordre, sont interdites.

Art. 43. — La question préalable, c'est-à-dire la déclaration qu'il n'y a lieu à délibérer, peut toujours être proposée.

Elle peut être motivée sommairement à la tribune.

L'auteur de la proposition, à l'égard de laquelle la question préalable est demandée, a le droit d'être entendu.

Le Sénat prononce sans débats.

Art. 44. — Avant de prononcer la clôture de la discussion, le président consulte le Sénat.

Si la parole est demandée contre la clôture, elle doit être accordée; mais elle ne peut l'être qu'à un seul orateur.

S'il y a doute sur le vote après une seconde épreuve, la discussion continue.

La clôture prononcée, la parole n'est plus accordée que sur la position de la question.

Art. 45. — Le Sénat peut décider qu'il se formera en comité secret.

Les demandes de comité secret, signées de cinq membres, sont remises au président. La décision est prise par assis et levé, sans débats.

Les noms des signataires de la demande sont insérés au procès-verbal.

Si le motif qui a donné lieu au comité secret a cessé, le président consulte le Sénat, aux termes de l'article 5 de la loi constitutionnelle du 16 juillet 1875, sur la reprise en public de la séance.

Art. 46. — Le président, avant de prononcer la clôture de la séance, consulte le Sénat sur le jour, l'heure et les objets de discussion de sa prochaine séance.

L'ordre du jour ainsi réglé est affiché dans l'enceinte du palais et publié au *Journal officiel*.

CHAPITRE V.

Des votations.

Art. 47. — Le Sénat vote sur les questions soumises à ses délibérations par assis et levé, au scrutin public, et au scrutin secret.

Art. 48. — Le vote par assis et levé est de droit sur toutes les questions, sauf les exceptions prévues par les articles 50, 51, 56 du présent règlement.

que les vacances ne soient survenues dans les douze mois qui

Art. 49. — Le vote par assis et levé est constaté par le président et les secrétaires ; s'ils décident qu'il y a doute, l'épreuve est renouvelée.

Nul ne peut obtenir la parole entre les deux épreuves par assis et levé, ni entre la deuxième épreuve et le vote au scrutin.

Art. 50. — Le vote au scrutin public est de droit :

Après deux épreuves douteuses ;

Sur l'ensemble de tous les projets de lois autres que ceux d'intérêt local.

Art. 51. — Le vote au scrutin public peut être demandé en toute matière.

Art. 52. — Le scrutin public peut être demandé, soit avant toute épreuve par assis et levé, soit après une première épreuve douteuse.

Art. 53. — La demande du scrutin public doit être faite par écrit, signée de dix membres au moins, et déposée entre les mains du président.

Elle peut être faite oralement, par un seul membre, après une épreuve douteuse.

Les noms des membres qui ont demandé le scrutin et ceux des votants sont insérés au *Journal officiel*.

Art. 54. — Il est procédé au scrutin public dans les formes suivantes :

Le président invite les sénateurs à prendre leurs places. Chaque sénateur a deux bulletins de vote sur lesquels son nom est imprimé. Les bulletins blancs représentent l'adoption, les bulletins bleus la non adoption. Les huissiers présentent à chaque membre du Sénat une urne dans laquelle il dépose son bulletin. Lorsque les votes sont recueillis, le président prononce la clôture du scrutin. Les urnes sont immédiatement apportées sur la tribune. Les secrétaires en font le dépouillement et le président proclame le résultat du vote.

Art. 55. — Le scrutin public à la tribune peut être demandé par dix membres. Le Sénat prononce par assis et levé, sans débats.

Il y est procédé de la manière suivante :

Deux urnes sont placées sur la tribune ;

Chaque sénateur, après avoir reçu des mains d'un secrétaire une boule de contrôle, dépose son bulletin dans la première urne et la boule de contrôle dans la seconde ;

Les secrétaires procèdent au dépouillement du scrutin, conformément à l'article précédent.

Art. 56. — Dans tous les cas où le scrutin public peut ou doit être admis, si vingt membres réclament le scrutin secret, il doit y être procédé .

Les formes prescrites pour la demande du scrutin public sont observées pour celle du scrutin secret.

Les noms des signataires de la demande sont insérés au *Journal officiel*.

Art. 57. — En cas de scrutin secret, si l'appel nominal est réclamé, le Sénat prononce par assis et levé, sans débats.

précèdent le renouvellement triennal (art. 23). A l'époque fixée
pour le renouvellement triennal, il doit être pourvu à toutes
les vacances qui se sont produites, quel qu'en soit le nombre et
quelle qu'en soit la date. (Même article.)

L'appel nominal est fait par un des secrétaires; il est immédiatement
suivi d'un réappel pour les sénateurs qui n'ont pas encore voté.

Art. 58. — Le scrutin secret a lieu dans les mêmes formes que le scrutin public à la tribune, sauf que le bulletin de vote est remplacé par une
boule blanche ou noire. La boule blanche exprime l'adoption; la noire,
la non-adoption.

Les secrétaires versent les boules dans une corbeille; ils en font ostensiblement le compte et séparent les boules blanches des noires; ils procèdent de la même manière au dépouillement de l'urne de contrôle.

Le résultat du compte est arrêté par deux secrétaires au moins, et proclamé par le président.

Art. 59. — Les nominations en assemblée générale, dans les bureaux et
commissions, se font au scrutin secret.

Pour les nominations en assemblée générale, deux urnes sont placées
sur la tribune. Chaque sénateur dépose dans la première son bulletin de
vote sous enveloppe non cachetée; dans la seconde, la boule servant de
contre-épreuve.

Le dépouillement des scrutins de nomination a lieu par des scrutateurs
que le sort désigne, au nombre de trois pour chaque table de dépouillement.

Art. 60. — La présence de 151 membres du Sénat, majorité absolue du
nombre légal, est nécessaire pour la validité des votes.

Le bureau constate le nombre des membres présents.

Si le bureau n'est pas unanime, il est procédé au scrutin public à la
tribune.

Au cas d'impossibilité d'un vote par le défaut de présence de la majorité
absolue du nombre légal des sénateurs, un second tour de scrutin sur le
même objet est porté à l'ordre du jour de la séance suivante; et, à ce
second tour, le vote est valable, quel que soit le nombre des votants.

Art. 61. — Les réclamations d'ordre du jour, de priorité et de rappel
au règlement ont la préférence sur la question principale; elles en suspendent la discussion, sans que l'orateur puisse être interrompu.

Art. 62. — Les projets de lois et propositions sont votés par article. La
délibération est toujours terminée par un vote sur l'ensemble.

Les amendements sont mis aux voix avant la disposition principale.

Si les dispositions présentées par la commission sont rejetées, le texte
primitif des projets et propositions que le gouvernement et les auteurs
desdites propositions ont déclaré maintenir, est repris. Il est soumis aux
votes du Sénat.

En ce qui touche les réunions électorales, *voir* v° RÉUNIONS ÉLECTORALES. Touchant les tentatives de corruption, *voir* v° INFRACTIONS. Quant aux dispositions spécialement applicables aux colonies et à l'Algérie, *voir* v^{is} COLONIES et ALGÉRIE.

Art. 63. — Dans les questions complexes, la division a lieu de droit, lorsqu'elle est demandée.

CHAPITRE VI.
Des projets de lois présentés au Sénat.

Art. 64. — Les projets de lois présentés au nom du gouvernement sont déposés par un des ministres sur le bureau du Sénat, après lecture, si le Sénat l'ordonne.

Ces projets sont imprimés avec l'exposé des motifs, et distribués.

Ils sont transmis dans les bureaux par le président, pour être discutés suivant la forme réglée au chapitre III.

Art. 65. — Les rapports des commissions sont déposés sur le bureau du Sénat, après lecture, s'il y a lieu. Le président propose et le Sénat fixe le jour de la discussion.

Art. 66. — Les rapports, sauf les cas d'urgence, sont imprimés et distribués. La discussion ne peut s'ouvrir en assemblée générale que vingt-quatre heures au moins après la distribution.

Art. 67. — Aucun projet de loi, sauf les cas d'urgence, n'est voté définitivement qu'après deux délibérations, à des intervalles qui ne peuvent être moindres de cinq jours.

La première délibération porte d'abord sur l'ensemble, puis sur les articles du projet et les amendements qui s'y rapportent. Le Sénat décide s'il veut passer à la deuxième délibération.

A la deuxième délibération, il est procédé au vote de chaque article et des amendements qui s'y rapportent. Avant le vote définitif du projet, tout membre a le droit de présenter des considérations générales pour l'adoption ou pour le rejet.

Art. 68. — Les amendements sont rédigés par écrit et remis au président.

Le Sénat ne délibère sur aucun amendement si, après avoir été développé, il n'est appuyé.

Art. 69. — Tout amendement présenté et non soumis au vote dans le cours de la séance est imprimé et distribué avant la séance suivante.

Art. 70. — Les amendements nouveaux et les articles additionnels présentés après la clôture de la première délibération doivent être communiqués à la commission, imprimés, distribués un jour au moins avant l'ouverture de la deuxième.

Art. 71. — S'il en est présenté dans le cours même de cette délibération, ils sont motivés sommairement à la tribune. Le rapporteur est entendu.

SUFFRAGES EXPRIMÉS.

Voir v^{is} VOTE et MAJORITÉ.

Le Sénat décide par assis et levé, sans débats, s'il prend les amendements et articles additionnels en considération.

En ce cas, ils sont renvoyés à l'examen de la commission, imprimés et distribués. Ils ne peuvent être votés le jour même où ils ont été présentés.

Art. 72. — Tout projet repoussé après l'une des deux délibérations ne peut être reproduit avant le délai de trois mois.

Art. 73. — Les prescriptions relatives aux deux délibérations ne s'appliquent pas au budget des recettes et des dépenses, aux lois des comptes, aux lois portant demandes de crédits spéciaux, aux lois d'intérêt local ; pour le vote de ces lois, une seule délibération suffit ; elle a lieu suivant les formes déterminées au chapitre VIII du présent règlement, pour les cas où l'urgence a été déclarée.

Néanmoins, les amendements ou articles additionnels présentés dans le cours de la délibération sont soumis aux formalités prescrites par l'article 71.

Art. 74. — Le résultat des délibérations du Sénat est proclamé par le président, en ces termes :

« Le Sénat a adopté » ou « le Sénat n'a pas adopté. »

Art. 75. — Lorsque le Sénat est saisi d'un projet de loi par lequel le gouvernement, conformément à l'article 8 de la loi constitutionnelle du 16 juillet 1875, lui demande l'approbation d'un traité conclu avec une puissance étrangère, il n'est pas voté sur les articles du traité, et il ne peut être présenté d'amendements à son texte.

Si dans le cours de l'une ou de l'autre des deux délibérations, il y a opposition à quelqu'une des clauses du traité, elle se produit sous forme de demande de renvoi à la commission, imprimée et distribuée au moins vingt-quatre heures à l'avance.

Si le Sénat, après débats, a décidé le renvoi, la commission, avant le vote définitif, fait un rapport d'ensemble, qui doit être imprimé et distribué, sur les différentes clauses contestées et renvoyées à son examen ; elle conclut à l'adoption, au rejet ou à l'ajournement du projet de loi.

Quand le Sénat se prononce pour l'ajournement, il le motive en ces termes : « Le Sénat, appelant de nouveau l'attention du gouvernement sur telle ou telle clause du traité (relater en entier les clauses sur lesquelles se fonde l'ajournement), sursoit à donner l'autorisation de ratifier. »

Lorsque l'urgence a été déclarée, la commission présente son rapport sur les clauses renvoyées à son examen, après la clôture de la discussion sur les articles non contestés.

Tout projet d'approbation de traité qui a été rejeté ou ajourné peut être reproduit sans observation d'aucun délai.

SUSPENSION DES CORPS ÉLECTIFS.

Voir v° DISSOLUTION.

Art. 76. — Lorsque, en vertu de l'article 7 de la loi constitutionnelle du 16 juillet 1875, le Président de la République demande une nouvelle délibération du Sénat, le message motivé est imprimé et distribué.

Le Sénat se réunit dans ses bureaux et nomme une commission sur le rapport de laquelle il est procédé à la nouvelle délibération.

CHAPITRE VII.

Des propositions, des questions aux ministres et des demandes d'interpellation.

Art. 77. — Toute proposition faite par un sénateur est formulée par écrit ; elle est remise au président, qui, après en avoir donné connaissance au Sénat, la renvoie à la commission spéciale pour les propositions, sauf l'exception portée en l'article 18.

Art. 78. — Dans les vingt jours, cette commission présente un rapport sommaire sur chacune des propositions renvoyées à son examen. Ce rapport conclut au rejet pur et simple ou à la prise en considération de la proposition.

Néanmoins, lorsqu'elle aura reconnu qu'une proposition rentre dans les travaux d'une commission déjà chargée de l'examen d'une autre proposition ou d'un projet de loi, elle pourra, sur rapport verbal au Sénat, en demander purement et simplement le renvoi à cette commission.

Art. 79. — Au jour fixé pour la discussion, le Sénat délibère sur la prise en considération.

Si la prise en considération est prononcée, il est donné suite à la proposition, selon les formes déterminées au chapitre VI, à l'égard des projets de lois.

Art. 80. — L'auteur d'une proposition peut toujours la retirer, même quand la discussion est ouverte ; mais si un autre membre la reprend, la discussion continue.

Art. 81. — Les propositions rejetées par le Sénat ne peuvent être représentées avant le délai de trois mois, si elles ont été prises en considération ; avant un délai de six mois, si la prise en considération a été écartée.

Art. 82. Le président accorde la parole à tout sénateur qui veut poser une question à un ministre, si le ministre y consent. L'auteur de la question ne peut parler plus de deux fois : les autres membres n'ont pas le droit d'intervenir.

Art. 83. — Tout sénateur qui veut faire des interpellations en remet la demande écrite au président. Cette demande explique sommairement l'objet des interpellations. Le président en donne lecture au Sénat.

TIERCE OPPOSITION.

Voir v^{is} Juge de paix, n° 28, Conseil de préfecture, n° 72, et Conseil d'État, n° 97.

Les interpellations de sénateur à sénateur sont interdites.

Le Sénat, après avoir entendu un des membres du gouvernement, fixe par assis et levé, sans débats, le jour où les interpellations seront faites.

Les interpellations sur la politique intérieure ne peuvent être renvoyées au delà d'un mois.

Art. 84. — Aucun ordre du jour motivé sur les interpellations ne peut être présenté, s'il n'est rédigé par écrit et déposé sur le bureau du président, qui en donne lecture.

L'ordre du jour pur et simple, s'il est réclamé, a toujours la priorité.

Art. 85. — En cas de rejet de l'ordre du jour pur et simple, le renvoi aux bureaux est de droit, s'il est demandé par le gouvernement.

Ce renvoi peut être également prononcé par le Sénat, sur la proposition d'un de ses membres.

Dans l'un et l'autre cas, une commission est nommée, et, sur son rapport, le Sénat statue sommairement comme en matière d'urgence.

Art. 86. — La résolution de la commission est d'abord mise aux voix. Si elle est adoptée, l'interpellation est close.

Si elle est rejetée, il est statué sur les ordres du jour motivés dans l'ordre où ils ont été discutés, à moins qu'une question de priorité n'ait été résolue en faveur de l'un d'eux.

En cas de rejet, l'interpellation est close par le vote qui intervient sur le dernier ordre du jour mis aux voix.

Art. 87. — Les demandes d'interpellation retirées par ceux qui les ont faites peuvent être reprises par un autre membre.

Chapitre VIII.
De la déclaration d'urgence.

Art. 88. — Lors de la présentation d'un projet de loi ou d'une proposition, l'urgence peut être demandée.

Elle peut l'être par le gouvernement, par l'auteur de la proposition, par tout membre du Sénat.

La demande ayant pour objet de faire déclarer l'urgence est précédée d'un exposé des motifs.

Lorsque la demande d'urgence est faite par le gouvernement, le Sénat, consulté, décide immédiatement s'il y a lieu de donner suite à la demande d'urgence.

Si l'urgence est demandée pour une proposition émanée de l'initiative parlementaire, le sénateur qui fait cette demande la dépose par écrit entre

TRIBUNAUX CIVILS.

1. — Lorsqu'une réclamation formée contre l'élection d'un

es mains du président à l'ouverture de la séance. Le président en donne connaissance au Sénat. Le vote sur l'urgence est remis à la fin de la séance ; il a lieu avant la fixation de l'ordre du jour.

Art. 90. — Si l'urgence est déclarée, le Sénat prononce le renvoi, soit à une commission déjà formée, soit aux bureaux.

Art. 91. — La délibération porte d'abord sur l'ensemble du projet ou de la proposition.

Le président consulte le Sénat pour savoir s'il entend passer à la discussion des articles.

Art. 92. — Si le Sénat refuse de passer à la discussion des articles, la proposition ou le projet est rejeté.

Dans le cas contraire, la discussion continue. Elle porte sur chacun des articles et sur les amendements qui s'y rapportent.

Art. 93. — Tout amendement, tout article additionnel proposé dans le cours de la discussion est motivé sommairement à la tribune. Il est renvoyé de droit à l'examen de la commission, si un ministre ou la commission le demande.

Si ce renvoi n'est pas demandé, le Sénat, après avoir entendu le rapporteur, décide, par assis et levé, sans débats, s'il prend l'amendement ou l'article additionnel en considération. Dans ce cas, ils sont renvoyés à l'examen de la commission.

Art. 94. — Après le vote des articles, il est procédé au vote sur l'ensemble de la proposition. Avant ce dernier vote, tout sénateur peut présenter des considérations générales pour l'adoption ou pour le rejet.

Le Sénat peut aussi, avant le vote de l'ensemble, renvoyer le projet la commission, afin qu'il soit révisé et coordonné. Ce renvoi est de droit, si la commission le demande.

La commission présente, sans délai, son travail. Lecture en est donnée, et la discussion porte exclusivement sur la rédaction.

Art. 95. — Si le Sénat s'est prononcé contre l'urgence, la proposition ou le projet est examiné et voté dans les formes ordinaires.

Le caractère d'urgence reconnu à une proposition ou à un projet de loi pourra être retiré, sur la demande d'un membre du Sénat, après le dépôt du rapport de la commission chargée de son examen.

Ce retrait ne pourra plus être demandé après l'ouverture de la discussion sur les articles.

Art. 96. — Après le vote d'une loi, le Sénat, sur la proposition d'un membre, est consulté par le président sur le point de savoir si la loi votée sera promulguée d'urgence, dans les trois jours, aux termes de l'article 7 de la loi constitutionnelle du 16 juillet 1875.

membre du conseil général ou du conseil d'arrondissement est fondée sur l'incapacité légale de l'élu, cette question préjudi-

Chapitre IX.
Des pétitions.

Art. 97. — Toute pétition doit être rédigée par écrit et signée, elle doit indiquer le demeure du pétitionnaire ou de l'un d'eux, si elle est revêtue de plusieurs signatures.

Les signatures des pétitionnaires doivent être légalisées.

Si la légalisation était refusée, le pétitionnaire ferait mention de ce refus à la suite de sa pétition.

Les pétitions doivent être adressées au président du Sénat.

Elles peuvent également être déposées entre les mains d'un des secrétaires par un sénateur qui fait, en marge, mention du dépôt et signe cette mention.

Une pétition apportée ou transmise par un rassemblement formé sur la voie publique ne pourra être reçue par le président, ni déposée sur le bureau.

Art. 98. — Les pétitions, dans l'ordre de leur arrivée, sont inscrites sur un rôle général contenant le numéro d'ordre de la pétition, le nom et la demeure du pétitionnaire, ainsi que l'indication sommaire de l'objet de sa demande, et lorsqu'elle n'aura pas été adressée directement au président, le nom du sénateur qui l'aura déposée.

Ce rôle est imprimé et distribué au Sénat.

Art. 99. — Les pétitions inscrites sur le rôle sont renvoyées à la commission des pétitions.

Néanmoins, celles relatives à une proposition actuellement soumise à l'examen d'une commission spéciale sont directement renvoyées à cette commission par le président du Sénat.

Ce renvoi peut également être ordonné par la commission des pétitions.

Tout membre du Sénat pourra prendre communication des pétitions en s'adressant au président de la commission chargée de leur examen.

Art. 100. — La commission, après examen de chaque pétition, les classe dans l'ordre suivant :

Celles sur lesquelles elle conclut au renvoi à un ministre ;

Celles qu'elle juge devoir être, indépendamment de ce renvoi, soumises à l'examen du Sénat;

Celles qu'elle ne juge pas devoir être utilement soumises à cet examen.

Avis est donné aux pétitionnaires de la résolution adoptée, à l'égard de sa pétition, et du numéro d'ordre qui lui est donné.

Art. 101. — Un feuilleton, distribué chaque mois aux membres du Sénat, mentionne le nom et le domicile du pétitionnaire, l'indication sommaire de l'objet de la pétition, le nom du rapporteur, enfin la résolution adoptée par la commission, avec le résumé succinct de ses motifs.

Toutefois, la commission peut ne faire figurer la pétition au feuilleton

cielle doit être renvoyée à l'examen des tribunaux civils. Il en est de même pour les questions d'état soulevées à l'occasion des

que par son numéro d'ordre et par le nom de son auteur, avec indication de la résolution adoptée. Cette décision ne peut être prise qu'à l'unanimité des membres présents.

Art. 102. — Tout sénateur, dans le mois de la distribution du feuilleton, peut demander le rapport en séance publique d'une pétition, quel que soit le classement que la commission lui ait assigné. Sur sa demande, adressée par écrit au président du Sénat, le rapport devra être présenté au Sénat.

Après l'expiration du délai ci-dessus indiqué, les résolutions de la commission deviennent définitives à l'égard des pétitions qui ne doivent pas être l'objet d'un rapport public, et elles sont mentionnées au *Journal officiel*.

Art. 103. — La commission rapporte les pétitions en séance publique; La priorité ou l'urgence peut être demandée pour l'examen d'une pétition; sur cette demande, le Sénat décide par assis et levé, sans débats.

Art. 104. — Les commissions spéciales auxquelles des pétitions auront été renvoyées devront en faire mention dans leurs rapports.

Dans un délai de six mois, les ministres feront connaître, par une mention portée au feuilleton distribué aux membres du Sénat, la suite qu'ils auront donnée aux pétitions qui leur auront été successivement renvoyées.

CHAPITRE X.

Des congés.

Art. 105. — Nul sénateur ne peut s'absenter sans un congé du Sénat.

Le président peut néanmoins, en cas d'urgence, accorder un congé; il en rend compte au Sénat.

Art. 106. Les demandes de congés sont renvoyées à l'examen d'une commission nommée comme il est dit à l'article 17, et chargée de donner son avis sur chaque demande.

Art. 107. — En soumettant les demandes de congés au Sénat, le président fait connaître l'avis de la commission sur chacune d'elles.

Art. 108. — L'indemnité cesse de droit pour tout sénateur absent sans congé, ou qui prolonge son absence au delà du congé qui lui est accordé.

Art. 109. — Est réputé absent sans congé le sénateur qui, pendant six séances consécutives, n'aura pas répondu aux appels nominaux, ou qui n'aura pris part, ni aux travaux des bureaux et des commissions, ni en séance publique, aux discussions de tribune et aux scrutins de vote.

Les circonstances établissant l'absence sont relevées et constatées par la questure.

A défaut de motifs valables qui justifient son absence, le sénateur est inscrit nominativement au *Journal officiel* comme absent sans congé.

Les sénateurs en congé régulier constaté au *Journal officiel* ne devront

réclamations dirigées contre l'élection d'un membre du conseil municipal. (Loi du 31 juill. 1875, art. 16, pour les conseils généraux ; du 22 juin 1833, art. 52, pour les conseils d'arrondissement ; du 5 mai 1855, art. 47, pour les conseils municipaux. *Voir* v°RÉCLAMATIONS, n°ˢ 9 à 12, 14, 16 et suivants.)

pas prendre part à un vote avant l'expiration de leur congé, s'il n'ont pas averti le bureau de leur présence.

CHAPITRE XI.

De la police intérieure et extérieure du Sénat. Des droits du président.

Art. 110. — Le président est chargé de veiller à la sûreté intérieure et extérieure du Sénat. A cet effet, il fixe l'importance des forces militaires qu'il juge nécessaires ; elles sont placées sous ses ordres.

Le président habite dans l'intérieur du palais sénatorial.

Art. 111. — La police du Sénat est exercée, en son nom, par le président.

Art. 112. — Nul étranger ne peut, sous aucun prétexte, s'introduire dans l'enceinte où siégent les membres du Sénat.

Art. 113. — Pendant tout le cours des séances, les personnes placées dans les tribunes se tiennent assises, découvertes et en silence.

Art. 114. — Toute personne qui donne des marques d'approbation ou d'improbation est sur-le-champ exclue des tribunes par les huissiers chargés d'y maintenir l'ordre.

Art. 115. — Tout individu qui trouble les délibérations est traduit sans délai, s'il y a lieu, devant l'autorité compétente.

CHAPITRE XII.

De la dicipline.

Art. 116. — Les peines disciplinaires applicables aux membres du Sénat sont :

Le rappel d'ordre ;

La censure ;

La censure avec exclusion temporaire du lieu des séances.

Art. 117. — Est rappelé à l'ordre tout orateur qui s'en écarte, tout membre du Sénat qui trouble l'ordre par une des infractions au réglement prévues dans l'article 42, ou de toute autre manière.

Art. 118. — Le président seul rappelle à l'ordre ; la parole est accordée à l'orateur qui, rappelé à l'ordre, se soumet à l'autorité du président et demande à se justifier.

Tout membre qui, n'étant pas autorisé à parler, s'est fait rappeler à

2. — En ce cas, les tribunaux statuent comme en matière sommaire, c'est-à-dire que l'on suit les formes tracées par l'article 33

l'ordre, n'obtient la parole pour se justifier qu'à la fin de la séance, à moins que le président n'en décide autrement.

Si le rappel à l'ordre est maintenu par le président, il en est tenu note par les secrétaires.

Art. 119. — Lorsqu'un orateur a été rappelé à l'ordre deux fois dans une même séance, si une troisième fois il s'écarte de l'ordre, le président propose au Sénat de lui interdire la parole pour le reste de la séance.

Le Sénat prononce par assis et levé, sans débats

Art. 120. — La censure est prononcée contre :

Tout sénateur qui, après avoir encouru l'interdiction mentionnée en l'article précédent, ne sera pas rentré dans le devoir ;

Tout sénateur qui, pendant l'espace de trente jours, aura, dans trois séances différentes, subi le rappel à l'ordre ;

Tout sénateur qui, dans l'assemblée, aura donné le signal d'une scène tumultueuse ou d'une abstention collective de prendre part aux travaux législatifs ;

Tout sénateur qui, pour l'apport d'une pétition, se sera constitué intermédiaire entre le Sénat et un rassemblement formé sur la voie publique ;

Tout sénateur qui aura adressé à un ou plusieurs de ses collègues des injures, provocations ou menaces.

Art. 121. — La censure avec exclusion temporaire du lieu des séances est prononcée contre tout membre :

Qui aura résisté à la censure simple :

Qui aura, en séance publique, fait appel à la violence, ou provoqué à la guerre civile ;

Qui se sera rendu coupable d'outrages envers le Sénat, ou une partie de cette assemblée, ou son président ;

Qui sera rendu coupable d'outrages envers la Chambre des députés, ou envers le Président de la République.

Art. 122. — La censure, avec exclusion temporaire, impose au membre contre lequel elle a été prononcée, l'obligation de sortir immédiatement du Sénat et de s'abstenir d'y reparaître pendant les trois séances suivantes.

En cas de désobéissance du sénateur à l'injonction qui lui est faite par le président de sortir du Sénat, la séance est levée. Elle peut être reprise.

Art. 123. — La censure simple et la censure avec exclusion temporaire sont prononcées par le Sénat, sans débats, et par assis et levé, sur la proposition du président.

Le sénateur contre qui l'une ou l'autre de ces peines disciplinaires est

p aragraphe 4 de la loi du 19 avril 1831 ainsi conçu: « La cause
« sera jugée sommairement, toutes affaires cessantes, et sans

demandée, a toujours le droit d'être entendu, ou de faire entendre, en son
nom, un de ses collègues.

La décision du Sénat, prononçant soit la censure simple, soit la censure avec exclusion temporaire, est inscrite au procès-verbal.

Art. 124. — Si l'assemblée devient tumultueuse, et si le président ne
peut y ramener le calme, il se couvre ; si le trouble continue, il annonce
qu'il va lever la séance.

Si le calme ne se rétablit pas, le président suspend la séance pour une
heure ; les sénateurs se retirent dans leurs bureaux respectifs.

L'heure étant expirée, la séance est reprise. Si le tumulte renaît, le président lève la séance et la renvoie au lendemain.

Art. 125. — Si un délit est commis par un sénateur, dans l'enceinte du
palais du Sénat, toute délibération est suspendue.

Le président porte, séance tenante, le fait à la connaissance du Sénat.

Sur l'ordre du président, le sénateur est tenu de se rendre dans le cabinet du président, où le bureau réuni entend ses explications.

Le bureau dresse un procès-verbal qu'il envoie, s'il y a lieu, à l'autorité compétente.

CHAPITRE XIII.

Des projets et propositions de lois transmis au Sénat ou à transmettre
par le Sénat à la Chambre des députés.

Art. 126. — Si les deux Chambres ont été saisies de projets ou de propositions de lois sur le même objet, et si la délibération est commencée à
la Chambre des députés, le Sénat ne met pas les projets ou propositions
à son ordre du jour avant le vote définitif de la Chambre des députés.

Art. 127. — Tout projet de loi voté par le Sénat est transmis par le
président du Sénat au ministre qui en fait la présentation.

Si le gouvernement ne le présente pas à la Chambre des députés dans
le mois qui suit, un membre du Sénat peut reprendre le projet, que le
président du Sénat transmet alors au président de la Chambre des députés. — Le délai d'un mois est réduit à trois jours dans le cas où une
décision spéciale a déclaré que la transmission aura lieu d'urgence.

Toute proposition de loi votée par le Sénat est transmise directement
par le président du Sénat au président de la Chambre des députés. Le
gouvernement est avisé de cet envoi.

Art. 128. — Les propositions de lois émanées de l'initiative parlementaire, votées par la Chambre des députés et transmises au président du
Sénat, sont examinées conformément aux règles suivies pour les projets
présentés par le gouvernement.

Dans les cas où la Chambre des députés a déclaré l'urgence, le Sénat
doit être consulté sur la question d'urgence.

« qu'il soit besoin du ministère d'avoué. Les actes judiciaires
« auxquels elle donne lieu seront enregistrés gratis. L'affaire

Art. 129. — Si le Sénat adopte sans modification les projets ou propositions de lois votés par la Chambre des députés, le président du Sénat transmet la loi au Président de la République, par l'intermédiaire du ministre compétent.

Art. 130. — Lorsqu'un projet de loi voté par le Sénat a été modifié par la Chambre des députés, le Sénat peut ou mettre de nouveau ce projet en délibération, ou le soumettre aux bureaux, ou le renvoyer à l'ancienne commission. Il peut également, sur la proposition d'un de ses membres, décider qu'une commission sera chargée d'entrer en conférence avec une commission de la Chambre des députés, à l'effet de s'entendre sur un texte commun.

Le Sénat donne les pouvoirs à cet effet à une commission de onze membres élus au scrutin de liste.

Art. 131. — Si les deux commissions tombent d'accord, la commission nommée par le Sénat fait un rapport à cette assemblée, qui délibère sur la nouvelle rédaction.

Si le Sénat a repoussé la proposition d'une conférence, le projet ne pourra être porté de nouveau à l'ordre du jour, avant le délai de deux mois, que sur l'initiative du gouvernement.

Il en sera de même dans le cas où les commissions ne tomberaient pas d'accord, ou si le Sénat persistait dans sa première résolution.

Art. 132. — Lorsque des projets ou propositions de lois votés par le Sénat seront rejetés par la Chambre des députés, ils ne pourront être repris, avant le délai de trois mois, que sur l'initiative du gouvernement.

CHAPITRE XIV.

De la Comptabilité.

Art. 133. — Une commission nommée, comme il est dit en l'article 16, pour la durée d'un exercice, est chargée de l'examen de la comptabilité des fonds alloués pour les dépenses administratives du Sénat.

Art. 134. Elle vérifie et apure les comptes, même les comptes antérieurs non réglés.

Elle fait un récolement général du mobilier appartenant au Sénat.

Elle dresse le budget du Sénat et le soumet à son approbation.

Les dépenses du Sénat sont réglées par exercice, comme le budget de l'État.

Art. 135. — A la fin de chaque exercice, la commission de comptabilité rend compte au Sénat de l'exécution du mandat qui lui a été confié.

Art. 136. — Les questeurs sont spécialement chargés de la comptabilité des dépenses du Sénat; ils délèguent à l'un d'eux l'exercice de cette administration et la délivrance des mandats pour l'acquittement des dépenses.

« sera rapportée en audience publique par un des membres de
« la cour, et l'arrêt sera prononcé après que la partie ou son
« défenseur et le ministère public auront été entendus. S'il y

A défaut d'accord unanime entre les questeurs, le choix de celui qui sera chargé de la délivrance des mandats est remis au bureau.

Les mandats, pour être valablement payables par le trésorier du Sénat, doivent être imputables sur un crédit ouvert au budget, accompagnés des pièces exigées par le règlement de comptabilité et revêtus de la signature du questeur délégué.

Au cas de refus de cette signatutre, la partie intéressée peut soumettre la question au président du Sénat, qui statuera, le bureau entendu, et délivrera le mandat du payement, s'il y a lieu.

CHAPITRE XV.

Objets divers.

(Députations. — Insignes. — Division des services. — Règlement intérieur.)

Art. 137. — Les députations sont nommées par la voie du sort ; le nombre des membres qui les composent est déterminé par le Sénat.

Art. 138. — Un vice-président et deux secrétaires font nécessairement partie de chaque députation.

Art. 139. — Des insignes sont portés par les sénateurs lorsqu'ils sont en mission, dans les cérémonies publiques, en toutes circonstances où ils ont à faire reconnaître leur qualité.

La nature de ces insignes est déterminée par le bureau du Sénat.

Art. 140. — Les services du Sénat se divisent en services législatifs, sous l'autorité et la direction du bureau, et en services d'administration et de comptabilité, sous l'autorité et la direction des questeurs.

Art. 141. — Un règlement intérieur classera les différents services suivant l'ordre indiqué en l'article précédent. Il réglera leur organisation et leur marche ; il déterminera, au point de vue de ces divers services, les droits respectifs des dignitaires du Sénat ; il fixera les attributions des divers officiers et agents, le mode de leur nomination, les conditions de leur avancement, leur discipline, leurs traitements, et leurs retraites.

Art. 142. — Le règlement intérieur sera arrêté par une commission spéciale qui comprendra :

Le président du Sénat ;

Deux vice-présidents et deux secrétaires délégués par le bureau ;

Les trois questeurs ;

Trois membres de la commission de comptabilité, délégués par cette commission.

Le président du Sénat aura voix prépondérante, en cas de partage.

Délibéré en séance publique, à Versailles, les 31 mai et 10 juin 1876.

« a pourvoi en cassation, il sera procédé sommairement, et
« toutes affaires cessantes, comme devant la Cour royale, avec
« la même exemption du droit d'enregistrement, sans consigna-
« tion d'amende. »

Il suit de là qu'un arrêt rendu en cette matière serait nul, s'il
ne constatait pas qu'un rapport eût été présenté. (C. C., ch. civ.,
24 août 1868, cassation (Renaux), *Sirey*, 1868, I, 413.)

VACANCE.

Voir vᵒ CONVOCATION.

VOTE.

ART. 1ᵉʳ. — *Salle du vote.*

1. — La loi ne détermine pas le lieu où doivent s'effectuer
les opérations du vote; c'est à l'autorité administrative qu'il
appartient de le fixer. En général les assemblées se tiennent à
la mairie ou maison communale.

Le Conseil d'État a annulé des opérations électorales
auxquelles, contrairement à ce qui avait eu lieu pour les

élections antérieures, il avait été procédé dans la salle d'école et non dans la salle de la mairie ; ce qui avait amené un grand nombre d'abstentions. (C. d'Ét., 26 févr. 1872, él. mun. de Montpezat-Betracq.)

2. — A défaut de mairie, les électeurs doivent être convoqués, autant qu'il est possible, dans une maison destinée à un service public, et non dans des habitations particulières. Ainsi, il a été jugé que des opérations avaient pu avoir lieu valablement dans la salle d'école, ou, lorsque celle-ci était insuffisante, à la caserne de la gendarmerie (C. d'Ét., 12 sept. 1853, él. mun. de Ghisoni ; 25 avril 1866, él. mun. de San-Nicolao ; 7 août 1875, él. mun. de Saint-Maurin) ; même si le local ne se trouvait pas au chef-lieu de la commune. (C. d'Ét., 10 mars 1865, él. dép. de Conques.)

Elles pourraient encore s'accomplir dans la maison du maire, quand l'administration municipale s'y réunit habituellement ou si des élections y avaient eu lieu précédemment. (C. d'Ét., 30 juill. 1857, él. mun. de Saint-Pol-des-Monts ; 11 juill. 1866, él. mun. de Sorbo-Ocognano ; 20 juill. 1867, él. dép. de Confoléns ; 18 juin 1868, él. dép. de Vierzon ; 11 août 1868, él. dép. d'Auzon ; 8 févr. 1869, él. dép. de Geaune.)

On a admis de même qu'une maison particulière autre que celle du maire avait pu être valablement désignée dans une espèce où l'état de délabrement de la mairie ne permettait pas d'y convoquer les électeurs. (C. d'Ét., 22 mai 1865, él. dép. d'Argelès.)

Mais quand le maire a tenu l'assemblée dans sa propre demeure, alors qu'il existait un lieu public où elle pouvait être réunie, les opérations sont justement suspectées et doivent par suite être annulées. (C. d'Ét., 11 mars 1862, él. mun. de Puylaurens ; 6 juin 1866, él. mun. de Peri ; 16 août 1866, él. mun. de Pointis-de-Rivière ; 9 déc. 1871, él. mun. de Crespinet.)

On doit de même annuler celles qui ont lieu sous le porche d'une église. (C. d'Ét., 27 juin 1866, él. mun. de Troncens.)

3. — Dans tous les cas, il est nécessaire de faire connaître

à l'avance aux électeurs le local destiné à la réunion. (C. d'Ét., 11 mars 1862, él. mun. de Puylaurens); et ce local doit être le même que celui indiqué par l'autorité préfectorale. Les maires ne sauraient à cet égard s'écarter des intructions envoyées par le préfet (Ass. nat., 30 mai 1873, él. de la Corréze, *J. off.* du 31, p. 3472). L'annulation a été prononcée, pour des opérations électorales qui, contrairement à l'arrêté du préfet prescrivant la tenue de l'assemblée dans la salle d'école, avaient eu lieu dans la maison du juge de paix, chef de parti. (C. d'Ét., 15 nov. 1871, él. mun. de Lévie.)

On verra v° LISTE, n°ˢ 45 et suivants, qu'une copie de la liste des électeurs doit être déposée sur la table où siége le bureau.

Touchant la surveillance exercée par les électeurs, *voir* v° SCRUTIN, art. 3.

<h3 style="text-align:center">ART. 2. — De l'admission au vote.</h3>

§ 1. — Des individus inscrits sur la liste.

4. — Le droit d'admission au vote résulte de l'inscription sur la liste électorale, sauf les changements apportés par l'autorité judiciaire (*Voir infrà*, n° 11 et v° LISTE, art. 2, § 4). Cette règle, tracée par le décret réglementaire de 1852, relatif à l'élection des députés, a été rendue applicable aux élections des conseils généraux et d'arrondissement (L. 7 juill. 1852) ; elle se trouve également rappelée dans la loi du 5 mai 1855 concernant les conseils municipaux.

En conséquence, il y a lieu de distinguer les individus inscrits sur la liste, de ceux qui ne le sont pas.

5. — L'article 18 du décret est ainsi conçu : « Tout individu « inscrit sur la liste a le droit de prendre part au vote. »

Il suit de là que le bureau est obligé d'admettre au vote tout individu porté sur la liste, sans pouvoir rechercher si son inscription est ou non conforme à la loi. (C. d'Ét, 27 juill. 1853, él. mun. de Pila-Canale ; 27 juill. 1855, él. mun. de Mauléon-Magnoac ; 11 août 1868, él. dép. d'Olonzac ; 29 déc. 1871, él.

mun. de Quasquara ; 6 mars 1872, él. mun. de Fargues de Langon ; 4 juill. 1872. él. mun. de Cabanasse.

Le bureau ne pourrait refuser un vote sous le prétexte notamment que l'individu qui le présente ne serait pas naturalisé Français (Ch. des dép., 27 juill. 1842, él. de M. Berryer, *Mon.* du 28, p. 1691) ;

Ou qu'il serait en état de minorité (C. d'Ét., 28 mars 1862, él. dép. de Paulhaguet ; 1ᵉʳ juin 1866, él. mun. de Chaucenne; 5 août 1868, él. mun. de Guelma ; 22 août 1868, él. dép. de Béziers ; 21 nov. 1871, él. mun. de Bailleul-les-Pernes) ;

Ou qu'il ne serait venu s'établir dans la commune que postérieurement au 31 mars, époque de la clôture de la liste; ou bien qu'il ne serait pas domicilié dans la commune, ou encore qu'il lui serait étranger (C. d'Ét., 30 janv. 1856, él. mun. de Mouilleron; 8 sept. 1861, él. mun. de Blagnac; C. légis. 30 mars 1864, él. de M. Carnot, *Mon.* du 31, p. 413 ; 14 août 1865, él. dép. de Marseille; 18 juill. 1866, él. mun. de Boussewiller; 29 mai 1867, él. mun. de Cépie ; 21 nov. 1871, él. mun. de Fresney-le-Vieux; 12 déc. 1871, él. mun. de Gourzon; 12 déc. 1871, él. mun. de Fournels; 29 déc. 1871, él. mun. de Labastide-Denat et d'Haimps; 26 févr. 1872, él. mun. de Rodez; Ass. nat., 6 juill. 1874, él. de M. Ledru-Rollin, *J, off.* du 7, p. 4700) ;

Ou qu'il serait frappé d'une incapacité légale (C. d'Ét., 12 août 1859, él. dép. de Muro ; 3 mai 1861, él. mun. de Saon et d'Etsaut; 14 juin 1861, él. mun. de Marsac; Corps légis. 19 nov. 1863, él. de M. Curé, *Mon.* du 20, p. 1392 ; C. d'Ét., 8 mai 1866, él. mun. d'Avernes-sous-Exmes ; 1ᵉʳ juin 1866, él. mun. de Nieul-le-Dolent ; 14 juin 1866, él. mun. de Saint-Georges ; 18 juin 1866, él. mun. d'Arces ; 27 juin 1866, él. mun. de Gareindein ; 3 juill. 1866, él. mun. de Terra-Vecchia ; 18 juill. 1866, él. mun. de Boussewiller ; 27 juill. 1866, él. mun. de Saint-Gervais ; 2 août 1866, él. mun. de Razac-de-Saussignac ; 22 août 1868, él. dép. de Béziers ; Corps légis. 10 déc. 1869, él. de M. Monnier de la Sizeranne, *J. off.* du 11, p. 1601 ; 23

déc. 1869, él. de M. Desseilligny, *J. off.* du 24, p. 1702 ; C. d'Ét., 6 oct. 1871, él. mun. d'Aleu ; 29 déc. 1871, él. mun. d'Haimps ; 7 nov. 1873, él. mun. d'Arbecey ; 7 août 1875, él. mun. de Salviac) ;

Ou qu'il ne jouirait pas de ses facultés intellectuelles (C. d'Ét., 7 sept. 1861, él. mun. de Beuil.)

Décidé même qu'un suffrage déposé dans de semblables conditions devait être compté, dans une espèce où le résultat de l'élection n'avait été acquis qu'à une voix de majorité. (C. d'Ét., 9 juin 1868, él. mun. de Tlemcen.)

6. — Le refus fait par le bureau de recevoir le vote d'électeurs inscrits n'entraînerait toutefois la nullité de l'élection, que s'il avait pu avoir pour effet de déplacer la majorité. Il en serait ainsi, dans le cas où par suite de l'attribution faite aux candidats non élus des suffrages indûment refusés, la majorité ne resterait plus aux candidats proclamés. (Ass. légis. 25 oct. 1849, él. de M. Lagarde, *Mon.* du 26. p. 3353 ; 28 janv. 1850, él. de M. Favant, *Mon.* du 29, p. 322 ; C. d'Ét., 16 juin 1866, él. mun. de Lacapelle-Masmolène ; 9 juill. 1866, él. mun. de Cannet-du-Luc ; 13 juill. 1866, él. mun. de Castelsarrazin ; 17 juill. 1866, él. mun. de Sospel ; 26 févr. 1872, él. mun. de Saint-Sylvestre.)

7. — Mais si le fait de l'inscription donne sans conteste le droit de prendre part au scrutin, c'est à la condition que cette inscription soit régulière. Il en serait différemment pour les électeurs portés sur la liste en dehors des conditions et délais de la loi. Les individus inscrits dans de semblables conditions ne sauraient être admis au vote, et s'ils l'avaient été, leurs voix devraient être retranchées des suffrages attribués aux candidats élus ainsi que du nombre des suffrages exprimés, lorsqu'il s'agit d'une élection faite au premier tour, et il y aurait lieu d'annuler l'élection de ceux auxquels ce retranchement ferait perdre la majorité. (C. d'Ét., 7 juin 1859, él. dép. de Chalais ; 14 juin 1862, él. dép. de Hael-Carhaix ; Corps légis. 21 nov. 1863, él. de M. de Bulach, *Mon.* du 22, p. 1407 ; C. d'Ét., 3 août 1865, él. dép. de Saint-Vivien ; 19 mai 1866, él.

mun. de Leyme ; 1er juin 1866, él. mun. d'Huberville ; 16 juin
1866, él. mun. d'Argenton-leChâteau ; 10 juill. 1866, él. mun.
de Saint-Germier ; 6 août 1866, él. mun. de Peille.)

Dans le cas contraire, les élections seraient maintenues.
(C. d'Ét., 12 août 1859, él. dép. de Muro ; 13 mai 1861,
él. mun. d'Ambarès; Corps légis., 10 nov. 1863, él. de M. le duc
de Rivoli, *Mon.* du 11, p. 1335 ; C. d'Ét., 22 mai 1866, él. mun.
de Montastruc ; 1er juin 1866, él. mun. de Nieul-le-Dolent ;
6 juin 1866, él. mun. de Margencel ; 14 juin 1866, él. mun. de
Betbezé ; 16 juin 1866, él. mun. de Sainte-Catherine-du-
Fraisse ; 18 juin 1866, él. mun. de Molas ; 10 juill. 1866, él.
mun. de Saint-Soupplets ; 17 juill. 1866, él. mun. d'Espalion, 29
mai 1867, él. dép. de Mielan ; 7 janv. 1869, él. dép. d'Istres ;
Corps légis. 21 déc. 1869, él. de M. Chagot, *J. off.* du 22, p.
1683 ; 7 mars 1870, él. de M. Alquier, *J. off.* du 8, p. 420.)

On devrait agir de même, touchant les suffrages déposés par
des individus en état d'ivresse (C. d'Ét., 25 avril 1861, él. mun.
de Liny-devant-Dun) ; ou par des militaires en activité de service (C. d'Et., 7 nov. 1873, él. mun. d'Arbecey ; 7 août 1875,
él. mun. de Carnant) ; ou par des électeurs qui auraient voté
successivement dans plusieurs communes (C. d'Ét., 22 avril
1865, él. dép. de Romilly-sur-Seine). Il est à remarquer toutefois, relativement à ces derniers, que le retranchement ne
s'opérerait pas pour le premier vote : celui-là, en effet, est
régulier. (C. d'Ét., 1er juin 1866, él. mun. de Leuy ; *Voir* v°
INFRACTION, n° 13.)

Ajoutons que les électeurs ne sauraient être admis à voter
deux fois, sous quelque prétexte que ce soit. Ainsi le bureau devrait refuser de recevoir le vote d'un électeur qui prétendrait
avoir remis par erreur sa carte d'électeur au lieu de son bulletin
de vote. (C. d'Ét., 9 nov, 1859, él. dép. de Soccia.)

8. — L'article 18 après avoir posé la règle sur le droit de
vote des électeurs inscrits, y apporte quelques dérogations :
« néammoins, ajoute-t-il, ce droit est suspendu pour les dé-
« tenus, les accusés contumax, et pour les personnes non-in-

« terdites, mais retenues en vertu de la loi du 30 juin 1838,
« dans un établissement d'aliénés. »

Pour les détenus, la suspension est forcée ; on conçoit difficilement qu'ils puissent venir prendre part au scrutin. Les accusés contumax pouvant se trouver momentanément en liberté, il a paru nécessaire de les exclure. Quant aux personnes retenues dans les maisons d'aliénés, l'altération de leur raison étant présumée, la loi leur enlève, tant que cet état subsiste, l'exercice du droit de vote.

Le Conseil d'État assimile aux détenus les individus *en état d'arrestation* ; ce qui paraît parfaitement logique. Si donc des individus dans cette situation venaient à se présenter, leur vote ne devrait pas être reçu. (C. d'Ét., 16 avril 1866, él. mun. de Danne et Quatre-Vents.)

§ 2. — Des individus non inscrits sur la liste.

9. — L'article 19 du décret de 1852, porte que « nul ne
« peut être admis à voter, s'il n'est inscrit sur la liste. » L'article 36 de la loi de 1855 contient la même disposition.

Il n'y a pas lieu de se préoccuper de la question de savoir, si l'électeur avait droit ou non d'être inscrit : il suffit que l'omission n'ait aucun caractère de fraude et que les électeurs n'aient qu'à s'imputer à eux-mêmes la faute de n'avoir pas réclamé leur inscription en temps utile. (*Voir* v° LISTE, art. 2, § 4.)

Au cas d'admission au vote d'électeurs non inscrits, s'il s'agit d'une opération faite au premier tour, on doit retrancher leur voix, tant du nombre des suffrages exprimés que du nombre des suffrages attribués aux candidats élus ; s'il s'agit d'une opération faite à la majorité relative, le retranchement est opéré seulement sur les voix obtenues par les candidats proclamés. L'élection est annulée ou maintenue, suivant que le retranchement a ou n'a pas pour effet de déplacer la majorité. (C. d'Ét., 26 mars 1856, él. mun. de Prouilly ; 24 avril 1856, él. dép. de Château-Chinon ; 10 déc. 1856, él. mun. de Mesnac ; 20 nov. 1863, él. de M. Dalmas, *Mon.* du 21, p. 1399 ; C. d'Ét., 13 mars

1865, él. dép. d'Exideuil ; 22 avril 1865, él. dép. de Romilly-, sur-Seine ; 27 juin 1865, él. dép. de Blanzac ; 20 mars 1866 él. mun. de Bazoche-en-Houlme ; 3 mai 1866, él. mun. de Curçay ; 1ᵉʳ juin 1866, él. mun. de Saint-Clément ; 16 juin 1866, él. mun. de Vachères ; 3 juill. 1866, él. mun. de Terranova ; 9 juill. 1866, él. mun. d'Albestroff ; 17 juill. 1866, él. mun. de Cesny-Bois-Halbout ; 2 août 1866, él. mun. de Dol ; 2 août 1866, él. dép. de Piana ; 29 juin 1869, él. dép. de Sari d'Orcino ; 10 déc. 1869, él. de M. Monnier de la Sizeranne, *J. off.* du 11, p. 1601 ; C. d'Ét., 29 déc. 1871, él. mun. de Figari ; 28 mai 1872, él. mun. de Château-sur-Allier ; 7 août 1875, él. mun. de Saint-Porquier ; 19 nov. 1875, él. dép. d'Ervy ; 5 janv. 1877, él. dép. de Laruns.)

Même solution, si l'on avait admis au vote des électeurs primitivement portés sur la liste, et qui auraient été rayés depuis par décision de justice. (C. d'Ét., 23 janv. 1872, él. mun. de Ghisoni ; 21 févr. 1872, él. mun. de Cursan, vᵒ LISTE, nᵒˢ 38 et 40.)

Mais le retranchement doit être opéré uniquement aux candidats élus : il ne saurait porter sur les voix obtenues par leurs concurrents. Ce retranchement, d'ailleurs, ne peut avoir pour effet de donner soit la majorité absolue, soit la majorité relative au candidat non proclamé. (*Voir* vᵒ DÉPOUILLEMENT, nᵒ 13 ; C. d'Ét., 16 août 1866, él. dép. d'Aix-en-Othe ; 29 août 1871, él. mun. de Belaye.)

10. — Si des individus indûment rayés de la liste avaient été empêchés, à raison de ce fait, de prendre part au vote, il faudrait ajouter aux votes obtenus par les candidats non élus, autant de voix qu'il y a d'électeurs rayés indûment, et maintenir seulement l'élection des candidats proclamés qui, conserveraient encore la majorité. (C. d'Ét., 10 juill. 1866, él. mun. de Saint-Soupplets.)

11. — L'article 19 du décret de 1852, après avoir posé la règle précitée, ajoute cette exception : « Toutefois, sont admis au « vote, quoique non inscrits, les citoyens porteurs d'une déci-

« sion du juge de paix ordonnant leur inscription, ou de la Cour
« de Cassation annulant un jugement qui aurait prononcé leur
« annulation. »

Si, contrairement à cette disposition, le vote d'électeurs venai
à être refusé, il y aurait lieu pour le juge de tenir compte de
cette omission. (C. d'Ét., 16 août 1866, él. dép. d'Aix-en-
Othe.)

Art. 3. *Préparation des bulletins hors de la salle du vote. — Leur nature.*

12. — Aux termes de l'article 21 du décret réglementaire
de 1852 et de l'article 38 de la loi de 1855, « les électeurs ap -
« portent leurs bulletins préparés en dehors de l'assemblée. »
Cette prescription a pour but de garantir le secret du vote.

Par la même raison, il ne doit pas être distribué de bulletins
dans la salle du vote. Mais la loi ne prohibant la distribution
que dans l'intérieur de l'assemblée, rien ne fait obstacle à ce
que des bulletins soient distribués à la porte de la salle du vote,
ou même dans le corridor attenant ou dans l'escalier conduisant
à la salle. (C. d'Ét., 22 mai 1861, él. mun. de Saint-Gré-
goire; 19 mai 1866, él. mun. de Longué ; 17 juill. 1866, él.
mun. de Sospel ; 15 nov. 1871, él. mun. de Caupenne.)

Bien plus, le fait de la préparation ou de la distribution des
bulletins dans la salle de l'élection, même lorsqu'il émane du
maire et des membres du bureau, n'est pas une cause de nullité,
quand l'irrégularité n'a donné lieu à aucune réclamation, et
qu'elle n'a exercé aucune influence sur l'issue des opérations.
(Ass. légis., 2 juin 1849, él. de Vaucluse, *Mon.* du 3, p. 1972 ;
C. d'Ét., 29 juin 1853, él. mun. de Sarreguemines ; 28 févr.
1856, él. mun. de Villeneuve ; 26 mars 1856, él. mun. de
Nempont; 16 avril 1856, él. mun. de Boult-sur-Suippe; 24 avril
1856, él. mun. de Château-Chinon , 9 juill. 1856, él. mun. de
Guitinières; 20 mars 1861, él. mun. de Combiers; 11 avril 1861,
él. mun. de Dabo ; 17 avril 1861, él. mun. de Folleville; 22 mai

1861, él. mun. d'Amélie-les-Bains ; 6 août 1861, él. mun. de Lagraulet ; 30 août 1861, él. mun. de Peyrissas ; 8 sept. 1861, él. mun. de Cuers ; 20 mars 1866, él. mun. de Durenque ; 8 mai 1866, él. mun. de Tharaux et de Pozzano ; 1ᵉʳ juin 1866, él. mun. de Saint-André-de-Lachamp ; 6 juin 1866, él. mun. de Cescau ; 26 juin 1866, él. mun. de Moncaup ; 3 juill. 1866, él. mun. de Ficaja ; 13 juill. 1866, él. mun. de Lauraet ; 16 août 1866, él. mun. de Claret ; 18 juin 1875, él. mun. de Marsac.)

L'élection, au contraire, doit être annulée s'il est démontré que le fait de la préparation ou de la distribution dans la salle du vote ait exercé une influence sur le résultat. (C. d'Ét., 26 juin 1862, él. mun. de Saint-Nexant ; 7 août 1875, él. mun. de Veretz.)

13. — La loi veut que le papier des bulletins soit blanc, afin que les votes ne puissent être reconnus au moyen de la différence de couleur (art. 21, du décret de 1852 et 38 de la loi de 1855). Elle exige en outre que les bulletins ne contiennent aucun signe extérieur.

Mais le président du bureau ne serait pas fondé à refuser de recevoir certains bulletins, sous le prétexte que ceux-ci seraient sur papier de couleur, ou qu'ils contiendraient des signes extérieurs. Il doit se borner à rappeler d'une manière générale les prescriptions de la loi à l'ouverture du scrutin, et durant le cours des opérations, chaque fois qu'il le juge convenable (Circ. du min. de l'int., du 16 sept. 1874); sauf au bureau à tenir tel compte que de droit desdits bulletins, lors de l'opération du dépouillement. (*Voir*, à cet égard vᵒ Dépouillement, art. 5, § 4 et 5.)

Art. 4. — *Remise des bulletins.*

§ 1. — Appel et réappel des électeurs.

14. — L'article 21 du décret réglementaire dispose que : « les « électeurs sont appelés successivement par ordre alphabéti-« que. » Suivant l'article 22, chacun d'eux dépose son bulletin

au moment où son nom est appelé. L'article 24 ajoute :
« L'appel étant terminé, il est procédé au réappel de ceux
« qui n'ont pas voté. » Ces règles sont retracées dans l'article 38
de la loi du 5 mai 1855.

Les formalités dont il s'agit n'ont d'autre but que de régulariser l'opération du vote. L'omission de l'appel ou du réappel
ou même de l'un et de l'autre n'invalide pas l'élection, lorsqu'il
n'est pas établi qu'elle ait exercé une influence sur l'élection.
(C. d'Ét., 11 déc. 1856, él. mun. d'Agen ; 11 avril 1861, él.
mun. de Bellou-sur-Huine ; 18 mai 1861, él. mun. de Lillers ;
6 août 1861, él. mun. de Gray ; 12 août 1861, él. mun. de
Laperche ; Corps légis., 20 nov. 1863, él. de M. Eug. Pereire et
Roulleaux-Dugage, *Mon.* du 21, p. 1399; 10 avril 1866,
él. mun. de Lingé ; 3 mai 1866, él. mun. de Montoussé ; 18 juill.
1866, él. mun. de Coigny ; 15 nov. 1871, él. mun. d'Auchamps ;
29 déc. 1871, él. mun. de Guillaumes ; 7 mai 1875, él. mun.
de Xertigny.)

D'ailleurs, la prescription relative à l'appel par ordre alphabétique suppose qu'au moment où celui-ci est commencé, tous les
électeurs sont présents dans la salle. Or, ce n'est pas ce qui a
lieu le plus souvent : les électeurs arrivent, soit isolément, soit
par petits groupes. On est donc obligé, dans la pratique, de
procéder à l'appel nominal, au fur et à mesure qu'ils se présentent; puis on fait le réappel, dans la dernière heure du scrutin.

§ 2. — Remise des bulletins par les électeurs eux-mêmes.

15. — Aux termes de la loi, l'électeur est tenu de remettre
lui-même son bulletin au président du bureau. On ne peut
tenir compte des bulletins qui seraient remis par des tiers, au
nom d'électeurs absents.

En conséquence, ils doivent être retranchés du nombre
des voix obtenues par les candidats élus, et en outre, s'il s'agit
d'une élection faite au premier tour, du chiffre des suffrages
exprimés. Lorsque les candidats élus conservent néanmoins la
majorité après ce retranchement, leur élection doit être main-

tenue ; dans le cas contraire, il y a lieu de l'annuler. (C. d'Ét.,
24 avril 1856, él. dép. de Château-Chinon ; 25 mai 1861, él.
mun. de Caux; 14 juin 1862, él. dép. d'Haël-Carhaix ; 22 avril
1865, él. dép. de Romilly-sur-Seine ; 6 mai 1865, él. dép.
d'Ecos ; 10 avril 1866, él. mun. d'Arinthod ; 6 juin 1866, él.
d'Ardentes ; 15 juin 1866, él. mun. de Bagnères-de-Luchon ;
30 juin 1869, él. dép. d'Angoulême.)

16. — Pour établir l'identité des électeurs, l'administration
leur délivre des cartes constatant leur inscription et qu'ils doivent représenter en déposant leurs bulletins.

Habituellement la distribution des cartes se fait à la mairie,
quelques jours avant le vote ; au jour de l'élection, elle a lieu
à la section électorale à laquelle appartient l'électeur.

La loi n'interdit pas la distribution de bulletins de vote
ou même de listes de candidats avec les cartes d'électeurs.
(C. d'Ét., 10 avril 1866, él. mun. de Redessan; 25 avril 1866, él.
mun. de Sancey-le-Grand; 16 mai 1866, él. mun. de Lignères;
27 juill. 1866, él. mun. de Cahors). Ce fait, cependant est l'objet
d'un blâme de la part du Conseil d'État. (C. d'Ét., 26 févr. 1872,
él. mun. d'Absac ; *voir* v° CIRCULAIRE, n° 12.)

17. — Mais comme la loi n'exige pas la présentation d'une
carte, il s'ensuit : 1° que des électeurs devraient être admis à
voter, lors même qu'ils ne produiraient pas de carte, si leur
identité n'était pas douteuse pour le bureau ; 2° que le défaut
de distribution ne deviendrait une cause de nullité que si le
bureau avait refusé l'admission au vote de ceux qui n'en pré-
senteraient pas ; 3° que l'administration est libre de prescrire la
distribution à domicile ou à la mairie et qu'on ne saurait lui
faire un grief de ce que tel ou tel mode a été suivi. (Ch. des
dép., 2 août 1831, él. de M. Sébastiani, *Mon.* du 3, p. 1298;
C. d'Ét., 10 mai 1851, él. dép. de Thiron ; 13 févr. 1856, él.
dép. de Montauban; 21 juin 1859, él. dép. d'Evisa ; 4 avril
1861, él. mun. de Bray-sur-Seine ; 22 mai 1861, él. mun. de
l'Escale ; 24 juill. 1861, él. mun. de Tarasteix et de Moirans ;
14 juin 1862, él. dép. d'Issoudun ; 15 déc. 1865, él. dép.

de Beaucaire ; 6 juin 1866, él. mun. de Lugo di Venaco ; 27 juin 1866, él. mun. de Pruno ; 13 juill. 1866, él. mun. d'Uzès ; 2 août 1866, él. mun de Montchanin-les-Mines ; 22 janv. 1872, él. mun. de Broons ; 26 mai 1875, él. mun. de Castelnau ; 2 mars 1877, él. mun de Vaux.)

Par la même raison, la possession d'une carte ne suffirait pas pour autoriser le vote d'un individu dont le nom ne figure pas sur la liste électorale. (Corps légis., 25 nov. 1863, él. de M. Arman, *Mon.* du 26, p. 1428.)

§ 3. — Remise des bulletins fermés.

18. — Il est prescrit aux électeurs de déposer leurs bulletins fermés. (Art. 22 du décr. du 2 févr. 1852 et 38 de la loi de 1855.) Cette disposition, déjà édictée par les lois antérieures, a pour but également de garantir le secret du vote. Ce secret ne constitue pas un droit auquel l'électeur puisse renoncer ; c'est là une obligation d'ordre et d'intérêt publics, dont il ne saurait s'affranchir. (*Voir* v° CONSEIL D'ÉTAT, n° 59, et CONSEIL DE PRÉFECTURE, n° 43.)

19. — Il s'ensuit que le président du bureau doit refuser le bulletin qui lui est présenté ouvert. Néanmoins, dans le cas d'acceptation, les opérations sont validées, si l'électeur a agi librement, et si ce fait n'a pas eu d'influence sur le résultat. (C. d'Ét., 6 janv. 1859, él. dép. du Blanc ; 17 juill. 1861, él. mun. de Montpezat ; 12 avril 1865, él. dép. de Vico ; 26 juin 1866, él. mun. de Moncaup ; 20 juill. 1867, él. dép. d'Arthez.)

Même solution, dans le cas où le président a déplié des bulletins, pour faciliter leur introduction dans l'urne, et non pour connaître les votes (C. d'Ét., 10 mars 1865, él. dép. de Conques ; 28 juill. 1876, él. mun. de Firmy) ;

Ou lorsqu'un maire a ouvert les bulletins, pour s'assurer s'ils n'étaient pas doubles (C. d'Ét., 24 avril 1865, él. dép. d'Ardes ; 17 juill. 1866, él. mun. de Joigny ; 17 août 1866, él. mun. de Saint-André-des-Eaux ; 14 janv. 1869, él. dép. de Bastelica) ;

Ou lorsque s'agissant de l'élection simultanée des membres du conseil général et des membres du conseil d'arrondissement, des coins de bulletins ont été dépliés, à l'effet de reconnaître à quelle élection ces bulletins devaient s'appliquer. (C. d'Ét., 7 juill. 1853 , él. dép. de Châteauneuf ; 22 sept. 1859, él. dép. de Lambesc; 19 mars 1862 , él. dép. de Saint-Laurent-de-Chamousset ; 24 juill. 1862 , él. dép. de Donzenac; 11 août 1868, él. dép. d'Olonzac.)

Mais si le président du bureau, ne se bornant pas à vérifier si plusieurs bulletins n'étaient pas contenus dans un même pli, en a ouvert un certain nombre, de façon à pouvoir lire les noms des candidats, cette violation du secret du vote entraînerait la nullité des opérations. (C. d'Ét., 8 sept. 1861, él. mun. de Meyssac.)

A plus forte raison, une substitution ou une soustraction de bulletins effectuée par le président du bureau serait une cause de nullité. (26 févr. 1872, él. mun. de Serilhac ; 19 nov. 1875, él. mun. de Noceta.)

§ 4. — Temps pendant lequel les votes peuvent être reçus.

20. — Tant que le scrutin est ouvert, les votes doivent être reçus : ils ne peuvent plus l'être après sa fermeture. Cette défense est formellement exprimée dans l'article 39 de la loi de 1855 : « le président, dit-il, constate l'heure à laquelle il déclare « le scrutin clos, et après cette déclaration, aucun vote ne peut « être reçu. »

Si, contrairement à cette disposition, des électeurs avaient été admis à voter, et si leurs suffrages avaient pu modifier le résultat du scrutin, l'élection serait nulle. (C. d'Ét., 11 avril 1861., él. mun. de Gyounet.)

ART. 5. — *Constatation du vote.*

21. — Le vote reçu, il importe de le constater, afin d'empêcher les votes multiples de la même personne, et de pouvoir comparer le nombre des électeurs inscrits avec celui des suffrages

exprimés. C'est ce qui a lieu, au moyen de l'émargement opéré sur la liste. L'article 23 du décret réglementaire de 1852 est ainsi conçu : « Le vote de chaque électeur est constaté par la signa-« ture ou le paraphe de l'un des membres du bureau, apposé sur « la liste, en marge du nom des votants. » Cette disposition a été appliquée par la loi du 7 juillet 1852 aux élections des conseils généraux et d'arrondissement (C. d'Ét., 16 août 1862 , él. dép. de Montréal). Elle est reproduite également dans l'article 38 de la loi du 5 mai 1855.

22. — Comme la loi ne désigne spécialement aucun membre du bureau pour faire l'émargement, il faut reconnaître que cette formalité peut être remplie par tous ceux qui en font partie , notamment par le maire ou le secrétaire. (C. d'Ét., 9 juill. 1866, él. mun. de Broons; 27 juill. 1866, él. mun. de Saint-Gervais.)

23. — La constatation du vote est valablement faite par une croix ou un signe apposé sur la liste, au lieu d'une signature ou d'un paraphe, s'il n'est pas contesté que le nombre et l'identité des votants aient été vérifiés exactement (Corps. légis., 24 déc. 1869, él. de M. Laugier de Chartrouse, *J. off.* du 25, p. 1712 ; C. d'Ét., 16 avril 1856, él. mun. de Boult-sur-Suippe), ou par la mention *a voté*, apposée par un membre du bureau. (C. d'Ét., 19 nov. 1875, él. dép. d'Ervy.)

Il a été jugé également que, bien que le vote de chaque élec-teur n'eût pas été constaté conformément à l'article 23 du décret de 1852, l'identité et le chiffre des votants résultaient suffisam-ment d'une liste jointe au procès-verbal et signée des divers membres du bureau, sur laquelle tous les électeurs avaient été inscrits, dans l'ordre où ils s'étaient présentés. (C. d'Ét., 7 avril 1876, él. dép. d'Aubin.)

24. — A défaut d'émargement, les opérations sont annulées, vu l'impossibilité de les contrôler.(C. d'Ét., 27 juill. 1866, él. dép. d'Aubenas.)

Il en est de même si l'émargement n'offre pas les garanties nécessaires d'exactitude et de sincérité ; par exemple, lorsqu'il n'a pas eu lieu, au fur et mesure que les électeurs déposaient leurs bulletins (C. d'Ét., 16 mai 1866, él. mun. de Barrancouen); ou lorsqu'il a constaté le vote d'électeurs décédés ou absents, et que le nombre des suffrages relevés sur la liste est néanmoins égal à celui des bulletins trouvés dans l'urne. (C. d'Ét., 31 août 1861, él. mun. de Bedarrieux ; 16 juin 1866 , él. mun. d'Armes.)

25. — Aux termes de l'article 5, paragraphe 3, de la loi du 30 novembre 1875 relative à l'élection des députés, les listes d'émargement de chaque section , signées du président et du secrétaire , doivent rester déposées pendant huit jours au secrétariat de la mairie , pour y être communiquées à tout requérant.

Art. 6. — *Des élections simultanées.*

26. — Quelquefois il arrive que les membres du conseil général sont élus en même temps que ceux du conseil d'arrondissement. Ce double vote des mêmes électeurs pouvant amener de la confusion , certaines précautions doivent être prises afin de l'éviter.

Une circulaire ministérielle du 8 juillet 1852 a ordonné d'abord la séparation des urnes destinées à recevoir les différents bulletins: « deux boîtes pour la réception des votes , y est-il « dit, seront disposées dans la salle d'élection ; elles porteront « en gros caractères ces mots : *conseil général* et *conseil d'arrondissement.* » La circulaire ajoutait que l'une serait placée devant le président du bureau, l'autre devant le plus âgé des assesseurs ; que le président recevrait les bulletins pour l'élection du conseil général , et l'assesseur ceux touchant l'élection de l'autre conseil.

Mais on reconnut plus tard que cette dernière prescription portait atteinte à la disposition de l'article 22 du décret réglementaire, suivant laquelle les bulletins doivent être remis au président. Une nouvelle circulaire du 24 mai 1870, l'a donc modifiée : « Pour rentrer dans la légalité , dit-elle, il conviendra

« d'instituer deux bureaux destinés , l'un aux élections du con-
« seil général, l'autre aux élections du conseil d'arrondissement,
« ou si cette double constitution est impossible, de placer les
« deux boîtes de manière à permettre au président de recevoir
« ou de déposer lui-même les bulletins de vote. A l'appel de
« chaque électeur, il devra demander si le bulletin est destiné à
« l'urne du conseil général ou à l'urne du conseil d'arrondis-
« sement. »

La circulaire prescrit, d'ailleurs, de placer les bureaux dans
des locaux voisins , mais distincts ; et dans les communes où
il ne sera pas possible de former deux bureaux, d'inscrire en gros
caractères sur l'une des urnes la mention : *Conseil général* ; et
sur l'autre la mention : *Conseil d'arrondissement.* Il est encore
recommandé au président , avant de déposer un bulletin , de
s'assurer auprès de l'électeur à quelle élection il s'applique.
Toutes ces prescriptions ont été reproduites dans une autre circulaire du 16 septembre 1874.

27. — Malgré ces précautions, des erreurs peuvent être commises par des électeurs. D'où la question de savoir si , lors du
dépouillement, on doit restituer à l'un ou à l'autre scrutin les
bulletins de vote qui le concernent. Il a été jugé constamment
par le Conseil d'État qu'il n'était pas permis d'attribuer au candidat pour le conseil général les bulletins portant son nom, et
trouvés dans l'urne réservée au conseil d'arrondissement, ou
réciproquement (C. d'Ét., 5 juin 1862, él. dép. de Lyon ;
19 juin 1862, él. dép. de Mer ; 2 sept. 1862, él. dép. de Pam-
pelonne ; 8 janv. 1863, él. dép. de Saint-Didier-la-Seauve ;
19 juin 1863, él. dép. de Châtelet-en-Berry ; 22 mai 1865, él.
dép. de Sari-d'Orcino ; 28 mai 1868, él. dép. de Ploubalay ;
18 juin 1868, él. dép. de Vierzon). Si donc un candidat n'avait
obtenu la majorité que grâce à l'addition de tels suffrages, son
élection devrait être annulée. (C. d'Ét., arrêts précités, él. dép.
de Lyon, de Saint-Didier-la-Seauve et de Châtelet-en-Berry.)

28. — D'autre part, les bulletins portant le nom d'un candidat au conseil d'arrondissement et déposés dans l'urne du con-

seil général, ou à l'inverse, ceux portant le nom d'un candidat
au conseil général et déposés dans l'urne du conseil d'arrondissement, ou encore les bulletins portant le nom du candidat d'un autre canton, doivent être comptés comme suffrages
exprimés, pour fixer le chiffre de la majorité. Mais il n'en est
ainsi tenu compte que pour l'élection à laquelle ils ont été attribués par erreur. (C. d'Ét., 19 juin 1863, él. dép. de Châtelet-
en-Berry ; 18 mars 1865 , él. dép. d'Excideuil ; 22 avril 1865,
él. dép. d'Avignon ; 6 mai 1865, él. dép. de Magnac-Laval ;
14 août 1865, él. dép. d'Aix-en-Othe ; 15 avril 1868, él. dép.
de Laroquebrou ; 28 mai 1868, él. dép. de Ploubalay et de
Fruges ; 11 juin 1868, él. mun. de Neuvic ; 4 avril 1872, él.
dép. de Toulouse ; 19 juin 1872, él. dép. de Bergerac.)

Art. 7. — *Boîte du scrutin.*

29. — L'article 22 du décret réglementaire de 1852 et l'article 38 de la loi de 1855 disposent que « les bulletins sont dé-
« posés dans la boîte du scrutin, laquelle doit, avant le com-
« mencement du vote avoir été fermée à deux serrures dont
« les clefs restent, l'une entre les mains du président, l'autre
« entre celles du scrutateur le plus âgé. » Cette prescription
s'applique de même aux élections des conseils généraux et d'arrondissement.

Il suit de là que, dans chaque collége ou section de collége,
il doit exister une boîte pour recevoir les votes, et qu'il ne doit
y en avoir qu'une seule.

30. — Il est d'usage, avant le vote, que le président retourne
la boîte du scrutin en présence des électeurs, afin qu'il soit
constant qu'aucun bulletin n'y a été introduit d'avance. Si cependant il se refusait à accomplir cette formalité et ne montrait
qu'au bureau l'intérieur de l'urne, il n'en résulterait pas une
cause de nullité. (Corps légis., 9 nov. 1863, él. de M. Andrieu,
Mon. du 10, p. 1330.)

§ 1. — Forme et fermeture de la boîte.

31. — Aucune forme déterminée n'est imposée pour la boîte du scrutin : il suffit que celle-ci soit faite de manière à assurer le secret et l'inviolabilité du vote.

On a reconnu, par suite , que les bulletins avaient été valablement déposés dans une urne en cristal (Ch. des dép., 20 août 1846, él. de M. Clapier , *Mon.* du 21, p. 2196); ou dans une boîte à deux compartiments, lorsqu'ils avaient été mis indistinctement dans l'un ou dans l'autre de ces compartiments. (C. d'Ét., 10 mars 1862, él. dép. d'Étaples ; 5 juin 1862, él. dép. d'Audenge).

32. — L'urne, est-il dit n° 29, doit être fermée à deux serrures dont les clefs restent, l'une entre les mains du président, l'autre entre celles du scrutateur le plus âgé. Les bulletins y sont introduits par une ouverture pratiquée dans le couvercle de la boîte.

Si, contrairement aux dispositions de la loi, le maire au lieu de garder une des clefs les avait remises toutes deux aux scrutateurs, ce fait n'aurait pas par lui-même un caractère assez sérieux pour invalider l'élection. (C. d'Ét., 18 juin 1866, él. mun. de Molas.)

La même solution a été admise par le Conseil d'État dans une espèce où la boîte avait été fermée par le juge de paix, et où les clefs avaient été gardées par le sous-préfet , alors qu'il résultait de l'instruction : 1° que ces fonctionnaires n'avaient pris ces mesures que du consentement du président du bureau , consentement motivé sur ce qu'il était lui-même candidat ; 2° que leur intervention n'avait pas eu pour effet de porter atteinte à la sincérité de l'élection. (C. d'Ét., 18 mars 1857, él. dép. de la Côte-Saint-André.)

L'urne munie de serrures doit rester fermée durant tout le temps des opérations : elle ne saurait être ouverte sous aucun prétexte. Si cependant il en avait été autrement ; si, par exemple, elle avait été ouverte à une ou plusieurs reprises, si même elle était restée ouverte pendant la durée du scrutin, il n'y aurait pas lieu *ipso facto* à nullité (Ass. legis., 7 juin 1849, él. du Loiret, *Mon.* du 8, p. 2021 ; C. d'Ét., 4 juin 1862, él. dép. de Ledignan; 11 avril 1866, él. mun. de Charezier.)

On devrait encore décider de même dans le cas où des cartes d'électeurs ou autres papiers auraient été retirés de l'urne durant le scrutin, sur la demande de ceux qui les auraient déposés par mégarde. Bien que ces actes soient absolument interdits, attendu qu'ils peuvent faciliter des fraudes, ils ne sauraient non plus devenir une cause de nullité que s'ils avaient eu le caractère de manœuvres. (Ass. const., 12 juin 1848, él. de M. Demante, *Mon.* du 13, p. 1347. C. d'Ét., 10 avril 1866, él. mun. de Chalais; 22 août 1868, él. dép. de Beziers.)

Même solution, dans le cas où un bulletin aurait été retiré de la boîte, si ce fait, dans les circonstances où il s'est produit, n'avait pour but ni pour effet de porter atteinte à la sincérité de l'élection. (C. d'Ét., 11 juin 1875, él. mun. de Fouquenies.)

33. — Le fait de l'existence d'une seule serrure , ou bien l'absence de serrures, même le défaut de toute fermeture, ne vicient pas non plus les opérations, s'il n'est pas démontré que ces circonstances aient eu pour effet de favoriser des manœuvres propres à altérer la sincérité du vote. Cela a été jugé par de nombreux arrêts. (C. d'Ét., 27 juin 1853, él. mun. de Montferrier et Quasquarra ; 26 mars 1856 , él. mun. de Couzon ; 10 sept. 1856, él. mun. de Rillans ; 25 avril 1861, él. mun. de Saint-Paul-Lizonne, de Garindein et de Danne-et-Quatre-Vents ; 25 mai 1861 ; él. mun. de Jalognes ; 2 juill. 1861, él. mun. de Villars; 8 sept. 1861, él. mun. de Cuers ; 19 déc. 1861, él. mun. de Marcellaz ; 5 juin 1862, él. dép. de Florenzac ; 13 juin 1862, él. dép. d'Ahun ; 17 juill. 1862, él. dép. de Castillon-sur-Dordogne ; 16 août 1862, él. dép. de Boulogne-sur-Mer, Corps légis., 9 nov. 1863, él. de M. le baron Jérôme David, *Mon.* du 10, p. 1328 ; C. d'Ét., 22 mai 1866, él. mun. de Montastruc ; 6 juin 1866, él. mun. de Valleroy-le-Sec; C. d'Ét., 25 juin 1868, él. dép. de Salices ; Corps légis., 4 déc. 1869, él. de M. du Miral,

J. off. du 5, p. 1557 ; C. d'Ét., 4 avril 1872, él. dép. de Quilichini ; 29 nov. 1872, él. dép. de Nort ; 7 nov. 1873, él. mun. de Margouët-Meymes.)

Des opérations ont même été maintenues alors que des bulletins avaient été reçus dans une soupière. (C. d'Ét., 7 sept. 1861, él. mun. de Franois ; ou dans un boisseau recouvert de papier (C. d'Ét., 28 mars 1862, él. dép. de Paulhaguet); ou dans des vases quelconques non clos. (Corps légis. 9 nov. 1863, él. de M. le baron Jérôme David, *Mon.* du 10, p. 1328 ; C. d'Ét., 30 janv. 1867, él. mum. de Croce ; 4 déc. 1869, él. de M. du Miral, *J. off.* du 5, p. 1557 ; C. d'Ét., 28 mai 1868, él. dép. de Moutagnac.)

? 3. — Lieu où la boîte doit être placée.

34.— La boîte doit toujours être placée dans la salle du vote. afin de demeurer sous la surveillance des électeurs.

Cependant, des opérations ne seraient pas nulles *ipso facto* à raison du déplacement de l'urne.

Cela a été décidé notamment, dans le cas où le déplacement avait eu lieu pour recevoir le bulletin d'un électeur infirme. Le Conseil d'État a admis qu'il y avait lieu seulement de retrancher une voix du nombre des suffrages attribués aux candidats proclamés. (C. d'Ét., 16 août 1866, él. mun. de la Ferté-Bernard.)

Il en serait de même si l'urne avait été emportée hors de la salle des opérations, dans une pièce où les membres du bureau l'auraient gardée, durant le temps de leur repas, lorsque : 1° elle était placée en vue du public ; 2° que les membres du bureau se sont mis à la disposition des électeurs et qu'ils sont rentrés dans la salle du scrutin, chaque fois qu'un électeur s'est présenté pour voter. (C. d'Ét., 9 août 1865, él. mun. de Marommes.)

Mais si, après le transport, on avait trouvé dans la boîte un nombre de bulletins supérieur à celui des émargements, ou si, par toute autre raison, on peut croire qu'il a été porté atteinte au scrutin, le vote de la commune où cette irrégularité a

été commise doit être annulé. (C. d'Ét., 27 juillet 1853, él. mun.
de Mont-et-Marre ; 12 mai 1869, él. dép. de Moisdon;
Corps légis., 18 déc. 1869, él. de M. Leroux, *J. off.* du 19,
p. 1661.)

Il importe peu d'ailleurs que l'urne soit placée sur la table du
bureau ou par terre, du moment qu'elle est en vue de tous.
(Ch. des dép., 10 avril 1876, él. de M. Lachambre, *J. off.* du
11, p. 2614.)

35. — L'urne doit rester sous la surveillance des membres
du bureau ; mais est-il indispensable qu'elle soit constamment
dans la pièce occupée par eux ? Pourvu que la surveillance soit
complète et constante, il semble que cela doit suffire. Jugé en
ce sens que si les membres du bureau se sont retirés dans une
pièce voisine, durant une heure, pour prendre leur repas, et que
pendant ce temps l'urne soit restée dans la salle voisine, mais
qu'à raison de la disposition des lieux, elle ait pu être surveillée,
cette irregularité est sans importance. (C. d'Ét., 5 nov. 1875,
èl. mun. de Billom.)

Dans le cas où les membres du bureau se seraient absentés,
après avoir fermé la boîte ainsi que la salle du vote, si d'ailleurs
aucun électeur ne s'était présenté durant ce temps, on ne devrait pas non plus avoir égard à ce fait. (C. d'Ét., 22 mai 1865,
él. dép. d'Argelès.)

Mais il y aurait lieu à annulation si la boîte était restée sans
surveillance durant un certain temps, et que dans cet intervalle des votes eussent été reçus. (C. d'Ét., 10 juill. 1866, él.
mun. de Noseyrolles.)

36. — Il est dit v° SCRUTIN, n° 3, que le scrutin dure seulement un jour, et v° DÉPOUILLEMENT, n° 7, que le dépouillement
des votes doit suivre immédiatement la clôture du scrutin.
Si pour une cause quelconque, il arrivait que les opérations ne
fussent pas terminées le même jour, il y aurait lieu d'observer
les précautions édictées par les articles 26 du décret reglémen-
taire du 2 février 1852 et 46 de la loi du 5 mai 1855. Ces ar-

ticles portent que les boîtes doivent être scellées et déposées à la mairie, dans une salle dont les ouvertures sont également scellées.

URNE ÉLECTORALE.

Voir v° Vote, art. 7.

ERRATA.

Page 18, note 1, au lieu de « Voir v° *Majorité*, n°ˢ 1 et 5 », lisez : Voir v° *Majorité*, n°ˢ 1 et 7.

Page 19, v° *Alliance*, au lieu de « Voir v° *Incompatibilité*, art. 3, § 4, n° 18 », lisez : Voir v° *Incompatibilité*, n°ˢ 23 à 29.

Page 33, 2ᵉ ligne, au lieu de « v° *Scrutin*, n° 19 », lisez : v° *Scrutin*, n° 20.

Page 33, 3ᵉ ligne, supprimer, n° 40.

Page 34, n° 47 *in fine*, au lieu de « Voir *Procès-verbal*, n° 17 », lisez : Voir *Procès-verbal*, n° 16.

Page 35, n° 53 *in fine*, au lieu de « Voir v° *Recensement*, art. 1, § 2, et art. 2, § 2 », lisez : *Dans les communes divisées en sections, il existe encore un bureau central de recensement par commune,* (Voir v° *Recensement*.)

Page 81, n° 65 *in fine*, au lieu de « *p.* 2538 », lisez : *p.* 2568.

Page 132, n° 3, 3ᵉ ligne, au lieu de « Voir v° *Section*, n° 25 », lisez : Voir v° *Section*, n° 27.

Page 178, 18ᵉ ligne, au lieu de « Voir v° *Réclamations*, n°ˢ 14 et 21 », lisez : Voir v° *Réclamations*, n°ˢ 14 et 20.

Page 213, n° 2, 2ᵉ alinéa, au lieu de « Voir v° *Bureau*, n°ˢ 18 et 35 », lisez : Voir v° *Bureau*, n°ˢ 18 et 36.

Page 220, 15ᵉ ligne, supprimez les mots « Voir v° *Scrutin*, art. 3 ».

Page 222, 15ᵉ ligne, au lieu de « Voir *infrà*, n°ˢ 34 et 36 », lisez : Voir *infrà*, n°ˢ 34 et 35.

Page 235, v° *Domestiques*, au lieu de «Voir v° *Incompatibilité*, n°ˢ 26 à 28 », lisez : Voir v° *Incompatibilité*, n°ˢ 18 et 19.

Page 257, v° enquête, au lieu de « Voir v° *Conseil d'État*, n°ˢ 58 et 59 », lisez : Voir v° *Conseil d'État*, n°ˢ 55 et suivants.

Page 257, v° *Etat* (*Questions d'*), au lieu de « Voir v° *Réclamation*, art. 2, § 2, et art. 3, § 2 », lisez : Voir v° *Réclamation, section II,* art. 2, § 2, et art. 3, § 2.

Page 299, note 1, 15ᵉ ligne, au lieu de « *ou les fonctionnaires* », lisez : *d'où les fonctionnaires.*

Page 302, 2ᵉ ligne, après les mots « *si les coupables étaient porteurs d'armes* », ajoutez : *ou si le scrutin a été violé.*

Page 322, 13ᵉ ligne, au lieu de « Voir v° *Préfet*, n°ˢ 11 et 12 », lisez : Voir v° *Préfet*, n°ˢ 10 et 11.

Page 335, avant-dernier alinéa *in fine*, au lieu de « Voir v° *Scrutin*, n° 19 », lisez : Voir v° *Scrutin*, n° 20.

———

TABLE DES MATIÈRES

———

FIN DE LA TABLE DES MATIÈRES.

PARIS. — Impr. Paul DUPONT, rue Jean-Jacques-Rousseau, 41 (40, 8-7.)

www.ingramcontent.com/pod-product-compliance
Lightning Source LLC
Chambersburg PA
CBHW060914220326
41599CB00020B/2961